21 世纪高职高专系列教材

财务管理

（第二版）

主　编　刘秋平　郭子亭
副主编　李众宜　杨秀滨
刘湘华

山东大学出版社

出版说明

江泽民同志在党的十六大报告中指出："教育是发展科学技术和培养人才的基础，在现代化建设中具有先导性、全局性作用，必须摆在优先发展的战略地位。……加强职业教育和培训，发展继续教育，构建终身教育体系。"职业教育作为我国教育事业的一个重要的组成部分，改革开放以来，尤其是近年来获得了长足发展。据不完全统计，目前全国各类高等职业学校有近千所，仅山东省就有五十多所，为国家和地方培养了一大批高素质的劳动者和专门人才。与此相适应，教材建设也硕果累累，各出版社先后推出了多部具有高职特色的高职高专教材。但总体上看，与迅猛发展的高职教育相比，教材的出版相对滞后，这不仅表现在教材品种相对较少，更表现在内容的针对性不强，某些方面与高职的专业设置、培养目标相去甚远。同时，地方性、区域性的高职教材也稍嫌不足。以山东省为例，作为一个经济强省、人口大省、教育大省，迄今为止，居然没有一套统编的，与山东省社会、经济、文化发展相适应的高职教材，严重地制约了我省高职高专教育的发展。

有鉴于此，我们在山东省教育厅的领导与支持下，依据教育部《高职高专教育基础课程教学基本要求》和《高职高专教育专业人才培养目标及规格》，并结合我省高职院校及专业设置的特点，组织省内二十余所高职院校长期从事高职高专教学和研究的专家、教授，编写了这套"21世纪高职高专系列教材"。该教材充分借鉴近年来国内高职高专院校教材建设的最新成果，认真总结和汲取省内高职院校和成人高校在教育、培养新时期技术应用性专门人才方面所取得的成功经验，以适应高职院校教学改革的需要为目标，重点突出实用性、针对性，力求从内容到形式都有一定的突破和创新。本系列教材拟分批出版，约一百余种。出齐后，将涵盖山东省高职高专教育的基础课程和主干课程。

编写这套教材，在我们是一次粗浅的尝试，也是一次学习、探索和提高的机会。由于我们水平有限，加之编写时间仓促，本教材无论在内容还是形式上都难免会存在这样那样的缺憾或不足，敬请专家和读者批评指正。

21 世纪高职高专系列教材编写委员会

2010 年 6 月

前　言

财务管理是对资金的筹集、投放和利润分配的管理。现代财务管理理论建立在企业价值最大化的目标基础上，重点探讨在现代企业制度下，如何对企业经营过程中的资金运动进行预测、决策、控制和分析。市场经济越发展，财务管理越重要。因此，国家教育部将《财务管理》确定为高校财经管理类专业的核心专业基础课。学好这门课程，不仅可奠定学生专业学习的良好基础，而且还可大大提高学生认识社会、分析和解决问题的能力，从而提高他们管理财务乃至管理整个企业的能力，进而达到高职高专的培养目标。

本书是为适应财务管理制度改革和高职高专财经管理类专业教学改革的需要，在第一版的基础上修订而成的，是21世纪高职高专系列规划教材。

本书在教材体系、结构、内容等方面具有如下特点：一是在教材的编写上力求符合教学规律的要求，由浅入深，循序渐进，并依据本课程特点，详略得当；二是在结构设计上，为了适应培养自学能力和实际操作能力的需要，每章正文前均有学习目的与要求、导读案例，概述了本章的相关知识及学生应达到的能力要求，各章均配有相当数量的习题，供学生练习和便于教师教学；三是在教材内容上体现高职高专人才培养的特点，遵循理论上"必须"、"够用"、注重实际能力培养的精神，强化基础理论，多举实例，突出应用。

本书由刘秋平教授、郭子亭教授主编，负责拟定编写大纲，进行总体设计、策划。参加编写的人员有：刘秋平、刘湘华（第一章），许华兰、杨秀滨（第二章），李众宜（第三章），赵丽丽、杨秀滨（第四章），杨秀滨、刘湘华（第五章），李梅（第六章），郭子亭、刘湘华（第七章），王敬美、徐升凤（第八章），王琳、钮小萌（第九章），亓玉芳、徐贵丽（第十章），邹海钢、黄毅(第十一章)。钮小萌对附表进行了编排并对数据进行了计算检验,刘秋平对全书进行统稿与总纂,并对部分章节进行了修改。

在本书的编写过程中,我们参考了大量专家、学者的专著,并借鉴了其中部分内容,同时利用互联网查阅了大量资料。在此向原作者表示深深的谢意。

限于时间及作者水平,疏漏或不妥之处,恳请专家和读者不吝指正。

作　者

2010 年 5 月

目录

第一章　财务管理总论

学习目的与要求

本章主要阐述财务管理的概念与特点、对象与内容、原则与组织、财务活动与财务关系的一般要求及基本环节、总体目标与具体目标、外部环境与内部环境等财务管理的基本理论问题。通过本章的学习，要求学生了解财务管理是市场经济条件下企业最基本的管理活动。市场经济越发展，商品经济越发达，财务管理作用就越大，地位就越重要。要在认识企业客观存在的财务管理活动的基础上，理解和掌握财务管理的概念、特点、对象、内容和财务关系，明确财务管理的目标，了解财务管理的组织结构、基本环节，熟悉财务管理的环境，正确处理企业与各利益方的财务关系，为实现企业的总目标服务。

导读案例

安徽有两种瓜子在全国很有名气，一种是早在20世纪80年代就享誉大江南北的芜湖"傻子"瓜子，另一种是目前正香遍神州大地的合肥"恰恰"瓜子。小瓜子折射着时代发展的大文章。现在这两种瓜子却走上两种截然不同的发展之路："傻子"瓜子由于仍然采取传统作坊式生产、家族式经营，尽管其香脆可口、馨齿流香，但其市场却日见萎缩；而"恰恰"瓜子由于采用现代化生产、引进高级管理人才、充分运用先进理财理念，一年做出了十几亿元的销售额。

第一节　财务管理的概念、特点及内容

一、财务管理的概念

管理是指管理者在特定的环境下对其所辖范围内组织资源，有目的地进行组织、指挥、协调、控制，通过组织资源的优化配置，从而有效实现组织目标的社会活动。企业财务管理是企业管理的一部分，它是对企业再生产过程中的资金运动进行管理。企业的再生产过程，既是物质运动过程，又是物质价值的运动过

程——资金运动过程。资金随着物质的不断运动也不断地发生变化，由一种形态转化为另一种形态，周而复始，不断循环。资金的这种运动过程，就是财务活动。

企业的财务活动，从表面上看是钱和物的增减变动，其实质是企业相关经济利益主体之间的货币关系，是人与人之间的经济利益关系——财务关系。

财务管理是组织企业财务活动、处理企业与相关利益主体之间财务关系的综合性管理工作。

二、财务管理的特点

(一)财务管理的本质是价值管理

财务管理着重于价值管理，它通过资金、成本、利润等的管理，对价值的形成、实现和分配进行分析、控制和决策。这是财务管理与其他管理，例如人事管理、设备管理、技术管理、生产管理等最根本的区别。

(二)涉及面广

财务管理与企业的各个方面具有广泛的联系。企业供、产、销、运、技术、设备、人事、行政等各部门业务活动的进行无不伴随着企业资金的收支，财务管理的触角就必然要伸向企业生产经营的各个角落。每个部门都通过资金的收付与财务管理部门发生联系；每个部门也都要在合理使用资金和组织收入方面接受财务管理部门的指导，受到财务管理制度的约束。

(三)灵敏度高

财务管理能迅速提供反映生产经营状况的财务信息。企业的财务状况是经常变动着的，具有很强的敏感性。各种经济业务的发生，特别是经营决策的得失、经营行为的成败会及时在财务状况中表现出来。产品库存居高不下，往往反映产品不适销对路；资金周转不灵，往往反映销售货款未及时收取，会带来不能按期支付材料价款、偿还到期债务的后果。财务管理部门通过向企业管理人员提供财务状况信息，可以协助企业领导适时控制和调整各项生产经营活动。

(四)综合性强

一方面，资金、成本和利润等财务指标及价值，形成综合反映企业生产经营的物质条件、生产经营中的耗费和收回、生产经营成果及其分配等情况。通过财务指标的综合反映，可以及时掌握企业再生产活动的进展情况和资金利用情况，经营管理中存在的问题以及生产经营的经济效果，从而加强财务监督，促进企业改善生产经营管理。另一方面，企业财务管理是对企业资金运动的管理，由于企业各方面生产经营活动的质量和效果大都可以在资金运动中得以反映，因此财务管理具有很强的综合性，可以对企业各项经营活动产生反馈和促进作用。

三、企业资金运动

财务，用通俗的话来说就是与财产有关的事务，其货币表现就是企业的资金。资金运动贯穿于企业的整个再生产过程，所以要全面了解财务管理的具体内容，就必须知道企业资金运动的全过程以及企业在资金运动中与相关利益主体发生的经济利益关系。

(一)资金运动的过程

资金运动是企业再生产过程中客观存在的经济现象。企业的再生产过程由使用价值和价值两方面组成，其中使用价值的再生产过程指物资的生产和交换，称为物资运动过程；价值的再生产过程即物资的价值运动过程，是指价值的形成与实现，通常用货币表示。物资的价值运动称为资金运动。企业资金运动从货币资金形态开始，依次经过储备资金、生产资金(在制品资金)、成品资金、结算资金形态，最终回到货币资金形态，这一运动过程称为资金的循环。企业再生产过程不断进行，如此周而复始，不断重复的资金循环称为资金的周转。

(二)资金运动的特点

1. 资金运动具有空间上的并存性和时间上的继起性。资金的并存性和继起性即在空间上同时并存于货币资金和采购、存储、生产、销售、分配阶段的各种资金，在时间上各阶段的资金相继向下阶段转换。如果资金过多地集中于某一阶段，而其他阶段资金短缺或空白，循环过程就会发生障碍。因此，要求进行资金的合理配置，保证资金周转的畅通无阻。

2. 资金运动同物资运动存在既相一致又相背离的关系。一方面，物资运动是资金运动的基础，资金运动反映着物资运动，两者具有相互一致的关系，体现了再生产过程的实物形态和价值形态在本质上的必然联系；另一方面，资金又可能背离物资运动，呈现一定的独立性。比如赊购、赊销商品等结算原因造成的实物和货币资金在流量上的不一致，固定资产折旧等物资损耗原因造成的价值单方面增值等等。因此，从事财务管理既要着眼于物资运动，保证供、产、销活动的顺利进行，又要充分利用上述背离性，合理组织资金运动，以较少的价值投入获取较多的使用价值，提高经济效益。

四、财务关系

企业财务是企业再生产过程中有关资金的筹集、投放、使用、收入和分配活动及其货币关系的总称。其中，资金的筹集、投放、使用、收入和分配活动称为财务活动，财务活动过程中形成的企业与相关利益主体之间经济利益关系称为财务关系，可概括为以下几方面：

(一)企业与政府之间的财务关系

企业与政府之间的财务关系是指企业要按税法的规定依法纳税而与国家税务机关所形成的经济关系。一方面,政府作为社会管理者,主要依靠宏观经济调控和法律手段来促进国家产业政策在企业的贯彻和实现社会经济发展目标,为了行使其职能,政府必须凭借其政治权力,无偿参与企业利润的分配;另一方面,企业必须按照税法规定向政府缴纳各种税款,包括所得税、流转税、资源税、财产税和行为税等。企业与政府之间的这种财务关系体现为强制和无偿的税费收缴关系。

(二)企业与投资者之间的财务关系

企业与投资者之间的财务关系是指企业的投资者向企业投入资金,企业向投资者支付投资报酬,双方享有各自的权利和义务,从而形成的经济关系。企业的投资者包括国家、集体和个人。企业的投资者按照投资合同、协议、章程的约定,履行出资义务形成企业资本。企业依法保全资金,并有效运用资本实现盈利,按出资比例或协议、章程的规定向其投资者支付报酬。企业与投资者之间的这种财务关系体现为受资和投资的关系。

(三)企业和债权人之间的财务关系

企业和债权人之间的财务关系是指企业向债权人借入资金,并按借款合同的规定按时支付利息和本金所形成的经济关系。企业除运用资本进行经营活动外,还要借入一定数量的资金,以便降低企业资金成本,扩大企业经营规模。企业的债权人主要有债券持有人、贷款机构、商业信用提供者、其他出借资金给企业的单位和个人。企业利用债权人的资金,要按约定的利息率,及时向债权人支付利息,到期归还本金。企业同其债权人的财务关系在性质上属于债务与债权关系。

(四)企业与受资者之间的关系

企业与受资者之间的关系是指企业以购买股票或投资的形式向其他企业投资所形成的经济关系。随着市场经济的深入发展,企业经营规模和经营范围不断扩大,这种关系将会越来越广泛。企业向其他单位投资,应按约定履行出资义务,并根据其出资额参与受资者的经营管理和利润分配。企业与受资者的财务关系体现了所有权性质的投资与受资的关系。

(五)企业与债务人之间的财务关系

企业与债务人之间的财务关系是指企业将其资金以购买债券、提供借款或商业信用等形式出借给其他单位所形成的经济关系。企业将资金借出后有权要求其债务人按约定的条件支付利息和归还资金。企业与债务人的关系体现的是债权与债务的关系。

（六）企业内部各单位之间的财务关系

企业内部各单位之间的财务关系是指企业内部各单位之间在生产经营各环节中相互提供产品或劳务所形成的经济关系。企业内部各职能部门和生产单位既分工又合作，共同形成一个企业系统。企业内部各子系统既要执行各自独立的职能，又要相互协调，只有这样，企业整个系统才能具有稳定功能，从而实现企业预期的经营目标。因此，在实行厂内经济核算制和企业内部经营责任制的条件下，企业供、产、销各个部门以及各生产单位之间，相互提供产品和劳务也要计价结算。这样在企业内部形成的资金结算关系，体现了企业内部各单位之间的利益关系。

（七）企业与职工之间的财务关系

企业与职工之间的财务关系是指企业向职工支付劳务报酬过程中形成的经济关系。职工作为企业的劳动者，必须遵守企业的有关规章制度、服务于企业的整体目标的利益，以自身的劳动作为参加企业利益分配的依据。企业对劳动者的劳动进行评价，根据劳动者的劳务情况，用实现的收入向职工支付工资、奖金、津贴，并按规定提取公益金等，从而体现着职工个人和集体在劳务成果上的分配关系。

财务关系是企业生产经营活动的一方面，为了保证生产经营活动的正常进行和企业财务管理目标的实现，要正确处理企业与各方面的财务关系，确保企业有一个良好的财务管理环境。

五、财务管理的内容

财务管理的具体内容是由资金运动过程决定的。由于资金运动的全过程包括资金的筹集、运用、耗费、收回及分配等一系列活动，因而财务管理的内容包括筹资、投资、利润及其分配。

（一）筹资

筹资是指企业为了满足生产经营的需要，从不同的渠道，用不同的方式，按照经济核算的原则筹措和集中所需资金的过程。企业筹资时应考虑以下问题：

1. 筹资规模。筹资规模需要在合理分析并预测企业经营实际需要的基础上来确定。总需求是应能满足企业正常经营所需且适当超过预测基数。确定预测基数要把握两个前提，一是要充分发挥企业现有资金的潜能，二是要估算企业投资所需的投资额。既要敢于负债经营，又不能盲目扩大筹资规模，背上财务负担，制约企业活动。

2. 筹资时间。筹资要根据财务预算要求的进度，合理安排，实现资金时间价值的最大化。同时科学安排还款时间，使利息支付额趋于最小。

3. 筹资方式。不同类型的资金,筹资方式有所不同。如果是企业在经营中临时性的资金短缺,可以通过企业预收账款、应付账款、变卖闲置资产或者收回对外投资的方式解决。如果企业需要大量的长期资金就需要对外筹资,对外筹资的方式有银行贷款、抵押贷款、债券筹资、股票筹资、资产证券化筹资、企业并购等。

4. 筹资成本。不同筹资方式的筹资成本,要通过筹资方式的组合来实现筹资成本的最优化。

5. 资本结构。分析企业资金的各种来源渠道,不仅要注意权益资金与负债资金的结构比例,而且要注意权益资金内部和负债资金内部的结构比例,优化企业的资本结构。

(二)投资

狭义的投资仅指企业对外部的资金投放,而广义的投资包括企业内部的资金配置和外部的资金投放。企业内部的资金配置,指现金、有价证券、应收账款、存货等流动资产和固定资产、无形资产的资金占用。企业外部的资金投放即对外投资,指以收回现金并取得收益为目的而发生的现金流出。企业投资时应考虑以下问题:

1. 投资方向应符合企业的发展战略。

2. 保障最低限度的投资回收率并明确其计算方法。

3. 进行风险评估。投资环境中总是伴随着很多不确定因素,只有把投资项目中的风险加以考虑,才能确定是否投资。

4. 合理的资金运算。要分析计算投资项目的收益,注意审查投资项目的市场、生产、采购等假设,还要评价投资项目所带来的成本和效益,综合考虑优先投资项目。

5. 科学的投资组合。企业投资项目风险组合,如高、中、低风险项目适当组合。只进行高风险投资的企业可能相当不稳定,只做低风险投资的公司可能会走向破产,理想方式是采用组合形式,实行多样化投资。

(三)利润及其分配

企业将资金投放,使用以后取得的各种收入,首先是弥补生产耗费,缴纳流转税,形成营业利润,营业利润加上投资净收益再加上营业外收支净额,得到利润总额,然后依法缴纳所得税,税后利润提取公积金、公益金,分配给投资者,最后剩余留存企业。企业财务管理部门要仔细研究利润分配与内部筹资的关系,企业的分配政策影响到企业的长远利益和股东利益,必须合理确定分配的规模和分配的方式,从降低成本、减少风险角度出发,考虑股东的近期利益,以获得最大的长期利益。

在当今知识经济时代，人力资本的所有者也将参与企业税后利润分配。人力资本是决定企业乃至整个社会和经济发展的最重要资源，人力资本的所有者将和物质资本的所有者一样分担企业的风险，同时也分享企业的税后利润。目前国内外的一些高新技术企业对员工送“红股”，以及一些传统产业对企业经理薪酬采用的“股票期权制”，这些都是人力资本的所有者参与税后利润分配的形式，今后这种趋势将越来越明显。

第二节　财务管理目标

财务管理的目标也称“理财目标”，是指企业财务管理要达到的根本目标，它体现了企业财务管理的基本方向。财务管理是企业管理的重要组成部分，因此，理财目标要服务于企业目标，受企业目标的制约。

一、企业目标及其对财务管理的要求

企业是实现自主经营、自负盈亏、自我约束、自我发展的经济组织。它的生存与发展必须以获得利润为基础。任何企业一经建立，就已面临激烈的竞争，并且始终处于生存与倒闭、发展与萎缩的矛盾之中。企业只有获利，才能生存与发展。因此，企业目标可以具体分为生存、发展和获利。

(一)生存

企业生存的“土壤”是市场。一方面，企业付出货币从市场上获得资源，另一方面，企业必须向市场提供商品或输出劳务以换回货币。由此可见，企业在市场中生存的基本条件是以收抵支。否则，企业将萎缩。如果企业长期亏损，扭亏无望，只能被市场淘汰。

企业生存的另一个基本条件是到期偿债。企业为了扩大业务规模或满足经营周转的需要，可以对外借债。为了维持市场经济秩序，国家从法律上保证债权人的利益，要求企业必须到期偿还本息，否则，就可能被债权人接管或被法院判定破产。由此可见，企业生存的危险来自两个方面：一是长期亏损，它是企业终止的根本原因；另一个是不能偿还到期债务，它是企业终止的直接原因。力求以收抵支和偿还到期债务的能力，减少破产的风险，使企业能够长期、稳定地生存下去，是对财务管理的第一个要求。

(二)发展

企业是在发展中求得生存的。在科技不断进步的现代经济中，产品不断更新换代，企业必须不断推出更新、更好、更受顾客欢迎的产品，才能在市场经济中立足。在竞争激烈的市场上，各个企业优胜劣汰。一个企业如不能向前发展，不

断提供价廉物美的产品，不断提高服务水平，不断扩大、保留市场占有率，就会逐渐被其他企业排挤出去。企业的停滞不前是其破产消亡的前奏。

企业的发展集中表现在扩大投入，扩大投入的根本途径是提高产品的质量、服务的水平，扩大销售和服务对象，这就要求不断更新设备、技术和工艺、不断提高各种人员的素质，并改进技术和管理。在市场经济中，各种资源的取得都需要付出货币，企业的发展离不开资金。

因此，筹集企业发展所需资金，是对财务管理的第二个要求。

（三）获利

企业必须能够获利，才有存在的价值。建立企业的目的是盈利，已经建立起来的企业，虽然有改善职工收入、改善劳动条件、扩大市场份额、提高产品质量、减少环境污染等各种目标，它不但是企业的出发点和归宿，而且还可以概括其他目标的实现程度并有助于其他目标的实现。

从财务上看，盈利就是使资产获得其超过投资的回报。在市场经济中，资金都有成本，每项资产都是投资，都应当是生产性的，应从中获得回报。

因此，通过合理有效使用资金使企业获利，是对财务管理的第三个要求。

综上所述，企业的目标是生存、发展和获利。企业的这些目标要求在财务管理上应力求保持以收抵支和偿还到期债务的能力，使企业生产经营能永续进行；合法筹集企业发展所需的资金，使企业能在发展中求得生存；通过合理有效地使用资金，使企业获利来实现企业的最终目标。

二、财务管理的基本目标

财务管理的基本目标是指在企业财务管理活动中起主导作用的目标，它是引导企业财务管理的航标。最具代表性的财务管理的基本目标有以下几种：

（一）利润最大化

企业是营利性的经济组织，这种观点认为，利润代表企业新增加的财富，利润越多则企业增加的财富越多，越能体现出企业的本质，而利润作为社会扩大再生产的基础，利润越多也表明企业对资源的利用越合理、对社会的贡献越大。但把利润最大化作为财务管理的基本目标存在诸多缺陷：(1)这里的利润是指企业在一定时期的利润总额，没有考虑利润取得的具体时间，即没有考虑资金的时间价值。(2)没有考虑投入与产出的关系。利润是一个绝对数，它没有考虑所获利润与资金额之间的关系，不便于不同资金规模的企业和同一企业在不同期间利润总额的对比。(3)没有考虑利润与面临的风险关系。(4)强调利润额的增加，有可能使得企业产生追求短期利益的行为，只顾实现目前的最大利润，而不顾企业的长远发展。如一些企业为了完成承包的上缴利润任务，达到工资总额增长的目的，往往费用少摊，损失不计，废品按正品对待，次品按优品计价，计盘盈不计盘亏，利大的商品积极销售，冷背产品长期压库。这样做的结果是资金虚估，利润虚增，潜亏留在账上，一旦清产核资，这些虚估、虚增、潜亏，将使企业和国家遭受重大损失。

（二）每股盈余最大化

这种观点认为，为了克服利润最大化所忽视的投入产出关系，应将企业利润与所有者投资额结合起来考虑，以每股盈余作为财务目标，以说明企业的盈利率，揭示其盈利水平，从而可以在不同资本规模的企业进行对比。但仍未解决利润最大化中所存在的忽视资金时间价值，忽视收益和风险的关系，忽视社会效益，不能避免短期行为。

（三）企业价值最大化或股东财富最大化

企业价值是指企业全部资产的市场价值，它反映了企业潜在或预期的获利能力。对股份公司来说，企业价值最大化就是股东财富最大化，股东财富由其拥有的股票数量和股票市场价格所决定。股票的市场价格体现着投资大众对公司价值所作的客观评价，人们通常以股票的市场价格来代表公司价值或股东财富，股票价格达到最高，股东财富也达到最大。

由于股票市场价格可以全面地反映公司目前和将来的盈利能力、预期收益、资金的时间价值、风险方面的因素及变化，充分体现了对企业资产保值增值的要求，有利于遏制企业追求短期利益的行为。所以企业价值最大化或股东财富最大化被认为是一个较为理想的财务管理基本目标。

该观点的缺陷是：(1)对于非股份制企业，必须经过资产评估才能确定其资产的大小，而在评估时，又受评估标准、评估方式、计算方法的影响，从而影响企业价值的客观性和准确性。(2)对于股份制企业来说，股票价格的变动，不一定都是企业自身的因素，它还要受政治的、经济的各种不确定因素的影响。(3)只强调企业及股东的利益，而忽视了企业与其他方面关系的利益。

三、财务管理的具体目标

财务管理的具体目标是为实现财务管理的基本目标而确定的企业各项具体财务活动所要达到的目标，由以下三个方面组成：

（一）筹资管理目标

企业筹资是企业向资金供应者取得生产经营资金的财务活动。企业以较低资金成本与适度的筹资风险，用合法的方式筹集企业所需生产资金是筹资的目标。

(二)投资管理的目标

在一定时期内,企业可能面临着多个投资决策,而资本总量可能是有限的。因此在投资决策前,要认真分析影响投资决策的各种因素,分析哪些因素是可控因素,哪些是不可控因素,再认真对各投资方案进行可行性分析,确定最优投资组合。

(三)利润分配管理

利润分配管理的目标是按国家规定和企业发展需要处理好积累与消费、当前利益与长远利益、个人与集体、所有者与经营者的关系,为企业实现提高社会效益和经济效益的目的打下基础。

四、财务管理目标的协调

企业财务管理目标是企业价值或股东财富最大化,在这一基本目标确立后,财务活动所涉及的不同利益主体如何进行协调则是财务管理必须解决的问题。

所有者和债权人为企业投入了资产,提供了财务资源,但他们一般处于企业之外,而经营者即管理当局却在企业里直接从事财务管理工作。所有者、经营者和债权人之间构成了企业最重要的财务关系。企业是所有者的企业,财务管理目标是谋求权益资本利润率的满意值,这在很大程度上是所有者孜孜以求的目标。当然,权益资本利润率的提高对于经营者和债权人也是有利的。因此在这一点上大方向是一致的。但经营者受所有者委托管理企业,努力为实现权益资本利润率的满意值而奋斗。但经营者的目的与所有者的目标并不总是一致。债权人将资金借给企业,其目的并不是为了实现企业权益资本金的满意值,与企业所有者的目标并不完全一致。因此,必须协调三种利益主体之间的关系。

(一)所有者与经营者之间的矛盾与协调

在所有权与经营权两权分离后,企业所有者总是期望股东财富最大化,要求经营者尽最大努力实现权益资本金满意值,而执行日常事务管理职能的经营者具体行为的目标则与之不同,他们主要是追求物质报酬和非物质的待遇,较少的劳动时间和较低的劳动程度,避免工作中的风险,不愿为企业争取更高的收益而付出自己更多的代价。从某种意义上说,经营者所得到的利益,正是所有者所失去的利益,在西方,把这种由所有者转让给经营者的利益称为“享受成本”。经营者期望在提高权益资本利益率、增加股东财富的同时能更多地增加享受成本,而所有者则希望实现较高的权益资本利用率同时又支付较少的享受成本,这就是所有者与经营者在追求各自目标方向上存在的利益冲突。在处理这种利益矛盾中,如果所有者过分强调自身的利益,则难以调动经营者的积极性;而经营者如果不顾大局,也会背离所有者的利益。这种背离主要有两种情况:(1)消极运作。

经营者为了自己的利益，不尽最大努力去提高企业经济效益。他们认为，为企业提高权益资本利润率而冒风险和付出高代价是不值得的。企业利润增加了，好处将归于所有者，但若遭受亏损，则自己在经济上和名誉上都将受到损失。因而有的人不求有功，但求无过，不思进取，不积极努力去争取可能到手的效益。而这样做只是职业道德问题，并不构成行政责任，不负法律责任，所有者也很难追究他们的直接责任。(2)逆向运作。经营者为自己的利益，不惜明显地损害所有者的利益，例如，装修豪华的办公室和会议室、购置高档汽车、高档办公用具，借口工作需要请客送礼，有的甚至故意压低本公司股票价格，以自己名义借款购回公司股票，导致股东财富受损，自己从中渔利。

为了解决所有者与经营者在实现理财目标上存在的矛盾，应当建立以下三种机制：

(1)建立激励机制。在企业拥有较充分的自主权以后，经营者对于企业的运筹谋划作用日益重要，对于企业家这种人力资源的价值应予以充分的重视，在待遇上要给予足够的回报。要利用激励机制消除其地位上的不安全感和利益上的不平衡感，促使经营者自觉采取提高企业经济效益的措施，并吸引留住卓有成效的企业家。通常可采用以下激励方式：(1)适当延长经营者任期。对称职的经营者应按公司章程规定用满每届聘任期，优秀者可以连任，有的还可以成为“终身员工”，促使经营者为企业的长远利益而奋斗。(2)实行年薪制。使国有企业、集体企业高层管理人员的年薪逐步与私营企业、外资企业接近，将企业者的报酬同企业的绩效挂钩。(3)实行“绩效股”。在股份制企业中，可用权益资本利润率、每股利润等指标来评价经营的业绩，视业绩大小给予适当数量的股票作为报酬。如果公司的绩效未能达到规定的目标，经营者就会部分或全部地丧失原先持有的“绩效股”。

(2)建立接收机制。这是一种通过市场约束经营者的办法。如果经营者的经营决策失误，经营不力，未能采取一些有效措施使企业价值提高，该经营者的公司就有可能被其他公司强行接收或吞并，经营者也相应地会被解聘。为此，经营者为了避免这种接收，必须采取一切措施提高股票价格，从而实现股东价值最大化的目标。

(3)建立约束机制。经营者背离所有者的经营目标。其原因是双方信息不对称。经营者了解的信息比所有者既多又早，因而出现“内部人控制”的现象。为了解决这一矛盾，就要加强对经营者的监督，并采取必要的制约措施。①实现厂务公开。利用财务报告、厂报、板报等多种形式，及时向所有者和劳动者通报企业情况，包括物资采购、产品营销、财务状况、经营决策、人事安排、收入分配、福利待遇、招待开支、对外投资等情况，使企业的重大经济活动置于所有者、劳动者监督之下。②实行对厂长经理定期审计制度。由股东会委托监事会对厂长、经理进行年末和期中的审计，揭示企业筹资方案、投资方案、经营计划、财务预算、利润分配、管理费用开支、会计信息真实性等。如发现经营者损害企业利益要立即予以纠正。③实行严格的奖惩制度。当发现经营人员不认真履行职责，以至给企业造成经济损失时，股东会和监事会应采取制裁措施，如降低福利待遇、调低年薪标准、处以罚款、降级使用直至解聘。

(二)所有者与债权人的矛盾与协调

企业向债权人借入资金以后，两者之间也形成一种委托代理关系。债权人把资金借给企业，意在获得约定的利息收入并到期收回本金；而企业借款则是为了扩大经营，投资有风险的生产经营项目，两者的目标并不一致。

债权人事前知道借出资金是有风险的，并把这种风险的应得报酬计入利息中，在确定利息率时通常要考虑企业现有资产的风险和新增资产的风险，企业现有的负债比率和预期未来的资本结构。但是，借款合同一旦成为事实，资金到了企业手中，债权人就失去了控制权，所有者为了谋求自身利益可以通过经营者而损害债权人利益。这样，在实现企业理财目标上所有者与债权人就发生了矛盾。主要有两种情况：(1)所有者不经债权人同意，把借款投资于比债权人预期风险要高的其他项目。如果高风险的投资计划侥幸成功，超额的利润归所有者所有；如果计划不幸失败，债权人将要与股东共同承担由此造成的损失，万一企业破产，破产财产不足以偿债，债权人收回本利的计划就要落空。(2)股东为了提高公司的权益资本利润率，不征得原有债权人的同意，指令管理当局发行新债，致使旧债券价值降低，原有债权人蒙受损失。因为发行新债后企业负债比率提高，企业破产的可能性增大，万一破产，旧债权人连同新债权人共同分配破产后的财产，因而旧债权人风险增加，价值降低。

为了协调所有者与债权人之间的利益冲突，企业管理当局在谋求股东财富的同时，必须公平对待债权人，遵守债务契约的条款精神。企业管理当局应积极与债权人沟通，向债权人公布企业举债规模和债务资金使用情况；如需发行新债或改变原有资金的用途，应及时向债权人说明情况，求得他们的理解与合作，必要时在经济上给予补偿。应当在借款合同中加入限制性条款，如规定借款用途、借款担保条款和借款信用条件、限制发行新债的数额等。而当债权人发现合同有侵蚀债券价值的意图和行为时，可拒绝进一步合作，提前收回债权或不再给予公司新的借款，以维护自身的权益。

(三)所有者目标与社会目标的冲突与协调

所有者与政府(社会)之间的关系，主要体现在企业对政府(社会)承担的责任上，一般情况下，企业财务目标与社会目标基本上是一致的。但有时企业为了自身的利益会做出忽视甚至背离政府(社会)利益的行为。当企业财务目标与社会财务目标一致时,企业扩大生产规模,解决社会就业问题;企业为扩大生产和发展,生产出物美价廉的新产品,满足社会的需求,企业的利益是对社会的贡献,企业支持社会公益事业的发展。当企业可能为了自身的利益而背离社会的利益时,生产出伪劣产品,不顾职工的健康与利益,污染环境,损害他人利益。为了防止所有者与政府(社会)的冲突加剧,可采取如下几种协调方法:

(1)立法。通过立法规定企业应承担的社会责任。

(2)建立行业自律准则,使企业受到商业道德约束。

(3)社会监督。要求企业随时接受舆论、媒体、群众和政府有关部门的监督。

第三节 财务管理环境

财务管理的环境是财务管理赖以生存的“土壤”,是企业开展财务活动的“舞台”。企业在进行财务管理之前,必须对财务管理的环境进行研究。

财务管理的环境又称“理财环境”,是指对企业财务活动和财务管理产生影响作用的内外部各种条件。理财环境对企业的财务活动有重大的影响,企业只有在理财环境的各种因素的作用下实现财务活动的协调、平衡,才能获得生存和发展。如果企业财务管理人员善于研究理财环境,能够科学地预测理财环境的变化并采取有效的措施,也会对理财环境起到影响作用。从这个意义上讲,企业进行财务管理时,只有以理财环境为依据,才能正确地进行财务决策和制定财务策略。

一、财务管理的经济环境

财务管理的经济环境是指影响企业财务管理的各种宏观经济因素,主要包括经济周期、经济发展水平、经济政策和竞争等。

(一)经济周期

在市场经济条件下,经济的发展与运行带有波动性,这种波动大体经历复苏、繁荣、衰退和萧条几个阶段的循环,这种循环为经济周期。资本主义经济周期是人所共有的现象。西方财务学者曾探讨了经济周期中的理财策略,其要点如表 1-1 所示。

表 1-1　经济周期理财策略

复　苏	繁　荣	衰　退	萧　条
(1)增加厂房设备	(1)扩充厂房设备	(1)停止扩张	(1)建立投资标准
(2)实行长期租赁	(2)继续增加存货	(2)出售多余设备	(2)保护市场份额
(3)增加存货	(3)提高价格	(3)停产不利产品	(3)减少管理费用
(4)开发新产品	(4)进行营销规划	(4)停止长期采购	(4)放弃次要利益
(5)增加劳动力	(5)增加劳动力	(5)削减存货	(5)削减存货
		(6)停止雇用员工	(6)裁减雇员

企业的筹资、投资和利润分配等财务管理活动都要接受这种经济波动的影响。例如，在银根紧缩时期，社会资金十分短缺，利率上升，在这样的资金市场环境下，企业的筹资活动会遇到困难，进而会影响企业的生产经营活动。因此，企业财务管理人员必须认识到经济周期对企业财务活动的影响，及时在经济波动时期调整理财策略。

（二）经济发展水平

一定时期内国民经济的发展水平影响着企业的发展水平。国民经济发展速度加快，既会给企业扩大生产规模、调整资本结构和生产经营方向，打开新的市场以及拓宽财务的领域带来机遇。同时，在企业的高速发展过程中资金紧缺将是企业长期存在的矛盾，这又给企业财务管理带来了严峻的挑战。因此，企业财务管理应当以宏观经济发展目标为导向，力求适应国民经济的发展水平，保证企业经营目标的实现。

（三）经济政策

国家的经济政策将直接影响企业的财务活动。我国自推行经济体制改革以来，对诸如财政税收体制、金融体制、外汇体制、计划体制、投资体制、社会保障制度等都进行了卓有成效的改革。所有这些改革措施，既深刻地影响着我国的经济生活，也深刻地影响着我国企业的发展和企业财务管理活动的进行。因此，如何把握国家经济政策脉搏，更好地为企业的经营理财活动服务，也是对企业财务管理人员的基本要求。

（四）竞争

市场经济中存在着激烈的竞争，这是任何企业必须应对的问题。竞争能使企业选拔更好的人才、采用更好的技术、应用更好的管理方法等来提高自身的市场竞争能力，从而促进整个经济的发展。竞争对于企业来说，既是一种企业发展的机会，也是一种威胁。因为企业为了取得有利的竞争地位，往往会增加投入，一旦成功，报酬会提高，而一旦失败，企业的竞争地位会更不利。

二、财务管理的法律环境

市场经济的重要特征就在于它是以法律规范和市场规则为特征的经济制度。法律为企业的生产经营活动规定了活动方向，也为企业在相应的空间内自由地进行生产经营和财务管理提供了法律上的保护。

(一)企业组织形式

企业是市场经济的主体，不同类型的企业所适应的法律方向有所不同，了解企业的组成形式，有助于企业财务管理活动开展。按企业组成形式，可分为独资企业、合伙企业和公司。

1. 独资企业

独资企业是指依法设立，由一个自然人投资，财产为投资人个人所有，投资人以其个人财产对公司债务承担无限责任的经营实体。它具有以下法律特征：

(1)只有一个出资者。

(2)承担无限责任。独资人直接拥有企业的全部资产并直接负责企业的全部负债。

(3)独资企业不作为企业所得税的纳税主体。一般而言，独资企业并不作为企业所得税的纳税主体，其收入归所有者与其他收益一并计算缴纳个人所得税。

独资企业具有结构简单、容易开办、利润独享、风险独担、限制较少、转行较快等优点。但也存在无法克服的缺点：出资者负有无限偿债责任，个人财力有限，且企业往往由于信用不足而存在筹资障碍。

2. 合伙企业

合伙企业是依法设立，由各合伙人订立合伙协议，共同出资、合伙经营、利益共享、风险共担，并对合伙企业债务承担无限连带责任的盈利组织。它具有如下法律特征：

(1)有两个以上合伙人，并且都是具有完全行为能力，依法承担无限责任。

(2)有书面合作协议，依照协议享有权利，承担责任。

(3)有各合伙人实际交付的资产。合伙人可以用货币、实物、土地使用权、品牌和技术配方等无形资产出资，经全体合伙人协商，合伙人也可以用劳务出资，其评估作价由全体合伙人协商确定。

(4)合伙企业改变名称，向登记机关申请办理企业变更登记手续、处理不动产或财产权利、为他人提供保险、聘任企业经营管理人员等重要事务，均需全体合伙人一致同意。

(5)合伙企业的利润和亏损，由合伙人依照协议约定的比例分配和分担，合伙协议未约定利润分配和亏损分担比例的，由合伙人平均分配和分担。

(6)各合伙人对企业债务承担无限连带责任。

合伙企业具有开办容易、信用相对较佳的优点，但也存在责任无限、权利不够集中、有时决策过程复杂和冗长等缺点。

3. 公司

公司是指依照公司法登记设立以其全部法人财产，依法自主经营、自负盈亏的企业法人。公司享有由股东投资形成的全部法人财产权，依法享有民事权利，承担民事责任。公司股东作为出资者按投入公司的资本额享有所有者的资产受益、重大决策和选择管理者等权利，并以其出资额或所持股份为限对公司承担有限责任。我国公司法所称公司指有限责任公司与股份有限公司。

(1)有限责任公司。有限责任公司是指由 50 个以下股东共同出资，每个股东以其所认缴的出资额为限对公司承担有限责任，公司以其全部资产对其债务承担责任的企业法人。其特征为公司的资本总额不分为等额的股份；公司向股东签发出资证明书，不发股票；公司股份的转让有较严格限制；限制股东人数，不得超过一定限额以避免股权不过于分散；股东以其出资额比例享受权利、承担义务；股东以其出资额为限对公司承担有限责任。

(2)股份有限公司。股份有限公司是指其全部资本分为等额股份，股东以其所持股份为限对公司承担责任，公司以其全部资产对公司的债务承担责任的企业法人。其特征为公司的资本划分为股份，每一股的金额相等；公司的股份采用股票的形式，股票是公司签发的证明股东所持股份的凭证；同股同权，同股同利；股东出席股东大会，所持每一股份有一表决权；股东可以依法转让持有的股份；股东不得少于规定的数目，但无上限限制；股东以其所持股份为限对公司债务承担有限责任。与独资企业和合伙企业相比，股份有限公司的特点是：(1)有限责任。股东对股份有限公司的债务承担有限责任，公司如破产清算，股东的损失以其对公司的投资额为限。而对独资企业如合伙企业，其所有者可能损失更多，甚至损失个人的全部财产。(2)永续存在。股份有限公司的法人地位不受某些股东死亡或转让股份的影响，因此，其寿命较之独资企业或合伙企业有保障。(3)可转让性。一般而言，股份有限公司的股份转让比独资或合伙企业的权益转让更为容易。(4)易于筹资。股份有限公司因其永续存在及举债和投股的空间大，因而具有重大的筹资能力和筹资弹性。作为一种企业组织形式，股份有限公司也有缺陷，最大的缺陷是对公司的收益重复纳税：公司的收益先要缴纳公司所得税；税后利润以现金股利分配给股东后，股东还要缴纳个人所得税。

(二)企业组织法律规范

企业组织必须依法成立。组建不同企业要依照不同的法律规范。它们包括

《中华人民共和国公司法》、《中华人民共和国个人独资企业法》、《中华人民共和国合伙企业法》、《中华人民共和国全民所有制企业法》、《中华人民共和国外资企业法》、《中华人民共和国中外合资经营企业法》、《中华人民共和国中外合作经营企业法》等。这些法律既是企业的组织法,又是企业的行为法。

例如,《中华人民共和国公司法》,对公司企业的设立条件、设立程序、组织机构、组织变更和终止的条件及程序等都作了规定。包括股东人数、法定资本的最低限额、筹资方式等。只有按规定条件和程序建立的企业才能成为“公司”。同时《公司法》还对生产经营的主要方面作出了规定,包括股票的发行和交易、债券的发行和转让、利润的分配等。公司一旦成立,其主要的活动,包括财务管理活动,都要按《公司法》来进行,公司的理财活动不能违反该法律。其他企业也要按相应的企业法来进行理财活动。

从财务管理角度来看,非公司企业与公司企业有很多不同。非公司企业所有者,他们占有企业全部盈利或承担全部损失,一旦经营失败必须抵押个人的财产,承担无限责任;公司企业的股东在经营失败时等经济责任以出资额为限,承担有限责任。

(三)税收法律规范

税法是由国家机关指定的调整税收征纳关系及其管理关系的法律规范的总称。有关税收的立法分为:所得税法规、流转税法规、其他地方税法规。税负是企业的一种费用,会增加企业的现金流出,对企业理财有重大影响。企业无不希望在不违反税法的前提下减少税务负担,但税负的减少只能靠科学地、精心地安排筹资、投资和利润分配,而不应该在纳税行为已产生时去偷税漏税。精通税法对财务主管人员有重要意义。

(四)财务法律规范

财务法律规范主要是企业财务通则和行业财务制度。《企业财务通则》是各类企业进行财务活动,进行财务管理的基本规范。经国务院批准由财政部颁布的《企业财务通则》对以下问题作出了规定:建立资本金制度、固定资产折旧、成本的开支范围、利润的分配等。《行业财务制度》是根据《企业财务通则》的规定,为适应不同行业的特点和管理要求,由财政部制定的行业规范。

除上述法律规范外,与企业财务管理有关的其他经济法律规范还有许多,如结算法律法规、证券法律法规、合同法律法规。财务人员要熟悉这些法律法规,在守法的前提下,完成财务管理的职能,实现财务管理的目标。

三、财务管理的金融环境

企业总是需要资金从事投资和经营活动,而资金的取得,除自有资金外,主要从金融机构和金融市场取得。金融环境的变化必然影响企业的筹资、投资和资金运营活动。所以,金融环境是企业最为重要的环境因素。

(一)金融机构

社会资金从资金供应者手中转移到资金需求者手中,大多要通过金融机构。金融机构主要包括:

1. 银行

银行是指经营存款、放款、汇兑、储蓄等金融业务,承担信用中介的金融机构。银行的主要职能是充当信用中介及企业之间的支付中介,提供信用工具,作为投资手段和国民经济的宏观调控手段。我国的银行主要包括:

(1)中央银行,即中国人民银行。

(2)国家专业银行,如中国工商银行、中国农业银行、中国银行、中国建设银行。

(3)国家政策性银行,如国家开发银行、中国进出口银行、中国农业发展银行。

(4)其他银行,如兴业银行、招商银行、光大银行、中信实业银行、广东发展银行、上海浦东发展银行及各省市商业银行。

2. 非银行金融机构

非银行金融机构,主要包括信托投资公司、金融资产管理公司、财务公司、租赁公司、保险公司等。

(二)金融市场

金融市场是指资金供应者和资金需求者双方通过信用工具进行交易而融通资金的市场,也就是实现货币借贷和资金融通,办理各种票据后进行有价证券交易活动的市场。金融市场的种类如图 1-1 所示。

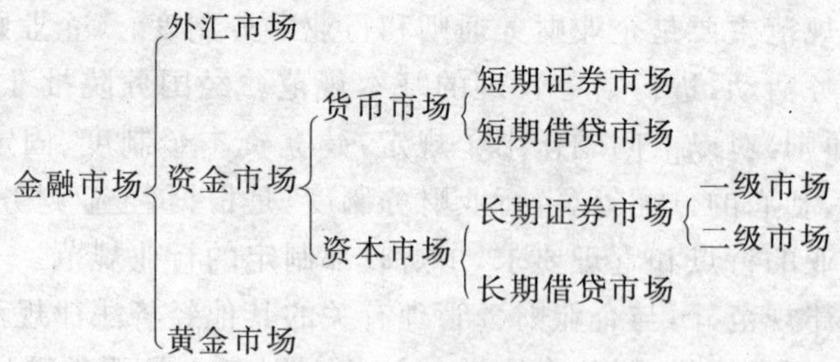

图 1-1　金融市场分类图

需要注意的是:

(1)金融市场是以资金为交易对象的市场。在金融市场上,资金被当作一种“特殊商品”进行交易。

(2)金融市场可以是有形的市场,也可以是无形的市场。前者有固定的场所和工作设备,如银行、证券交易所;后者利用电脑、电话等设备通过经纪人进行资金商品交易活动,而且可以跨越城市、地区和国界。

金融市场对于商品经济的运行,具有充当金融中介、调节资金短缺的功能。从总体上看,建立金融市场,有利于广泛地积聚社会资金,有利于促进地区间的协作,有利于开展资金融通方面的竞争,提高资金使用效率。从财务管理角度来看,金融市场作为资金融通的场所,是企业向社会筹资必不可少的条件,财务管理人员必须熟悉金融市场的各种类型和管理规则,有效地利用金融市场来组织资金的筹措和投资。

(三)利息率

利息率是资金的增值额同投入资金价值的比率,是衡量资金增值程度的数量指标。从资金的借贷关系看,利率是一定时期运用资金这一资源的交易价格。资金作为一种特殊商品,以利率作为价格标准。其融通实质是资源通过利率这个价格标准实行再分配,因此,利率在资金分配及企业财务决策中起着重要作用。

第四节　财务管理环节

一、财务预测

财务预测是根据财务活动的历史资料,考虑现实的要求和条件,对企业未来的财务活动和财务成果作出科学的预计和测算。财务预测的主要任务是:测算各种经营方案的经济效益,为决策提供可靠的依据;预计财务收支的发展变化情况,以确定经营目标;制定各项定额和标准,为编制预算、分解计划指标服务。它包括以下几个步骤:

(一)明确预测目标

财务预测的目标及财务预测的对象不同,则资料的收集、模型的建立、方法的选择及结果的表现形式也有所不同,为了达到预期的效果,必须根据管理决策的需要,明确预测的具体对象和目的,如降低成本、增加利润、加速资金周转等,从而确定预测的范围。

(二)搜集相关资料

根据预测的目的,广泛搜集与预测目标相关的资料,包括内部和外部资料、财务会计和生产技术资料、计划统计和业务核算资料等。除了对所搜集的资料进行准确性、完整性、典型性检查外,还应进行分类、汇总、整理,使资料符合预测的需要。

(三)建立预测模型

根据影响预测对象的各个因素之间的相互联系,建立相应的财务预测模型。常见的财务预测模型包括因果关系预测模型、时间序列预测模型及回归分析预测模型等。

(四)实施财务预测

将经过加工整理的资料代入财务预测模型,选取适当的预测方式,进行定性、定量分析,确定预测结果。

二、财务决策

财务决策是根据企业经营战略的要求和国家宏观经济政策的要求,从提高企业经济效益的理财目标出发,在若干个可以选择的财务活动方案中,选择一个最优方案的过程。在财务活动预测方案只有一个时,决定是否采用这个方案也属于决策问题。在市场经济条件下,财务管理的核心是财务决策。在财务预测基础上所进行的财务决策,是编制财务预算、进行财务控制的基础。决策的成功是最大的成功,决策的失误是最大的失误,决策关系着企业的成败兴衰。

财务决策包括以下步骤:

(一)确定决策目标

根据企业经营目标,在调查研究财务状况的基础上确定财务决策所要解决的问题,如设备更新改造和购置的决策、对外投资决策、发行债券和股票的决策,然后搜集企业内部的各种信息和外部的情报资料,为解决决策面临的问题作好准备。

(二)拟定备选方案

在预测未来有关因素的基础上,提出各种为达到财务决策目标而考虑的各种备选的方案。拟定备选方案时,对方案中决定现金流出、流入的各种因素,要作周密的查定和计划;拟定备选方案后,还要研究各方案的可行性,各方案实施的有利条件和制约条件。

(三)评价各种方案,选择最优方案

备选方案提出后,根据一定的评价标准,采用有关的评价方式,评定出各方案的优劣或经济价值,从中选择一个预期效果最佳的财务决策方案。经择优选出的方案,如涉及重要的财务活动,如筹资方案、投资方案等,还要进行一次鉴定,经过专家鉴定认为决策方案切实可行,方能付诸实施。

财务决策的方法,主要有数学模型法——损益决策法、线性规划法、概率决策法;其次是优选对比法——指标对比法、总量对比法、差量对比法。

三、财务预算

财务预算是指运用科学的技术手段和数学方法，对目标进行综合平衡，制定主要计划指标，拟定增产节约措施，协调各项计划指标。它是落实企业奋斗目标和保证措施的必要环节。财务预测是以财务决策确定的方案和财务预测提供的信息为基础来编制的，它是财务预测和财务决策的具体化、系统化，又是控制财务技术活动、分析生产经营成果的依据。

(一)分析主客观条件，确定主要指标

它是按照国家产业政策和企业财务决策的要求，根据供产销条件和企业生产能力，运用各种科学方法，分析与确定和经营目标有关的各种因素，按照总体经济效益的原则，确定出主要的计划指标。

(二)安排生产要素，组织综合平衡

合理安排人力、物力、财力，使之与经营目标的要求相适应。在财力平衡方面，要组织财务支出和财务收入的平衡、流动资金和固定资金的平衡、资金运用和资金来源的平衡。还应努力挖掘企业潜力，从提高经济效益出发，对企业各方面生产经营活动提出要求，制定好各单位的增产节约措施，制定和修订各项定额，保证计划指标的落实。

四、财务控制

财务控制是在财务管理的过程中利用有关信息和特定手段对各单位财务活动进行调节，以便实现财务预算指标，提高经济效益。实施财务控制是落实预算任务、保证预算实现的有效措施。一般地，财务控制要经过如下步骤：

(一)制定控制标准，分解落实责任

按照责权利相结合的原则，将预算任务的标准以指标的形式分解到车间(分厂)、处室、班组甚至个人。这样，企业内部各个单位、每位职工都有明确的工作要求，便于落实责任、检查考核。

(二)实施追踪控制，及时调整误差

在日常财务活动中，应采取各种手段，对资金的收付、费用的支出、物资的占用等实施事先控制，凡是符合规定标准的，就给予支持；凡是超过规定标准的，则予以限制，并进行处理。在预算执行过程中应将实际数与预算数进行对比，还应对结果与目标的差异及时进行调整，以消除差异，顺利实现预算指标。

(三)分析执行差异，严格考核与奖惩

企业在一定时期终了时，应对各责任单位的预算执行情况进行分析、评价，考核各项财务指标的执行结果。把财务指标的考核纳入各级岗位责任制，实行奖优罚劣。

五、财务分析

财务分析是指根据核算资料，运用特定方法，对企业财务活动过程及其结果进行分析和评价的一项工作。通过财务分析，可以掌握各项财务预算的完成情况，评价财务状况，掌握财务活动的规律性，做好财务预测、决策、预算和控制。财务分析包括以下步骤：

(一)详细占有资料，充分掌握信息

开展财务分析必须充分占有有关资料和信息。财务分析所用的资料通常包括财务预算等计划资料、本期财务报表等实际资料、财务历史资料和市场调查资料。

(二)对比指标，揭露矛盾

对比分析是揭露矛盾、发现问题的基本方法。财务分析要在充分占有资料的基础上，通过数量指标的对比来评价企业业绩，发现问题，找出差异。

(三)分析原因，明确责任

影响企业财务活动因素，有生产方面的也有技术方面的；有经济管理方面的也有政治思想方面的；有企业内部的也有企业外部的。这就要求财务人员运用一定的方法从纷繁复杂的因素中找出影响财务指标的主要因素，以便抓住主要矛盾，解决关键问题。

(四)提出措施，改进工作

财务分析要在掌握大量资料的基础上，去粗取精、去伪存真，找出各种财务活动之间以及财务活动同其他经济活动之间的本质联系，然后提出切实可行的改进措施，推动企业财务管理工作的开展。

第五节　财务管理体制

财务管理体制是企业财务管理内容、组织和制度的总称，是企业完成财务活动处理各种财务关系，实现财务目标的载体。

我国实行社会主义市场经济，将国有企业的改革方向确定为建立现代企业制度。根据现代企业制度要求，构建企业财务管理体制，既要规范企业对外财务行为和财务关系，又要规范企业内部的财务进行方式和财务关系。

一、企业总体财务管理体制

企业总体财务管理体制是现代企业制度的重要方面，它主要解决企业对外的财务行为和财务关系问题。

建立企业财务管理体制,应当按照社会主义市场经济体制和完善企业经营机制的基本要求去进行。要"使企业适应市场的要求,成为依法自主经营、自负盈亏、自我发展、自我约束的商品生产和经营单位,成为独立享有民事权利和承担民事义务的企业法人",要"建立适应市场经济要求,产权明晰、权责明确、政企分开、管理科学的现代企业制度",这就是企业财务管理体制改革的基本依据。

建立在公有制基础上,两权分离条件下,企业自主经营、自负盈亏的财务管理模式,并在企业内部实行分级分权管理。着重应建立如下制度:

(1)企业资本金制度。要明确企业资金供应的来源渠道,各种资金的筹集方式,股票、债券等的发行和流通方式,各类企业出资的最低限额,资本金登记制度、资本保全要求等。

(2)固定资产折旧制度。要明确企业固定资产的划分标准如资金来源、计提固定资产折旧的范围及分类、固定资产折旧年限、计提折旧的方法、直线折旧和加速折旧的应用范围等。

(3)成本开支范围制度。要明确企业各种支出的计列方法,允许列入成本的范围,期间费用的开支范围、支出标准及摊销方法,还要规范成本的计算方法。

(4)利润分配制度。要明确规定企业销售收入实现的目标、利润构成、利润总额和所得税中允许调整的项目,净利润中公积金、公益金提留比例,向投资者分配利润的顺序等。

二、企业财务分权分层管理

现代企业应该适应公司治理结构,建立适当的财务治理机构。财务治理机构就是规范所有者和经营者财务权限、财务责任和财务利益的制度安排。实践经验证明:对于一个财务管理主体,要建立"两权三层"的财务治理结构。

(一)"两权三层"管理的基本框架

所有者和经营者是针对同一个财务主体而言的。研究企业内部财务管理体制,首先要确立财务主体的概念。理财主体是独立进行财务活动、实施自主理财的单位或个人,它同时也界定了财务活动的空间范围。只有确定了谁是理财主体,才能明确财务管理权限和责任的归属,才能把某一理财主体的资金所涉及的财务关系同其他理财主体区分开。对企业财务管理而言,各种组织形式的企业都是理财主体。其中独资、合伙企业不是法人实体,而公司制企业则既是理财主体,又是法人实体。大型公司下设的分公司不是理财主体,而企业集团控股的子公司则是理财主体。对于一个理财主体来说,在所有权与经营权相分离的条件下,所有者和经营者对企业财务管理有不同的权限,要进行分权管理,这就是所谓的“两权”。

所有者财务管理和经营者财务管理，按照公司的组织结构，分别由股东会、董事会、经理层来实施，进行财务分层管理，这就是所谓的“三层”。

在企业采取公司制组织形式的条件下，股东作为出资者拥有财产所有权(股权)，所以股东会实行所有者财务管理。董事会与股东会之间是以一种信任托管关系，其关系通过公司章程加以约定。董事会是股东的委托人，承担受托责任，受股东会的信任委托，托管公司的法人财产和负责公司的经营。董事会拥有约束的法人财产权和有约束的经营权。企业的董事一般是从出资额较大的股东中选举产生的，作为企业法人代表的董事长则一般是出资额最大的股东。因此，董事会成员既是原始出资人，又受雇于全体股东；从权能方面看，具有所有者和经营者的双重身份。董事会也具有所有者财务管理和经营者财务管理的两种职能，董事会对企业财务管理在行使权限方面代表出资者，而在承担责任方面则代表经营者。总经理是受雇者，是董事会的委托人，拥有企业经营管理权。总经理和董事会的委托代理关系通过聘任契约加以约束。总经理即企业经理层对企业财务的管理属于经营者财务管理。

“两权三层”的企业财务治理结构如图 1-2 所示。

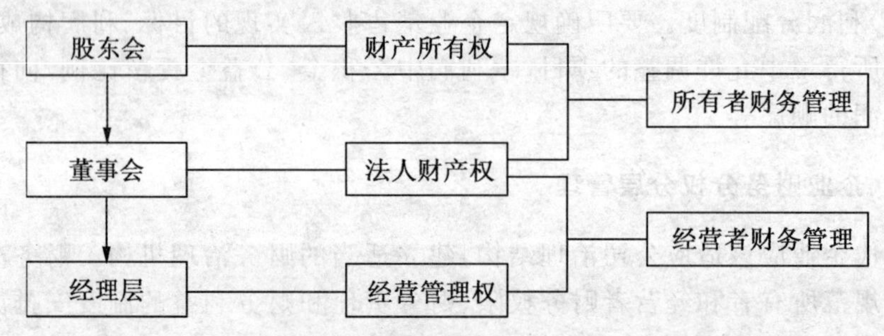

图 1-2　企业财务管理结构

(二)“两权三层”管理的内容

所有者财务管理的对象，是所有者对企业投入的资本，而经营者管理的对象则是企业的法人财产。这两者管理对向上的差别是两权分离的结果。它表明出资者只对投入的资本及其权益行使产权管理，而经营者则对构成企业法人的全部财产行使产权管理，对出资者承担资本保值增值的责任。三个层次财务管理的主要内容如下：

1. 股东大会。股东大会着眼于企业长远规划发展和主要目标，实施重大的财务战略，进行重大的财务决策。其主要管理内容为：(1)决定公司的经营方针和投资计划；(2)审议、批准年度财务预算、财务决策；(3)审议、批准利润分配方案和亏损弥补方案;(4)对公司增加或减少注册资本作出决定;(5)对发行公司股票、债券作出决定;(6)对公司并购、分立、解散和清算作出决定,等等。

2. 董事会。董事会着眼于企业的中、长期发展,实施具体财务战略,进行财务决策。其主要管理内容为:(1)决定公司的经营计划和投资方案;(2)制定年度财务预、决算方案;(3)制定利润分配方案和亏损弥补方案;(4)制定增加或减少注册资本金的方案;(5)制定发行公司股票、债权的方案;(6)拟定公司购并、分立、解散和清算的方案;(7)决定公司内部财务管理机构的设置;(8)聘任或者解聘经理和财务负责人,等等。

3. 经理层。经理层对董事会负责,着眼于企业短期经营行为,执行财务战略,进行财务控制。其主要管理内容为:(1)组织实施公司年度经营计划和投资方案;(2)组织实施年度财务预算方案;(3)组织实施利润分配方案或者亏损弥补方案;(4)组织适时增加或减少注册资本金方案;(5)组织实施发行公司股票、债券的方案;(6)组织实施公司购并、分立、解散和清理的方案;(7)拟订公司内部财务管理机构设置方案;(8)提请聘任或者解雇经理和财务负责人,聘任或解聘财务管理人员,等等。

(三)财务总监制度

财务总监制度源于西方国家,是公司制产生以后西方企业管理制度的一项重要内容。美国《财富》杂志评选的全球500强企业均设有财务总监,我国从1995年开始大中型企业也陆续设财务总监,由财务总监代表所有者对企业经理层的财务活动进行财务监督。

1. 建立财务总监的必要性。财务总监制度产生和存在的客观前提是所有权和经营权的分离。在两权分离的条件下,由于经营者和所有者在利益上不完全一致,根据需要设立代表所有者利益的专业人员对企业经理层即经营者进行财务监督。具体来说,建立财务总监的制度必要性在于:

(1)董事会需要对经理层进行有效的监督。在许多公司里,董事会和经理层两套班子的人员不少是相互兼职的。这样形成了董事自己聘任自己当经理、自己监督自己、自己评价自己的情况。在实际工作中,经理常常改变董事会甚至股东会有关决策,不听决策者指挥自行其是,事后也不报告,因此就需要董事会指派具有财务管理专门知识并有相当能力的专业人员来对经理层进行财务监督。

(2)外部控制机制弱化需要内部监督加以辅助。由于国家投资主体的不确定性,国有企业的所有权主体往往被分散到若干不同的行政机关手中,使政府对国有企业的控制,一方面表现为行政上的“超强控制”,另一方面表现为产权上的“超弱控制”。部分经理人员利用政府在产权上的“超弱控制”形成事实上的“内部人控制”,推卸责任,转嫁风险。为解决这一矛盾,也需要设立财务总监对经理人员进行监督，并进行必要的考评。

2. 财务总监的地位和作用。财务总监由公司董事会任命，有的还作为委派的董事进入董事会。它代表所有者的利益，作为所有者的代表对经营者进行的财务活动加以约束。财务总监以产权为依据行使权力，体现的是一种来自产权约束的监督关系。因此，总的说来，财务总监的监督行为属于所有者财务管理。

财务总监可发挥如下作用：

(1)可以起到约束经理人员、限制“内部人控制”的作用。因为角色不同，企业经营者的利益同所有者在利益上有不完全一致的一面，这样就可能产生经营者为了自身利益而损害甚至背离所有者利益的情况，即出现“内部人控制”。在目前我们尚未完全摆脱所有者主体缺位的情况下，就更容易产生经营者行为失控的现象。要完全改变这种情况是很难做到的。但企业所有者通过授予财务总监以监督和约束经营者行为的权利可以起到一定的作用。通过财务总监所进行的财务监督，如对企业财务计划的制定有权参与，对财务计划的执行有权调控，对筹资方案有权研讨，对重大资金的调拨使用有权联签，对财务报告的真实可靠有权审查签署等，这样可以规范企业的财务活动，解决会计信息失真、财务收支混乱、经营决策失误、国有资产流失等问题。

(2)可以发挥其他监督形式所不能实现的作用。企业已有的监督形式并不少，有会计监督、内部审计监督、监事会监督，有的还有工会和纪委监督。这些监督形式固然各有优点，但都存在一定的局限性。如会计监督和内部审计监督都是经营者实施的监督，只对经营者负责，并不代表所有者利益；根据《国有企业财产监督管理条例》设立的监事会是政府机构派出的对企业资产增值保值实施监督的组织，它是主要代表政府利益进行的事后监督；工会和纪委的监督，是代表党群利益，根据有关条例和法律规定进行的监督，主要是从思想、道德、政治品质方面进行监督，具有一定的滞后性，且由于经济体制的多元化及其他原因，许多企业还没有工会和党组织。而财务总监的监督则不同，它代表所有者的利益，而且其监督贯穿于企业生产经营和财务收支的事前、事中、事后的全过程。因而，财务总监可以掌握企业各部门活动的各种信息，能够成为对企业经理人员履行权利、义务情况的敏感观测者，能够采取灵活多样的协调手段促使代理契约得到高效率、低成本的实施。

3. 财务总监的职责

根据董事会的授权，财务总监主要具有如下职权：

(1)参与制定公司的财务管理制度，监督检查公司各级财务活动和收支情况；

(2)参与拟定发行债券、股票的方案；

(3)参与拟定财务预算方案、决策方案；

(4)审核公司对内对外项目投资的可行性，特别是经济效益方面的可行性；

(5)参与拟定所属部门和二级公司的经营目标、方案；

(6)财务总监与总经理联签批准规定限额内的经营性、投资性资金支出，汇往境外资金和担保贷款事项；

(7)参与拟定公司利润分配方案和亏损弥补方案；

(8)审核公司的财务报告，与总经理共同确认其真实性，报本公司董事会和国有资产产权部门；

(9)定期向国有资产产权部门报告本企业的资产和经济效益变化情况，重大经营问题及时报告。

财务总监的责任是：

(1)与总经理对上报的公司财务报告的真实性共同承担责任；

(2)对国有资产的流失承担相应责任；

(3)对公司重大投资项目决策失误造成的经济损失承担相应责任；

(4)对公司严重违反财经纪律行为承担相应责任。

三、企业内部财务管理方式

企业内部财务管理方式主要是提高企业内部各项财务活动的运行方式，确定企业内部各部门、分厂(车间)、二级公司之间的财务关系。它要与企业总体财务管理体制、企业规模大小相适应。大体上有两种方式。

在小型企业，通常采用一级核算方式。

财务管理权限集中于厂部，厂部统一安排各项资金、处理财务收支、核算成本和盈亏；二级单位(车间或班组)一般只负责管理、登记所使用的财产、物资，记录直接开支的费用，不负责管理资金，不进行收支结算，不核算成本和盈亏。

在大中型企业，通常采用二级核算方式。除厂部统一安排各项资金、处理财务收支、核算成本和盈亏以外，二级单位(分厂或车间)要负责管理一部分资金，核算成本，有的还要计算盈亏，相互之间的经济往来要进行内部计价、结算，对于资金、成本等要核定计划指标，定期进行考核。

在厂内经济核算之下，确定企业内部财务管理体制应主要制定以下制度：

1. 资金控制制度。要将流动资金占用指标分解落实到各级各部门，对车间要规定在制品资金定额、储备资金定额及固定资产需要量，使车间对资金占用承担一定的经济责任，定期进行考核。

2. 内部结算制度。企业建立内部结算中心(内部银行)，内部各单位的经济往来包括领用材料、使用半成品和劳务、提交半成品或劳务，要按照内部结算价格进行计价结算，并且采用一定的结算凭证，如内部结算单、内部托收单、内部支票等办理结算手续，以分清经济责任，加强经济核算。

3. 收支管理制度。除降低成本指标分解落实到各级各部门外，对车间要计算收入、支出，确定经营成果。车间生产的半成品、成品视为车间完工产品，按内部结算价格支付价款作为车间收入，这样车间就有较完整的资金运动概念。

4. 物质奖励制度。要根据各级各车间经济指标的完成情况，主要是根据资金使用、经营成果的情况，给予奖励。车间还要根据职工的劳动成果采取一定的方式分配奖金。

四、财务管理机构的建立

财务管理机构的设置，因企业规模大小而有差异，同时它同经济管理体制和经济发展水平紧密相联。

在计划经济体制下，我国国有企业大都是将财务机构和会计机构合并设置，这种模式是同传统管理体制相适应的。管理执行型企业只是按上级规定进行收支，企业中为数不多的财务管理活动从属于国家财政和企业主管部门，财务活动业务手续在车间会计核算中即可顺便完成。

改革开放以后，企业的财务活动发生了巨大而深刻的变化。企业的筹资渠道、方式越来越多样化，投资规模日益增大，利润分配涉及面更加广泛，财务关系也更趋复杂。在这种形势下，财务管理的独立地位越来越突出，就产生了财务机构同会计机构分别设置的需要。

随着社会主义市场经济向深度和广度上的发展及巨型企业、跨国公司的产生，财务管理的内容越来越丰富，理财环境越来越复杂，财务公司应运而生。

因此，目前企业并存着以下三种财务管理机构：

1. 以会计为轴心的财务管理机构

这种机构同时将会计与财务合二为一，具备会计核算与财务管理两种职能。在该机构内部，以会计核算职能为轴心来划分内部职责，在内部设立存货、长期资产、结算、出纳、成本、报表等分部门，有的也单设财务分部门。这种财务管理机构一般适应中小型企业。

2. 与会计机构并行的财务管理机构

这种机构实行会计核算职能与财务管理职能的分离。财务管理职能由独立于会计核算职能之外的财务管理机构进行，它专司筹资、投资和分配或者组织资金活动之职。在该机构内部，以财务管理职能或财务活动为轴心来划分内部职责，典型形式是设立规划部、经营部和信贷部，分别负责预测、计划、筹资和运用资金、进行信用调查等。这种财务管理机构主要适应大型企业。

3. 公司型财务管理机构

这种机构本身是一个独立的公司法人，独立对外从事各种财务活动，而且在公司内部除了设立从事财务活动的业务部门外，还设立作为一般公司所需的行政部门。这种财务管理机构通常称为财务公司，一般设立于集团公司或跨国公司内部，其主要职责是负责集团或跨国公司的整体财务管理和各成员企业之间的协调。

本章习题

一、填空题

1. 财务管理是组织__________，处理企业与相关利益主体之间__________的综合性管理工作。

2. 财务管理着重于__________，它通过资金、成本、利润等的管理，对价值的形成、实现和分配进行分析、控制和决策。

3. 狭义的投资仅指企业对外部的资金投放，而广义的投资包括企业内部的__________和外部的__________。

4. 企业是实现__________、__________、__________、__________的经济组织，它的生存与发展必须以__________为基础。

5. 为解决所有者与经营者在实现理财目标上存在的矛盾，应当建立以下三种机制，即__________、__________、__________。

6. 我国的银行分为四类：__________、__________、__________、__________。

7. 对于一个理财主体来说，在__________与__________相分离的条件下，所有者对企业财务管理有不同的权限，要进行分权管理，这就是所谓的“两权”。

8. 所有者财务管理和经营者财务管理，按照合同的组织结构分别由______、__________、__________来实施，进行财务分层管理，这就是所谓的“三层”。

9. 财务管理的目标也称“理财目标”，是指企业财务管理要达到的________，它体现了企业财务管理的__________。

10. 公司享有由股东投资形成的全部__________，依法享有__________，承担__________。

二、单项选择题

1. 财务管理区别于企业其他管理的基本特征，在于它是一种(　　)。

A. 物资管理　　B. 价值管理　　C. 使用价值管理　D. 劳动管理

2. 财务管理的最优目标是(　　)。

A. 利润最大化　　B. 每股利润最大化

C. 风险最小化　　D. 企业价值最大化

3. 财务关系是指企业在财务活动中与相关方面形成的(　　)。

A. 货币关系　B. 结算关系　C. 经济利益关系　D. 往来关系

4. 企业财务关系中最为重要的关系是(　　)。

A. 股东与经营者之间的关系

B. 股东与债权人之间的关系

C. 股东、经营者与经营者之间的关系

D. 企业与作为社会管理者的政府有关部门、社会公众之间的关系

5. 以企业价值最大化作为财务管理目标存在的问题有(　　)。

A. 没有考虑资金的时间价值　　B. 没有考虑投资的风险价值

C. 企业的价值难以评定　　D. 容易引起企业的短期行为

6. (　　)是财务预测和财务决策的具体化,是财务控制和财务分析的依据。

A. 财务预测　B. 财务决策　C. 财务控制　D. 财务预算

7. 下列属于财务管理的法律环境的是(　　)。

A. 经济周期　　B. 企业组织的法律规范

C. 经济发展水平　　D. 经济政策

8. 企业价值最大化目标强调的是企业(　　)。

A. 预期获利能力　　B. 实际获利能力

C. 现有生产能力　　D. 潜在销售能力

9. 作为企业财务管理目标,每股利润最大化目标较之利润最大化的优点在于(　　)。

A. 考虑了资金的时间价值

B. 考虑了投资风险价值

C. 反映了创造利润与投入资本之间的关系

D. 能够避免企业的短期行为

10. 财务管理的目标可用股东财富最大化来表示,能表明股东财富的指标是(　　)。

A. 利润总额　B. 每股利润　C. 资本利润率　D. 每股股价

11. 企业筹措和集中资金的财务活动是指(　　)。

A. 分配活动　B. 投资活动　C. 决策活动　D. 筹资活动

12. 财务管理的基本环节不包括(　　)。

A. 财务预测　B. 财务决策　C. 财务控制　D. 经济周期

三、多项选择题

1. 年金是指一定期间内每期相等金额的收付款项，以年金形式出现的有(　　)。

A. 折旧　B. 租金　C. 利息　D. 奖金

2. 企业筹资管理的目标是(　　)。

A. 筹措最多的资金

B. 以较低的筹资成本获取同样多或较多的资金

C. 以较小的筹资风险获取同样多或较多的资金

D. 控制筹资风险使之最小

3. 企业在财务活动中与各方面发生的财务关系主要有(　　)。

A. 企业与国家之间的财务关系

B. 企业与其他投资者之间的财务关系

C. 企业与债权人之间的财务关系

D. 企业与受资者之间的财务关系

4. 下列财务关系中，属于债权人关系的是(　　)。

A. 企业与国家之间的财务关系

B. 企业与债权人之间的财务关系

C. 企业与受资者之间的财务关系

D. 企业与债务人之间的财务关系

5. 最具有代表性的企业财务管理总体目标有(　　)。

A. 利润最大化　B. 资本利润率最大化

C. 企业价值最大化　D. 股东财富最大化

6. 下列年金中，属于普通年金特殊形式的是(　　)。

A. 即付年金　B. 递延年金　C. 后付年金　D. 永续年金

7. 企业财务活动主要包括(　　)。

A. 分配活动　B. 投资活动　C. 决策活动　D. 筹资活动

8. 由于(　　)，以企业价值最大化作为财务管理目标，通常被认为是一个较为合理的财务管理目标。

A. 更能揭示市场认可企业的价值

B. 考虑了投资的风险价值

C. 企业的价值确定容易

D. 考虑了资金的时间价值

9. 财务管理目标如果确定为利润最大化，它存在的缺点是(　　)。

A. 没有考虑资金的时间价值

B. 没有考虑投资风险价值

C. 不能反映利润与投入资本之间的关系

D. 可能导致企业的短期行为

10. 财务管理包括(　　)几个基本环节。

A. 财务预测、决策　　B. 财务预算

C. 财务控制　　D. 财务分析

11. 为协调经营者与所有者之间的冲突，股东必须支付(　　)。

A. 约束成本　B. 监督成本　C. 激励成本　D. 经营成本

12. 为协调所有者与债权人的冲突，可采取的措施包括(　　)。

A. 规定资金的用途　　B. 提供信用条件

C. 限制新债的数量　　D. 规定担保条件

13. 财务管理的基本环节包括(　　)。

A. 财务预测　B. 财务决策　C. 财务预算　D. 经济周期

14. 下列不属于财务管理的法律环境的是(　　)。

A. 经济周期　　B. 企业组织的法律规范

C. 经济发展水平　　D. 经济决策

四、判断题

1. 企业与政府之间的财务关系体现为投资与受资的关系。(　　)

2. 解聘是一种通过市场约束经营者的办法。(　　)

3. 企业股东财富越多，企业市场价值也就越大，但追求股东财富最大化并不一定能达到企业资产保值增值的目的。(　　)

4. 企业财务管理是基于企业再生产过程中客观存在的资金运动而产生的，是企业组织资金运动的一项经济管理工作。(　　)

5. 企业财务活动的内容，也是企业财务管理的内容。(　　)

6. 企业组织财务活动中与有关各方所发生的经济利益关系称为财务关系，但不包括企业与职工之间的关系。(　　)

7. 财务管理是基于人们对生产管理的需要而产生的。(　　)

8. 资金周转速度越快，资金利用效果就越好，企业经济效益就会提高。(　　)

9. 企业的资金运动表现为资金的循环。(　　)

10. 企业分配管理的目标是合理确定利润的分留比例及分配形式，以提高

企业总价值。 (　　)

11. 企业的目标就是财务管理的目标。 (　　)

12. 国家采取紧缩的财税政策时,会使企业纯收入留归企业的部分减少,企业现金流出减少,现金流入增加。 (　　)

13. 公司制企业的财务管理主体是单一的,或者是国家,或者是企业。 (　　)

五、简答题

1. 简述企业财务管理的内容。

2. 企业在财务管理活动中应当正确处理哪些财务关系?

3. 为什么将企业价值最大化或股东财富最大化作为财务管理的最优目标?

4. 简述财务管理的基本环节及其主要工作内容。

5. 企业的财务关系主要有哪几个方面? 如何处理它们之间的关系?

6. 企业目标是什么? 它对财务管理有哪些要求?

7. 试论财务管理环境对企业发展的影响。

8. 请分析比较利润最大化、每股盈余最大化和企业价值最大化三个财务管理目标的优缺点。

9. 财务管理的特点有哪些?

第二章　财务管理的价值观念

学习目的与要求

为了实现企业财务管理的目标,企业财务管理人员必须树立一些基本的财务管理观念。时间价值和风险价值是现代财务管理的两个基本观念。不论是企业资金筹集、投放还是收益分配,都必须考虑货币的时间价值和投资风险价值问题。

通过本章的学习,要熟练地掌握资金的时间价值概念、分类及计算方法;熟练地掌握年金的定义及年金现值和终值的计算;理解风险概念及特征;了解单项投资风险的计算。

导读案例

拿破仑留给法兰西的尴尬

拿破仑 1797 年 3 月在卢森堡第一国立小学演讲时说了这样一番话:"为了答谢贵校对我,尤其对我夫人约瑟芬的盛情款待,我不仅今天呈上一束玫瑰花,并且在未来的日子里,只要我们法兰西存在一天,每年的今天我将亲自派人送给贵校一束价值相等的玫瑰花,作为法兰西与卢森堡友谊的象征。"时过境迁,拿破仑穷于应付连绵的战争和此起彼伏的政治事件,最终惨败而流放到圣赫勒拿岛,把与卢森堡的诺言忘得一干二净。可卢森堡这个小国对这位欧洲巨人与卢森堡的孩子亲切、和谐相处的一刻念念不忘,并载入它们的史册。1984 年底,卢森堡旧事重提,向法国提出违背"赠送玫瑰花"诺言案的索赔:要么从 1797 年起,用 3 路易作为一束玫瑰花的本金,以 5 厘复利(利滚利)计息全部清偿这笔玫瑰案;要么法国政府在法国各大报刊上公开承认拿破仑是个言而无信的小人。起初,法国政府准备不惜重金赎回拿破仑的声誉,但却又被计算机算出的数字惊呆了;原本 3 路易的许诺,本息竟高达 1375596 法郎。经冥思苦想,法国政府逐词逐句地答复:"以后,无论在精神上还是物质上,法国将始终不渝地对卢森堡大公国的中小学教育事业予以支持与赞助,来兑现我们的拿破仑将军那一诺千金的玫瑰花信誉。"这一措辞最终得到了卢森堡人民的谅解。

第一节　资金时间价值

资金时间价值是企业财务管理的一个重要概念，企业筹资、投资和利润分配等一系列的财务活动都是在特定的时间进行的，因而资金时间价值是一个影响财务活动的基本因素。

一、资金时间价值的概念

(一)定义

资金时间价值(time value of money)是指资金在周转使用中由于时间因素而形成的差额价值。通俗地讲，就是放弃了现在使用货币的机会，可以换取按放弃时间长短计算的报酬。比如，将 1 元钱存入银行，年利率为 5%，那么次年的同一时点就变成 1.05 元。这就是说，今年的 1 元等于次年的 1.05 元。之所以 1 元钱在一年后产生了 0.05 元的差额，是因为现在放弃了使用这 1 元钱的机会。这 0.05 元的差额就是资金的时间价值。

当然，获得时间价值的前提是把货币作为资金投资在生产经营中。如果把货币放在家里保险箱中，无论过多长时间，都不会产生价值增值。企业资金循环的起点是投入资金，企业用所投入的资金购买所需要的资源，然后生产出商品进行销售，从而收回资金，在企业资金的循环过程中，资金的价值出现了增值。资金的周转次数越多，价值的增值量就越多。因此，随着时间的递延，货币的价值不断增值，从而表现出货币的时间价值。在不考虑通货膨胀和风险的情况下，通常以社会平均资金利润率代表货币的时间价值。

(二)资金时间价值的表示方式

资金时间价值可以用绝对数表示，也可以用相对数表示。在绝对数形式下，货币时间价值表示货币在经过一段时间后的增值额，具体表现为存款的利息、债券的利息或股票的股利等。在相对数形式下，货币时间价值表示不同时间段货币的增值幅度，具体表现为存款利率、证券的投资报酬率、企业的某个项目投资回报率等。

【例 2-1】　某企业在 2005 年初投资 2000 万元用于某生产项目，2006 年底该项目投入运营，2007 年该项目的营业流入为 3000 万元，该投资项目 3 年内的货币时间价值是多少？

用绝对数表示：3000－2000＝1000(万元)

用相对数表示：1000÷2000×100%＝50%

【例 2-2】　某企业进行证券投资，需投资 200 万元，预计 3 年后本利和可达

450 万元，则该项目的货币时间价值是多少？

用绝对数表示：450－200＝250(万元)

用相对数表示：250÷200×100％＝125％

从上面两个例子可以看出，如果比较绝对数，例 1 的方案比较好，如果比较相对数，例 2 的方案比较好。在现实生活中，财务管理更偏向于相对数，因为它便于人们将两个不同规模的决策方案进行直接比较。

(三)研究资金时间价值的原因

有助于正确进行长期投资决策。例如，现有一储量 10 亿吨的天然气资源，甲公司现在进行开发可获利 40 亿元，若 5 年后开发可获利 50 亿元。如果不考虑时间价值，50 亿元与 40 亿元相比，自然是 5 年后开发比较好。如果考虑时间价值，5 年后的 50 亿元是否比现在的 40 亿元效用好，就很难说了。如果现在获得 40 亿元，可用于其他投资机会，平均每年获利 15％，则 5 年后将获得资金 80.456 亿元。

有利于节约使用资金。无论资金是借入的，还是自有的，都要考虑时间价值。借入的要还本付息；自有的也有时间价值，可以用以生息。所以，问题不在于资金是怎么来的，因为凡是拥有的资金都应得到增值。

二、资金时间价值的计算

由于货币在不同时点上的价值不同，因而货币时间价值的表现形式有两种：现值(present value)和终值(future value)。终值是指现在某一特定金额经过若干期后的未来价值。现值是指未来某一特定金额折算到现在的价值。利息的计算通常包括单利和复利。单利是只对借贷的原始金额或本金支付的利息，本能生利，而利息不能生利。我国银行一般是按照单利计算利息的。在复利方式下，本能生利，在下期利息转为本金，与原有的本金一起计算利息，即通常所说的“利滚利”。

(一)单利终值和现值的计算

1. 单利终值的计算

单利终值是指在单利计息方式下，一定数量的资金在未来某一时点上的价值，即单利计息时的本利和。其计算公式为：

$$F=P+I=P\cdot(1+ni)$$

式中：F——终值；

P——现值；

n——计息的期数；

i——每一期的利率。

【例 2-3】 将 100000 元现金存入银行，年利率假设为 10%，1 年后、2 年后、3 年后的终值分别是多少？

1 年后的终值：$F=100000\times(1+10\%)=110000$ 元

2 年后的终值：$F=100000\times(1+2\times10\%)=120000$ 元

3 年后的终值：$F=100000\times(1+3\times10\%)=130000$ 元

2. 单利现值的计算

单利现值是指在单利计息方式下，未来某一时点上一定量的资金折合为现在的价值。单利现值的计算同单利终值的计算是互逆的。由终值求现值，叫做贴现。单利现值的一般计算公式为：

$$P=\frac{F}{(1+ni)}$$

式中：P——现值；

F——终值；

n——计息的期数；

i——每一期的利率。

【例 2-4】 某人 6 年后要归还 10000 元的债务，如果现在准备在银行存一笔钱，用其本金和利息偿还 6 年后的债务，银行的存款利率为年利率 4%，单利计息，现在则需要存入银行多少钱才能使到期的本金和利息刚好偿还债务？

$$P=\frac{F}{(1+ni)}=\frac{10000}{(1+6\times4\%)}=8064.52(\text{元})$$

(二)复利终值与现值的计算

1. 复利终值的计算

复利终值是指一定数量的本金在一定的利率下按照复利的方法计算出的若干时期以后的本利和。例如，公司将一笔资金 P 存入银行，年利率为 i，如果每年计息一次，则 n 年后的本利和就是复利终值。复利终值的计算公式为：

$$F=P\cdot(1+i)^n$$

式中：P——现值，即第 0 年(第一年初)的价值；

F——终值，即第 n 年末的价值；

i——利率；

n——计息期数

【例 2-5】 将 10000 元存入银行，利率假设为 10%，1 年后、2 年后、3 年后的终值分别为多少？

1 年后的终值：$10000\times(1+10\%)=11000$(元)

2 年后的终值：$10000\times(1+10\%)^2=12100$(元)

3 年后的终值：$10000\times(1+10\%)^3=13310$(元)

2. 复利现值的计算

复利现值是指今后某一特定时间收到或付出的一笔款项，按折现率(i)所计算的现在时点价值。复利现值的计算同复利终值的计算是互逆的。其计算公式为：

$$P=F\cdot(1+i)^{-n}$$

上列公式中的$(1+i)^n$和$(1+i)^{-n}$分别为复利终值系数和复利现值系数，可分别用符号$(F/P,i,n)$和$(P/F,i,n)$表示。在实际工作中，其数值可以查阅按不同利率和时期编成的“复利终值系数表”和“复利现值系数表”。

【例 2-6】 大一学生小王想在四年毕业后买一台价值 10000 元的笔记本电脑，假设银行存款利率是 6%，他现在需要向银行存入多少钱？

$$P=F\cdot(1+i)^{-n}=10000\times(1+6\%)^{-4}=10000\times0.7921=7921(\text{元})$$

(三)年金终值与现值的计算

年金(annuity)是指在一定时期内，每隔相同的时间，发生相同数额的系列收(或付)款。在经济生活中，分期等额发生的折旧费、利息、租金、养老金、保险费、零存整取业务中的零存数均为年金的形式。

年金有三个特点：一是等额性；二是连续性；三是间隔期相同。

年金包括普通年金、即付年金、递延年金和永续年金等 4 种。

1. 普通年金

(1)概念

普通年金是指一定时期内每期期末等额收付款项的年金，又称“后付年金”。

(2)普通年金终值的计算

普通年金的终值是指一定时期内每期期末等额收(或付)款的复利终值之和。

我们先通过一个例子来说明普通年金终值的计算。某人 5 年中每年年底存入银行 10000 元，存款年利率为 8%，问该人在第 5 年末可以一次取出多少钱？

$$F=10000+10000\times(1+8\%)+10000\times(1+8\%)^2+10000\times(1+8\%)^3+10000\times(1+8\%)^4=586700(\text{元})$$

其计算方法如图 2-1 所示。

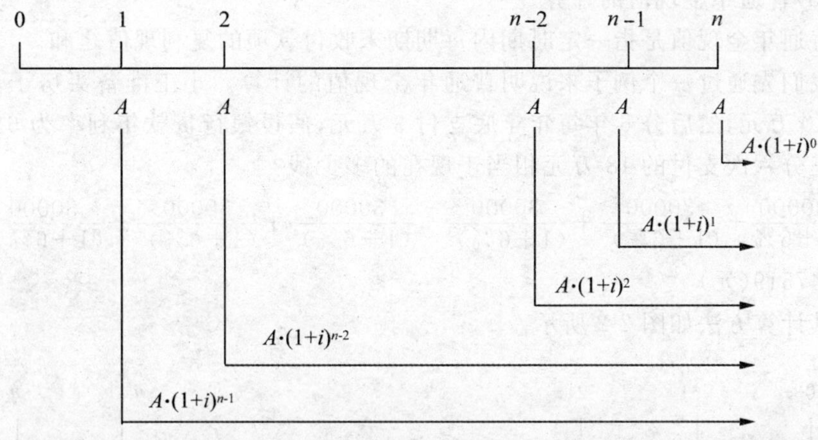

图 2-1　普通年金终值计算示意图

由图 2-1 可知,年金终值的计算公式为:

$$F=A\cdot(1+i)^0+A\cdot(1+i)^1+A\cdot(1+i)^2+\cdots+A\cdot(1+i)^{n-2}+A\cdot(1+i)^{n-1} \tag{2-1}$$

将(公式 2-1)两边同时乘上$(1+i)$得:

$$F\cdot(1+i)=A\cdot(1+i)^1+A\cdot(1+i)^2+A\cdot(1+i)^3+\cdots+A\cdot(1+i)^{n-1}+A\cdot(1+i)^n \tag{2-2}$$

将公式(2-2)减去公式(2-1)得:

$$F\cdot i=A(1+i)^n-A=A\cdot[(1+i)^n-1]$$

$$F=A\cdot\left[\frac{(1+i)^n-1}{i}\right]=A\cdot(F/A,i,n)$$

式中:F——普通年金终值;

A——年金;

i——利率;

n——期数。

方括号中的数值通常称为年金终值系数,记作$(F/A,i,n)$。式中$\frac{[(1+i)^n-1]}{i}$称为普通年金终值系数,可通过查询年金终值系数表得出。

【例 2-7】 甲公司每年末存入 100 万元,年利率为 10%,到 15 年末,共有存款多少?

$F=A\times(F/A,i,n)=100\times(F/A,10\%,15)=100\times31.7725=3177.25$(万元)

(3)普通年金现值的计算

普通年金现值是指一定时期内每期期末收付款项的复利现值之和。

我们先通过一个例子来说明普通年金现值的计算。小王准备买房子，要求首付 10 万元，然后分 6 年每年年底支付 3 万元，假设银行贷款年利率为 6%，计算小王分六次支付的 18 万元相当于现在的多少钱？

$$P=\frac{30000}{1+6\%}+\frac{30000}{(1+6\%)^2}+\frac{30000}{(1+6\%)^3}+\frac{30000}{(1+6\%)^4}+\frac{30000}{(1+6\%)^5}+\frac{30000}{(1+6\%)^6}$$

$=147519$(元)

其计算方法如图 2-2 所示。

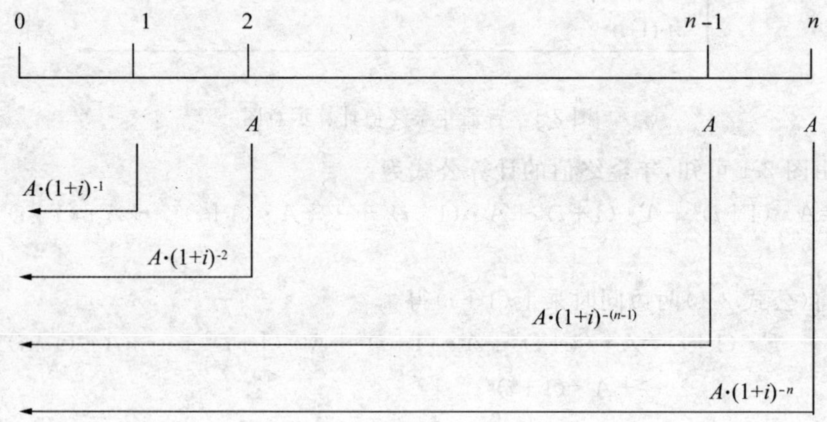

图 2-2 普通年金现值计算示意图

由图 2-2 可知，年金现值的计算公式为：

$$P=A\cdot(1+i)^{-1}+A\cdot(1+i)^{-2}+\cdots+A\cdot(1+i)^{-(n-1)}+A\cdot(1+i)^{-n} \tag{2-3}$$

将公式(2-3)两边同时乘上$(1+i)$得：

$$P\cdot(1+i)=A+A\cdot(1+i)^{-1}+\cdots+A\cdot(1+i)^{-(n-2)}+A\cdot(1+i)^{-(n-1)} \tag{2-4}$$

将公式(2-4)减去公式(2-3)得：

$$P\cdot i=A-A\cdot(1+i)^{-n}=A\cdot[1-(1+i)^{-n}]$$

$$P=A\cdot\left[\frac{1-(1+i)^{-n}}{i}\right]=A\cdot(P/A,i,n)$$

式中：P——普通年金现值；

A——年金；

i——折现率；

n——期数；

$\frac{1-(1+i)^{-n}}{i}$ ——普通年金现值系数，通常用符号$(P/A,i,n)$来表示，可通过查询年金现值系数表得出。

【例 2-8】 某医科大学大一学生小王每年年末从学校得到生活补助 1000 元，为期 5 年，假设年利率为 10%，如果学校在开学时就把 5 年的生活补助一次性发放给他，应该发给他多少钱？

$P=A\times(P/A,i,n)=1000\times(P/A,10\%,5)=1000\times3.7908=3790.8$(元)

2. 即付年金

(1)概念

即付年金是指在每期期初有等额收付款项的年金，又称“预付年金”、“先付年金”。即付年金和普通年金的现金流次数相同，区别是收付款项发生的时间不同，所以终值和现值的计算有所差异。即付年金的终值、现值分别可以通过普通年金终值、现值的计算公式调整得出。

(2)即付年金终值的计算

即付年金的终值是其最后一期期末时的本利和，是各期期初收付款项的复利终值之和。

即付年金终值的计算公式为：

$$F=A\cdot(1+i)^1+A\cdot(1+i)^2+\cdots+A\cdot(1+i)^n$$

式中各项为等比数列，首项为$A\cdot(1+i)$，公比为$(1+i)$，根据等比数列的求和公式可知：

$$F=\frac{A(1+i)\cdot[1-(1+i)^n]}{1-(1+i)}=A\cdot\frac{(1+i)-(1+i)^{n+1}}{-i}=A\cdot\left[\frac{(1+i)^{n+1}-1}{i}-1\right]$$

式中的$\left[\frac{(1+i)^{n+1}-1}{i}-1\right]$是即付年金终值系数，它是在普通年金终值系数$\left[\frac{(1+i)^n-1}{i}\right]$的基础上，期数加 1、系数减 1 所得的结果，通常记作$[(F/A,i,n+1)-1]$。

【例 2-9】 若现在以零存整取方式于每年年初存入银行 10000 元，银行存款利率为 4%，第三年末的终值是多少？

$F=A\times[(F/A,i,n+1)-1]=10000\times[(F/A,4\%,3+1)-1]$

$=10000\times[4.2465-1]=32456$(元)

(3)即付年金现值的计算

即付年金的现值是各期期初收付款项的复利现值之和。其计算公式为：

$$P=A+A\cdot(1+i)^{-1}+A\cdot(1+i)^{-2}+\cdots+A\cdot(1+i)^{-(n-1)}$$

式中各项为等比数列，首项为 A，公比为 $(1+i)^{-1}$，根据等比数列的求和公式可知：

$$P=\frac{A\cdot[1-(1+i)^{-n}]}{1-(1+i)^{-1}}=A\cdot\frac{(1+i)[1-(1+i)^{-n}]}{i}=A\cdot\left[\frac{1-(1+i)^{-(n-1)}}{i}+1\right]$$

式中的 $A\cdot\left[\frac{1-(1+i)^{-(n-1)}}{i}+1\right]$ 是即付年金现值系数，它是在普通年金现值系数的基础上，期数减 1、系数加 1 所得的结果，通常记作 $[(P/A,i,n-1)+1]$。

【例 2-10】 某人 6 年分期付款购车，每年年初付 20000 元，银行利率为 10%，则该分期付款相当于一次性付款多少？

$$\begin{aligned}P&=A\times[(P/A,i,n-1)+1]\\&=20000\times[(P/A,10\%,6-1)+1]\\&=20000\times[(3.7908)+1]\\&=95816(\text{元})\end{aligned}$$

3. 递延年金

(1)概念

递延年金是指距第一期若干期期末发生的系列等额收付款项，是普通年金的特殊形式。假设年金为 100 万元，递延年金的支付形式如图 2-3所示。

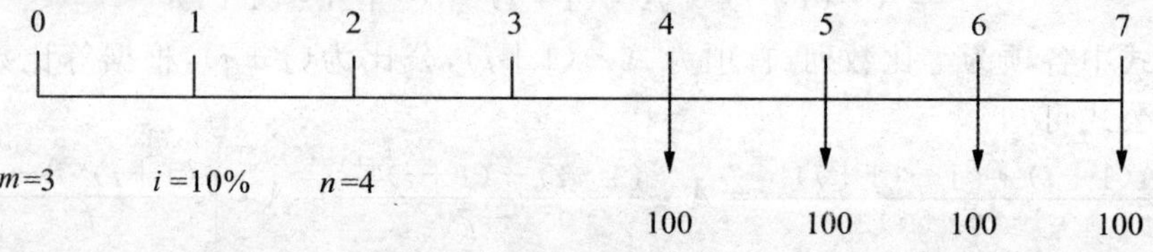

图 2-3 递延年金的支付

从图 2-3 中可以看出，前三期没有发生支付，一般用 m 表示递延期数，图 2-3中 $m=3$。第一次支付在第四期期末，连续支付 4 次，即 $n=4$。

(2)递延年金的终值计算

递延年金终值的计算方法与普通年金终值的计算方法相同，但要注意收付期数的正确确定，即：

$$F=A\cdot(F/A,i,n)=100\times(F/A,10\%,4)=100\times4.6410=464.1(\text{万元})$$

【例 2-11】 XYZ 公司从第五年末开始连续支付 6 年，每次支付 1000 万元，用于偿还购买土地款，年利率为 6%，则在第十年末，它能取出多少本息？

$$F=A\times(F/A,6\%,6)=1000\times6.97532=6975.32(\text{万元})$$

(3)递延年金现值的计算

递延年金现值的计算方法有两种：

第一种方法，计算公式为：

$$P=A\cdot\left[\frac{1-(1+i)^{-(m+n)}}{i}-\frac{1-(1+i)^{-m}}{i}\right]=A\cdot[(P/A,i,m+n)-(P/A,i,m)]$$

上式是先计算出 $m+n$ 期的普通年金现值，然后减去前 m 期的普通年金现值，即得递延年金的现值。

第二种方法，计算公式为：

$$P=A\cdot\left[\frac{1-(1+i)^{-n}}{i}\right]\cdot(1+i)^{-m}=A\cdot(P/A,i,n)\cdot(P/F,i,m)$$

上式是先将递延年金视为 n 期普通年金，求出在第 $m+1$ 期期初的现值，然后再折算到第一期初，即得递延年金的现值。

【例 2-12】 如图 2-3 所示，假设银行利率为 6%，其递延年金现值为多少？

$$\begin{aligned}P&=A(P/A,i,n)(P/F,i,m)\\&=100\times(P/A,6\%,4)\times(P/F,6\%,3)=100\times3.465\times0.8396=290.92(\text{元})\end{aligned}$$

4. 永续年金

一般的年金都有一个有限的期限，但在现实生活中，有些年金很难确定它的收付款何时结束。比如一个股东持有一个企业的股票，如果该企业每年每股股利相同，那么，只要该企业不被清算，这种股利总会支付下去，因此，很难确定它的最后期限。将这种无限期等额收付的年金称为永续年金。

由于永续年金持续期无限，没有终止时间，因此没有终值，只有现值。永续年金可视为普通年金的特殊形式，即期限趋于无穷大的普通年金。其现值的计算公式可由普通年金现值公式推出：

$$P=A\,\frac{1-(1+i)^{-n}}{i}=A\,\frac{1-\frac{1}{(1+i)^n}}{i}$$

当 $n\to\infty$ 时，$\frac{1}{(1+i)^n}\to0$

$$P=\frac{A}{i}$$

【例 2-13】 小关持有长江股份有限公司的股票，假定每股每年的股利为 2 元，若他想以此股票作为长期投资，在利率为 5%的情况下，请对该股票投资进行估价。

分析：这是一个求永续年金的现值问题，即假定该股票每年的股利固定且持续时间较长，则每年股利的现值之和就是该股票的估价。

$$P=\frac{A}{i}=\frac{2}{5\%}=40(\text{元})$$

5. 普通年金折现率的推算

在实际财务管理中，有时会遇到已知年金终值或现值、年金、计息期，但不知道折现率的问题。如投资者花 5 万元购入一种 10 年期的债券，每年可以收到利息 5000 元，其投资收益率是多少？此时就涉及到折现率的推算问题。

普通年金折现率的推算无法直接套用公式，而必须利用有关的系数表，有时要用插入法加以计算。

普通年金终值和现值的计算公式为：

$$F=A\cdot\left[\frac{(1+i)^n-1}{i}\right]=A\cdot(F/A,i,n) \tag{2-5}$$

$$P=A\cdot\left[\frac{1-(1+i)^{-n}}{i}\right]=A\cdot(P/A,i,n) \tag{2-6}$$

将公式(2-5)和公式(2-6)变形可相应得到以下的公式：

$$F/A=(F/A,i,n) \tag{2-7}$$

$$P/A=(P/A,i,n) \tag{2-8}$$

上述公式(2-7)和公式(2-8)的右边分别是普通年金终值系数和普通年金现值系数。若 F、A、n 已知，利用公式(2-7)，查普通年金终值系数表，找出系数值为 F/A 的对应的 i 即可；若 P、A、n 已知，利用公式(2-8)，查普通年金现值系数表，找出系数值为 P/A 的对应的 i 即可；若找不到完全对应的 i，则可以运用插入法求得。现以公式(2-8)为例，说明用内插法求 i 的基本步骤：

(1)计算出 P/A 的值，假设 $P/A=\alpha$

(2)查普通年金现值系数表。沿着已知 n 所在的行横向查找，若恰好可以找到某一系数值等于 α，则该系数所在的列对应的利率便为所求的 i 值。

(3)若无法找到恰好等于 α 的系数值，就应该在表中 n 所在的行上找到与 α 最接近的两个上下临界系数值，设为 β_1，β_2($\beta_1>\alpha>\beta_2$)。读出 β_1，β_2 所对应的临界利率 i_1 和 i_2，然后进一步利用内插法。

(4)在内插法下，假定利率 i 同相关的系数在较小的范围内线性相关，因而可根据临界系数 β_1，β_2 和临界利率 i_1，i_2 计算出 i，其公式为：

$$i=i_1+\frac{\beta_1-\alpha}{\beta_1-\beta_2}\times(i_2-i_1)$$

【例 2-14】 小李于第一年年初借款 20000 元，每年年末还本付息额均为 4000 元，连续 10 年还清，问借款利率是多少？

根据题意，已知 $P=20000$，$A=4000$，$n=10$，则 $P/A=20000\div4000=5=\alpha$

即 $\alpha=5=(P/A,i,10)$

查 $n=10$ 的普通年金现值系数表，在 $n=10$ 一行上无法找到恰好为 5 的系数值，于是找大于和小于 5 的临界系数值，分别为 $\beta_1=5.0188$，$\beta_2=4.8332$，同时分别读出相对应的临界利率为 $i_1=15\%$，$i_2=16\%$。则：

$$i=i_1+\frac{\beta_1-\alpha}{\beta_1-\beta_2}\times(i_2-i_1)$$

$$=15\%+(5.0188-5)\div(5.0188-4.8332)\times(16\%-15\%)$$

$$=15.101\%$$

第二节　资金的风险价值

财务活动经常是在有风险的情况下进行的，承担风险就要求得到相应的额外收益，否则就不值得去冒险。投资者由于承担风险进行投资而获得的超过资金时间价值的额外收益，称为投资的风险价值，或风险收益、风险报酬。企业理财时，必须研究风险、计量风险并设法控制风险，以求最大限度地扩大企业财富。

一、风险的概念及特征

风险是一个比较难掌握的概念，其定义和计量也有很多争议。但是，风险广泛存在于重要的财务活动中，并且对企业实现其财务目标有着重要的影响，使得人们无法回避和忽视。财务人员为了通过理财行为达到企业价值最大化的目标，就必须正确处理风险与报酬这一对财务管理中的基本矛盾。

(一)风险的概念

如果企业的一项行动有多种可能的结果，其将来的财务后果是不确定的，则存在风险。如果这项行动只有一种结果，就没有风险。例如，现在将一笔款项存入银行，可以确知一年后将得到的本利和是多少，几乎没有风险。这种情况在企业投资中是很罕见的，它的风险固然小，但是报酬也很低，很难称之为真正意义上的投资。

一般来说，风险是在一定条件下和一定时期内可能发生的各种结果的变动程度，是事件本身的不确定性，具有客观性。在财务管理中，风险被定义为出现财务损失的可能性，或者定义为特定资产实现收益的不确定性。例如，在预计一个投资项目的报酬时，不可能十分精确，也没有百分之百的把握，有些事情的未来发展事先不能确知。比如价格、数量、成本等都可能会发生预想不到并且无法控制的变化。

严格来说，风险和不确定性是有区别的。风险是指事前可以知道所有可能的结果，以及每种结果的概率。不确定性是指事前不知道所有可能的结果，或者虽然知道可能结果但不知道它们出现的概率。例如,在一个新区找矿,事前知道只有找到和找不到两种结果,但不知道两种结果的可能性各占多少,属于“不确定性”问题而非风险问题。但是,在面对实际问题时,两者很难区分,风险问题的概率往往不能准确知道,不确定性问题也可以估计一个概率。因此在实务领域对风险和不确定性不进行严格区分,都视为“风险”问题对待,把风险理解为可测定概率的不确定性。

(二)风险的特征

1. 风险是事件本身的不确定性(uncertainty),具有客观性

无论公司还是个人,投资于国库券,其收益的不确定性较小。如果是投资于股票,则收益的不确定性大得多。这种风险是一定条件下的风险,它会因投资的时间、数量及种类不同而有所差异,但在这些既定的情况下,其风险的大小就无法改变了。即特定投资的风险大小是客观的,但人们可以去选择是否冒风险以及冒多大风险,这是主观决定的。

2. 风险的大小随时间推移而变化具有时间性

人们对一个投资项目的成本,事先的预计可能不很准确,越接近完工则预计越准确,随着时间的推移,事件的不确定性在缩小,项目完成,其结果也就完全肯定了。

二、风险的类别

从个别理财主体的角度看,风险分为市场风险和企业特别风险两类。市场风险是指那些影响所有企业的风险,如战争、自然灾害、经济衰退、通货膨胀等。这类风险涉及所有企业,不能通过多角度化投资来分散,因此,又称“不可分散风险”或“系统风险”。企业特别风险是发生于个别企业的特有事项造成的风险,如罢工、诉讼失败、失去销售市场等。这类事件是随机发生的,可以通过多角化投资来分散。这类风险也称“可分散风险”或“非系统风险”。

从企业本身来看,按风险形成的原因可将企业特有风险进一步分为经营风险和财务风险两大类。

(一)经营风险

经营风险是指因生产经营方面的原因给企业盈利带来的不确定性。企业生产经营的许多方面都会受到来源于企业外部和内部的诸多因素的影响,具有很大的不确定性。比如,由于原材料供应地的政治经济情况变动,运输线路改变,原材料价格变动,新材料、新设备的出现等因素带来的供应方面的风险;由于产品生产方向不对头,产品更新时期掌握不好,生产质量不合格,新产品、新技术开发实验不成功,生产组织不合理等因素带来的生产方面的风险;由于出现新的竞

争对手、消费者爱好发生变化、销售决策失误、产品广告推销不力以及货款回收不及时等因素带来的销售方面的风险。所有这些生产经营方面的不确定性，都会引起企业的利润或利润率的高低变化。

（二）财务风险

财务风险又称“筹资风险”，是指由于举债而给企业财务成果带来的不确定性。企业举债经营，全部资金中除自有资金外还有一部分借入资金，这会对自有资金的盈利能力造成影响；同时，借入资金需还本付息，一旦无力偿付到期债务，企业便会陷入财务困境甚至破产。

当企业息税前资金利润率高于借入资金利息率时，使用借入资金获得的利润除了补偿利息外还有剩余，因而使自有资金利润率提高。若企业息税前资金利润率低于借入资金利息率时，此时使用借入资金获得的利润还不够支付利息，还需动用自有资金的一部分利润来支付利息，从而使自有资金利润率降低。如果企业息税前利润还不够支付利息，就要用自有资金来支付，使企业发生亏损。若企业亏损严重，财务状况恶化，丧失支付能力，就会出现无法还本付息甚至招致破产的危险。总之，由于许多因素的影响，企业息税前资金利润率和借入资金利息率差额具有不确定性，从而引起自有资金利润率的高低变化，这种风险即为筹资风险。这种风险程度的大小受借入资金对自有资金比例的影响，借入资金比例大，风险程度就会随之增大；借入资金比例小，风险程度就会随之减少。

财务风险管理关键是要保证有一个合理的资金结构，维持适当的负债水平，既要充分利用举债经营这一手段获取财务杠杆收益，提高自有资金盈利能力，同时要注意防止过度举债而引起的财务风险的加大，避免陷入财务困境。

三、单项投资风险的分析

风险会使收益产生不确定性，这种不确定性可以利用概率来描述。

（一）概率分布

在经济生活中，某一事件在相同的条件下可能发生也可能不发生，这种事件称为随机事件，随机事件发生的可能性一般用概率表示。必然发生事件的概率为 1；必然不发生事件的概率为 0；其他事件的概率介于 0 和 1 之间。概率越大，该随机事件发生的可能性越大；概率越小，该随机事件发生的可能性越小。把事件所有可能的结果都列出来，且每一结果都给出概率，就构成了概率分布。

【例 2-15】 某公司计划进行投资，有两个项目可供选择，一个为高科技项目，另一个为公用设施项目。通过分析，投资这两个项目有可能出现三种情况：产品畅销、销售一般和产品滞销。同时，我们知道每种情况出现的概率以及在这种情况下的投资报酬率如表 2-1 所示。

表 2-1 投资项目概率分布

状　态	概　率	A项目报酬率	B项目报酬率
产品畅销	0.4	30%	17%
销售一般	0.5	15%	15%
产品滞销	0.1	−45%	7%

表 2-1 中给出了各种情况出现的可能性及其概率以及在该状态下的投资报酬率，可以看出，由于有三种可能情况出现，因此决策就面临风险。当然，如果能肯定产品一定畅销，则会选择 A 项目进行投资；如果能肯定产品一定滞销，则会选择 B 项目进行投资。但是，现实生活中并不能肯定产品一定畅销或一定会滞销，在这种不确定的情况下，如何选择投资项目，就需要进行决策。在决策时，要考虑各项目风险的大小，为此，先就一般情况给出衡量风险的方法。

(二)风险的衡量

一般情况下，随机事件出现的状况及其概率分布如表 2-2 所示。

表 2-2 概率分布表

状　况	x_1　x_2　x_3　…　x_n
概　率	p_1　p_2　p_3　…　p_n
报酬率	E_1　E_2　E_3　…　E_n

根据风险的定义，风险是实际报酬率与预期报酬率的偏离程度，为了衡量风险，就需要了解预期报酬率的大小和实际报酬率与预期报酬率的偏离程度，这部分的计算需要利用概率论的相关知识。

1. 预期收益

由于外界环境的变化，会使各种情况都可能发生，这样，就不会有一个肯定的投资报酬率，在进行决策时，可以用投资报酬率的期望值作为预期收益。预期收益的期望值是反映该随机变量取值的平均值。计算公式为：

$$\overline{E} = \sum_{i=1}^{n} p_i \times E_i$$

式中：$\overline{E}$——预期收益；

p_i——第 i 种状况发生的概率；

E_i——第 i 种状况下的预期收益。

在【例 2-15】中，A，B 两个项目的预期收益分别为：

$$\overline{E}_A = \sum_{i=1}^{n} p_i \times E_i = 30\% \times 0.4 + 15\% \times 0.5 + (-45\%) \times 0.1 = 15\%$$

$$\overline{E}_B = \sum_{i=1}^{n} p_i \times E_i = 17\% \times 0.4 + 15\% \times 0.5 + 7\% \times 0.1 = 15\%$$

投资报酬率的期望值表示该项目的预期报酬率。期望值越大，表示该项目的预期报酬率越大；期望值越小，表示该项目的预期报酬率越低。在本例中，A、B两个项目的期望值相等，表示A、B两个项目的预期报酬率相同，要正确作出决策，还要考虑风险的大小。

2. 标准差

实际收益与预期收益的偏离程度，反映在随机事件就是期望值的偏离程度，反映这种偏离程度大小的指标是方差，方差的计算公式为：

$$\delta^2 = \sum_{i=1}^{n} (E_i - \overline{E})^2 \times p_i$$

方差越大，反映实际收益与预期收益的偏离程度越大，分布越分散，风险越大；方差越小，反映实际收益与预期收益的偏离程度越小，分布越集中，风险越小。因此，方差的大小反映风险的大小。

在【例2-12】中，A，B两个项目的方差分别为：

$$\begin{aligned}\delta_A^2 &= \sum_{i=1}^{n} (E_i - \overline{E})^2 \times p_i \\ &= (30\% - 15\%)^2 \times 0.4 + (15\% - 15\%)^2 \times 0.5 + (-45\% - 15\%)^2 \times 0.1 \\ &= 0.045\end{aligned}$$

$$\begin{aligned}\delta_B^2 &= \sum_{i=1}^{n} (E_i - \overline{E})^2 \times p_i \\ &= (17\% - 15\%)^2 \times 0.4 + (15\% - 15\%)^2 \times 0.5 + (7\% - 15\%)^2 \times 0.1 \\ &= 0.0008\end{aligned}$$

可以看出，项目A的方差大于项目B的方差，因此，项目A的风险大于项目B的风险。

随机事件分布的离散程度有时也用标准差来表示，方差越大，标准差越大，投资项目的风险越大；方差越小，标准差越小，投资项目的风险越小。标准差的计算公式为：

$$\delta = \sqrt{\sum_{i=1}^{n} (E_i - \overline{E})^2 \times p_i}$$

在【例2-15】中，项目A，B的标准差为：

$$\delta_A = \sqrt{0.045} = 0.212$$

$$\delta_B = \sqrt{0.0008} = 0.028$$

可以看出,项目 A 的标准差大于项目 B 的标准差,因此,项目 A 的风险大于项目 B 的风险。由于项目 A 与项目 B 的预期收益一致,因此,在决定投资方案时,需要比较二者的风险,项目 A 的风险大于项目 B 的风险,所以,选择项目 B 进行投资。

3. 标准离差率

对于两个不同的投资项目,如果预期收益相等,则标准差越大风险越大,在选择投资项目时要选择标准差较小的项目投资;如果两个不同的投资项目的标准差相等,预期收益不同,则要选择期望报酬率较大的项目投资;如果两个不同的投资项目的标准差不相等,预期收益也不同,则要利用标准离差率来选择项目投资。标准离差率的计算公式为:

$$V=\frac{\delta}{\overline{E}}$$

式中:V——标准离差率;

δ——标准差;

$\overline{E}$——预期收益。

标准离差率反映单位投资报酬率所承担的风险的大小,标准离差率越大,则单位投资预期收益所承担的风险越大;标准离差率越小,则单位投资预期收益所承担的风险越小。

在【例 2-15】中,A,B 两个项目的标准离差率分别为:

$$V_A=\frac{\delta_A}{\overline{E}_A}=\frac{0.212}{15\%}=1.41$$

$$V_B=\frac{\delta_B}{\overline{E}_B}=\frac{0.028}{15\%}=0.19$$

可以看出,项目 A 的标准离差率大于项目 B 的标准离差率,因此,项目 A 单位投资预期收益所承担的风险大于项目 B 单位投资预期收益所承担的风险。

4. 应得风险收益率

收益标准离差率可以代表投资者所冒风险的大小,反映投资者所冒风险的程度,但它还不是收益率,必须把它变成收益率才能比较。标准离差率变成收益率的基本要求是:所冒风险程度越大,得到的收益率也应该越高,投资风险收益应该与反映风险程度的标准离差率成正比例关系。收益标准离差率要转换为应得风险收益率,其间还需要借助一个参数,即风险价值系数。其公式为:

$$风险收益率\ R_R=风险价值系数\ b\times 标准离差率\ V$$

$$风险收益额\ P_R=收益期望值\ \overline{E}\times\frac{风险收益率\ R_R}{无风险收益率\ R_F+风险收益率\ R_R}$$

至于风险价值系数的大小，则是由投资者根据经验并结合其他因素加以确定的，通常有以下几种方法：

（1）根据以往同类项目的有关数据确定。根据以往同类投资项目的投资收益率、无风险收益率和收益标准离差率等历史资料，可以求得风险价值系数。例如，企业进行某项投资，其同类项目的投资收益率为10%，无风险收益率为6%和收益标准离差率为50%。根据公式 $K=R_F+R_R=R_F+bV$，可计算如下：

$$b=\frac{(K-R_F)}{V}=\frac{10\%-6\%}{50\%}=8\%$$

式中：K——投资收益率；

R_F——无风险收益率；

R_R——风险收益率；

b——风险价值系数；

V——标准离差率。

（2）由企业领导或有关专家确定。如果现在进行的投资项目缺乏同类项目的历史资料，不能采用上述方法计算，则可根据主观的经验加以确定。

（3）由国家有关部门组织专家确定。

5. 预测投资收益率

按照上述四个步骤计算出来的风险收益率，是在现有风险程度下要求的风险收益率。为了判断某一投资方案的优劣，可将预测风险收益率同应得风险收益率进行比较，研究预测风险收益率是否大于应得风险收益率。对于投资者来说，预测的风险收益率越大越好。无风险收益率即资金时间价值是已知的，根据无风险收益率和预测投资收益率，可求得预测风险收益率，并进而推算出预测风险收益额。其计算公式如下：

$$\text{预测投资收益率}=\frac{\text{预测收益额}}{\text{投资额}}\times 100\%$$

$$\text{预测风险收益率}=\text{预测投资收益率}-\text{无风险收益率}$$

$$\text{预测风险收益额}=\text{收益期望值}\times\frac{\text{预测风险收益率}}{\text{无风险收益率}+\text{预测风险收益率}}$$

以上对投资风险程度的衡量，是就一个投资方案而言的。如果有多个投资方案供选择，那么进行投资决策总的原则应该是，投资收益率越高越好，风险程度越低越好。具体说来有以下几种情况：①如果两个投资方案的预期收益率基本相同，应当选择标准离差率较低的那一个；②如果两个投资方案的标准离差率基本相同，应当选择预期收益率较高的那一个；③如果甲方案的预期收益率高于乙方案，而其标准离差率低于乙方案，则应当选择甲方案；④如果甲方案的预期收益率高于乙方案，而其标准离差率也高于乙方案，则不能一概而论，而要取决于投资者对风险的态度。有的投资者愿意冒较大的风险，以追求较高的收益率，可能选择甲方案；有的投资者不愿意冒较大的风险，宁肯接受较低的收益率，可能选择乙方案。但如甲方案的收益率高于乙方案的程度大，而其收益标准离差率高于乙方案的程度较小，则选择甲方案可能是比较适宜的。

应当指出，风险价值计算的结果具有一定的假定性，并不十分精确。研究投资风险价值原理，主要是在进行投资决策时，树立风险价值观念，认真权衡风险和收益的关系，选择有可能避免风险、分散风险并获得较多收益的投资方案。

【例 2-16】 某投资项目有 A，B 两个方案，投资额均为 10000 元，其收益的概率分布如表 2-3 所示。

表 2-3　A，B 两方案的收益概率

经济情况	概率（P_i）	收益额（随机变量 E_i）	
		A 方案	B 方案
繁荣	$P_1=0.20$	$E_1=2000$	$E_1=3500$
一般	$P_2=0.50$	$E_2=1000$	$E_2=100$
较差	$P_3=0.30$	$E_3=500$	$E_3=-500$

第一步：预期收益 $\overline{E}=\sum_{i=1}^{n}E_iP_i$

根据表 2-3 的资料，可分别计算 A，B 两方案的预期收益：

A 方案 $\overline{E}=2000\times0.2+1000\times0.5+500\times0.3=1050$（元）

B 方案 $\overline{E}=3500\times0.2+1000\times0.5+(-500\times0.3)=1050$（元）

第二步：标准离差 $\delta=\sqrt{\sum(\text{随机变量 }E_i-\text{期望值}\overline{E})^2\times\text{概率 }P_i}$

代入上例数据求得：

$$\delta_A=\sqrt{(2000-1050)^2\times0.20+(1000-1050)^2\times0.5+(500-1050)^2\times0.30}$$
$$=522.02\text{（元）}$$

$$\delta_B=\sqrt{(3500-1050)^2\times0.20+(100-1050)^2\times0.5+(-500-1050)^2\times0.30}$$
$$=1540.29\text{（元）}$$

第三步：标准离差率 $V=\dfrac{\text{标准离差 }\delta}{\text{期望值}\overline{E}}\times100\%$

根据以上公式，代入上例数据求得：

$$V_A=\frac{522.02}{1050}\times100\%=49.72\%$$

$$V_B=\frac{1540.29}{1050}\times 100\%=146.69\%$$

第四步：应得风险收益率 R_R＝风险价值系数 b×标准率有效期率 V

$$\text{应得风险收益额 } P_R=\text{收益期望值}\overline{E}\times\frac{\text{风险收益率 } R_R}{\text{无风险收益率 } R_F+\text{风险收益率 } R_R}$$

在上例中，假定投资者确定风险价值系数为 8%，则应得风险收益率为：

$$8\%\times 49.7\%=3.98\%$$

应得风险收益额为：

$$1050\times\frac{3.98\%}{6\%+3.98\%}=419(\text{元})$$

第五步：预测风险收益率＝预测投资收益率－无风险收益率

$$\text{预测风险收益额}=\text{收益期望值}\times\frac{\text{预测风险收益率}}{\text{无风险收益率}+\text{预测风险收益率}}$$

前文已假设上述 A 方案无风险收益率为 6%，则有关指标计算如下：

$$\text{预测投资收益率}=\frac{1050}{10000}\times 100\%=10.5\%$$

$$\text{预测风险收益率}=10.5\%-6\%=4.5\%$$

$$\text{预测风险收益额}=1050\times\frac{4.5\%}{(6\%+4.5\%)}=450(\text{元})$$

求出预测的风险收益率（收益额）后，用以与应得的风险收益率（收益额）进行比较，即可对投资方案进行评价。如上述 A 方案：预测风险收益率 4.5%＞应得风险收益率 3.98%；预测风险收益额 450 元＞应得风险收益额 419 元。这说明该投资方案所冒的风险小，而预测可得的风险收益率大，此方案符合投资原则，可取；反之，则不可取。

本章习题

一、选择题

1. 某企业现在将 1000 元存入银行，年利率为 10%，按复利计算。4 年后企业可从银行取出的本利和为（　　）元。

A. 1200　　B. 1300　　C. 1464　　D. 1350

2. 某企业在 4 年内每年存入银行 1000 元，年利率为 9%，4 年后可从银行提取（　　）元。

A. 3000　　B. 1270　　C. 4573　　D. 2634

3. 为比较期望报酬率不同的两个或两个以上的方案的风险程度，应采用的标准是（　　）。

A. 标准离差　B. 标准离差率　C. 概率　D. 风险报酬率

4. 下列围绕货币时间价值的说法错误的是（　　）。

A. 货币时间价值在量上相当于资金的纯利率。

B. 在期数、利率相同的情况下，普通年金现值系数是其终值系数的倒数。

C. 递延年金的终值计算与普通年金的终值计算无本质区别。

D. 永续年金只有现值，没有终值。

5. 年金是指一定期间内每期相等金额的收付款项，以年金形式出现的有（　　）。

A. 折旧　B. 租金　C. 利息　D. 奖金

6. 企业筹资管理的目标是（　　）。

A. 筹措最多的资金

B. 以较低的筹资成本获取同样多或较多的资金

C. 以较小的筹资风险获取同样多或较多的资金

D. 控制筹资风险使之最小

7. 年金按其每次收付发生的时点不同，可分为（　　）。

A. 普通年金　B. 即付年金　C. 递延年金　D. 永续年金

8. 递延年金具有下列特点（　　）。

A. 第一期没有收支额　B. 计算现值的方法同普通年金

C. 其现值大小与递延期长短有关　D. 终极值大小与递延期无关

二、判断题

1. 在对比两个方案时，标准离差率越大，说明风险越大；同样，标准离差越大，说明风险也一定越大。（　　）

2. 在现值和利率一定的情况下，计息期越长，则复利终值越小。（　　）

3. 即付年金与普通年金的区别仅在于计息时间的不同。（　　）

4. 永续年金可以视为期限趋于无穷的普通年金。（　　）

5. 在利率为15%、期数为10年的情况下，1元年金现值系数大于1元年金终值系数。（　　）

6. 根据风险与收益对等的原理，高风险投资项目必然会获得高收益。（　　）

7. 在利率大于零、计息期一定的情况下，年金现值系数大于1。（　　）

8. 先付年金和普通年金的区别在于计息时间与付款时间的不同。（　）

9. 一次性款项复利现值就是为在未来一定时期获得一定的本利和现在所需的本金。（　）

10. 在现值和利率一定的情况下，利息期数越少，则复利终值越大。（　）

11. 其他因素不变，折现率越大，则计算的现值越小。（　）

三、计算分析题

1. 某人第五年底需要资金 100000 元，现在要在银行存入一笔资金。若存款利率为 8%，则在下列情况下，需要存入银行的资金为多少？

(1)单利计息。

(2)复利计息。

2. 某人每个月底存入银行 1000 元，银行月存款利率为 2%，则 2 年后该人取出的本利和为多少？若该人在每个月初存款，则 2 年后该人取出的本利和为多少？若开始 5 个月没有存钱，从第六个月月底开始存钱，则第二年年底取出的本利和为多少？

3. 王女士为其女儿 5 年后出国需要准备 200000 元人民币。现在有两种存储方式：

(1)现在一次存入，定期 5 年，年利率为 6%，银行按单利计息；

(2)每年年初存入一笔相等金额的本金，银行存款利率为 5%，按复利计算利息。

要求：试分别计算应存入的金额。

4. 某人欲购小汽车，有两种付款方式。方式一：现一次付清，价款为 20 万元。方式二：从购车的第一年末起，每年末付 5 万元，5 年付清，折现率为 10%。

问题：(1)用现值比较哪种方式对购车者有利？

(2)用终值比较哪种方式对购车者有利？

(3)对买卖双方公平的分期付款额应是多少？

5. 某公司拟购置一处房产，房主提出两种付款方案：①从现在起，每年年初支付 20 万元，连续支付 10 次；②从第五年开始，每年年初支付 25 万元，连续支付 10 次。要求：假设公司的资本成本率为 10%，你认为该公司应选择哪个方案？

6. A 公司 2000 年年初对甲设备投资 100000 元，该项目 2000 年初完工投产；2002 年、2003 年、2004 年年末预期收益各为 20000 元、30000 元、50000 元；银行存款复利利率为 10%。

问题：(1)按复利计算 2002 年年初投资额的终值；

(2)按复利计算2002年年初各年预期收益的现值。

7. B公司2000年、2001年年初对乙设备投资分别为60000元，该项目于2002年初完工投产；2002年、2003年、2004年年末预期收益均为50000元；银行借款复利利率为8%。

问题：(1)按年金计算2002年年初投资额的终值；

(2)按年金计算各年预期收益在2002年年初的现值。

8. 某家长准备为孩子存入银行一笔款项，以便以后10年每年年底得到20000元学杂费，假设银行存款利率为9%。

问题：计算该家长目前应存入银行的款项额。

9. 某公司拟建立一项基金，每年年初投入100000元，利率为10%。

问题：计算5年后该基金的本利和。

10. 华新股份有限公司拟以500万元投资筹建电子管厂，根据市场预测，预计每年可获得的收益及概率见下表：

华新公司预计收益及概率表

市场情况	预计每年收益(E_i)	概率(P_i)
繁荣	120	0.2
一般	100	0.5
较差	60	0.3

若电子行业的风险系数为6%，计划年度利率(资金时间价值)为8%。

问题：(1)计算该项投资的收益期望值。

(2)计算该项投资的标准离差。

(3)计算该项投资的标准离差率。

(4)导入风险价值系数，计算该方案要求的风险价值。

(5)计算该方案预测风险价值，评价该投资方案是否可行。

四、简答题

1. 如何理解资金的时间价值？为什么要考虑资金的时间价值？

2. 什么是货币的时间价值？

3. 什么是普通年金、即付年金、递延年金和永续年金？请分别举例说明。

4. 资金时间价值的计算方法有哪几种？

5. 如何对投资风险进行量化？考虑投资风险价值时，怎样选择最优投资方案？

第三章　筹资管理

学习目的与要求

通过本章的学习，使学生理解筹资的目的与要求；掌握筹资的渠道、方式及种类，资金需要量预测的销售百分比法和线性回归法，自有资金的筹资方式及特点，负债资金的筹集方式及特点；熟悉筹资的分类与原则。

导读案例

蒙牛乳业的筹资之路

2004 年 6 月 10 日，蒙牛乳业登陆香港股市，在香港获得 206 倍的超额认购率，共募集资金 13.74 亿港元。蒙牛承销商之一的摩根士丹利称："蒙牛首次公开发行创造了 2004 年第二季度以来，全球发行最高的散户投资者和机构投资者超额认购率。"尽管如此，蒙牛携手境外资本的发展路径也仍是毁誉参半。

摩根、英联和鼎辉三家国际机构分别于 2002 年 10 月和 2003 年 10 月两次向蒙牛注资。两次增资注入 3523 万美元，此举等于三家公司承认蒙牛集团企业的价值为 14 亿人民币。对于蒙牛来说，筹集了大量的资金。

两次增资后，三个投资公司提出了发行可转换债券，其认购的可转换债券除了具有期满前可赎回、可转换为普通股的可转债属性外，它还可以和普通股一样享受股息。可转换债券于蒙牛上市 12 个月(2005 年 6 月)后使他们的持股比例达到 31.1%，价值约为 19 亿港元。而蒙牛的创始人牛根生只得到不到两亿的股票，持股比例只有 4.6%，2005 年可转债行使后还将进一步下降到 3.3%，且五年内不能变现。牛根生还被要求做出五年内不加盟竞争对手的承诺。

面对如此苛刻的条件，蒙牛一味盲目筹资，降低筹资的门槛，大有"为他人做嫁衣"之嫌。企业在发展道路上离不开资金的支持，然而筹资的代价应该以何为限？

第一节 筹资管理概述

一、筹资的动机与分类

筹资活动是企业生存与发展的基本前提，没有资金，企业将难以生存，也不太可能发展。所谓筹资，是指企业根据其生产经营、对外投资及调整资本结构的需要，通过一定的渠道和资金市场，采取适当的方式，获取所需资金的财务活动。企业的生存与发展皆以筹集足够的资金并灵活运用为前提，筹资是整个资金运动的起点，因而，筹资管理是企业财务管理的一项基本内容，企业应科学合理地进行筹资活动。

(一)筹资的动机

创建企业、开展日常经营活动、扩大生产经营规模，都需要筹集资金。企业筹集资金的目的总的来说是为了获取资金，但具体到各个企业，筹集目的可能有所不同，主要包括以下几个方面：

1. 满足企业设立的基本前提

资金是企业经营活动的基本要素，筹集资金是企业创立、生产和发展的必要条件。企业属于营利性的经济组织，其利润主要是通过各种有效的经营活动来实现，任何企业最初都需要进行创立性筹资，以获得企业必需的初始资本。所谓创立性筹资，是指按照国家法律规定和企业创立的要求、为获得企业设立所需资金而进行的资金筹集，包括注册资本和一定量的负债。

2. 满足生产经营的需要

为满足生产经营需要而进行的筹资活动是企业最为经常性的财务活动，一是满足简单再生产的资金需要；二是满足扩大再生产的资金需要。如开发新产品、提高产品质量与生产工艺技术、追加对外投资、开拓企业经营领域和对外兼并等。这些都需要大量的资金投入，因此必须将筹资作为企业经营活动的重点，确保资金能及时到位，否则将影响企业经营成果的有效取得。

3. 满足资金结构调整的需要

企业的资金结构是由企业采用各种筹资方式而形成的。资金结构具有相对的稳定性，但随着经济状况的变化、企业经营条件的改变等，资金结构也应作相应的调整。资金结构的调整是企业为降低筹资风险、减少资金成本而对资本与负债间比例关系进行的调整，属于企业重大的财务决策事项，也是企业筹资管理的重要内容。

4. 谋求企业发展壮大的需要

在市场竞争中，企业只有不断地进行自我强化、自我创新和自我发展，才能立于不败之地，这就要求企业不断地开发新产品、提高产品质量、改进生产工艺技术、开拓企业经营领域和不断扩大生产经营规模，而这一切都是以资金的不断投放为保证的。

(二)筹资的分类

1. 按资金的来源渠道不同划分，筹资可分为自有资金筹资和负债筹资

自有资金筹资是企业依法取得并长期拥有、自主调配运用的资金。企业通过发行股票、吸收直接投资和内部积累等方式而筹集的资金都属于企业的权益筹资。负债筹资是企业依法取得并依约运用、按期偿还的资本，企业通过发行债券、向银行借款和融资租赁方式而筹集的资金属于企业的负债筹资。

2. 按照是否通过金融机构划分，筹资可分为直接筹资和间接筹资

直接筹资是指企业不借助银行等金融机构，直接与资本所有者协商融通资本的一种筹资活动。具体而言，直接筹资主要有直接借入资本、发行股票、债券和商业信用等筹资方式。常用的间接筹资是企业借助银行等金融机构而融通资本的一种筹资活动，主要有银行借款、租赁等筹资方式。

3. 按照所筹资金使用期限的长短划分，筹资可分为短期资金筹资和长期资金筹资

短期资金是指供短期(一般为一年以内)使用的资金。短期资金主要用于应收账款、材料采购及发放工资等，一般在短期内收回。短期资金可采用商业信用、银行短期借款、商业票据等方式来筹集。

长期资金是指供长期(一般在一年以上)使用的资金。长期资金一般采用发行股票、债券、银行中长期借款等方式筹集。

二、筹资渠道与方式

(一)筹资渠道

筹资渠道是指企业筹措资金的来源，体现着资金的来源与流量。目前我国筹资渠道主要包括国家财政资金、企业内部资金、金融机构资金、其他单位资金、职工和民间资金、国外资金。

1. 国家财政资金。国家财政资金是指国家以财政拨款、财政贷款、国有资产入股等形式向企业投入的资金。国家对企业的投资历来是我国国有企业的主要资金来源。国家财政资金具有广阔的来源和稳固的基础，而国民经济命脉也应由国家掌握。因此，国家投资在企业的各种资金来源中占有重要的地位。

2. 企业自留资金。企业自留资金，主要指企业在税后利润中提取的盈余公积金和未分配利润，以及通过累计折旧而形成的固定资产更新改造资金。这些资金的主要特征是，无须通过一定的方式去筹集，而是直接由企业内部自动生成

或转移。随着经济效益的提高，企业自留资金将日益增加。

3. 金融机构资金。金融机构的资金，包括各种商业银行、专业银行和各种非商业银行金融机构（信托投资公司、租赁公司等）的资金。金融机构的资金有个人储蓄、单位存款等较稳定的来源，财力雄厚，贷款方式灵活，能适应企业的各种需要，且有利于国家宏观调控，因此它是企业资金的重要来源渠道。

4. 其他企业和单位资金。其他企业或非营利组织，如各种基金会、各社会团体等，在组织生产经营活动或其他业务活动中，有一部分暂时闲置的资金。企业间的相互投资和短期商业信用，使其他企业资金也成为企业资金的一项重要来源。随着横向经济联合的开展，企业同企业之间的经济联合和资金融通日益广泛。既有长期的、稳定的资金联合，又有短期的、临时的资金融通。这种资金联合和融通，有利于促进企业之间的经济联系，开拓企业的经济业务。所以，这种资金来源渠道得到广泛利用。

5. 职工与民间资金。职工与民间资金是指企业职工和城乡居民闲置的消费基金。随着我国经济的发展，人民生活水平不断提高，职工和居民的结余货币作为“游离”于银行及非银行金融机构之外的社会资金，可用于对企业进行投资。

6. 国外资金。国外资金，是指外商向企业投入的资金。企业吸收外资，不仅可以满足经营资金的需要，而且能够引进国外先进技术和管理经验，促进企业技术的进步和产品水平的提高。因此，国外资金已成为企业加速生产发展、扩大经营规模的重要筹资渠道之一。

（二）资金的筹措方式

筹资方式是指企业筹措资金时所选用的具体形式。目前，我国的筹资方式主要有：吸收直接投资、金融机构贷款、发行股票、发行债券、融资租赁、商业信用、利用留存收益及混合筹资等。

（三）筹资渠道和筹资方式的对应关系

筹资渠道解决的是资金来源问题，筹资方式解决的是通过何种方式取得资金的问题，它们之间存在一定的对应关系。它们之间的对应关系如表 3-1 所示。

表 3-1　筹资渠道和筹资方式的对应关系

筹资方式 筹资渠道	吸收直接投资	发行股票	留存收益	银行借款	公司债券	商业信用	融资租赁
国家财政资金	√	√					
银行信贷资金				√			
非银行金融机构资金	√	√		√	√		√

续表

其他企业资金	√	√			√	√	√
职工和民间资金	√	√					
企业内部资金	√		√				
国外资金	√	√			√	√	√

三、筹资原则

(一)筹资数量合理原则

企业的资金需求量往往是不断波动的,企业财务人员要认真分析科研、生产、经营状况,采用一定的方法,预测资金的需要数量,合理确定筹资规模。这样,既能避免因资金筹集不足,影响生产经营的正常进行,又可以防止资金筹集过多,造成资金闲置。

(二)筹措及时原则

企业财务人员在筹集资金时必须熟知资金时间价值的原理和计算方法,以便根据资金需求的具体情况,合理安排资金的筹集,适时获取所需资金。这样,既能避免过早筹集资金形成资金投放的闲置,又能防止取得资金的时间滞后,错过资金投放的最佳时机。

(三)来源合法合理原则

资金的来源渠道和资金市场为企业提供了资金的源泉和筹资场所,它反映了资金的分布状况和供求关系,决定着筹资的难易程度。不同来源的资金,对企业的收益和成本有着不同的影响。因此,企业应认真研究资金渠道和资金市场,合理选择资金来源。

(四)成本效益性原则

在确定筹资数量、筹资时间、资金来源的基础上,企业在筹资时还必须认真研究各种筹资方式。企业在筹集资金时必然要付出一定的代价,不同的筹资方式条件下的资金成本有高有低。为此,就需要对各种筹资方式进行分析、对比,选择最佳的筹资方式,确定合理的资金结构,以便降低成本,减少风险。

第二节　资金需求量预测

企业合理筹集资金的前提是科学地预测资金需求量,因此,企业在筹资之前,应当采用一定的方法预测资金需求量,以保证企业生产经营活动对资金的需求，同时应避免筹资过量造成的资金闲置。资金需求量预测最常用的方法是销售百分比法和线性回归法。

一、销售百分比法

销售百分比法是根据资产负债表中的各个项目与销售收入总额之间的依存关系，按照计划期销售额的增长情况来预测资金需求量的一种方法。使用这一方法的前提是必须假设某报表项目与销售指标的比率已知且固定不变，其计算步骤如下：

1. 分析基期资产负债表各个项目与销售收入总额之间的依存关系，计算各敏感项目，包括现金、应收账款、存货、应付账款、应付费用和其他应付款等的销售百分比。而其他如对外投资、固定资产净值、短期借款、长期负债、实收资本等项目，一般不会随销售额增长而增长，因此将其称为非敏感项目。

2. 计算预测期各项目预计数并填入资产负债表，确定需要增加的资金额。计算公式为：

敏感项目预计数＝预计销售额×某项目销售百分比

3. 确定对外界资金需求的数量。

上述预测过程可用下列公式表示：

对外资金的需求量＝(敏感资产销售百分比－敏感负债销售百分比)×销售变动额－销售净利率×利润留存比率×预期销售额

【例 3-1】 太阳企业 2009 年的资产负债表(简表)如表 3-2 所示。

表 3-2 **太阳企业 2009 年资产负债表** 单位:万元

资产		负债和所有者权益	
项　目	期末数	项　目	期末数
现金	20000	短期借款	6000
应收账款	64000	应付票据	70000
存货	112000	应付账款	40000
预付费用	6000	应付费用	8000
固定资产净值	200000	长期负债	120000
		实收资本	128000
		留存利润	30000
资产总额	402000	负债和所有者权益总额	402000

该企业 2009 年的销售收入为 400000 万元，税后净利润为 40000 万元，销售净利率为 10%，已按 50%的比例发放普通股股利 20000 万元。目前企业尚有剩余生产能力，即增加收入不需要进行固定资产方面的投资。假定销售净利率仍保持上年水平，预计 2010 销售收入将提高到 480000 万元，年末普通股股利发放比例将增加至 70%，要求预测 2010 年需要增加资金的数量。

(1)根据 2009 年资产负债表编制 2010 年预计资产负债表(如表 3-3 所示)。

(2)确定需要增加的资金。首先，可根据预计资产负债表直接确认需追加的资金额。表中预计资产总额为 442400 万元，而负债与所有者权益为 425600 万元，资金占用大于资金来源，则需追加资金 16800 万元。

其次，也可分析预算需追加的资金额。由表 3-3 中销售收入每增加 100 元，需增加 50.5 元的资金占用，但同时自动产生 29.5 元的资金来源。因此每增加 100 元的销售收入，必须取得 21 元的资金来源。在本例中，销售收入从 400000 万元增加到 480000 万元，增加了 80000 万元，按照 21%的比例可测算出将增加 16800 万元的资金需求。

表 3-3　　2010 年预计资产负债表　　单位:万元

资　产			负债与所有者权益		
项　目	销售百分比	预计数	项　目	销售百分比	预计数
现金	5%	24000	应付票据	17.5%	84000
应收账款	16%	76800	应付费用	2%	9600
存货	28%	134400	应付账款	10%	48000
预付费用	1.5%	7200	短期借款	—	6000
固定资产净值	—	200000	长期借款	—	120000
			实收资本	—	128000
			留存利润	—	30000
			追加资金	—	16800
合计	50.5%	442400	合计	29.5%	442400

(3)确定对外界资金需求的数量。上述 16800 万元的资金需求可通过企业内部筹集和外部筹集两种方式解决，2010 年预计净利润为 48000(480000×10%)万元，如果公司的利润分配给投资者的比率为 70%，则将有 30%的利润即 14400 万元被留下来，从 16800 万元中减去 14400 万元的留存收益，则还有 2400 万元的资金必须从外界融通。

此外，也可根据上述资料采用公式求得对外界资金的需求量。

对外筹集资金额＝55.5％×80000－29.5％×80000－10％×30％×480000

＝2400(万元)

二、线性回归法

1. 线性回归法的定义和模型

线性回归法分为一元线性回归法和多元线性回归法。下面我们用到的是一元线性回归法。一元线性回归法是分析一个因变量与一个自变量之间的线性关系的预测方法。常用统计指标:平均数、增减量、平均增减量。一元线性回归分析预测法的基本思想是利用“最小二乘法”:最有代表性的直线应该是到各点的距离最近的直线,可用这条直线进行预测。

一元线性回归法的预测模型为:

$$y_c = a + bx$$

式中:x——自变量;

y_c——预测值;

a、b——一元线性回归方程的参数。

a、b 参数由下列公式求得:

$$a = \frac{\sum y - b\sum x}{n}$$

$$b = \frac{n\sum xy - \sum x\sum y}{n\sum x^2 - (\sum x)^2}$$

将 a、b 代入一元线性回归方程 $y_c = a + bx$,就可以建立预测模型,只要给定 x 值,就可以预测 y_c 值。

2. 线性回归法在筹资中的应用

资金需求量的预测根据线性回归法最小平方法的原理,对过去若干期间的销售额及资金总量(资金占用量)的历史资料进行分析,按销售收入总额和资金总量之间的关系确定线性回归模型,并据以预测计划期间资金需要量的一种方法。该方法是在资金变动与产销量变动关系的基础上,将企业资金划分为不变资金和变动资金。

不变资金是指在一定的产销范围内,不受产销量变动的影响保持固定不变的那部分资金。这部分资金包括:为维持营业而占用的最低数额的现金、必要的成品储备、厂房和机器设备等固定资产占用的资金。

变动资金是指随产销量的变动而同比例变动的那部分资金。这部分资金包括:直接构成产品实体的原材料、外购件等占用的资金。另外,最低储备以外的现金、存货和应收账款等也具有变动资金的性质。

资金需要量预测的线性回归法计算公式为：

$$a=\frac{\sum y-b\sum x}{n}$$

$$b=\frac{n\sum xy-\sum x\sum y}{n\sum x^{2}-(\sum x)^{2}}$$

式中：x——产销量；

y——资金占用量。

由于资金需要量与销售量之间存在一定的线性关系，因而可变资金与业务量之间存在着正比例关系，企业可根据这种对应关系，确定线性模型：

$$y_c=a+bx$$

式中：x——产销量；

y_c——筹资规模或需要量；

a——不变资金；

b——单位业务量所需要的变动资金。

【例 3-2】 阳光企业产销量和资金变动情况如表 3-3 所示。

表 3-3　　产销量和资金变动情况表

年份	产销量 x(万件)	资金占用量 y(万元)
2003	120	190
2004	140	200
2005	170	260
2006	190	285
2007	160	230

设产销量为自变量 x，资金占用为因变量 y，它们之间的关系可以用下式表表示：

$$y_c=a+bx$$

根据表 3-3 整理出表 3-4。

表 3-4　　回归直线方程计算表

年份	产销量 x(万件)	资金占用量 y(万元)	xy	x^2
2003	120	190	2800	14400
2004	140	200	28000	19600
2005	170	260	44200	28900
2006	190	285	54150	36100
2007	160	230	36800	25600
合计 $n=5$	$\sum x=780$	$\sum y=1165$	$\sum xy=185950$	$\sum x^2=124600$

将表 3-4 的资料带入参数 a,b 求解公式得:

$$a=\frac{1165-1.44\times780}{5}=8.36$$

$$b=\frac{5\times185950-780\times1165}{5\times124600-780^2}=1.44$$

解得:$a=8.36$　$b=1.44$

代入直线方程为:$y_c=8.36+1.44x$

若企业 2008 年的销量为 250 万件,则资金需求量为:

$y_c=8.36+1.44\times250=368.36$(万元)

运用线性回归预测法,必须注意以下几个方面的问题:

(1)资金占有量与销售量间的线性关系应确实符合直线线性关系。

(2)确定不变资金规模与单位变动资金规模时,应利用预测年度前连续几年的历史资料。一般认为,历史跨度越长,计算也越准确。为满足计算需要,应保证历史资料不少于 3 年。

(3)在具体预算中,应有意识地考虑通货膨胀对资金需要的影响。

第三节　自有资金的筹集

自有资金是企业依法取得并长期拥有、自主调配运用的资金,它包括投资者投入企业的资本金及持续经营中形成的利润积累,如盈余公积金、资本公积金和未分配利润等。企业通过吸收直接投资、发行股票和利用留存收益等方式筹集的资金都属于自有资金。自有资金一般不用还本。企业的自有资金或主权资金,也叫“权益资金”。它一般包括以下几种筹资方式:

一、吸收直接投资

吸收直接投资是指企业以合同、协议等形式吸收国家、其他企业、个人和外商等主体直接投入的资金，形成企业自有资金的一种筹资方式。

(一)吸收直接投资的种类

吸收直接投资一般包括以下四类：

1. 吸收国家投资

国家投资是指有权代表国家的政府部门或机构以国有资产进行的投资，这种投资形成的资金叫国家资本金。吸收国家投资具有以下特点：(1)产权归属国家；(2)资金数额较大；(3)在国有企业中采用比较广泛。

2. 吸收法人投资

法人投资是指法人单位以其可以支配的资产进行投资，这种投资形成的资金叫法人资本金。目前，吸收法人投资主要是指法人单位在进行横向经济联合时所产生的联营投资。吸收法人投资具有以下特点：(1)产权归属企业；(2)以获取企业利润为目的；(3)出资方式比较灵活。

3. 吸收个人投资

个人投资是指社会个人或本企业内部职工以个人合法财产进行的投资，这种投资形成的资金叫个人资本金。吸收个人投资具有以下特点：(1)参加投资的人员较多；(2)每人投资的数额相对较少；(3)以参与企业利润分配为目的。

4. 吸收外商投资

外商投资是指外国投资者以及我国香港、澳门和台湾地区投资者对企业进行的投资，这种投资形成的资金叫外商资本金。吸收外商投资具有以下特点：(1)可以筹集外汇资金；(2)一般只有中外合资(或中外合作)经营企业才能采用。

(二)吸收直接投资的筹资方式

吸收投资可以采用厂房、机器设备、材料物资、现金和无形资产等出资方式，主要有以下几种：

1. 现金投资

现金投资是以现金形式对企业进行的投资。由于现金可以进行任何物资的交换，因此，企业应尽量动员投资者采用现金方式出资，但我国目前尚未有这方面的规定，所有需要在投资过程中由双方协商加以确定。

2. 实物投资

以厂房、建筑物、设备等固定资产和材料、燃料、商品等流动资产进行的投资，属于实物投资。一般来说，实物投资应满足如下要求：(1)确为企业科研、生产、经营所需；(2)实物资产的技术性能较好；(3)作价公平合理。投资实物的具体作价,可由双方按公平合理的原则协商确定,也可聘请各方同意的专业资产评估机构评定。

3. 工业产权投资

工业产权是指以专有技术、商标权、专利权等无形资产进行的投资。一般来说,企业吸收的工业产权应满足以下条件:(1)对研究和开发新的高科技产品有帮助;(2)对生产出适销对路的高科技产品有帮助;(3)对大幅度降低各种消耗有帮助;(4)对改进生产质量,提高生产效率有帮助;(5)作价比较合理。

4. 土地使用权投资

土地使用权投资是指以土地使用权进行的投资。企业在接受场地使用权的投资时,应注意以下问题:(1)场地应是企业科研、生产、销售活动所需要的;(2)场地的交通、地理条件比较适应;(3)作价比较合理。

(三)吸收直接投资的程序

企业吸收其他单位的投资,一般要遵循如下程序:

1. 确定所需吸收投资的数量;

2. 寻找投资单位;

3. 协商投资事项;

4. 签署投资协议;

5. 取得投资单位投入的资产。

(四)吸收直接投资的优、缺点

1. 优点

(1)利用吸收投资所筹集的资金属于自用资金,能增强企业的信誉和借款能力,形成经营规模。

(2)吸收实物投资和产权投资可以直接获取投资者的先进技术和设备,尽快形成生产能力。

(3)吸收投资可根据企业的经营状况向投资者支付报酬,比较灵活,财务风险较小。

2. 缺点

(1)吸收投资的成本比较高。一般而言,企业是用税后利润支付投资者报酬的,且视经营情况而定,所以资金成本较高。

(2)吸收投资容易分散企业的控制权。采用吸收投资方式筹集资金,投资者一般要求参与企业管理,当企业接受外来投资较多时,容易造成控股权分散,甚至使企业完全失去控制权。

二、发行股票筹资

股票是股份公司为筹集自有资金而发行的一种有价证券，是公司签发的证明股东所持有股份的凭证，它代表投资者对公司的所有权。

(一)股票的分类

股票根据不同的标准，可以分成不同的种类。

1. 按发行方式不同，股票可以划分为记名股票和不记名股票

记名股票是将股东姓名记入股票及股东名簿的一种股票。分配股息时，由企业书面通知股东，股东要同时具备股票和股权手册，才能领取股息和红利。记名股票的转让、继承都要办理过户手续，受到一定的限制。

不记名股票是在股票上不记载所有者的姓名和名称的一种股票，凡持有不记名股票的人都可以成为公司股东。不记名股票仅凭股票所附息票便可以领取股息。不记名股票的转让、继承无需办理过户手续，只要将股票交给受让人，就可以发生权利转让，移交股权。

2. 按票面是否标明金额，股票可以划分为面值股票和无面值股票

面值股票是票面上标明每股金额的股票。这种股票可以直接确定为每一股份在企业资金总额中所占的份额；另外，还表明在有限公司中股东对每股股票所负有限责任的最高限额。

无面值股票是指股票票面不记载每张股票的面值，仅表示每一股在公司全部股票中所占的比例。在公司生产经营过程中，股份的实际价值与股票发行价值往往不相一致，因此只能根据股票股数才可确定股份的实际价值。

3. 按股息是否变动和股东权利不同，股票可以划分为普通股票和优先股票

普通股票简称为普通股，是股份公司依法发行的具有管理权、股利不固定的股票。普通股具备股票的最一般特征，是股份公司资本的最基本部分。

优先股票简称优先股，是股份公司依法发行的具有一定优先权的股票。从法律上来讲，企业对优先股不承担法定的还本义务，是企业自有资金的一部分，其股利的分配比例是固定的，这与债券利息相似。因此，优先股是一种具有双重性质的证券，既属自有资金，又兼有债券性质。

普通股与优先股的区别在于两者的权利和义务不同：(1)在收益分配上，普通股股东可按其持有股份或出资比例获得企业分配的利润，其获利水平随企业盈利水平的变动而变动，且一般高于优先股；优先股的持有者可享有较固定的股息，且固定股息的支付在普通股持有者得到任何股息之前。(2)在剩余财产分配上，当企业转入清算时，优先股对企业剩余财产的分配顺序在普通股之先。(3)对公司控制权的影响上，普通股股东可参与企业经营管理，对企业经营活动

有表决权，且当股份公司增发新股时，普通股股东享有优先认股权；优先股股东无此权利。(4)在应承担的义务上，当公司出现经营亏损或发生破产清算时，普通股股东要按出资额或所占股份承担公司的经营损失和经济责任；优先股股东一般无此义务，但优先股也可能要承担收不回本金的风险。

4. 按发行对象和上市地区，股票可分为A股、B股和境外上市股票

A股股票是指已获准在上海证券交易所、深圳证券交易所流通的且以人民币标明票面金额，并以人民币认购和交易的股票。这种股票只能由我国居民或法人购买，所以我国股民通常所说的股票一般都是指A股。

B股股票是指以人民币标明票面价值，以外币为认购和交易币种的股票，它是境外投资者向我国的股份有限公司投资而形成的股份，在深圳和上海两个证券交易所上市流通。

境外上市股票是指我国的股份有限公司在境外发行并上市的股票，目前主要有在香港证券交易所上市、以港币认购和交易的H股，还有在美国纽约证券交易所发行上市、以美元交易的N股。

(二)发行普通股

普通股是股息和红利随企业利润的多少而变动的股票，是股票中最普通的一种形式，也是公司资金的基本来源，它是自有资金的首要资金来源。

1. 股票发行的目的

公司发行股票，基本目的是为了筹集资金，具体如下：

(1)为了建立新的股份公司而发行股票。股份公司成立时，通常以发行股票的方式来筹集资金并进行经营。

(2)为扩大生产经营而发行股票。已设立的股份公司为了增加产品数量，扩大经营规模，有时需要用发行股票的方式来筹集资金。公司新发行的股票可以先由原有股东认购，然后在市场出售。

(3)其他目的的股票发行。这类发行通常与某一特定财务决策相关，主要包括：①发放股利时的股票发行；②把可转换债券转化为普通股时的股票发行；③股票买卖时的股票发行。

2. 股票发行的条件

股份公司发行股票必须具备一定的发行条件，取得发行资格，并在办理必要手续后才能进行。现对我国股票发行的条件作如下说明：

(1)新设立的股份有限公司申请公开发行股票，应符合下列条件：①生产经营符合国家产业政策。②发行普通股限于一种，同股同权。③发起人认购的股本数额不少于公司拟发行股本总额的35%。④在公司拟发行的股本总数中，发起人认购的部分不少于人民币3000万元，但国家另有规定的除外。⑤向社会公

众发行部分不少于公司拟发行的股本总额的25%,其中公司职工认购的股本数不得超过拟向社会公众发行股本总数的10%。公司拟发行股本总额超过人民币4亿元的,证监会按照规定可以酌情降低向社会公众发行的部分的比例,但是最低不少于公司拟发行股本总额的10%。⑥发起人在近三年内没有重大违法行为。⑦证监会规定的其他条件。

(2)原有企业改组设立股份有限公司申请公开发行股票。除了应当符合上述情况下的各种条件外,还应当符合下列条件:①发行前一年年末,净资产在总资产中所占比例不低于30%,无形资产在净资产中所占比例不高于20%,但证监会另有规定的除外。②近三年连续盈利。③国有企业设立股份有限公司公开发行股票,国家拥有的股份在公司拟发行股本总额中所占的比例,由国务院或国务院授权的部门规定。④必须采取募集方式。

(3)股份有限公司增资申请发行股票,除了应符合上述有关规定外,还应当符合下列条件。①前一次公开发行股票所得资金的使用与其招股说明书所述的用途相符,并且资金使用效益良好。②距前一次公开发行股票的时间不少于12个月。③前一次公开发行股票到本次申请期间没有重大违法行为。④证监会规定的其他条件。

(4)公司公开发行的股票进入证券交易所挂牌买卖(即股票上市),须受严格的条件限制。我国《公司法规定》,股份有限公司申请其股票上市,必须符合下列条件:①股票经国务院证券管理委员会批准已向社会公开发行,不允许公司在设立时直接申请股票上市。②公司股本总额不少于人民币5000万元。③开业三年以上,最近三年连续盈利;属国有企业依法改建而设立股份有限公司的,或者在《公司法》实施后新组建的、其主要发起人为国有大中型企业的股份有限公司,可连续计算。④持有股票面值人民币1000元以上的股东不少于1000人,向社会公开发行的股份达公司股份总数的25%以上;公司股本总额超过人民币1亿元的,向社会公开发行股份的比例为15%以上。⑤公司最近三年内无重大违法行为,财务会计报告无虚假记载。⑥国务院规定的其他条件。

3. 股票发行价格的确定

股票发行价是指股份公司在股票发行市场上发行股票时所确定的价格。通常股票的发行价有三种方式:平价发行、折价发行和溢价发行。按股票的面值发行股票时叫平价发行,它主要适用于新创立公司的初次发行股票或原有股东认购新股;高于股票的面值发行股票时叫溢价发行;低于股票的面值发行股票时叫折价发行。

我国目前规定股票发行价格可以按股票面值金额,也可以超过股票面值金额,但不得低于股票面值金额发行。通常在确定股票的发行价格时应考虑以下主要因素：

(1)盈利水平。税后利润总额反映了一个公司的经营能力和收益水平，通常税后利润越高，发行价越高；反之，税后利润越低，发行价格越低。发行公司盈利能力的指标，在时间上分为两类；募股前已实现的和募股后预测可实现的。对投资者来说，这两类指标都重要，而前三年的盈利状况尤为重要。

(2)公司所处行业特点。不同的公司处于不同的产业部门中，各产业部门受技术进步速度、产品生命周期、市场发育程度、政策扶持情况等因素影响，处于不同的增长态势中，有着不同的发展前景。那些技术进步快、国际竞争力强、市场前景好、政策扶持有力的现代产业中的公司，其股票的发行价格可能较高，而那些处于技术进步缓慢、产品难以创新、国际竞争力较弱、市场基本饱和的传统行业中的公司，其股票的发行价格通常较低。

(3)股票交易市场行情。一般来说，在股票市场处于牛市，股票交易活跃时，受交易价格上升的影响，投资者对股票的需求比较旺盛，股票价格发行价格会高些。而在股票市场处于熊市、股票交易清淡时，受交易价格下跌的影响，投资者不愿意接受较高的价格，股票发行价格比较低。

(4)本次股票的发行数量。股票发行受到购股资金数量的严格制约。一次发行股票的数量较大，在确定的时间内，受资金供给量的限制，若发行价格过高，将面临发行失败的风险，因此，一般宜采取低价策略。如果一次发行股票的数量较少，则发行价格可以适当提高。

4. 股票发行的基本程序

根据《证券法》、《首次公开发行股票并上市管理办法》和《上市公司证券发行管理办法》等相关法规，我国股票发行程序的主要内容如下：

(1)发行人按照中国证监会的有关文件制定申请文件，由保荐人保荐并向中国证监会申报。特定行业的发行人应当提供管理部门的相关意见。

(2)中国证监会收到申请文件后，在5个工作日内作出是否受理的决定。

(3)发行人申请首次公开发行股票的，在提交文件后，应当按照国务院证券监督管理机构的规定预先披露有关申请文件。

(4)中国证券会受理申请文件后，由相关职能部门对发行人的申请文件进行初审，并由发行审核委员会审核。中国证监会在初审过程中，将征求发行人注册地省级人民政府是否同意发行人发行股票的意见，并就发行人的募集资金投资项目是否符合国家产业政策和投资政策管理的规定征求国家发展和改革委员会的意见。

(5)中国证监会依照法定条件对发行人的发行申请作出予以核准或者不予以核准的决定，并出具相关文件。自中国证监会核准发行之日起，发行人应在6

个月内发行股票;超过6个月未发行的,核准文件失效,须重新经中国证监会核准后方可发行。

(6)股票的公开发行。发行人在获得中国证监会同意其公开发行股票的核准后,就可以按照核准的发行方案发行股票。股票的具体发行和销售方式如下:

①股票发行方式:公开间接发行和不公开直接发行

公开间接发行是指通过中介机构,公开向社会发行股票。

不公开直接发行是指不公开对外发股票,只向少数特定的对象直接发行,因而不经过中介机构承销。

②股票的销售方式:自销和委托承销

自销方式是指发行公司自己直接将股票销售给认购者。

承销方式是指发行公司将股票销售业务委托给证券经营机构代理,这种销售方式是发行股票所普遍采用的。

5. 普通股筹资评价

(1)普通股筹资的优点

①没有固定的股利负担。公司有盈利,可适量向股东分配股利,如公司盈利较小或没有盈利,或虽有盈利但资金尚缺或有更好的投资机会,就可以少付或不付股利。

②资金可永久使用,筹资风险小。普通股没有固定到期日,资金不存在到期归还问题,除非公司破产清算,因而筹资风险小。

③普通股集资的限制较少。普通股筹资比优先股或债券集资限制少,使公司经营较灵活。

(2)普通股筹资的缺点

①资金成本较高。发行普通股的成本一般高于债务资金,因为股利要从税后净利润中支付,且发行费用也要高于其他证券。

②容易分散公司的控股权。利用普通股筹资出售新的股票,引进新的股东时,容易导致公司控股权的分散。

③如果公司盈余没有增加,增加发行新股将会降低每股获利能力,这种降低每股获利能力的现象又会对股票的交易价格产生不良的影响。

(三)发行优先股

优先股,是股份公司发行的,在分配公司收益和剩余财产上比普通股具有优先权的股票,但是在报酬方面,它是有限的。

1. 优先股的种类

(1)按股利是否积累计算,优先股可分为积累优先股和非积累优先股

积累优先股是指当企业不能正常支付股利时,未付的股利可以参加在一起

或积累在一起，当企业恢复优先股股利的支付能力时，一起予以如数补偿；非积累优先股是指不论上年度企业对其股利是否进行过分配，一律以本年度所获得的盈余和比率为限进行分配，企业不负有补偿过期优先股股利的义务。

(2)按是否可以转换为普通股，优先股可分为可转换优先股和不可转换优先股

可转换优先股是指约定一定期限后，优先股的持有人有权将其股票按事先规定的兑换率转换为企业的普通股；不可转换优先股是指优先股的持有人无权要求将其优先股转换成普通股，只能享受固定的股利。

(3)按企业有无收回的权利，优先股可分为可收回优先股和不可收回优先股

可收回优先股是指优先股发行若干年后，企业可随时按照事先制定的价格和方式收回已发行的优先股。此项收回的决定权归发行企业所有，而不是股票的持有人；不可收回优先股是指发行企业不能在某一期间，以某一价格或方式收回的优先股。企业如果想要收回优先股，只能在证券市场上按市价收购。

2. 优先股筹资的优缺点

(1)优先股筹资的优点

①没有固定的到期日，不用偿还本金。

②股利支付虽然固定，但无约定性，当公司财务状况不佳时，也可暂不支付。

③优先股属于自有资金，能增强公司的信誉及借款能力，又能保持原普通股东的控制权。

(2)优先股的缺点

①优先股股利要从税后利润中支付，资金成本高。

②优先股较普通股限制条款多。

③优先股需要支付固定的股利，且不能在税前支付，虽无约定性，可以延迟，但终究是企业的一种沉重的财务负担。

三、留存收益筹资

企业留存收益，主要是指企业实现净利后，提留的盈余公积和未分配利润形成的留存的盈利，也是企业权益资金的一种。

(一)留存收益筹资的渠道

1. 盈余公积。盈余公积是指有指定用途的留存净利润，它是公司按照《公司法》规定从净利润中提取的积累资金，包括法定盈余公积金和任意盈余公积金。

2. 未分配利润。未分配利润是指未限定用途的留存净利润。这里有两层含义：一是这部分净利润没有分配给公司的股东；二是这部分净利润未指定

用途。

(二)留存收益筹资的特点

留存收益是由公司税后利润形成的,属于权益资本。一般企业都不会把全部收益以股利形式分给股东,留存收益是企业资金的一种重要来源。企业留存收益等于股东对企业的追加投资,股东对这部分投资与以前交给企业的股本一样,要求获得同普通股等价的报酬,所以留存收益也要计算成本。留存收益筹资成本的计算与普通股基本相同,但不考虑筹资费用。

比起其他权益资金的取得,企业自留资金的筹资更为主动、简便,它不需专门的筹资活动,更无须筹资费用。因此这种筹资方式是企业经营自然形成的,既扩大了企业的资产、增加了企业的资金,又增强了企业的信誉、提高了企业的偿债能力、增强了企业抗风险的能力,是企业盈利能力提高的具体表现,但这种筹资方式受制于企业保留盈余的多寡和公司的股利政策。

第四节　借入资金的筹集

一、借入资金概述

借入资金也称为"负债资金",是指通过负债筹集资金。负债是企业的一项重要资金来源,几乎没有一家企业是只靠自有资本,而不运用负债就能满足资金需求的。负债资金的特点是筹集的资金具有使用上的时间性,需要到期偿还;不论企业经营好坏,需固定支付债务利息,从而形成企业固定的负担;资本成本一般比普通筹资成本低,且不会分散投资者对企业的控制权。

按照所筹资金可使用时间的长短,负债筹资可分为长期负债筹资和短期负债筹资两类。

(一)短期负债筹资

短期负债所筹资金的可使用时间较短,一般不超过一年,主要用于满足企业流动资金周转的需要,包括生产周转借款、临时借款、结算借款和票据贴现等。一般具有筹资速度快、容易取得、筹资富有弹性、筹资成本低和筹资风险高等特性。短期负债筹资最主要的形式是商业信用和短期借款。

(二)长期负债筹资

长期负债是指期限超过一年的负债。筹措长期负债资金,可以解决企业长期资金的不足,具有还债压力或风险较小但其借款成本较高的特点。目前在我国,长期负债筹资主要有长期借款和发行债券两种方式。

二、短期银行借款

短期银行借款是指企业向银行借取的偿还期在一年以内的各种款项，主要用于满足企业流动资金周转的需要，包括生产（商品）周转借款、临时借款、结算款项和票据贴现等。

（一）短期银行借款的信用条件

按照国际惯例，银行发放贷款时，往往带有一些信用条件，主要有以下几个：

1. 贷款期限和贷款偿还方式

短期贷款的期限不超过一年，在银行与借款企业签订的协议中都明确规定了具体的贷款期限。根据我国金融制度的规定，贷款到期后仍无能力偿还的，视为逾期贷款，银行要照章加收逾期罚息。贷款的偿还有到期一次偿还和贷款期内定期等额偿还两种方式。一般来说，企业不希望采用后一种方式，因为这会提高贷款的实际利率；而银行则不希望采用前一种方式，因为这会加重企业还款时的财务负担，增加企业的拒付风险，同时会降低实际贷款利率。不同的偿还方式，对企业的财务负担和筹资成本有不同的影响，企业应根据自身情况作出选择。

2. 贷款利率

贷款利率是指利息与借款数额之比。我国银行贷款利率一般分为四类：(1)法定利率：即国务院批准的中国人民银行制定的利率。(2)差别利率：针对不同期限、不同地区、不同行业制定的不同利率。(3)优惠利率：指中央银行对国家拟重点发展的某些经济部门、行业或产品制定较低的利率，目的在于刺激这些部门的生产，调动他们的积极性，实现产业结构和产品结构的调整，其利率低于法定利率。(4)浮动利率：即金融机构在中国人民银行总行规定的浮动幅度内，以法定利率为基础自行确定的利率。短期借款一般采用固定利率，银行在确定贷款时又会根据不同的企业采用优惠利率或浮动利率。

3. 信贷额度

信贷额度亦即贷款限度，是贷款人与银行在协议中规定的允许借款人借款的最高限额。如借款人超过规定限额继续向银行借款，银行则停止办理，此外，如果企业信用恶化，即使银行曾经同意按信贷额度提供贷款，企业也可能得不到借款。这时，银行不会承担法律责任。

4. 周转信贷协定

周转信贷协定是银行按具有法律义务的承诺提供不超过某一最高限额的贷款协定。此时的信贷期限有两个，一个是信贷额度的期限，通常不超过一年，另一个是信贷额度循环使用的期限，一般为 2～6 年。在协定的有效期内，只要企业借款总额未超过最高限额，银行必须满足企业任何时候提出的借款要求。企业采用周转信贷协定，除了支付利息以外，还要支付承诺费。承诺费是对周转借款限额中未使用部分收取的费用。正是由于银行对未使用部分收取了承诺费，才构成为借款人提供资金的法定义务。承诺费的收费率与利息率有关，但一般收取周转贷款限额内未使用部分的0.5%。

【例3-3】 某企业与银行商定的周转信贷额为5000万元，承诺费率为0.5%，借款企业年度内使用了4500万元，余额为500万元，则借款企业应向银行支付的承诺费为：

应付承诺费=500×0.5%=2.5(万元)

5. 补偿性余额

补偿性余额是银行要求借款人在银行中保持按贷款限额或实际借用额的一定百分比(通常为10%～20%)计算的最低存款余额。补偿性余额提高了借款的实际利率，加重了企业的利息负担。

【例3-4】 某企业按年利率8%向银行借款1000万元，银行要求保留20%的补偿性余额。那么，企业实际可以动用的借款只有800万元，该项借款的实际利率为：

$$\begin{aligned}\text{实际利率} &= \frac{\text{名义利率}}{1-\text{补偿性余额比率}}\times 100\% \\ &= \frac{8\%}{1-20\%}\times 100\% \\ &= 10\%\end{aligned}$$

6. 抵押贷款

抵押贷款是指必须有担保品作抵押的贷款。对信用不好、财务状况较差的企业进行贷款时，银行都要求企业提供担保品。银行接受抵押品后，一般根据抵押品账面价值的30%～50%决定贷款金额。如果企业到期不能履行付款义务，那么银行可出售企业担保品，以担保品的销售收入归还贷款。如果担保品的销售额超过贷款额和应计利息，那么超过部分应退给企业；如果少于贷款额和应计利息，则不足部分变为一般的无抵押贷款。借款的抵押品通常是借款企业的应收账款、存货、股票、债券以及房屋等。

7. 以实际交易为贷款条件

当企业发生经营性临时资金需求，向银行申请贷款时，银行则以企业将要进行的实际交易为贷款基础，单独立项，单独审批，最后作出并确定贷款的相应条件和信用保证。

除了上述所说的信用条件外，银行有时还要求企业为取得借款而作出其他承诺,如及时提供财务报表、保持适当资产流动性等。如企业违背作出的承诺,银行可要求企业立即偿还全部贷款。

二、短期借款利息支付方式和借款成本

(一)利随本清法

利随本清法,又称"收款法",是在借款到期时向银行支付利息的方法。采用这种方法,借款的名义利率(亦即约定利率)等于其实际利率(亦即有效利率)。

(二)贴现法

贴现法是银行向企业发放贷款时,先从本金中扣除利息部分,而到期时借款企业再偿还全部本金的一种利息方法。采用这种方法,企业可利用的贷款额只有本金扣除利息后的差额部分,因此,其实际利率高于名义利率。

$$\text{实际利率}=\frac{\text{利息}}{\text{贷款金额}-\text{利息}}\times 100\%$$

【例 3-5】 某企业从银行取得借款 500 万元,期限 1 年,年利率为 10%。按照贴现法付息,企业实际可动用的贷款为 450 万元(500－50),该项贷款的实际利率为:

$$\begin{aligned}\text{实际利率}&=\frac{\text{利息}}{\text{贷款金额}-\text{利息}}\times 100\%\\&=\frac{50}{500-50}\times 100\%\\&\approx 11.11\%\end{aligned}$$

三、长期借款筹资

长期借款是指企业向银行或非银行金融机构取得偿还期限在一年以上的借款。

(一)长期借款的种类

1. 长期借款按借款有无担保可分为信用贷款和抵押贷款。信用贷款是指不需要企业以实物抵押作担保,仅凭企业的信誉或担保人的信誉所发放的贷款;抵押贷款是指要求企业以一定的实物资产作抵押所取得的贷款。通常作为抵押品的实物资产主要是不动产,如房屋、机器设备、原材料、库存商品等。若借款企业到期无力偿还贷款,银行则有权取消企业对抵押品赎回权,并有权作出变卖等处理,以所得款项抵还贷款。

2. 长期借款按提供借款机构分为政策性银行贷款、商业银行贷款、保险公司贷款等。政策性银行贷款一般是指办理国家政策性贷款业务的银行向企业发放的贷款。如国家开发银行主要为满足企业承建国家重点建设项目的资金需要

提供贷款；进出口信贷银行则为大型设备的进出口提供买方或卖方信贷。商业银行贷款是指由各商业银行向各类企业提供的贷款。这类贷款主要为满足企业建设性项目的资金需要，企业对贷款自主决策、自担风险、自负盈亏。保险公司贷款是指由保险公司向企业提供的贷款。期限一般比银行贷款长，但利率高，对贷款对象的选择也比较严格。此外，信托投资公司、财务公司等也向企业提供各种中长期贷款。

（二）长期借款的程序

企业从银行获得长期借款，都需要按照一定程序办理必要的手续，一般程序如下：

1. 提出借款申请。企业要取得银行借款，必须先向银行递交借款申请报告，说明借款原因、借款时间、借款数额、使用计划、还款计划等内容。同时应准备说明企业具备上述借款条件的必要资料。

2. 银行审核。银行接到借款申请后，按照计划发放、择优扶持、有物质保证、按期归还的原则，审核企业的借款条件，确定是否给予贷款。

3. 签订借款合同。借款申请被批准后，借贷双方应就贷款条件进行谈判，然后签订借款合同。

4. 取得借款。借款合同签订后，企业即可在核定的指标范围内根据用款计划或实际需要，一次或分次将借款转入企业的存款结算户以备支用。

5. 归还贷款。贷款到期时，借款企业应按照贷款合同的规定按期清偿贷款本金与利息，或续签合同，否则银行可根据合同规定，从借款企业的存款户中扣还贷款本息及罚息。

（三）长期借款合同的内容

1. 借款合同的基本条款

借款合同应具备以下基本条款：(1)贷款种类；(2)借款用途；(3)借款金额；(4)借款利率；(5)借款期限；(6)还款资金来源及还款方式；(7)保证条款；(8)违约责任等。

2. 借款合同的限制条款

放贷银行避免和降低贷款风险的一个重要措施，是要求借款人接受基本条款以外的其他限制性条款，包括：(1)持有一定的现金及其他流动资产，保持合理的流动性及还款能力；(2)限制现金股利的支付，限制资本支持的规模；(3)限制借入其他长期债务；(4)定期向银行报送财务报表；(5)及时偿付到期债务；(6)限制资产出售；(7)禁止应收账款出售或贴现；(8)违约责任等。

此外，长期借款合同必须采用书面形式的借款申请书、有关借款的凭证、协议书和当事人双方同时修改借款合同的有关材料，也是借款合同的组成部分。

(四)长期借款筹资的优缺点

1. 长期借款筹资的优点

(1)筹资速度快,银行借款与发行债券相比,不需要印刷证券、报请证券委批准,一般所需时间较短,可以以较快的速度满足企业对资金的需求。

(2)筹资成本低,银行借款与发行债券相比,借款利率相对较低,且不需要发行费用。

(3)借款灵活性大,企业与银行直接接触,洽谈借款事宜,借入款项后如情况发生变化,可再次协商,到期还款如有困难,可以争取银行的谅解,也可以延期偿还。

2. 长期借款的缺点

(1)筹资数额有限,银行借款金额有限,往往不能满足企业对资金的需求。

(2)限制条款多,银行为了降低自身的经营风险,及时收回款项,可能对企业提出许多不利的限制条款。

(3)筹资风险大。当企业不能到期偿还本息而又不能修改借款条件时,放贷银行可采用扣押、拍卖抵押资产,要求企业破产清偿债务等措施,从而使企业陷入财务或经营困境,加大了筹资的风险。

四、发行债券筹资

(一)债券的概念和特征

1. 债券的概念

债券是指债务人为筹集债务资本而发行的、约定在一定期限内还本付息的一种有价证券。债券集资是一种直接融资,面向广大社会公众和机构投资者,对发行企业有严格要求。在我国,非股份制企业发行的债券称为企业债券,股份有限公司和有限责任公司发行的债券称为公司债券。企业发行债券的目的通常是为其大型投资项目一次募集大额长期资本。从性质上讲,债券与借款一样是企业的债务,无论企业是否盈利必须到期还本付息。

2. 债券的基本要素

(1)债券的面值

债券的面值包括两个基本内容:一是币种,二是票面金额。面值的币种可用本币,也可用外币,这取决于发行者的需要和债券的种类。债券的票面金额是债务到期时偿还的金额。金额印在债券上,固定不变,到期必须足额偿还。

(2)债券的期限

债券都有明确的到期日,债券自发行之日起至到期日之间的时间为债券的期限。在债券期限内,公司必须定期支付利息,债券到期时,必须偿还本金,当然,也可按规定分批偿还或提前一次偿还。

(3)利率与利息

债券票面利率也称“名义利率”,是指债券发行票面上注明的利率。债券的利率一般是年利率,面值与利率相乘可得年利息。

(4)债券的价格

理论上,债券的面值就是它的价格。但由于市场供应关系、利息率的变化等,债券的市场价格通常会脱离它的面值。也就是说,债券面值是固定不变而它的价格却是变化的。发行者计息还本,根据的是它的面值而不是它的价格。

3. 债券的特征

(1)偿还性。一般来讲,债券都规定了偿还期限。到期时,债务人必须向债权人支付利息和偿还本金。

(2)收益性。表现在两个方面:一是债权人凭借债券,根据票面利率从债务人那里定期取得利息收入;二是在资本市场上通过债券的买卖获得的收入。

(3)安全性。投资于债券相对来说风险小一些,比较安全。因为债券在发行时利率已确定;债券的还本付息有法律保障并且具有优先分配权;发行债券的企业要接受银行和有关部门的监督,以便保障债券人的利益。由于债券投资风险小,因此相对来讲效益也低一些。

(4)流动性。债券随时都可在金融市场上流通、转让,因此流动性也较强,而且还能够以债券作抵押,取得银行等金融机构的贷款。

(二)债券的种类

债券的种类很多,而且在不同国家、不同地区分类方法也不一样。下面介绍主要的分类方式。

(1)按债券有无担保分为抵押债券和信用债券。抵押债券是指以发行企业的特定财产作为抵押品的债券。根据抵押品的不同,抵押债券又分为不动产抵押债券、动产抵押债券和信托抵押债券。对于抵押债券,若发行企业不能按期偿还本息,持有人可以行使其抵押权,拍卖抵押品作为补偿。信用债券是指债券发行单位凭借其自身的信用而发行的没有抵押品作为担保的债券。企业发行信用债券时,银行对发行者的行为有一定的约束限制,以保障投资者的利益。信用债券通常由那些信用较好、财务能力较强的企业发行。

(2)按债券是否记名分为记名债券和不记名债券。记名债券是指债券发行单位在发行债券时在债券票面上需要记载购买者姓名的债券。这种债券购买者需要在发行单位登记造册,并且需要背书才能流通转让。不记名债券是指企业发行债券时在债券票面上不需记载购买者姓名的债券。这种债券购买者不需要在发行单位登记造册,不需要背书就能转让,流通性较好。

(3)按债券是否转换为公司股票分为可转换债券和不可转换债券。若公司债券能转换为本公司股票,为可转换债券;反之,为不可转换债券。一般来讲,前种债券的利率要低于后种债券。按照我国《公司法》的规定,发行可转换债券的主体只限于股份有限公司中的上市公司。

(4)按债券利率是否固定分为固定利率债券和浮动利率债券。固定利率债券是指债券发行时确定的票面利率在债券有效期内不能改变的债券。浮动利率债券是在债券发行时只规定一个利率最低水平,实付利息则根据将来市场利率的变动情况予以调整的债券。

(三)债券的发行

债券是筹集资金的渠道之一,通过发行债券筹集资金必须作出有关债券发行条件、发行数量、发行种类、发行期限和发行价格等方面的决策。

1. 债券发行的资格和条件

我国《公司法》规定,股份有限公司、国有独资公司、两个以上的国有企业或者其他公司发行债券,必须具备规定的发行资格与条件:股份有限公司的净资产额不得低于人民币3000万元,有限责任公司的净资产不得低于人民币6000万元;累计债券总额不超过公司净资产额的40%;最近三年平均可分配利润足以支付公司债券一年的利息;筹集资金的投向符合国家产业政策;债券的利率不得超过国务院规定的利率水平;国务院规定的其他条件。

《公司法》还规定,凡有下列情形之一的不得再次发行公司债券:(1)前次发行的公司债券尚未募足的;(2)对已发行的公司债券或其他债务有违约或者延期支付本息的事实,且处于继续状态的。

2. 发行债券的程序

(1)发行债券前的准备。这个阶段的主要工作是由公司管理层作出发行债券的决议,制定发债方案。根据《公司法》的规定,股份有限公司、有限责任公司发行公司债券,由董事会制定方案,股东会作出决议;国有独资公司发行公司债券,应由国家授权机构或者国家授权的部门作出决定。上述规定说明,发行公司债券的决议应由公司最高权力机构作出。

(2)申请发行债券。公司作出发行债券的决策或决定后,应向国务院债券管理部门报请批准。报请批准需要提供以下文件资料:公司登记证明、公司章程、公司债券募集办法、资产评估报告和验资报告。

(3)制作并向社会公告募集办法。发行公司债券的申请获批准后,发行公司应制作公司债券募集办法,并向社会公告。公司债券募集办法中应载明的主要事项包括:公司名称、债券总额和债券的票面金额、债券的利率表、还本付息的期限和方式、债券付息的起止日期、公司净资产额、已发行的尚未到期的公司债券总额、公司债券的承销机构等。

(4)募集和发售债券。①公司债券募集方式一般有公募发行和私募发行两种。公募发行是指以不特定的多数人为募集对象的募集方式。私募发行是指向少数特定投资者发行的募集方式。这里的特定投资者是指个人投资者和机构投资者。②签订承销合同,结算债款。

3. 债券的发行价格

债券的发行价格是指债券发行时的价格,亦即投资者购买债券时所支付的价格。公司债券的发行价格主要由债券的票面利率和市场利率之间的关系决定。企业债券的票面利率是企业应付债券持有人利息的年利率,可称为名义利率。实际利率是指债券发行时金融市场上通行的利率,亦称市场利率。当企业确定的票面利率与市场利率一致时,债券的发行价等于面值,这时称为平价发行或称面值发行。当票面利率高于市场利率时,债券的发行价格高于面值,称之为溢价发行。当票面利率低于市场利率时,债券的发行价格低于面值,称之为折价发行。

债券发行价格的计算公式为:

$$\text{债券发行价格}=\frac{\text{票面金额}}{(1+\text{市场利率})^n}+\sum_{t=1}^{n}\frac{\text{票面利息}}{(1+\text{市场利率})^t}=\frac{F}{(1+K)^n}+\sum_{t=1}^{n}\frac{F\cdot i}{(1+K)^t}$$

$$=F\times(P/F,K,n)+F\cdot i\times(P/A,K,n)$$

式中:F——票面金额;

n——债券期限;

K——市场利率;

i——票面利率。

如果企业发行不计复利、到期一次还本付息的债券,则其中发行价格的计算公式为:

$$\text{债券发行价格}=F\times(1+i\times n)(P/F,K,n)$$

【例 3-6】 某公司发行面值为 1000 元、票面利率为 10%、期限为 3 年、每年年末付息的债券。在公司决定发行债券时的市场利率为 10%,到债券正式发行时,如果市场上的利率发生如下三种变化,该公司应如何调整发行价格?

(1)资金市场上的利率保持不变,则债券的发行价格为:

$$1000\times(P/F,10\%,3)+1000\times10\%\times(P/A,10\%,3)$$

$$=1000\times0.7513+100\times2.4869\approx1000(\text{元})$$

也就是说,当债券利率等于市场利率时,按 1000 元的面值价格出售此债券,投资者可获得 10%的报酬。

(2)资金市场上的利率上升为 15%,则债券的发行价格为:

$1000\times(P/F,15\%,3)+1000\times10\%\times(P/A,15\%,3)$

$=1000\times0.6575+100\times2.2823=885.73$(元)

也就是说，当债券利率小于市场利率时，按 885.73 元的折价价格出售此债券，投资者才会购买此债券，以获得与市场利率 15%相当的报酬。

(3)资金市场上的利率下降到 5%，则债券的发行价格为：

$1000\times(P/F,5\%,3)+1000\times10\%\times(P/A,5\%,3)$

$=1000\times0.8638+100\times2.7232=1136.12$(元)

也就是说，当债券利率大于市场利率、公司采取溢价发行时，投资者把 1136.12 元的资金投资于该公司面值为 1000 元的债券，只能获得 5%的回报，与市场利率相同。

当然，资金市场上的利息率是复杂多变的，除了要考虑目前利率外，还要考虑利率的变动趋势。实际工作中确定债券发行价格通常要考虑企业的资信程度、供求关系、税收政策等多种因素。

(四)债券的收回与偿还

债券的收回与偿还有多种办法，可在到期日按面值一次偿还，也可分批收回或分批偿还。

1. 收回条款

如果企业发行债券的契约中规定有收回条款，那么，企业可按特定的价格在到期日之前收回债券。债券的收回价格一般比面值要高，并随到期日的接近而逐渐减少。发行具有收回条款的债券可使企业融资有较大的弹性。当企业资金有结余时，可收回债券。当预测利率下降时，也可收回债券，而后以较低的利率来发行新债券。

2. 偿债基金

偿债基金是一种帮助企业有条理地偿还所发行的债券的一种准备金。一般来说，如果发行债券的契约中规定有偿债基金，则要求企业每年都提取偿债基金以便顺利偿还债券。提取的偿债基金有的每年金额固定，有的根据每年的销售额或盈利计算确定。

3. 分批偿还

企业发行的同一种债券有不同的到期日，这种债券为分批偿还债券。由于各批的到期日不同，因而发行价格也不尽相同，这样，如果公开发行，会花费较多的发行费，但这种债券便于投资人挑选最合适的到期日，因而便于发行。

4. 以新债券换旧债券

发行新的债券来调换一次或多次发行的旧债券叫“债券的调换”。企业之所以要进行债券的调换，一般有以下几个原因：

(1)原有债券的契约中定有较多的限制条款,不利于企业的发展。

(2)把对已发行、尚未彻底清偿的债券进行合并,以减少管理费。

(3)有的债券到期,但企业现金不足。

5. 转化成普通股

如果企业发行的是可转换债券,那么,可通过转换变成普通股来收回债券。

6. 到期一次以现金方式偿还

我国发行的债券目前多数采用此种方式。《企业债券发行与转让管理办法》对债券的偿还作出了明确的规定。面向社会公开发行的企业债券,在债券到期兑付前,应由发行人或代理兑付机构于兑付的 15 天以前,通过广播、电视和报纸、网络等宣传工具向投资人公布债券的兑付办法,其主要内容包括以下几个方面:

(1)兑付债券的发行人及债券名称;

(2)代理兑付机构的名称及地址;

(3)债券兑付的起止日期;

(4)逾期兑付债券的处理;

(5)兑付办法的公布单位及公章;

(6)其他需要公布的事项。

(五)债券筹资的优缺点

1. 优点

(1)资金成本较低。利用债券筹资的成本要比发行股票筹资的成本低,这主要是因为债券的发行费用较低,债券利息在税前支付,有一部分利息由政府负担了。

(2)有利于保障所有者权益。由于债券持有人无权参与企业的经营管理,也无权分担利润,因而不会改变所有者对企业的控制权,也不会损失所有者原有的权益。

(3)发挥财务杠杆作用。不论公司赚钱多少,债券持有人只收取固定的、有限的利息,而更多的收益可分配给股东,增加其财富,或留归企业以扩大经营。

(4)有利于调整资本结构。当企业发行可转换债券或可提前收回债券时,可增强企业财务能力的弹性,便于企业调整资本结构。

2. 缺点

(1)筹资风险高。债券有固定的到期日,并定期支付利息。利用债券筹资,要承担还本、付息的义务。在企业经营不景气时,向债券持有人还本、付息,无异于釜底抽薪,会给企业带来更大的困难,甚至导致企业破产。

(2)限制条件多。发行债券的契约书中往往有一些限制条款,这种限制比优先股及短期债务严得多，可能会影响企业的正常发展和以后的筹资能力。

(3)筹资额有限。利用债券筹资有一定的限度，当公司的负债率超过了一定限度后，债券筹资的成本会迅速上升，有时甚至会发行不出去。

五、商业信用

商业信用是因商品交易中的延期付款或延期交货而形成的借贷关系，它是企业之间的一种直接信用行为。商业信用是商品交易中钱和货在时间上和空间上的分离而产生的，它的形式多样，范围广泛，已成为企业筹集资金的重要方式。

(一)商业信用的形式

商业信用是企业短期资金的重要来源。从筹资角度看，商业信用主要表现为以下几种形式：

1.应付账款。应付账款是由赊购商品形成的一种最典型、最常见的商业信用形式。在此种情况下，买卖双方发生商品交易，买方收到商品后不立即支付现金，可延期到一定时间以后付款。在这种条件下，卖方有时为了争取得到提前付款，可给予买方一定的现金折扣，如："2/10，n/30"，即表示货款在10天内付清，可以享受货款金额2%的现金折扣；货款在30天内付清(即信用期为30天)，则须付全部货款。

在这种形式下，买方通过商业信用筹资的数量与是否享有折扣有关。一般认为，企业存在三种选择：(1)享有现金折扣，从而在现金折扣期内付款，其占用卖方货款的时间短，信用筹资相对较少；(2)不享有现金折扣，而在信用期内付款，其筹资量大小取决于对方提供的信用期长短；(3)超过信用期的逾期付款(即拖欠)，其筹资量最大，对企业信用的副作用也大，成本也最高，企业一般不宜以拖欠货款来筹资。现举例如下：

【例3-7】 某企业每年向供应商购入200万元的商品，该供应商提供的信用条件为"1/20，n/30"，若该企业放弃上述现金折扣条件，则其资金成本计算如下：

$$\text{放弃现金折扣的成本}=\frac{\text{现金折扣}\%}{1-\text{现金折扣}\%}\times\frac{360}{\text{信用期}-\text{折扣期}}=\frac{CD}{1-CD}\times\frac{360}{N}$$

$$=\frac{1\%}{1-1\%}\times\frac{360}{30-20}\times 100\%$$

$$=36.36\%$$

这说明只要该企业从其他途径能取得资金的代价低于36.36%时，就应在20天内把货款付清以取得1%的现金折扣。

2.预收货款。预收货款是指卖方按合同或协议规定，在交付商品之前向买方预收部分或全部货款的信用形式。通常购买单位对于紧俏商品乐意采用这种形式，以便顺利获得所需商品。此外，生产周期长、价格高的商品，如轮船、飞机等，生产企业也经常向订货者分次预收货款，以缓解资金占用过多的矛盾。

3. 商业汇票。商业汇票是指单位之间根据购销合同进行延期付款进行商品交易时，开出的反映债权债务关系的票据。根据承兑人的不同，商业汇票可分为商业承兑汇票和银行承兑汇票。商业承兑汇票是指由收款人开出、经付款人承兑、或由付款人开出并承兑的汇票。银行承兑汇票是指由收款人或承兑申请人开出，由银行审查同意承兑的汇票。商业汇票是一种期票，是反映应付账款和应收账款的书面证明。对于买方来说，它是一种短期融资方式。

不管承兑人是谁，最终的付款人仍是购货人。从应付票据的付款期限看，一般为1～6个月，最长不超过9个月，并有带息票据和不带息票据两种，即使是带息票据，其利息通常也比银行借款利息率低，一般无其他可能导致资本成本升高的附加条件，所以应付票据的资金成本通常低于银行借款。

此外，企业在生产经营活动中往往还形成一些应付费用，如应付工资、应缴税金、应付利息、应付水电费等。这些费用项目的发生收益在先，支付在后，支付期晚于发生期，因此它们也属于"自然筹资"的范畴。由于这些应付项目的支付具有时间规定性，其负债额度因而较为稳定，因此，企业习惯称之为"定额负债"或视同"自有资金"。

4. 票据贴现

票据贴现是指持票人把未到期的商业票据转让给银行，贴付一定的利息以取得银行资金的一种借贷行为。它是商业信用发展的产物，实为一种银行信用。银行再贴现商业票据时，所付金额要低于票面金额，其差额为贴现息。贴现息与票面额的比率，为贴现率。银行通过贴现把款项贷给销货单位，到期向购货单位收款，所以要收利息。贴现率由银行参照流动资金贷款利率规定。计算公式如下：

贴现息＝汇票金额×贴现天数×(月贴现率÷30天)

应付贴现票款＝汇票金额－贴现息

【例3-8】 甲厂向乙厂购进材料一批，价款1000万元，商定6个月后付款，采取商业承兑汇票结算。乙厂于2007年1月1日开出汇票，并经甲厂承兑。汇票到期日为2007年7月1日，后乙厂急需用款，于2007年3月1日办理贴现。贴现日期为120天，贴现率按月息6‰计算。则：

贴现息$=1000\times120\times\frac{1}{30}\times6‰=24$(万元)

应付贴现票款$=1000-24=976$(万元)

采用票据贴现形式，企业一方面给予购买单位以临时资金融通，另一方面在本身需要资金时又可及时得到资金。这种形式有利于企业把业务经营搞活，把资金用活。

(二)商业信用的优缺点

利用商业信用筹资的优点主要表现在：(1)筹资便利。商业信用与商品买卖同时进行，属于一种自然性融资，无需作特殊安排，也不需要事先计划，随时可以随着购销行为的产生而得到该项资金。(2)筹资成本低。大多数商业信用都是由卖方免费提供的，限制条件少。商业信用比其他筹资方式条件宽松，无须担保或抵押。如果企业利用银行借款筹资，银行会规定一些限制条件，而商业信用则限制条件较少，选择余地较大。

但是，商业信用筹资也有其不足之处，主要表现在：(1)期限短。它属于短期筹资方式，资金不能长期占用。(2)风险大。由于各种应付款项目经常发生，次数频繁，因此需要企业随时安排现金的调度。

六、融资租赁

融资租赁是由租赁公司按承租单位要求出资购买设备，并将其出租给承租人长期使用的一种租赁方式。

(一)融资租赁的种类

融资租赁的种类很多，一般按租赁的形式可以分为：

1. 直接租赁。直接租赁是指承租人直接向出租人租入所需要的资产，并付出租金。直接租赁的出租人主要是制造厂商、租赁公司。除制造商外，其他出租人都是从制造厂商处购买资产出租给承租人。

2. 售后租回。售后租回，也称“回租”，根据协议，企业将某资产卖给出租人，再将其租回使用，资产的售价大致为市价。采用这种租赁形式，出售资产的企业可得到相当于售价的一笔资金，同时仍然可以使用资产。当然，在此期间，该企业要支付租金，并失去了财产所有权。从事售后租回的出租人为租赁公司等金融机构。

3. 杠杆租赁。杠杆租赁是指租赁所涉及的资产价值昂贵时，出租方自己只能投入部分资产，通常为资产价值的20%～40%，其余的60%～80%则通过将该资产抵押的方式，并以转让租金的权利作为额外担保向第三方(通常为银行)申请贷款解决，然后将购进的设备出租给承租方，租赁公司用收取的租金归还贷款，该资产的所有权属于出资方。这样，出租方只用少量的资金就盘活了巨额的租赁业务，如同杠杆原理一样，故称为杠杆租赁。

(二)融资租赁的特点

融资租赁的特点主要有：(1)一般由承租人向出租人提出正式申请，由出租人融通资金引进用户所需设备，然后再租给用户使用。(2)租期较长。融资租赁的租期一般为租赁资产寿命的一半以上。(3)租赁合同比较稳定。在融资租赁期内，承租人必须连续支付租金，除非经双方同意，中途不得退租。这样既能保证承租人长期使用资产，又能保证出租人在基本租期内收回投资并获得一定的利润。(4)租赁期满后，可选择一些办法处理租赁财产，如将设备作价转让给承租人、由出租人收回、延长租期续租等。(5)在租赁期内，出租人一般不提供维修和保养设备方面的服务。

(三)融资租赁的程序

1. 选择租赁公司。选择租赁公司主要应考虑租赁公司的经营范围、业务能力、融资条件、费用水平及租赁公司与其他金融机构的关系等因素，以保证租赁资金的来源并相对降低成本。

2. 办理租赁委托。选定租赁公司以后，便可向其提出申请，办理租赁委托。办理租赁委托一般需提供企业的财务状况文件，如资产负债表、损益表、现金流量表等，并填写"租赁申请书"，说明所需资产的具体要求。

3. 签订购货协议和购买资产。租赁委托被接受后，一般由承租人与租赁公司双方共同选定资产制造商或销售商，共同与其签订购货协议或办理购买资产事宜。

4. 签订租赁合同。融资租赁合同是租赁公司和承租企业双方共同签订的用于明确双方权利和义务的法律文件。

5. 办理验货与投保。承租企业对收到的租赁资产应做好验收工作，签发交货及验收证书并提交租赁公司。同时还应办理财产投保的有关事宜。

6. 支付租金。租赁业务完成后，承租企业应按租赁合同的约定及时足额支付租金。

7. 租赁期满时的资产处理。

(四)租金的计算

1. 租金总额。融资租赁的租金包括设备价款和租息两部分，设备价款是指租赁公司取得资产所支付的代价，包括购买价格、运杂费、途中保险费等，它是租金的主要组成部分。租息包括租赁公司的融资成本和租赁手续费。融资租赁成本是指公司为购买租赁设备所筹资金的成本，即设备租赁期间的利息。租赁手续费则包括租赁公司承办租赁设备的营业费用和一定的利润。租赁手续费一般无固定标准，可由承租公司与租赁公司协商确定。

2. 租金支付方式。(1)按支付时期长短，可以分为年付、半年付、季付和月付等方式。(2)按支付时期先后，可以分为先付租金和后付租金两种。先付租金是指在期初支付，后付租金是指在期末支付。(3)按每期支付金额，可以分为等额支付和不等额支付两种。

3. 租金的计算方式。我国的融资租赁业务中，融资租赁的租金在租赁期内分期支付，而且一般是将总租金分期平均支付，可称为“等额年金”方式。根据租金总额的构成及租金支付方式的特点，可得出以下计算公式：

应付租金总额＝设备价款＋租息

每期应付租息＝应付租金总额÷支付期数　　(3-1)

或＝应付租金总额÷年金现值系数　　(3-2)

其中，公式(3-1)适用于单利计算应付租金的情况，公式(3-2)适用于按复利计算应付租金的情况。年金现值系数可按租金支付间隔及规定的贴现率查年金系数表得到。

【例 3-9】 某企业以融资方式取得 A 商品的存储仓库，租期 3 年，租金总额 1800 万元，每年末等额支付一次。则承租企业每年应付租金为：

(1)应付租金按单利计算：

每年应付租金＝1800÷3＝600(万元)

(2)应付租金按复利计算，合同规定的贴现率为年利率 10%：

每年应付租金 $A=P\div(P/A,10\%,3)=1800\div2.4869=723.79$(万元)

(五)融资租赁的优缺点

1. 融资租赁的优点

(1)筹资速度快，筹资弹性大。租赁往往比借款购置设备更迅速、更灵活，因为租赁是筹资与设备购置同时进行，可以缩短设备的购进、安装时间，使企业尽快形成生产能力，有利于企业尽快占领市场，打开销路。另外，有些企业由于种种原因，如负债比例过高，不能向外界筹集大量资金。在这种情况下，采用租赁的形式就可使企业在资金不足而又急需设备时，不付出大量资金就能及时得到所需设备。

(2)限制条件少。如前所述，债券和长期借款都有相当多的限制条款，虽然类似的限制在租赁公司中也有，但一般比较少。

(3)可避免资产陈旧过时所带来的风险。当今，科学技术在迅速发展，固定资产更新周期日趋缩短，承租人在签订租赁合约时要考虑企业自身生产技术发展的情况，利用租赁筹资可避免自行购置设备而发生的无形损耗，从而降低风险。

(4)到期还本负担轻。租金在整个租赁期内分摊，不用到期归还大量本金，这会适当减少不能偿付的风险。

(5)税收负担轻。租金可在税前扣除，具有抵免所得税的作用。

2. 融资租赁的缺点

(1)取得成本过高。融资租赁的最主要的缺点是资金成本较高。一般来说，其租金要比举借银行借款或发行债券所负担的利息高得多，在财务困难时，固定的租金也会构成一项较沉重的负担。

(2)资产处置权有限。由于承租企业在租赁期内无资产所有权，因而不能根据自身的要求自行处置租赁资产。

第五节　混合筹资

混合性资金，是指既具有某些股权性资金的特征又具有某些债权性资金特征的资金形式。企业常见的混合性资金包括可转换债券和认股权证。

一、发行可转换债券

(一)可转换债券的性质

可转换债券的持有人在一定时期内，可按规定的价格或一定比例，自由地选择转换为普通股的债券。发行可转换债券筹得的资金具有债权性资金和权益性资金的双重性质。

(二)可转换债券的优缺点

1. 可转换债券筹资的优点

(1)可以节省利息支出。由于可转换债券赋予持有者一种特殊的选择权，即按事先约定在一定时间内将其转换为公司股票的选择权，因此，其利率低于普通债券，减少了利息支出。

(2)有利于稳定股票市价。可转换债券的转换价格通常高于公司当前股价，转换期较长，有利于稳定股票市价。

(3)增强筹资灵活性。可转换债券转换为公司股票前是发行公司的一种债务资本，可以通过提高转换价格、降低转换比例等方式促使持有者将持有的债券转换为公司股票，即转化为权益资本。在可转换债券转换为股票的过程中，不会遭到其他债权人的反对。

2. 可转换债券筹资的缺点

(1)增强了对管理层的压力。发行可转换债券后，若股价低迷或发行公司业绩欠佳，股价没有按照预期的水平上升时，持有者不愿将可转换债券转换为股票，发行公司也将面临兑付债券本金的压力。

(2)存在回购风险。发行可转换债券后，公司股票价格在一定时期内连续低于转换价格达到某一幅度时，债券持有人可以按事先约定的价格将债券出售给发行公司，从而增加了公司的财务风险。

(3)股价大幅度上扬时，存在减少筹资数量的风险。如果转换时，股票价格大幅上扬，公司只能以固定的转换价格将可转换债券转化为股票，从而减少了筹资数量。

二、发行认股权证

认股权证是由股份公司发行的，投资者可按照特定的价格、在特定时间内购买一定数量该公司股票的选择权凭证。认股权证包括认购数量、认购价格、认购期限、赎回条款四个基本要素，其特征是持有人在认股之前既不拥有债权也不拥有股权，只拥有股票认购权。

(一)认股权证的种类

1. 按认股权证允许购买的期限分类，分为长期认股权证和短期认股权证。短期认股权证的认股期限一般在 90 天以内；长期认股权证的认股期限通常在 90 天以上，更有长达数年或永久的。

2. 按认股权证的发行方式分类，分为单独发行认股权证和附带发行认股权证。依附于公司债券、优先股或短期票据发行的认股权证，为附带发行认股权证。单独发行认股权证是指不依附于公司债券、优先股或短期票据而单独发行的认股权证。

(二)认股权证的优缺点

认股权证可为公司筹集额外的资金并能促进其他筹资方式的运用，但同时它会稀释普通股收益，同时分散企业的控制权。

本章习题

一、填空题

1. 筹资按资金的来源渠道不同，分为______筹资和______筹资。

2. 股票按股息是否变动和股东权利不同可以划分为______和______。

3. 银行利息的支付方式有______法和______法。

4. 商业信用按形式分______、______、______和______。

5. 售后租回，也称______，根据协议，企业将某资产卖给出租人，再将其租回使用，资产的售价大致为市价。

6. 股票按发行对象和上市地区可分为 A 股、B 股和______。

二、单项选择题

1. 吸收直接投资的缺点是(　　)。

A. 不能接受实物投资　　B. 筹资成本较高

C. 银行借款能力下降　　D. 无法避免财务风险

2. 优先股的股利与普通股相比较而言，股利是(　　)。

A. 稳定的　　B. 不稳定的　　C. 较高　　D. 较低

3. 高于股票的面值发行的股票叫(　　)。

A. 平价发行　　B. 折价发行　　C. 溢价发行　　D. 面值发行

4. 原有企业改组设立股份有限公司公开发行股票时，要求其发行前一年年末净资产在总资产中所占比例不低于(　　)。

A. 25％　　B. 20％　　C. 40％　　D. 30％

5. 下面哪一项不属于负债筹资(　　)。

A. 长期借款　　B. 短期借款　　C. 发行债券　　D. 发行股票

6. 根据承兑人的不同，商业汇票可分为商业承兑汇票和(　　)。

A. 支票　　B. 银行承兑汇票　　C. 银行汇票

7. 我国不允许股票的(　　)发行。

A. 溢价　　B. 折价　　C. 平价　　D. 面值发行

8. 下面各项中，不属于商业信用的是(　　)。

A. 应付账款　　B. 应付票据　　C. 预收账款　　D. 应收账款

9. 在其他条件不变的情况下，借入资金的比例越大，财务风险(　　)。

A. 越大　　B. 不变　　C. 越小　　D. 逐年上升

10. 不存在商业筹资费用的是(　　)。

A. 银行借款　　B. 融资租赁

C. 发行债券　　D. 利用留存收益

三、多项选择题

1. 企业自有资金的筹资方式主要有(　　)。

A. 发行债券　　B. 吸收直接投资

C. 发行股票　　D. 内部积累

2. 企业吸收直接投资的出资形式有(　　)。

A. 吸收现金投资　　B. 吸收实物投资

C. 吸收工业产权投资　　D. 吸收非专利技术投资

3. 优先股较普通股具有的优先权利是(　　)。

A. 优先分配权利　　B. 有限表决权
C. 优先分配剩余财产的权利　　D. 优先转换为普通股的权利

4. 决定债券发行价格的因素是(　　)。
A. 债券面值　B. 债券利率　C. 市场利率　D. 债券到期日

5. 长期借款的优点是(　　)。
A. 筹资速度快　　B. 筹资成本低
C. 借款灵活性大　　D. 限制条件少

6. 按照债券是否记名,债券分为(　　)。
A. 记名债券　B. 面值债券　C. 不记名债券　D. 可转换债券

7. 股票的销售方式分为(　　)。
A. 转销　B. 委托承销　C. 自销　D. 包销

8. 现金折扣的具体内容是“2/10,n/30”,即表示货款在10天内付清,可以享受货款金额2%的现金折扣;货款在30天内付清(即信用期为30天),则(　　)。
A. 享受货款金额1%的现金折扣
B. 享受货款金额0.5%的现金折扣
C. 支付全部货款
D. 企业是在信用期内付款

9. 企业资金需要量预测的方法有(　　)。
A. 定性预测法　　B. 销售百分比法
C. 高低点法　　D. 回归分析法

10. 下列各项目中,能够被视为“自然筹资”的项目有(　　)。
A. 短期借款　　B. 应缴税金
C. 应付水电费　　D. 应付工资

四、判断题

1. 负债筹资的特点表现为资金成本一般比普通股筹资成本高。(　　)
2. 自有资金的筹资相对于负债筹资,其风险较小。(　　)
3. 融资租赁的租金不可在税前扣除,不具有抵免所得税的作用。(　　)
4. 企业的自有资金都属于长期资金,而债务资金既有长期的,也有短期的。(　　)
5. 在债券面值和票面利率一定的情况下,市场利率越高,则债券的发行价格越高。(　　)
6. 投资企业与被投资企业是一种债务与债权关系。(　　)

7. 利用留存收益的筹资没有筹资成本。（　　）

8. 优先股和债券利息都在税前支付，均作为财务费用处理。（　　）

9. 发行股票，既可筹集所需资金，又不会分散企业的控制权。（　　）

10. 一般而言，采用吸收直接投资方式筹集资金所需分担的资金成本较高，特别是企业盈利时，更是如此。（　　）

五、计算分析题

1. 某企业从银行取得借款 100 万元，期限 1 年，名义利率为 8%。按照贴现法付息，该项贷款的实际利率是多少？

2. 某公司发行面值为 500 元、票面利率为 8%、期限为 3 年、每年年末付息的债券。假定发行时市场利率分别为 9%、8%、10%，请计算各市场利率下债券的发行价格。

3. 某企业以融资租赁方式取得甲商品的存储仓库，租期 3 年，租金总额为 300 万元，每年末等额支付一次。若应付租金按复利计算，合同规定的贴现率为年利率 8%，则承租企业每年应付租金为多少？

4. 某企业发生一笔 560000 元的应付账款，对方收款单位提供如下现金折扣条件：3/10，n/60。如果企业不享受现金折扣条件，计算筹资成本。

5. 某企业 2005 年 12 月 31 日的资产负债表的有关资料如下：

资产项目	金额（万元）	负债及所有者权益	金额（万元）
现金	31	应付账款	70
应收账款	124	应付税金	55
存货	186	长期负债	155
固定资产净额	279	实收资本	310
		未分配利润	30
资产合计	620	负债和所有者权益合计	620

该企业上年销售收入为 1240 万元，占用资金为 620 万元，税后净收益占销售收入的 6%，向投资者分配利润额为税后收益的 45%。预计本年度销售收入总额为 1550 万元，企业税后利润向投资者分配仍为 45%。

要求：

(1)本年度企业资金的需求量为多少？需增加筹资额为多少？

(2)若预计本年度企业销售收入总额为 1395 万元，那么本年度企业资金需要量为多少？

6. 某企业与银行商定的周转信贷额为 300 万元，期限 3 年，年利息率为 10%，承诺费为 0.5%。借款企业在三年中实际使用借款 250 万元，则借款企业应向银行支付的利息与承诺费总额是多少？

7. 某企业 2007 年 7 月 10 日将一张出票日为 4 月 10 日、期限为 6 个月、票面价值为 100 万元的商业汇票向银行贴现，贴现率为月利率 6‰，请计算贴现息与银行实付贴现金额。

六、简答题

1. 简述企业筹集资金的必然性。
2. 简述企业吸收直接投资的优缺点。
3. 简述普通股与优先股股东权利与义务的不同。
4. 简述普通股与优先股筹资的优缺点。
5. 简述发行债券筹资的优缺点。
6. 简述利用商业信用筹资的优缺点。
7. 简述融资租赁的优缺点。
8. 融资租赁的租金由哪几部分组成？分别包括什么？

第四章　资本结构决策

学习目的与要求

通过本章学习，理解资金成本、杠杆效应与资本结构的概念；掌握个别资金成本、综合资金成本和边际资金成本的计算原理并了解其各自的用途；会运用资本结构决策的几种方法进行筹资决策。

导读案例

资金结构安排失调导致企业运转举步维艰

某企业的老板在与俄罗斯及东欧国家的边贸中曾取得了辉煌的战绩，在银行建立了良好的信誉。伴随边贸的不断降温，该老板果断作出向加工业转移的决策。经过较长时间的调研，最终选择了液体奶的加工。企业确立的发展目标是建立中国最大的液体奶加工基地。为了充分利用各方优势，企业以中外合资的方式选址在哈尔滨的近郊。由于体制上的优势，仅用了一年半左右的时间就建好了3条生产线，迅速投入运营并收到了良好的效果。在暂时取得的成绩面前，公司的决策层对公司的未来发展模式产生了分歧。结果是中方的合营者从企业中退出，由外方合营者(实际为本案例中所称的老板)买断了该部分股份，改制为外商独资企业。由于该老板以前在银行建立了良好的个人信誉，改制为外商独资企业后很容易就从银行取得巨额资金，从瑞典进口了另外4条生产线，以便向建立中国最大的液体奶生产基地的目标迈进。4条生产线上马后，企业的生产经营却陷入深度危机之中。突出表现是：流动资金周转紧张，销售市场网络的开展跟不上，财务费用负担日渐沉重。目前，该企业仍在艰难地维持着不关门的状态。该老板早已把折旧费用、财务费用等置于脑后，在日均存款不超过5万元的情况下，只能勉强支付原材料、水、电、煤、气、人员工资等费用，期待银行再注入资金，使企业起死回生。

由此不难看出，本案例企业失败的根本原因在于：盲目决策，资金结构安排失调，综合资金成本过高。

资金成本是企业理财需要考虑的一个重要指标，广泛应用于企业筹资、投资决策中，而合理的资金结构是保证企业降低风险、实现企业价值最大化的必要条件之一，在企业的筹资决策中，确定合理的资金结构是工作的重心。

第一节　资金成本

一、资金成本的概念

资金成本，又叫“资本成本”，是指企业在筹集和使用资金的过程中所付出的代价。其相关问题详细说明如下：

（一）资金成本的内容

具体来说，资金成本主要包括资金筹集费和资金使用费两个部分。

1. 资金筹集费

资金筹集费是指企业为筹集资金而付出的代价，如发行股票或债券支付的律师咨询费、评估费、审计费、广告费和发行手续费等。这类费用通常是此次筹集资金时一次性支付的，以后不再重复出现，因此，一般作为筹资总额的一项扣除来处理。

2. 资金使用费

资金使用费，又叫“资金占用费”，是指在资金的使用过程中所发生的费用，例如，发行股票筹资需要支付的股利，银行借款筹资和发行债券筹资需要支付的利息等。这类费用通常是经常性发生的费用。

（二）资金成本的表示方法

通过上述，我们已经了解到资金成本是由资金筹集费和使用费两部分组成，那么资金成本如何来表示呢？它的表示方法通常有两种：绝对数表示方法和相对数表示方法。

1. 绝对数表示方法

资金成本＝资金筹集费＋资金使用费。由于这种方法无法反映出可用资金的多少，所以，它并不常用。

2. 相对数表示方法

资金成本用相对数表示，即用资金成本率来表示，它是每年的资金使用费和筹资净额的比率，用公式表示如下：

$$资金成本(率)=\frac{(每年的)资金使用费}{筹资总额-资金筹集费}=\frac{(每年的)资金使用费}{筹资总额\times(1-筹资费率)}$$

在财务管理中，通常用资金成本率来表示资金成本。

资金成本是资金的所有权和使用权分离而形成的产物，资金成本是资金使用者对资金所有者转让资金使用权的补偿,我们以后分析一些问题时可以使用这样一种说法:筹资者的资金成本同时又是投资者的投资收益。

二、资金成本的计算

下面我们将依次讲解个别资金成本、综合资金成本和边际资金成本的计算。

(一)个别资金成本的计算

我们在第三章中已经学习了资金筹集的多种方式,例如银行借款、发行债券、发行股票等。那么每种筹资方式的资金成本如何计算呢?在此主要围绕长期借款、发行债券、发行优先股、发行普通股和留存收益这五种长期资金的筹资方式讲解它们的资金成本计算。

1. 长期借款的成本

长期借款资金成本(率)的计算公式为:

$$K=\frac{I(1-t)}{P(1-f)}=\frac{i(1-t)}{1-f}$$

式中:K——长期借款的资金成本(率);

I——长期借款的年利息;

P——长期借款的筹资总额;

f——长期借款的筹资费率;

i——长期借款的年利息率;

t——企业所得税税率。

【例 4-1】 某企业从银行借款 200 万元,年利率为 10%,期限为 5 年,每年末付息一次,到期还本,筹资费率为 1%,企业所得税税率为 25%,则该笔长期借款的资金成本(率)为:

$$K=\frac{200\times 10\%\times(1-25\%)}{200\times(1-1\%)}=7.58\%$$

2. 发行债券的成本

发行债券的资金成本(率)计算公式为:

$$K=\frac{I(1-t)}{P(1-f)}=\frac{B\cdot i(1-t)}{P(1-f)}$$

式中:K——债券的资金成本(率);

I——债券年利息;

P——债券筹资总额(用实际发行价格计算);

f——债券的筹资费率;

B——债券的面值总额;

i——债券的票面年利率;

t——企业的所得税税率。

【例 4-2】 某企业发行面值为 100 元/张、票面年利率为 10%、期限为 5 年的债券，该债券每年末付息一次，到期还本，若发行价格为 110 元/张，筹资费率为 3%，所得税税率为 25%，则该债券的成本(率)为：

$$K=\frac{100\times10\%\times(1-25\%)}{110\times(1-3\%)}=7.03\%$$

3. 发行优先股的资金成本

因为优先股的股利一般固定，并且股利分配是在税后，所以发行优先股的资金成本(率)计算公式为：

$$K=\frac{D}{P(1-f)}$$

式中：K——优先股的资金成本(率)；

D——优先股年股利额；

P——优先股的筹资总额；

f——优先股的筹资费率。

【例 4-3】 某企业发行面值 100 元的优先股，股利支付率为 10%，筹资费率为 4%，发行价格为 120 元，则该优先股的资金成本(率)为：

$$K=\frac{100\times10\%}{120\times(1-4\%)}=8.68\%$$

4. 发行普通股的资金成本

普通股的股利一般不固定，所以普通股的资金成本(率)计算要复杂一些。有些企业会采用固定股利政策，有些企业会采用固定股利增长率政策，若这样，则普通股资金成本(率)计算为：

(1)若股利固定，则普通股的成本(率)计算与优先股的成本(率)计算道理相同，公式为：

$$K=\frac{D}{P(1-f)}$$

式中：K——普通股的资金成本(率)；

D——普通股年股利额；

P——普通股的筹资总额；

f——普通股的筹资费率。

(2)若股利增长率固定，设为 g 的话，则普通股的成本(率)计算公式为：

$$K=\frac{D_1}{P(1-f)}+g$$

式中：K——普通股的资金成本(率)；

D_1——普通股预期发行一年后的年股利额；

P——普通股的筹资总额；

f——普通股的筹资费率；

g——股利的年增长率。

【例 4-4】 某公司以每股 10 元的价格发行普通股 1000 万股，筹资费率为 4%，公司打算第一年年末每股发放 1 元股利，以后按 5% 的年增长率固定增长，则该普通股的资金成本(率)为：

$$K=\frac{1}{10\times(1-4\%)}+5\%=15.42\%$$

5. 留存收益的成本

留存收益是企业缴纳所得税后形成的，它们的所有权属于股东。企业一般会将留存收益作为一项比较重要的资金来源，但是它又不同于其他筹资方式，因为它就是将利润的一部分直接留在企业里使用，所以它没有资金筹集费。但是，它又是有成本的，因为如果不把这笔钱留下来再投资，股东们自己就可以利用这笔钱去寻找其他投资机会赚取收益，所以从理论上说，留存收益的机会成本就是其资金成本。但该机会成本不便于测算，又因为这笔资金与发行股票筹集来的资金性质相同，所以一般借用当期普通股股票的信息数据来计算其资金成本(率)，其计算公式为：

$$K=\frac{D_1}{P}+g$$

式中：K——留存收益的资金成本(率)；

D_1——普通股预期发行一年后的年股利额；

P——普通股的筹资总额；

g——股利的年增长率。

【例 4-5】 某公司以每股 10 元的价格发行普通股 1000 万股，筹资费率为 4%，公司打算第一年年末每股发放 1 元股利，以后按 5% 的增长率固定增长，当年该公司的留存收益为 300 万元，则该留存收益的资金成本为：$K=\frac{1}{10}+5\%=15.00\%$。

(二)综合资金成本的计算

企业筹资往往不是只用某种单一的筹资方式，而是通过多种方式筹集所需资金。那为了便于决策，就要计算确定企业全部长期资金的总成本(率)——综合资金成本(率)。综合资金成本，又叫加权平均资金成本，是指一个企业各种不同筹资方式总的平均资金成本，它是以各种资金在总资金中所占的比重为权数，对各种资金成本进行加权平均计算出来的。

【例 4-6】 某企业共有资金 1000 万元，其中发行债券 300 万元，发行普通股 400 万元，发行优先股 100 万元，留存收益 200 万元；各种来源的资金成本(率)分别为 8%、18%、12%、15%，请计算综合资金成本(率)。

$$\text{解:综合资金成本(率)}=\frac{300\times8\%+400\times18\%+100\times12\%+200\times15\%}{1000}=13.8\%$$

当然也可先计算各种资金在总资金中的比重：债券占 30%，普通股占 40%，优先股占 10%，留存收益占 20%，然后以此比重对各种资金成本(率)进行加权平均，则：

$$\text{综合资金成本(率)}=30\%\times8\%+40\%\times18\%+10\%\times12\%+20\%\times15\%=13.8\%$$

上述计算中，每种筹资方式的金额是按账面价值来确定的，其资料容易取得。但是，当资金的账面价值与市场价值产生较大差距时，比如股票的市场价格发生较大变动时，按账面价值计算的结果会跟实际产生较大差距，有可能导致错误的筹资决策。所以也可以选择市场价值或目标价值来作为此处的计算标准。

(三)边际资金成本的计算

企业无法以某一固定的资金成本来筹集无限的资金，当企业筹集的资金超过一定额度后，随着筹资额度的增大，筹资难度也会增大，资金成本就会增加。在企业追加筹资时，需要知道筹资额在什么数额上会引起资金成本怎么样的变化，这就用到边际资金成本的概念。边际资金成本是指企业每增加一个单位的筹资额而增加的资金成本。它也是按加权平均计算的，是追加筹资时所使用的加权平均资金成本。下面通过例 4-7 说明边际资金成本的计算与应用。

【例 4-7】 某公司现有资金 600 万元，其中长期借款 120 万元，长期债券 180 万元，普通股 300 万元。企业打算再投资几个项目，所以需要再筹集新的资金，该企业再筹资时仍保持目前的资金结构，经测算，随着筹资额度的增加，各种资金成本的变动情况如表 4-1 所示。

表 4-1　某公司资金成本的变动情况

资金种类	目标资金结构	新筹资的数量范围(用 m 表示，单位：万元)	资金成本(率)
长期借款	20%	$0<m\leqslant50$	6%
		$m>50$	8%

续表

长期债券	30%	$0<m\leqslant30$	10%
		$30<m\leqslant60$	11%
		$m>60$	12%
普通股	50%	$0<m\leqslant70$	15%
		$70<m\leqslant90$	16%
		$m>90$	18%

1. 计算筹资总额的突破点

以表 4-1 中的长期借款举例，只有当长期借款本身的筹资额在 50 万元及以下时，才能保证其资金成本率为 6%，一旦突破 50 万元，其资金成本(率)就会变为 8%。所以要想保持总资金中长期借款资金的成本率为 6%，筹资总额最高不得突破 250 万元(50÷20%)。我们把在保持某资金成本的条件下可以筹集到的资金总额的最高限度称为在现有资金结构下的筹资突破点。其计算公式为：

$$筹资总额突破点=\frac{可用某一特定成本(率)筹集到的某种资金最高额}{这种资金在总资金中所占的比重}$$

将该公司的筹资总额突破点列示在表 4-2 中：

表 4-2　筹资总额突破点计算表

资金种类	目标资金结构	资金成本(率)	新筹资的数量范围(用 m 表示，单位：万元)	筹资总额的范围(用 Tm 表示，单位：万元)	筹资总额突破点(单位：万元)
长期借款	20%	6%	$0<m\leqslant50$	$0<Tm\leqslant250$	250
		8%	$m>50$	$Tm>250$	/
长期债券	30%	10%	$0<m\leqslant30$	$0<Tm\leqslant100$	100
		11%	$30<m\leqslant60$	$0<Tm\leqslant200$	200
		12%	$m>60$	$Tm>200$	/
普通股	50%	15%	$0<m\leqslant70$	$0<Tm\leqslant140$	140
		16%	$70<m\leqslant90$	$140\leqslant Tm\leqslant180$	180
		18%	$m>90$	$Tm>180$	/

通过筹资总额突破点可知，筹资总额可以从小到大分成六个数量段：

(1)$0<Tm\leqslant 100$；(2)$100<Tm\leqslant 140$；(3)$140<Tm\leqslant 180$；(4)$180<Tm\leqslant 200$；(5)$200<Tm\leqslant 250$；(6)$Tm>250$。

2. 计算各种筹资总额范围的边际资金成本（如表 4-3 所示）

表 4-3 边际资金成本表

序号	筹资总额范围（单位：万元）	资金种类	目标资金结构	资金成本（率）	边际资金成本（率）
(1)	$0<Tm\leqslant 100$	长期借款	20%	6%	1.2%
		长期债券	30%	10%	3.0%
		普通股	50%	15%	7.5%
	该筹资范围的边际资金成本（率）＝11.7%				
(2)	$100<Tm\leqslant 140$	长期借款	20%	6%	1.2%
		长期债券	30%	11%	3.3%
		普通股	50%	15%	7.5%
	该筹资范围的边际资金成本（率）＝12.0%				
(3)	$140<Tm\leqslant 180$	长期借款	20%	6%	1.2%
		长期债券	30%	11%	3.3%
		普通股	50%	16%	8.0%
	该筹资范围的边际资金成本（率）＝12.5%				
(4)	$180<Tm\leqslant 200$	长期借款	20%	6%	1.2%
		长期债券	30%	11%	3.3%
		普通股	50%	18%	9.0%
	该筹资范围的边际资金成本（率）＝13.5%				
(5)	$200<Tm\leqslant 250$	长期借款	20%	6%	1.2%
		长期债券	30%	12%	3.6%
		普通股	50%	18%	9.0%
	该筹资范围的边际资金成本（率）＝13.8%				

续表

(6)	$Tm>250$	长期借款	20%	8%	1.6%
		长期债券	30%	12%	3.6%
		普通股	50%	18%	9.0%
	该筹资范围的边际资金成本(率)=14.2%				

假设该公司考察了四个项目,按收益率由高到低排列如下:

甲收益率为15%,需投资80万元;乙收益率为13.6%,需投资60万元;

丙收益率为13%,需投资40万元;丁收益率为12.2%,需投资60万元。

很显然,企业筹集资金优先选择收益率最高的项目进行投资,四个项目以及筹资的资金成本情况如图4-1所示。

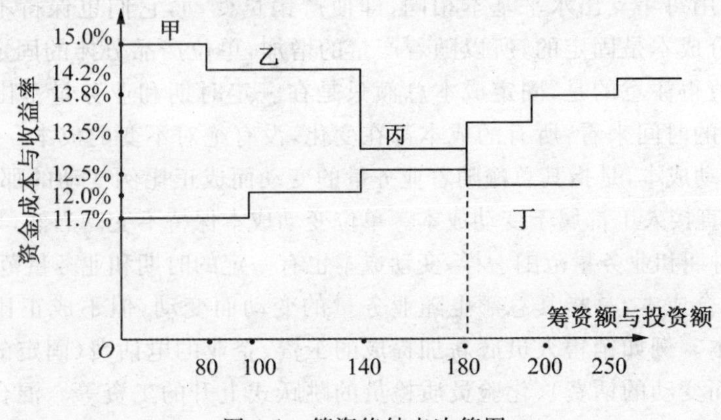

图4-1　筹资终结点决策图

由图4-1可知,该公司最多筹集180万元是合适的。一旦超过180万元,成本率就高于收益率了,不再适合筹资。因此应选择甲、乙、丙项目进行投资。

第二节　财务杠杆利益

我们在中学物理课上了解到:人们通过利用杠杆,可以用较小的力量移动较重的物体,这种现象被称为自然界中的杠杆效应。其原理就是一个力量的变动能引起另一个力量更大幅度的变动。财务管理中也存在着类似的杠杆效应,表现为:由于特定费用(如固定成本或固定财务费用)的存在而导致的,当某一财务变量以较小幅度变动时,另一相关财务变量会以较大幅度变动。合理运用杠杆原理,有助于企业提高资金营运效率,有助于企业适当规避风险。

财务管理中有三处杠杆原理的运用:经营杠杆、财务杠杆和综合杠杆。要了解这些杠杆的原理,我们首先需了解成本习性、息税前利润等几个相关术语的概念。

一、成本习性与息税前利润

(一)成本习性及其分类

1. 成本习性

所谓成本习性,是指成本总额与特定业务量之间在数量上的依存关系。我们在财务管理上所研究的业务量一般指某产品的产量、销量。

2. 成本习性的分类

按照成本习性可以将成本划分成固定成本、变动成本和混合成本三类。

(1)固定成本,是指其总额在一定时期和一定业务量范围内不随业务量的变动而变动的那部分成本。例如按直线法计提的折旧费、管理人员工资、办公费等,这些费用每年支出水平基本相同,即使产销量变动,它们也保持不变。正是由于这部分成本是固定的,所以随着产量的增加,单位产品分摊的固定成本会越来越小。值得注意的是,固定成本总额只是在一定时期和业务量范围内保持不变,从较长的时间来看,所有的成本都在变化,没有绝对不变的成本。

(2)变动成本,是指其总额随着业务量的变动而成正比例变动的那部分成本。直接材料、直接人工都属于变动成本。单位变动成本保持不变。当然,与固定成本有一定的时期和业务量范围一样,变动成本也有一定的时期和业务量范围。

(3)混合成本,是指其总额也随业务量的变动而变动,但不成正比例变动的那部分成本。例如销售人员底薪加提成的工资、企业的电话费(固定的初装费+随通话量而变动的话费)、化验员质检员的跳跃式上升的工资等。混合成本可以通过高低点法、一元直线回归法等分解为固定成本和变动成本两部分,所以,一定时期的总成本总可以划分出固定成本和变动成本两部分,可用下式表示:

$$c=a+bQ$$

式中:c——总成本;

a——一定时期的固定成本;

b——单位变动成本;

Q——产销量。

(二)息税前利润、边际贡献及其计算

1. 息税前利润(Earnings before interests and taxes,简写为 EBIT),又称"息前税前利润",是指在计算所得税和利息之前的营业利润。

计算公式为:

(1)$EBIT=PQ-(a+bQ)=(p-b)\times Q-a$

式中：p——产品单价；

b——产品的单位变动成本；

a——产品的年固定成本总额；

Q——产品的产销量。

显然，不论利息费用的习性如何，它不会出现在计算息税前利润的公式之中，即在上式的固定成本和变动成本中不应包括利息费用因素。

(2)息税前利润也可以用利润总额加上利息费用求得。

本节学习杠杆效应时，息税前利润的计算采用第一种计算方式。

2. 边际贡献，是指销售收入减去变动成本后的差额。

计算公式为：

$$M=(p-b)Q=mQ$$

式中：M——边际贡献；

m——单位边际贡献。

二、杠杆原理在财务中的应用

(一)经营杠杆

1. 经营杠杆效应

【例 4-8】 某企业生产 A 产品，产品单价是 150 元/件，单位变动成本是 100 元/件，固定成本总额是 20 万元，该企业 A 产品连续三年的产销量分别是 1 万件、2 万件和 3 万件，则这三年的息税前利润($EBIT$)分别是多少？

解：$EBIT_1=(150-100)\times1-20=30$(万元)

$EBIT_2=(150-100)\times2-20=80$(万元)

$EBIT_3=(150-100)\times3-20=130$(万元)

则：从第 1 年到第 2 年，产销量增长率为：$\frac{\Delta Q}{Q_1}=\frac{2-1}{1}=100\%$

$EBIT$ 增长率为：$\frac{\Delta EBIT}{EBIT_1}=\frac{80-30}{30}=166.67\%$

从第 2 年到第 3 年，产销量增长率为：$\frac{\Delta Q}{Q_2}=\frac{3-2}{2}=50\%$

$EBIT$ 增长率为：$\frac{\Delta EBIT}{EBIT_2}=\frac{130-80}{80}=62.5\%$

这种由于固定成本的存在，使产销量的变动引起息税前利润更大幅度的变动，就叫做经营杠杆效应。它产生的原因就是由于企业生产中固定成本的存在，因为在一定的产销量规模内，固定成本总额保持不变，那么随着产销量的增长，单位产品所负担的固定成本会减少，从而单位产品利润增长，进而带来 $EBIT$ 更大幅度的增长。

2. 经营杠杆系数(Degree of operation leverage, DOL)

企业经营杠杆的利用程度通常是用经营杠杆系数来衡量的,它是息税前利润的变动率相对于产销量变动率的比率(或称倍数)。

$$经营杠杆系数=\frac{息税前利润变动率}{产销量变动率}$$

$$即:DOL=\frac{\Delta EBIT/EBIT}{\Delta Q/Q}$$

利用基期资料,经营杠杆系数的简化公式为:

$$经营杠杆系数=\frac{基期边际贡献}{基期息税前利润}$$

$$即:DOL=\frac{(p-b)Q}{EBIT}$$

由此可计算出:

(1)第 1 年的经营杠杆系数:$DOL_1=\frac{(150-100)\times 1}{30}=1.67$

(2)第 2 年的经营杠杆系数:$DOL_2=\frac{(150-100)\times 2}{80}=1.25$

(3)第 3 年的经营杠杆系数:$DOL_3=\frac{(150-100)\times 3}{130}=1.15$

以上计算结果说明:

(1)在固定成本不变的情况下,经营杠杆系数说明了产销量(销售额)的增长(减少)所引起的利润增长(减少)的幅度,比如,DOL_1 说明在产销量为 1 万件时,产销量的增长(减少)会引起利润 1.67 倍的增长(减少);DOL_2 说明在产销量 2 万件时,产销量的增长(减少)会引起利润 1.25 倍的增长(减少)。

(2)在固定成本不变的情况下,产销量越大,经营杠杆系数越小,经营风险也就越小;反之,产销量越小,经营杠杆系数越大,经营风险也就越大。例如,产销量 1 万件时,DOL 为 1.67,产销量为 2 万件时,DOL 为 1.25。显然,前者利润的不稳定性大于后者,故而前者的经营风险大于后者。

企业一般可以通过增加产销量、降低产品单位变动成本、降低固定成本比重等措施使经营杠杆系数下降,降低经营风险。

(二)财务杠杆

1. 财务杠杆效应

在讲财务杠杆效应之前,先要补充一个指标:(普通股)每股利润(Earnings per share ,简写为 EPS)。其计算公式为:

$$EPS=\frac{(EBIT-I)\times(1-t)-D}{N}$$

式中：I——企业债务的年利息；

t——企业所得税税率；

D——企业当年付给优先股的股利；

N——企业普通股的总股数。

【例 4-9】 接例 4-8，若该企业每年的债务利息均是 10 万元，普通股共有 10 万股，企业所得税税率为 25%，则该企业这三年每年的普通股每股利润（EPS）分别是多少？

解：$$EPS_1=\frac{(30-10)\times(1-25\%)-0}{10}=1.50(\text{元/股})$$

$$EPS_2=\frac{(80-10)\times(1-25\%)-0}{10}=5.25(\text{元/股})$$

$$EPS_3=\frac{(130-10)\times(1-25\%)-0}{10}=9.00(\text{元/股})$$

则：从第 1 年到第 2 年，$EBIT$ 增长率为：$\frac{\Delta EBIT}{\text{EBIT}_1}=\frac{80-30}{30}=166.67\%$

EPS 增长率为：$\frac{\Delta EPS}{\text{EPS}_1}=\frac{5.25-1.50}{1.50}=250\%$

从第 2 年到第 3 年，$EBIT$ 增长率为：$\frac{\Delta EBIT}{EBIT_2}=\frac{130-80}{80}=62.50\%$

EPS 增长率为：$\frac{\Delta EPS}{EPS_2}=\frac{9.00-5.25}{5.25}=71.43\%$

这种在财务费用固定不变的情况下，由于息税前利润的增长所引起的普通股每股利润以更大幅度增长的现象就叫做财务杠杆效应。财务杠杆效应之所以会出现，原因在于企业存在着固定的债务利息或固定的优先股股利。因为在一定时期企业长期占有负债和支出债务成本既定的条件下，企业息税前利润的增减，会使单位利润所负担的债务成本发生变化，并从而使普通股每股利润（EPS）发生更大的变化。当然，运用财务杠杆可以使企业获得一定的财务杠杆利益，同时也使企业承受着相应的财务风险。一般来说，如果投资利润率大于借款利息率，企业适当运用财务杠杆，可以使企业在不增加权益资金投资的情况下获得更多的利润，从而提高企业权益资本的利润率，同时提高了普通股每股的利润。

2. 财务杠杆系数（Degree of financial leverage，DFL）

企业财务杠杆的利用程度通常是用财务杠杆系数来衡量，它是普通股每股利润的变动率相对于息税前利润变动率的比率（或者倍数）。

财务杠杆系数的计算公式：$DFL=\dfrac{\Delta EPS/EPS_0}{\Delta EBIT/EBIT_0}=\dfrac{EBIT_0}{EBIT_0-I-\dfrac{D}{1-t}}$

$$DFL=\frac{\Delta EPS/EPS_0}{\Delta EBIT/EBIT_0}=\frac{EPS_1-EPS_0}{EPS_0}\times\frac{EBIT_0}{EBIT_1-EBIT_0}$$

$$=\frac{\dfrac{(EBIT_1-I)\times(1-t)-D}{N}-\dfrac{(EBIT_0-I)\times(1-t)-D}{N}}{\dfrac{(EBIT_0-I)\times(1-t)-D}{N}}$$

$$\times\frac{EBIT_0}{EBIT_1-EBIT_0}=\frac{EBIT_0}{EBIT_0-I-\dfrac{D}{1-t}}$$

由此可计算出：

(1)第 1 年的财务杠杆系数：$DFL_1=\dfrac{30}{30-10}=1.50$

(2)第 2 年的财务杠杆系数：$DFL_2=\dfrac{80}{80-10}=1.14$

(3)第 3 年的财务杠杆系数：$DFL_3=\dfrac{130}{130-10}=1.08$

以上计算结果说明：

(1)财务杠杆系数说明了息税前利润的增长(减少)所引起的普通股每股利润的增长(减少)的幅度，例如，第 1 年，息税前利润增长 1 倍时，普通股每股利润增长 1.50 倍；第 2 年，息税前利润增长 1 倍时，普通股每股利润增长 1.14 倍。

(2)从公式中可以看出，在资本总额、息税前利润一定的情况下，负债比率越高，财务杠杆系数越高，财务风险也越大(可见例 4-10)。

【例 4-10】 如表 4-4 所示，甲、乙、丙三公司具有相同的资本总额，但负债比率不同。

表 4-4　　单位：元

普通股筹资	2000000	1500000	1000000
普通股股票数量	20000	15000	10000
负债资金(利率 8%)	0	500000	1000000
资本总额	2000000	2000000	2000000
息(前)税前利润($EBIT$)	200000	200000	200000
债务利息	0	40000	80000
息后税前利润	200000	160000	120000
所得税(税率 25%)	50000	40000	30000
税后盈余	150000	120000	90000
财务杠杆系数	1	1.25	1.67

续表

普通股每股利润(*EPS*)	7.5	8	9
息(前)税前利润增加	200000	200000	200000
债务利息	0	40000	80000
息后税前利润	400000	360000	320000
所得税(25%)	100000	90000	80000
税后盈余	300000	270000	240000
普通股每股利润(*EPS*)	15	18	24

(三)综合杠杆

1. 综合杠杆效应

由于存在着固定的生产经营成本(固定成本),会产生经营杠杆效应,即产销量的增长会引起息税前利润更大幅度的增长;由于存在着固定的债务利息或固定的优先股股利(固定财务费用),会产生财务杠杆效应,即息税前利润的增长会引起普通股每股利润以更大幅度增长。那么,如果一个企业同时存在着固定的生产经营成本和固定的债务利息(或固定的优先股股利),那么经营杠杆效应和财务杠杆效应会共同发生,从而出现这样一连串的反应,如图 4-2 所示。

$$Q\uparrow \longrightarrow EBIT\uparrow \longrightarrow EPS\uparrow$$

图 4-2 综合杠杆效应图

像这种产销量的增长引起普通股每股利润以更大的幅度增长的现象就叫做综合杠杆效应,它是经营杠杆效应和财务杠杆的综合效应。

2. 综合杠杆系数(Degree of Total Leverage, DTL)

企业综合杠杆的利用程度通常是用综合杠杆系数来衡量,它是普通股每股利润的变动率相对于产销量变动率的比率(或者倍数)。

$$综合杠杆系数=\frac{普通股每股收益变动率}{产销量变动率}$$

$$即:DTL=\frac{\Delta EPS/EPS_0}{\Delta Q/Q_0}$$

$$DTL=\frac{\Delta EPS/EPS_0}{\Delta Q/Q_0}=\frac{\Delta EPS/EPS_0}{\Delta EBIT/EBIT_0}\times\frac{\Delta EBIT/EBIT_0}{\Delta Q/Q_0}$$

$$=DFL\times DOL$$

即,每年的综合杠杆系数可由每年的经营杠杆系数和财务杠杆系数相乘求得。

以例 4-8 和例 4-9 为例,该公司的综合杠杆系数如下:

(1)第 1 年的综合杠杆系数:$DTL_1=1.67\times1.50=2.51$

(2)第 2 年的综合杠杆系数:$DTL_2=1.25\times1.14=1.43$

(3)第 3 年的综合杠杆系数:$DTL_3=1.15\times1.08=1.24$

综合杠杆的意义在于:

(1)能够估计出产销量变动对普通股每股利润造成的影响。例如,上例中,第 1 年中,产销量每增长(减少)1 倍,会造成普通股每股利润增长(减少)2.51 倍。

(2)让我们看到了经营杠杆与财务杠杆之间的相互关系,即为了达到某一综合杠杆效应,经营杠杆和财务杠杆可以有很多不同的组合。例如,经营杠杆系数较高的公司可以在较低的程度上使用财务杠杆,即可相应减少负债筹资的比例。

第三节　资本结构决策

一、资本结构的概念

(一)资本结构的概念

资本结构,狭义上又称"资金结构",指企业各种资金的构成及比例关系,特别指企业各种长期资金的构成及比例关系。当然,广义的资金结构指的是全部资金(含长期资金和短期资金)的构成。资本结构是企业筹资决策的核心问题。企业应综合考虑各有关影响因素,运用适当的方法确定最佳资本结构,并在以后追加筹资中继续保持。若企业现有资金结构不合理,应通过筹资活动加以调整,以使其合理化。企业的资本结构是由企业采用各种筹资方式筹集资金而形成的,不同筹资方式的组合类型决定着企业资本结构及其变化。又因为,无论企业采用哪几种方式筹资,都无外乎归入自有资金和负债资金两类之中,所以也可以说,资本结构问题主要是确定权益资金和负债资金的比例问题,即负债比率问题。

(二)影响资本结构的因素

影响企业资本结构的因素,主要包括以下几个方面:

1. 企业财务状况

一般情况下,企业财务状况越好,偿债能力越强,举债筹资就越容易。

2. 企业资产的构成

企业的资产构成会较多地影响企业的资本结构，一般来说：(1)固定资产数额较多的企业主要通过长期负债和发行股票等方式来获取长期资金；(2)流动资产较多的企业，更多地依赖流动负债来筹集资金；(3)资产适于抵押贷款的企业举债额较多，诸如房地产公司的资产适于抵押贷款的，其公司借债较多；(4)以技术研发为主的企业负债较少。

3. 企业产品的销售情况

企业产品的销售情况是否稳定，对企业资金结构有很大影响。(1)若企业的产品销售很稳定，则负担固定债务利息的能力强，适于举债筹资，否则不合适。(2)若企业产品的产销量增速很快，可适当举债，以获得较大财务杠杆利益。

4. 决策层对风险的态度和所有者的控制权考虑

若决策者属于风险规避型，可能会用较少的负债。

若原所有者担心发行股票会造成其控制权分散或旁落，则会较多使用负债筹资方式。

5. 所得税税率高低

负债资金的利息可以抵税，若所得税税率较低，则负债资金的利息抵税优势就会削弱，举债筹资的吸引力自然会降低。

另外，还有大的经济环境、整个行业的特点等因素也会影响到资本结构决策。

二、资本结构决策的方法

(一)最佳资本结构

我们已经了解到，适当利用负债资金可以降低成本，但当企业负债比率较高时，会有较高的财务风险。为此企业应权衡风险和成本的关系，确定出最佳的资本结构。

所谓最佳资本结构是指企业在一定时期内，使综合资金成本最低而企业价值最大时的资本结构。一般以三个标准来辅助判断：

(1)有利于最大限度地增加企业所有者财富，使企业价值最大化；

(2)企业的综合资金成本率最低；

(3)资金保持适宜的流动性，长短期资金比例适当。

(二)决策的方法

资本结构决策的方法，主要包括比较综合资金成本法、比较普通股每股利润法和无差别点分析法三种，下面依次举例讲解这三种方法的操作原理。

1. 比较综合资金成本法

比较综合资金成本法，是通过计算不同筹资组合的综合资金成本(率)，并以其中资金成本最低的组合为最佳选择的一种方法。操作程序为：(1)先找出每一种可能的组合；(2)计算每一组合的综合资金成本率，并加以比较，在其中选择资金成本最小的组合作为最佳组合。

【例 4-11】 某企业打算筹集 500 万元资金，有三个筹资方案可供选择，这三个方案的信息如表 4-5 所示。

表 4-5　　某企业筹资方案

筹资方式		长期借款	发行债券	发行普通股
资金成本率		6%	10%	15%
筹资方案	甲方案	50 万元	100 万元	350 万元
	乙方案	100 万元	150 万元	250 万元
	丙方案	150 万元	200 万元	150 万元

请选择出最佳筹资组合。

解：

①先计算各种筹资方案的综合资金成本率。

$$K_{甲}=\frac{50\times6\%+100\times10\%+350\times15\%}{500}=13.10\%$$

$$K_{乙}=\frac{100\times6\%+150\times10\%+250\times15\%}{500}=11.70\%$$

$$K_{丙}=\frac{150\times6\%+200\times10\%+150\times15\%}{500}=10.30\%$$

②通过比较选择最佳方案。

由于 $K_{丙}<K_{乙}<K_{甲}$，所以最佳方案为丙方案。

2. 比较普通股每股利润法

该方法是从普通股股东的收益角度来考察的，具体操作为，计算出每一个方案下的普通股每股收益(*EPS*)，再将这些方案的 *EPS* 进行比较，选择 *EPS* 最大的方案。

【例 4-12】 某企业现有权益资金 500 万元(普通股 50 万股，每股面值 10 元)，企业拟再筹资 500 万元，有三个可选方案：

甲：发行年利率为 9%的长期债券(平价发行)，筹资 500 万元；

乙：发行年股息率为 8%的优先股，筹资 500 万元；

丙：再发行普通股 50 万股，面值 10 元/股（平价发行），筹资 500 万元。

预计企业当年可实现息税前利润 100 万元，所得税税率为 25%，请用比较普通股每股利润法，选择最佳方案。

解：$EPS_{甲}=\dfrac{(100-500\times 9\%)\times(1-25\%)-0}{50}=0.825$（元/股）

$$EPS_{乙}=\frac{(100-0)\times(1-25\%)-500\times 8\%}{50}=0.7（元/股）$$

$$EPS_{丙}=\frac{(100-0)\times(1-25\%)-0}{50+50}=0.75（元/股）$$

$\because EPS_{甲}>EPS_{丙}>EPS_{乙}$　$\therefore$ 选择甲方案

3. 无差别点分析法

负债的偿还能力是建立在未来盈利能力基础上的，所以研究资本结构，需考虑到企业的盈利能力，一般用息税前利润（$EBIT$）来代表；负债筹资是通过财务杠杆作用来影响股东财富的，所以我们需考虑另一指标——普通股每股利润（EPS）。无差别点分析法就是要通过研究这两个具有依存关系的指标，来帮助决策者选择能得到最佳资本结构的筹资方案。

所谓无差别点分析法，又称“$EBIT$—EPS”分析法，通过分析资本结构和 EPS 之间关系，计算每种筹资方案的无差别点，进而确定合理的资本结构的方法。具体操作步骤：第一步，计算两种方案的每股利润无差别点；第二步，作无差别点图；第三步，选择最佳筹资方式。以该方法测算无差别点的计算公式为：

$$\frac{(EBITx-I_1)(1-t)-D_1}{N_1}=\frac{(EBITx-I_2)(1-t)-D_2}{N_2}$$

式中：$EBITx$——每股利润无差别点处的息税前利润；

I_1, I_2——两种筹资方案下的年利息；

D_1, D_2——两种筹资方案下的优先股股利；

N_1, N_2——两种筹资方案下的流通在外的普通股股数；

t——企业所得税税率。

无差别点处的息税前利润计算出来之后，可与预期的息税前利润进行比较，据以选择筹资方案。当预期的息税前利润大于无差别点的息税前利润时，应采用负债类的筹资方案；当预期的息税前利润小于无差别点的息税前利润时，应采用权益类的筹资方案。具体操作见例 4-13：

【例 4-13】　某公司原有资金 700 万元，其中长期借款 200 万元，年利率 12%，发行普通股筹集到的资金是 500 万元（发行普通股 10 万股，每股面值 50 元）。鉴于该公司目前的投资需求，需追加筹资 300 万元，筹资方案有两个：

甲方案：增发每股面值 50 元的普通股 6 万股；

乙方案：取得长期借款 300 万元，借款年利率为 12%。

若公司预期息税前利润为 200 万元，所得税税率为 25%，请用无差别点分析法来选择最佳筹资方案。

解：设当 $EBIT=x$ 万元时，$EPS_{甲}=EPS_{乙}$，则可列式如下：

$$\frac{(x-200\times 12\%)\times(1-25\%)-0}{16}$$

$$=\frac{(x-200\times 12\%-300\times 12\%)\times(1-25\%)-0}{10}$$

解得：$x=120$ 万元，此时 $EPS_{甲}=EPS_{乙}=4.50$ 元/股

即：甲乙两方案的无差别点就是(120，4.50)

且易知：当 $EBIT<120$ 万元时，$EPS_{甲}>EPS_{乙}$

当 $EBIT>120$ 万元时，$EPS_{甲}<EPS_{乙}$

如图 4-3 所示，因公司预期息税前利润为 200 万元，大于 120 万元，所以应选择乙方案。

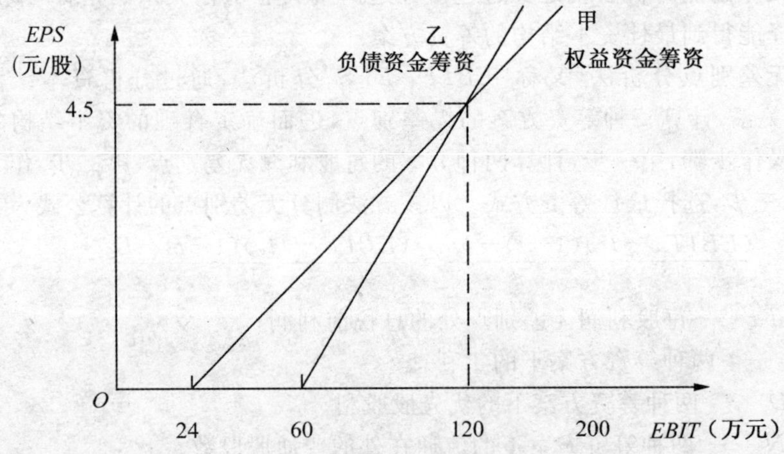

图 4-3　甲、乙两种方案的无差别点

本章习题

一、填空题

1. 资金成本是指________________。
2. 资金成本包括________和________。

3. 资金成本的表示方法有________、________。

4. 资金成本率是________和________的比率。

5. 财务杠杆系数(*DFL*)是________________________。

6. 资金结构是______________________________。

7. 资金结构决策的方法一般有：________、________、________。

二、单项选择题

1. 在个别资金成本的计算中，不必考虑筹资费用影响因素的是(　　)。

A. 债券的成本　　B. 普通股的成本

C. 留存收益的成本　　D. 银行借款的成本

2. 某公司全部资本为 120 万元，负债比率为 40%，负债的利率平均为 10%，当销售额是 100 万元时，息税前利润(*EBIT*)为 20 万元，则该公司的财务杠杆系数(*DFL*)是(　　)。

A. 1.25　　B. 1.43　　C. 1.32　　D. 1.56

3. 企业使用资金所负担的占用费用同筹集资金的(　　)的比率，称为资金成本率(一般亦通称为资金成本)。

A. 总额　　B. 总额加净额　　C. 净额　　D. 总额减净额

4. 某企业从银行借款，年利率为 7%，期限为 3 年，每年付息一次到期还本，筹资费率为 1%，企业所得税税率为 25%，则其资金成本(率)为(　　)。

A. 5.30%　　B. 6.21%　　C. 7%　　D. 7.07%

5. 下列资金在资金成本计算时需考虑所得税因素的是(　　)。

A. 优先股　　B. 普通股　　C. 留存收益　　D. 银行借款

6. 经营杠杆效应产生的原因是(　　)。

A. 不变的产销量　　B. 不变的固定成本

C. 不变的销售单价　　D. 不变的债务利息

7. 当经营杠杆系数是 1.1，综合杠杆系数是 5.5 时，则财务杠杆系数是(　　)。

A. 6.05　　B. 1.1　　C. 5　　D. 5.5

8. 息税前利润的变动率，一定比产销量的变动率(　　)。

A. 大　　B. 小　　C. 相等　　D. 不一定

三、多项选择题

1. 在个别资金成本的计算中，需要考虑所得税影响因素的是(　　)。

A. 债券的成本　　B. 普通股的成本

C. 留存收益的成本　　D. 银行借款的成本

2. 对财务杠杆的论述，下列说法中正确的是（　　）。

A. 财务杠杆利益指利用债务筹资给企业自有资金带来的额外收益

B. 在资本总额及负债比率不变的情况下，财务杠杆系数越高，每股盈余增长越快

C. 与财务风险无关

D. 财务杠杆系数越大，财务风险越大

3. 下列费用中属于资金占用费的有（　　）。

A. 股利　　B. 利息　　C. 发行手续费　　D. 广告费

4. 资金结构决策的方法一般有（　　）。

A. 比较综合资金成本法

B. 比较普通股每股利润法

C. 无差别点分析法

D. 以上均正确

5. 下列说法中正确的有（　　）。

A. 综合杠杆效应是指：在单价和成本水平不变、资金构成不变的条件下，销售量的变动会引起普通股每股利润以更大的幅度变动

B. 经营杠杆效应是指在单价和成本水平不变的条件下，销售量的变动会引起息税前利润更大幅度的变动

C. 财务杠杆效应是指在资金构成不变的情况下，息税前利润的变动会引起普通股每股利润以更大的幅度变动

D. 综合杠杆效应产生的原因是由于经营杠杆效应和财务杠杆效应产生的原因并存

6. 影响财务杠杆的因素有（　　）。

A. 不变的债务利息　　B. 不变的固定成本

C. 不变的优先股股利　　D. 不变的产销量

四、判断题

1. 留存收益是企业经营中的内部积累，由于这种资金不是从外界筹集的，所以它不存在资金成本。（　　）

2. 资金成本是指企业为筹集资金而付出的代价。（　　）

3. 边际资金成本是指以各种资金所占的比重为权数，对各种资金成本进行加权平均计算出来的，所以又叫“加权平均资金成本”。（　　）

4. 审计费是资金筹集费。（　　）

5. 经营杠杆效应产生的原因是在于企业的生产经营中存在固定的生产成本。（　　）

6. 经营杠杆系数＝综合杠杆系数×财务杠杆系数。（　　）

7. 财务杠杆系数是 *EPS* 的变动率相对于 *EBIT* 变动率的比率。（　　）

8. 资金成本率既是筹资者为使用资金所必须支付的最低代价，又是投资者提供资金要求的最低报酬率。（　　）

五、计算分析题

1. 某企业发行面值为 100 元、票面利率为 8%、5 年期、每年付息一次到期还本的债券，发行价 120 元，发行费率为 3%，所得税税率为 25%，请计算该债券的资金成本(率)。

2. 某企业发行面值 100 元、年股利率 12%的优先股，发行价 120 元，筹资费率为 4%，所得税税率为 25%。请计算优先股的资金成本(率)。

3. 某企业留用利润 500 万元，预计普通股下一期股利为 0.75 元/股，以后每年增长率为 1%，该普通股发行价 8 元/股，请计算留存收益的资金成本(率)。

4. 某企业现在共有长期资金 200 万元，其中长期借款、长期债券、普通股各占 15%、35%、50%。经分析，目前的资金结构较为合理，以后再筹集资金仍保持该资金结构。企业打算再筹资以扩大企业规模，各资金成本随筹资额的变动而变动的情况如下表所示：

资金来源	新筹资的数量范围(X)	资金成本(率)
长期借款	$X \leqslant 50000$ 元	5%
	$X > 50000$ 元	6%
长期债券	$X \leqslant 75000$ 元	7%
	$X > 75000$ 元	8%
普通股	$X \leqslant 150000$ 元	10%
	$X > 150000$ 元	11%

请计算该企业新筹资总额的突破点，并计算每个阶段的边际资金成本。

5. 某公司拟筹资 2000 万元开发新产品，现有甲、乙两个筹资方案备选，有关资料如下表所示。要求：(1)分别计算甲、乙两方案的综合资金成本(率)；(2)如果开发该新产品的投资报酬率是 9.5%，请问该公司应选择哪一个筹资方案？

甲方案			乙方案		
筹资方式	筹资额（万元）	资金成本（率）	筹资方式	筹资额（万元）	资金成本（率）
发行债券	600	8%	发行债券	500	7%
发行普通股	1000	10%	发行普通股	1200	12%
银行借款	400	6%	银行借款	300	5%
合计	2000	/	合计	2000	/

6. 已知某公司 2009 年产销 A 产品 10 万件，单价每件 100 元，单位变动成本 80 元，固定成本总额 100 万元，公司共有负债资金 1000 万元，年利率是 5%，企业所得税税率是 33%。

要求：

(1)计算 2009 年的息税前利润(*EBIT*)；

(2)下一年的经营杠杆系数(*DOL*)；

(3)下一年的财务杠杆系数(*DFL*)；

(4)下一年的综合杠杆系数(*DTL*)。

7. 某企业现有资金共 1000 万元，其中：

长期借款(年利率 10%)，200 万元；

长期债券(年利率 12%)，300 万元；

普通股(5 万股，面值 100 元)，500 万元。

现在，企业打算再筹集资金 200 万元，有两个筹资方案备选：

甲：发行普通股 2 万股，每股 100 元；

乙：发行债券 200 万元，利率为 13%。

预计增资后企业的息税前利润可达到 120 万元，企业所得税税率为 25%。请用无差别点分析法帮助企业选择最佳筹资方案。

8. 某企业生产一种产品，去年以 20 元/件的单价售出了 50000 个，该企业去年末的利润表有关数据如下(单位：元)：

销售收入	1000000
减：销售成本	
(其中：变动成本 40 万元，固定成本 20 万元)	600000
税前利润	400000
减：利息费用	125000
税前利润	275000

减:所得税(税率为25%)	68750
税后利润	206250
普通股每股利润	2.0625

该企业考虑引进新的生产线,但新生产线会使得固定成本上升一倍,同时使得单位变动成本下降一半。若发行债券筹资,利息费将增加70000元,若发行普通股筹资,股份将增加20000股。

(1)请计算企业引进新生产线之前的经营杠杆系数、财务杠杆系数和综合杠杆系数;

(2)如果企业引进新生产线后,销售额比原来增长50%,重新计算这两种筹资方案的经营杠杆系数、财务杠杆系数和综合杠杆系数以及普通股每股利润,并判断用哪种筹资方案才能使资金结构更合理。

六、简答题

1. 什么是资金成本?资金成本应如何表示?
2. 什么是综合资金成本?它在投资决策中有什么作用?
3. 什么是财务杠杆?如何理解它在财务管理中的作用?
4. 如何理解筹资总额的突破点?
5. 什么是资本结构?什么是最佳资本结构?如何实现最佳资本结构?
6. 影响资本结构的因素有哪些?

第五章　流动资产管理

学习目的与要求

本章主要介绍了企业流动资产管理的内容，通过对本章的学习，要求掌握以下知识：流动资产管理的基本知识；现金管理的相关内容，包括现金持有动机、现金预算、最佳现金持有量和日常现金管理与控制的要求；应收款项管理，包括应收款项的内容、应收款项管理的目标、应收款项的功能、收益以及成本、信用政策和管理方法；存货管理，包括存货的功能与成本、存货的控制。

导读案例

宏伟公司的营运资金管理

宏伟公司是一家民营高科技企业。它的产品主要是保健品，1994 年，该企业实现销售额 1.25 亿元，1995 年，其销售额一跃而至 23.5 亿元，比上年增长 1780%，创造了年近 2000%的高速度发展的奇迹。该公司之所以在短期内取得如此快的发展速度和巨大的经济效益，很大程度上得益于其卓越的资金运营方式。

对于任何一个置身于现代市场经济的企业来说，资金都是其经营活动的开始，也是终结形态。其运转就像是人体的血液循环一样，一旦停滞，必然危及整个企业的生存。该公司的资金平均周转天数是 30 天，在国内企业是少有的，比国际平均水平的 45 天还要少 15 天。

该公司资金运营的卓有成效首先得益于其成功的市场拓展和产品开发，这是资金良性运转的基本前提。其次，为了保证资金的高效运转，该公司还建立了一整套严格的财务管理制度。按规定，子公司每 3 天必须通过银行向总部财务中心汇一次款，每 5 万元汇一次款。为了保证结款的速度，集团规定所有子公司只能在同一家银行的各分支机构开户，利用现代化的计算机手段，使资金在公司内部顺畅流动。在具体的操作中，它们从核算、监督和经营三个方面加强财务管理。与此同时，它们相应地制定了汇款奖励制度。

一个强有力的组织管理结构，加上一系列严格的制度和措施，加快了企业的资金周转。

目前许多企业在资金管理方面的突出问题是营运能力较低、资金短缺，因此解决好营运资金管理中存在的问题，提高资金使用效率，是实现企业财务管理目标的一个重要方面。这也是本章介绍的主要内容。

请思考：1. 宏伟公司具体的营运资金管理措施有哪些？

2. 宏伟公司的营运资金管理有哪些值得借鉴的因素？

第一节　流动资产管理概述

一、流动资产的定义及特点

流动资产是指在生产经营活动中，由企业控制的能在一年或者超过一年的一个营业周期内变现或者耗用的资产，包括库存现金、各种存款以及其他货币资金、短期投资、应收及预付款项、存货及其他流动资产等。流动资产是与日常生产经营活动密切相关的资产，它具有以下特点：

第一，周转速度快。流动资产其实物形态一般只参加企业的一个生产循环就改变了原有的实物形态，并且其全部价值都转移到所生产的产品中，构成了产品成本的重要组成部分，随着成品的销售，从销售收入中得到补偿。所以周转速度快是流动资产的一个重要特点。

第二，变现周期短。以各种形态存在的流动资产一般都能在较短的时间内出售或者变卖，具有很强的变现能力，因此是企业对外支付以及偿还债务的重要保障，从这个意义上讲，一个企业流动资产的数量以及构成在很大程度上影响着企业的经营风险以及债务风险。

第三，存在形式多样化。流动资产在企业的生产循环中依次经过购买、生产、销售等环节，分别以货币资产、储备资产、生产资产以及销售资产的形式存在，多种形式资产的不断循环往复，才能产生价值增值。

第四，具有较强的波动性。供求关系、季节性变化以及宏观经济形势的波动等经济因素从各个方面引致流动资产的占用总量、形态以及构成比例呈现出显著的波动性。

第五，变现价值与成本比较接近。由于流动性较强，变现较容易，所以流动资产的成本和市场价格比较接近。

二、流动资产管理的内容以及基本要求

流动资产管理，就是现金及有价证券、应收以及预付款项和存货资产的日常

运行管理。企业的流动资产在企业全部资产中占有相当的比重，由于其周转期短、形态易变、流动性强而成为企业日常生产经营活动的润滑剂和基础。企业持有一定量的流动资产十分必要，但过多则会造成资金的浪费，不足又会影响企业的正常生产，增大企业风险。所以，企业需要在收益和风险之间进行平衡，将流动资产控制在最佳范围内。对流动资产进行管理的基本要求主要有两个：首先，要保证企业有充足的营运资金，也就是说流动资产与流动负债要保持一个合适的比例。其次，是在保证企业正常经营的前提下，加速流动资产的周转，提高其收益能力。具体来说要加强对现金、应收款项以及存货资产的管理。现金是变现能力最强的资产，现金管理的目标，就是确定现金的最佳持有量，在保证经营的现金需要的基础上，尽量降低现金持有量。应收账款管理的目的在于扩大销售和减少存货，应收账款管理的目标，是在发挥应收账款扩大销货功能的同时，尽可能降低应收账款投资的机会成本，减少坏账损失与收账费用。存货是指企业在日常生产经营过程中为生产或销售而储备的物资，存货管理的目标，在于发挥存货功能的同时降低存货成本。

第二节　现金及有价证券管理

现金是可以立即投入流动的交换媒介，它的首要特点是普遍的可接受性，即可以有效地立即用来购买商品、货物、劳务或偿还债务，因此现金是企业中流动性最强的资产。属于现金内容的项目包括：库存现金、各种形式的银行存款和其他货币资金。如银行本票、银行汇票等。

有价证券（即各种短期投资）是企业现金的一种重要替代形式。它变现能力强，可以随时兑换成现金，企业在财务管理实践中，如果出现超出正常经营活动所需的现金，为了获取较高的收益，经常将其兑换成有价证券，现金流出大于现金流入时，再将有价证券转换成现金。所以可以将有价证券看作是现金的替代资产。

一、现金管理的内容和目标

（一）现金管理的含义及内容

现金管理是企业财务部门按照国家现金管理制度，对现金的收入、支出和库存余额进行监督和管理。加强企业的现金管理，可以节约现金使用，防范舞弊，减少企业闲置资金，提高资金使用效果，具体来说现金管理包括以下内容：第一，按照国家有关规定建立现金的内部管理与控制制度；第二，编制现金收支计划，对现金收支进行合理预算；第三，增收节支，力促加快收款，同时在允许的条件下，尽量延缓付款；第四，合理配置现金以及现金等价物的结构，使得现金政策能够兼顾流动性与盈利性；第五，通过适当的方法确定最佳现金持有量。

（二）现金管理制度

国家关于现金管理的规定主要包括以下几个方面：

1．现金使用范围的规定

根据规定，允许企业使用现金结算的有：

(1)职工工资、津贴。

(2)个人劳动报酬。

(3)根据国家规定颁发给个人的科学技术、文化艺术、体育等各种奖金。

(4)各种劳保、福利费用以及国家规定的对个人的其他支出。

(5)向个人收购农副产品和其他物资的价款。

(6)出差人员必须随身携带的差旅费。

(7)结算起点以下的零星支出。

(8)中国人民银行确定需要支付现金的其他支出。

属于上述现金结算范围的支出，企业可以根据需要向银行提取现金支付，不属于上述现金结算范围的款项支付一律通过银行转账进行结算。

2．现金收支的规定

(1)不准擅自坐支现金。所谓坐支，即指以企业的现金收入直接用于支付各项开支。坐支现金，容易扰乱现金收支渠道，不便于开户银行对企业现金进行有效的监督和管理。

(2)收入现金应及时送存银行。物流企业的现金收入应于当天送存开户银行，当天送存确有困难的，应由开户银行确定送存时间。

(3)不准编造用途套取现金。企业在国家规定的现金使用范围和限额内需要现金，应从开户银行提取，提取时应写明用途，不得编造用途套取现金。

(4)严禁“白条顶库”。即企业不得用不符合财务制度规定的付款凭证顶替库存现金。

(5)不得“公款私存”。即不准将企业的现金收入按个人储蓄方式存入银行，也不准保留账外公款等。

(6)库存限额的规定，企业的库存现金，由其开户银行根据企业的实际情况进行核定，一般以企业的3～5天零星开支额为限。

(7)不得出租、出借银行账户。

(8)不得签发空头支票和远期支票。

(9)不得套取银行信用。

(10)不得保存账外公款。

(三)现金管理的目标

现金管理的目标是在保证企业生产经营所需现金能够得到满足的前提下，尽量降低现金的持有成本，即追求流动性和收益性的完美统一，具体而言，现金管理有两个目标：第一，现金的持有量能满足企业各种业务往来的需要；第二，将闲置资金的数量降到最低。

二、现金的持有动机

企业保留一定数量的现金主要是满足交易性需要、预防性需要和投机性需要。

交易性需要也称为“交易性动机”，是指满足日常业务的现金支付需要。企业经常产生收入，也经常会形成支出，二者未必总保持平衡，现金流入多于现金流出会形成现金置存；现金流出多于现金流入就会形成现金短缺。企业必须维持适当的现金余额，才能使经营活动正常地进行下去。

预防性需要也称为“预防性动机”，是指企业置存现金以防发生意外的支付。企业有时会出现意想不到的开支，现金流量的不确定性越大，预防性动机所需要的现金就越多；反之，若企业现金流量的可预测性强，预防性动机需要的现金数额就小一些。此外，企业的短期资金融通能力也影响到预防性动机所需要的现金数额，短期资金融通能力的强弱与预防性动机所需要的现金数量呈负相关关系。

投机性需要也称为“投机性动机”，是指企业置存现金用于不寻常的购买机会，比如遇有廉价的原材料或其他资产的购买机会，便可以利用手头现金大量购入，当然除非专业的投资公司，一般企业置存的投机性现金不会太多。

企业若无必要的现金储备，将无法应付正常的业务开支，由此而给企业带来的损失称为现金短缺成本。但是如果企业置存过量的现金，又会因这些资金不能投入正常的生产增值过程而产生其他的损失。此外，在正常的市场条件下，流动性越强的资产，其收益性一般也比较低，这就意味着机会成本的产生，如此，企业就面临着现金不足和现金过量两方面的威胁。因此企业现金管理的目标就是要在资产的流动性和盈利性之间作出选择，以使现金的持有成本降到最低。

三、现金的持有成本

企业持有的现金，将会有四种成本：

1. 机会成本。现金的持有量和形成的机会成本呈正比关系，即：

现金持有机会成本＝现金持有量×资金成本率

2. 管理成本。持有现金总会发生一定的管理费用，比如管理人员的工资以及安全措施费等，这种管理成本是现金管理过程中的一种固定成本，与现金持有量之间没有明显关系。

3. 短缺成本。现金短缺引致业务资金短缺，使得企业因此蒙受损失或者付出代价，短缺成本一般随着现金持有量的增加而下降，二者之间存在反比例关系。

4. 转换成本。现金与有价证券之间相互转换所发生的费用，包括委托买卖的佣金、手续费、印花税等。

四、最佳现金持有量的确定

现金是企业的主要支付手段，又是一种非营利性资产，现金持有量的确定一方面要考虑现金的短缺成本，同时还要考虑过多持有现金造成的机会成本，确定最佳现金持有量的方式有很多，这里我们选取其中比较有代表性的五种进行介绍：

(一)成本分析模式

成本分析模型下现金最佳持有量可以解释为机会成本、管理成本和短缺成本之和为最小值时的持有量。

成本分析模型的计算步骤是：

(1)根据不同的现金持有量测算各备选方案的成本值；

(2)计算总成本，编制最佳现金持有量测算表；

(3)通过测算表找出总成本最低时的现金持有量，即最佳现金持有量。

【例 5-1】 ABC 公司现有甲、乙、丙、丁四种现金持有方案，有关资料如表 5-1所示。

表 5-1　　ABC 公司的备选现金持有方案　　单位：万元

考核项目	A	B	C	D
现金持有量	100	200	300	400
资金成本率	15%	15%	15%	15%
短缺成本	50	30	10	0
管理成本	5	5	5	5

根据表 5-1 计算现金最佳持有量测算表，如表 5-2 所示。

表 5-2　　ABC 公司现金最佳持有量测算表　　单位：万元

方案	现金持有量	机会成本	短缺成本	管理成本	总成本
A	100	100×15%=15	50	5	70
B	200	200×15%=30	30	5	65
C	300	300×15%=45	10	5	60
D	400	400×15%=60	0	5	65

根据分析，应该选择总成本最低的 C 方案。

（二）随机模式

随机模式是在现金需求量难以预知的情况下进行现金持有量控制的方法。对企业来讲，往往是现金需求量波动大且难以预知，但企业可以根据历史经验和现实需要，测算出一个现金持有量的控制范围，即制定出现金持有量的上限和下限，将现金量控制在上下限之内。当达到上限时，现金购入有价证券；当降到控制下限时，抛售有价证券换回现金。

企业的现金存量（表现为每日现金余额）是随机波动的。现金返回线 R、下限 L、上限 H 的公式以及它们之间的关系可以用如下公式计算：

$$R=\sqrt[3]{\frac{3b\delta^2}{4i}}+L$$

$$H=3R-2L$$

其中：b——每次有价证券的固定转换成本；

i——有价证券的日利息率；

δ——预期每日现金余额变化的标准差（可根据历史资料测算）。

下限 L 的确定，则要受到企业每日的最低现金需要、管理人员的风险承受倾向等因素影响。

这样，如公司现金余额达到 H 元时，即应以 $(H-R)$ 的现金去投资于有价证券，使现金持有量回落为 R；当公司的现金余额降至 L 元时，则应转让 $(R-L)$ 元的有价证券，使现金持有量上升为 R。

随机模式是建立在企业现金未来需求总量和收支不可预测的前提下，因此计算出来的现金持有量比较保守。

（三）现金周转模式

现金周转模式是按照现金周转期来确定最佳现金持有量的一种现金管理方式，现金周转期是指从现金投入生产经营开始，经过生产过程、销售过程最后转化为现金的过程。

现金周转期＝存货周转期＋应收账款周转期－应付账款周转期

$$最佳现金持有量=(年现金需要额\div 360)\times 现金周转期$$

(四)因素分析模式

因素分析模式是根据上年现金占用额和有关因素的变动情况，来确定最佳现金余额的一种方法。

$$最佳现金持有量=(上年现金平均占用额-不合理占用额)\times(1\pm 预计销售收入变化百分比)$$

(五)存货模式

存货模式确定最佳现金余额的前提是企业的现金不足，要通过变卖有价证券获得，因此，最佳现金余额的确定，实际上是如何安排现金资产与有价证券之间的最佳分割比例。

存货模式下现金余额成本包括：

1. 现金机会成本，是指持有现金所放弃的报酬，是现金的持有成本。

2. 现金转换成本，是指现金与有价证券互相转化时所发生的费用，包括委托买卖佣金、手续费、印花税等。

如果现金余额大，则持有现金的机会成本就高，转换成本相对较少；如果现金余额小，则持有现金的机会成本低，而转换成本则要上升。最佳现金余额是两种成本之和最低时的现金余额。

设 A 为预算期现金需要总量，Q 为最佳现金余额，R 为有价证券利率或报酬率，F 为平均每次证券变现的固定费用，即转换成本，TC 为现金管理总成本，则，现金管理总成本＝机会成本＋转换成本，即：

$$TC=\frac{QR}{2}+\frac{AF}{Q}$$

可确定：

$$最佳现金持有量\ Q=\sqrt{\frac{2AF}{R}}$$

式中：Q——最佳现金持有量；

R——有价证券利率；

F——每次证券转换成本；

A——年现金需要量。

$$证券转换次数\ N=\frac{A}{Q}$$

$$最佳现金持有量管理相关成本\ TC=\sqrt{2AFR}$$

【例 5-2】 某企业预计全年需用现金 5000000 元，现金与有价证券转换成本为每次 120 元，有价证券市场利率为 12％，则：

$$Q=\sqrt{\frac{2\times 5000000\times 120}{12\%}}=\sqrt{10000000000}=100000(\text{元})$$

$$T_C=\sqrt{2\times 5000000\times 120\times 12\%}=\sqrt{144000000}=12000(\text{元})$$

五、现金收支管理

为了提高现金使用效率，应当做到以下几点：

1. 尽量使得现金流入和现金流出保持同步，这样可以有效减少交易性动机的现金需求。

2. 合理使用现金浮游量，支票在开出以后到实际付款之前，即在支票的提示付款期内，只要保证银行账户不透支，支票开出金额还可以继续使用。

3. 加速收款，制定并实行有利于现金尽快回笼的现金折扣政策，使得在通过应收账款吸引顾客的同时，缩短收款时间。

4. 推迟应付款项的支付，尽量争取免费的商业信用，在不影响企业信誉的前提下，充分应用供货方提供的信用优惠，必要时可以放弃现金折扣优惠。

5. 建立健全现金的内部控制制度，实行钱账分管，同时加强财务印鉴的管理。

6. 做好银行存款的管理工作，严格按照银行核定的库存现金限额进行现金存取业务，合理搭配活期银行存款和定期存款的结构。

7. 适当进行证券投资，而且要保证证券资产和现金资产之间转化的平滑性，即要到成熟的证券市场上投资，选择变现能力强的证券资产。

第三节　应收账款管理

应收账款是企业因对外赊销产品、材料、供应劳务等业务而应对购货方、接受劳务的单位或个人收取的款项，包括应收账款、其他应收款、应收票据等。当代经济中，商业信用逐渐增多，应收账款的数额逐渐增大已成为流动资产管理中的一个重要项目。

一、应收账款管理的目标与内容

（一）应收账款管理的目标

企业提供商业信用，采用赊销方式，会使企业应收账款的数额大量增加，现金的回收时间延长，甚至会使企业遭到不能收回应收账款的损失。但赊销可以扩大销售，增加企业的市场占有率和盈利。因此，应收账款管理的目标是充分发挥应收账款功能，权衡开展应收账款业务所产生的收益、成本和风险，作出有利于企业的应收账款决策。

(二)应收账款管理的内容

为了充分发挥应收账款的作用,必须加强应收账款的管理,其核心是制定适当的信用政策。制定信用政策时,一方面要考虑到有利于扩大销售;另一方面要考虑到有利于降低应收账款占用的资金,缩短应收账款的回收期,防止发生坏账损失。具体来说,应收账款管理的内容主要包括:(1)制定合理的应收账款信用政策。信用政策的制定必须符合企业目前的发展状况和企业所处的市场环境状况。(2)进行应收账款的投资决策。应收账款的投资决策主要是在已经制定的应收账款信用政策的基础上,对具体的应收账款投资行为,如向某一特定客户是否提高商业信用、是否延长信用期、是否增减现金折扣率进行决策。(3)做好应收账款的日常管理工作,防止坏账的产生。

二、应收账款的功能与成本

(一)应收账款的功能

应收账款的功能是指它在生产经营中的作用,主要有以下两个方面:

1. 促进销售的功能。企业销售产品时可以采取两种基本的方式,即现销和赊销。显然,现销对本企业有利,赊销对客户有利,在竞争激烈的市场经济条件下,促销已经成为企业的一项重要工作内容。企业促销的手段虽然多种多样,但在银根紧缩、市场疲软、资金匮乏的情况下,赊销的促销作用是十分明显的,特别是在企业销售新产品、开拓新市场时,赊销就更加具有重要的意义,因为购货方一方面可以在不付款的情况下得到自己需要的产品,减低了在商品质量、性能等方面存在问题的风险;另一方面,购货方可以在一定时期内减少自己的资金占用。

2. 减少存货的功能。由于赊销具有促销功能,可以加速产品的销售,从而可降低存货中产成品的数额,这有利于缩短产成品的库存时间,减低产成品存货的管理费用、仓储费用和保险费用等各方面的支出。因此,无论是季节性生产企业还是非季节性生产企业,当产成品较多时,一般应采用较优惠的信用条件进行赊销,把存货转化为应收账款,减少产成品存货,节约各项支出。

(二)应收账款的成本

企业持有应收账款,也会付出一定的代价,增加相关成本。应收账款的成本有:

1. 机会成本。应收账款的机会成本是指将资金投资于应收账款而不能进行其他投资所丧失的投资收益。这一成本的大小通常与企业维持赊销业务所需要的资金数量、资金成本有关。其计算公式为:

应收账款的机会成本＝维持赊销业务所需要的资金×资金成本

(1)计算应收账款周转率：

应收账款周转率＝日历天数(360)/应收账款周转期(平均收账天数)

(2)计算应收账款平均余额：

应收账款平均余额＝赊销收入净额/应收账款周转率

(3)计算维持赊销业务所需要的资金：

维持赊销业务所需要的资金＝应收账款平均余额×变动成本/销售收入

＝应收账款平均余额×变动成本率

＝赊销收入净额/应收账款周转率×变动成本率

＝日赊销平均余额×应收账款周转期×变动成本率

可见，随着赊销业务的扩大、赊销收入的增加，维持赊销业务所需的资金就越多；而应收账款的周转率越高，维持赊销业务所需的资金就越少。所以，提高应收账款的周转率是减少应收账款机会成本的有效方法。

【例 5-3】 若某企业预测的年度赊销收入净额为 2000000 元，应收账款周转期为 45 天，变动成本率为 70％，资金成本为 10％。试计算其应收账款的机会成本。根据以上资料有：

应收账款周转率＝360/45＝8 次

应收账款平均余额＝2000000/8＝250000(元)

维持赊销业务所需要的资金＝250000×70％＝175000(元)

应收账款机会成本＝175000×10％＝17500(元)

2. 管理成本。应收账款的管理成本是指企业对应收账款进行管理所耗费的开支，是应收账款成本的重要组成部分。主要包括：对顾客信用情况调查的费用，收集信息的费用、催收账款的费用、账簿的记录费用等。

3. 坏账成本。坏账成本是指由于某种原因导致应收账款不能收回而给企业造成的损失。这一成本一般与应收账款数量成正比，所以，为了减少坏账给企业生产经营活动的稳定性带来不利影响，企业按规定应以应收账款的一定比例提取坏账准备，坏账的发生对企业是非常不利的，应该尽量规范。所以，防止发生坏账是企业制定信用标准的一项十分重要的工作。

三、信用政策的制定

应收账款的信用政策即应收账款的管理政策，是企业财务政策的一个重要组成部分。企业要管好用好应收账款，必须事先制定合理的信用政策。这主要包括信用标准、信用条件和收账政策三部分。

(一)信用标准

信用标准是指客户获得企业商业信用所应具备的最低条件,通常以预期的坏账损失率作为判断标准。如果企业的信用标准定得过高,只对信誉很好、坏账损失率很低的客户给予赊销,则会减少坏账损失,减少应收账款的机会成本和收账费用,但不利于企业市场竞争能力的提高和销售收入的扩大;反之,如果信用标准定得过低,虽然会增加销售,提高市场竞争力和占有率,但同时也会导致坏账损失风险加大和收账费用增加。因此,企业应根据具体情况进行权衡。

一般来讲,企业在制定或选择信用标准时,应考虑三个基本因素:

1. 同行业竞争对手的情况。面对竞争对手,企业首先考虑的是如何在竞争中处于优势地位,保持并不断扩大市场占有率,如果对手实力很强,企业欲取得或保持优势地位,就需采取较低(相对于竞争对手)的信用标准;反之,其信用标准可以相应较高些。

2. 企业承担违约风险的能力。当企业具有较强的违约风险承担能力时,就可以以较低的信用标准提高竞争力,争取客户,扩大销售;反之,如果企业承担违约风险的能力较弱,就只能选择严格的信用标准以尽可能降低违约风险的程度。

3. 客户的资信程度。客户资信程度的高低通常通过"5C"系统来评估。所谓"5C"系统,是评估客户信用品质的5个方面,即品质(character)、能力(capacity)、资本(capital)、抵押(collateral)、条件(condition):

(1)品质。指客户的信誉,即履行偿债义务的可能性。企业必须设法了解客户过去的付款记录,看其是否有按期如数付款的一贯做法以及与其他供货企业的关系是否良好。品质反映了客户履约或违约的可能性,是信用评价体系中的首要因素。

(2)能力。指客户的偿债能力,即其流动资产的数量和质量以及流动负债的比例。应注意客户是否存货过多、过时或质量下降,影响其变现能力和支付能力。

(3)资本。指客户的财务实力和财务状况,表明客户可能偿还债务的背景。该指标主要是根据有关的财务比率来测定客户净资产的大小及其获利的可能性。

(4)抵押。指客户拒付款项或无力支付款项时用作抵押的资产。这对于不知底细或信用状况有争议的客户尤为重要。一旦收不到这些客户的款项,便以抵押品抵付。如果这些客户提供足够的抵押,就可以考虑向他们提供相应的信用。

(5)条件。指可能影响客户付款能力的经济环境,包括一般经济发展趋势和某些地区的特殊发展情况。比如,万一出现经济不景气,会对客户的付款产生什么影响，客户会如何做等，这需要了解客户过去困难时期的付款历史。

（二）信用条件

信用标准是企业评价客户等级，决定给予或拒绝客户信用的依据。一旦企业决定给予客户信用优惠时，就需要考虑具体的信用条件。信用条件是指企业要求客户支付赊销款项的条件，主要包括信用期限、折扣期限和现金折扣率等。

1. 信用期限

信用期限是指企业允许客户从购货日到付款日之间的时间间隔，或者说是企业为客户规定的最长付款时间，如 30 天内付款、50 天内付款等。信用期过短，不足以吸引顾客，不利于扩大销售；信用期过长，对销售额的增加有利，但同时机会成本、管理成本和坏账成本也相应增加。因此，企业必须慎重研究，确定出恰当的信用期。

信用期的确定，主要是分析改变信用期对收入和成本的影响。延长信用期，不仅有可能使原有客户的购买量增加，而且还有可能吸引新客户。但是，延长信用期也会使企业平均应收账款延长，增加应收账款平均资金占用和可能的坏账损失。因此，企业是否给客户延长信用期限，应视延长信用期后所增加的收益是否大于由此而增加的成本和费用。

【例 5-4】 信用期限决策

某公司现在采用 30 天按发票金额付款的信用政策，拟将信用期放宽至 45 天，仍按发票金额付款即不给折扣，该公司投资的最低报酬率为 15%，变动成本率为 70%，其他有关数据见表 5-3。

表 5-3　　信用期限备选方案表　　单位：元

	30 天	45 天
销售量（万件）	200000	250000
销售额（单价 6 元）	1200000	1500000
销售成本：		
变动成本	840000	1050000
固定成本	100000	100000
收账费用	6000	9000
坏账损失	10000	15000

根据以上资料，分析该企业是否应改变信用期。

信用期由 30 天延长到 45 天：

（1）增加的收益＝（1500000－1050000）－（1200000－840000）＝90000（元）

(2)增加的应收账款机会成本

=1500000/360×45×70%×15%-1200000/360×30×70%×15%

=19687.5-10500=9187.5(元)

(3)增加的收账费用=9000-6000=3000(元)

(4)增加的坏账损失=15000-10000=5000(元)

(5)改变信用期的净损益=增加的收益-增加的成本费用

=90000-(9187.5+3000+5000)

=90000-17187.5=72812.5(元)

结论:由于增加的收益大于增加的成本,故应采用45天的信用期。

上述信用期分析的方法是比较简略的,可以满足制定一般信用政策的需要。如有必要,也可以进行更细致的分析,如进一步考虑销货增加引起存货增加而多占用的资金等。

2.现金折扣和折扣期限

延长信用期限会增加应收账款的占用额和收账期,从而增加机会成本、管理成本和坏账成本。企业为了既能扩大销售,又能及早收回货款,往往在给客户以信用期限的同时推出现金折扣条款。现金折扣是企业给予客户的一项优惠政策,即在规定时期内提前付款的客户可按销售收入的一定比率享受折扣,它包括折扣期限和现金折扣率两个要素。如(2/10,*n*/30)表示信用期限为30天,若客户在10天内付款,则可享受2%的折扣,即只需支付原价的98%;若超过10天,则应在30天内足额付款。其中10天为折扣期限,2%是现金折扣率。现金折扣实际上是对现金收入的扣减,企业决定是否提供以及提供多大程度的现金折扣,着重考虑的是提供折扣后所得的收益是否大于现金折扣的成本。

企业究竟应当核定多长的现金折扣期限,以及给予客户多大程度的现金折扣优惠,必须将信用期限即加速收款所得到的收益与付出的现金折扣成本综合起来考虑。同延长信用期一样,现金折扣条件有利于增加销售,并能降低机会成本、管理成本和坏账成本,但同时也须付出一定的代价,即现金折扣成本,现金折扣成本也是信用决策中的相关成本。如果加速收款带来的机会收益能够绰绰有余地补偿现金折扣成本,企业就可以采取现金折扣或进一步改变当前的折扣方针;如果加速收款的机会收益不能补偿现金折扣成本的话,则现金优惠条件便被认为是不恰当的。

除上述表述的信用条件外,企业还可以根据需要,采取阶段性的现金折扣使用不同的现金折扣率,如"2/10,1/20,*n*/30",其含义是:给予客户30天的信用期限,客户若能在开票后的10天内付款,则可以得到2%的现金折扣;若超过10天而在20天内付款,便可以得到1%的现金折扣;否则,只能在30天内全额付款。

【例 5-5】 现金折扣与折扣期限决策

现金折扣与现金折扣期限选择同信用期限选择一样，都是通过比较不同的信用条件的销售收入及相关成本，最后计算出各自的净收益，并选择净收益最大的信用条件。

例： TM 公司采用赊销方式销售甲产品，该产品的单位售价为 20 元，单位产品的变动成本为 15 元，固定成本总额为 400000 元。当该企业没有对客户提供现金折扣时，该产品的年销售量为 100000 件，应收账款回收期为 45 天，坏账损失率为 2%。为增加销售，同时加速应收账款的回收，企业考虑给客户提供“2/10,*n*/60”的信用条件。估计采用这一新的信用条件后，销售量将增加 20%，有 70%的客户将在折扣期内付款，坏账损失率将降为 1%。另外，应收账款资金成本率为 20%，该企业的生产能力有剩余，试选择对企业最有利的信用条件。

采用原信用条件时：

销售收入＝100000×20＝2000000(元)

信用成本前边际贡献＝2000000－100000×15＝500000(元)

应收账款机会成本＝2000000÷360×45×75%×20%＝37500(元)

应收账款坏账成本＝2000000×2%＝40000(元)

信用成本后收益＝500000－37500－40000＝422500(元)

采用新的条件时：

销售收入＝100000×(1＋20%)×20＝2400000(元)

现金折扣＝2400000×70%×2%＝33600(元)

信用成本前边际贡献＝2400000－33600－100000×(1＋20%)×15
＝566400(元)

应收账款的机会成本＝2400000÷360×(10×70%＋60×30%)×75%
×20%＝25000(元)

应收账款的坏账成本＝2400000×1%＝24000(元)

信用成本后收益＝566400－25000－24000＝517400(元)

通过计算可知，新的信用条件比原信用条件下信用成本后收益增加 94900 元(517400－422500)，所以应采用新的信用条件。

(三) 收账政策

收账政策是指企业针对客户违反信用条件，拖欠甚至拒付账款所采取的收账策略与措施。

在企业向客户提供商业信用时，必须考虑三个问题：其一，客户是否会拖欠或拒付账款，程度如何；其二，怎样最大限度地防止客户拖欠账款；其三，一旦账款遭到拖欠甚至拒付，企业应采取怎样的对策。第一、二两个问题主要靠信用调查和严格信用审批制度，第三个问题则必须通过制定完善的收账方针，采取有效的收账措施予以解决。

从理论上讲，履约付款是客户不容置疑的责任与义务，债权企业有权通过法律途径要求客户履约付款。但如果企业对所有客户拖欠或拒付账款的行为均付诸法律解决，往往不是最有效的方法，而在于怎样最有成效地将账款收回。实际上，各个客户拖欠或拒付账款的原因是不尽相同的，许多信用品质良好的客户也可能因为某些原因而无法如期付款，此时，如果企业直接向法院起诉，不仅需要花费相当数额的诉讼费，而且除非法院裁决客户破产，否则效果往往也不很理想。所以，通过法院强行收回账款一般是企业不得已而为之的最后办法，基于这种考虑，企业如果能够同客户商量一个折中的方案，也许能够将大部分账款收回。

通常的步骤是：当账款被客户拖欠或拒付时，企业应当首先分析现有的信用标准及信用审批制度是否存在纰漏；然后重新对客户的资信等级进行调查、评价。将信用品质恶劣的客户从信用名单中删除，对其所拖欠的款项可先通过信函、电信或者派人员前往等方式进行催收，态度可以渐加强硬，并提出警告。当这些措施无效时，可考虑通过法院裁决。为了提高诉讼效果，可以与其他经常被该客户拖欠或拒付账款的企业联合向法院起诉，以增强该客户信用不佳的证据力。对于信用记录一向正常的客户，在去电、去函的基础上，不妨派人与客户直接进行协商，彼此沟通意见，达成谅解妥协，既可密切相互间的关系，又有助于较为理想的解决账款拖欠问题，并且一旦将来彼此关系置换时，也有一个缓冲的余地。当然，如果双方无法取得谅解，也只能付诸法律进行最后裁决。

【例 5-6】 某公司是一个商业企业。由于目前的收账政策过于严厉，不利于扩大销售，且收账费用较高，该公司正在研究修改现行的收账政策。现有甲和乙两个放宽收账政策的备选方案。有关数据如表 5-4 所示。

表 5-4　收账政策备选方案

项目	现行收账政策	甲方案	乙方案
年销售额（万元/年）	2400	2600	2700
收账费用（万元/年）	40	20	10
所有账户的平均收账期	2 个月	3 个月	4 个月
所有账户的坏账损失率	2%	2.5%	3%

已知A公司的销售毛利率为20%,应收账款投资要求的最低报酬率为15%,坏账损失率是指预计年度坏账损失和销售额的百分比。假设不考虑所得税的影响,收账政策分析评价表如表5-5所示。

表5-5　　收账政策分析评价表　　单位:万元

项目	现行收账政策	甲方案	乙方案
销售额	2400	2600	2700
毛利	2400×0.2=480	2600×0.2=520	2700×0.2=540
应收账款投资应计利息	400×0.8×15%=48	650×0.8×15%=78	900×0.8×15%=108
坏账损失	2400×2%=48	2600×2.5%=65	2700×3%=81
收账费用	40	20	10
信用成本后收益	344	357	341

通过计算分析,应该改变现行的收账政策,采纳甲方案。

除上述收账政策外,有些国家还兴起了一种新的收账代理业务,即企业可以委托收账代理机构催收账款。但由于委托手续费往往较高,许多企业,尤其那些资产较小、经济效益差的企业很难采用。

企业对拖欠的应收账款,无论采用何种方式进行催收,都要付出一定的代价,即收账费用,如收款所花的邮电通信费,专人收款的差旅费和不得已时的法律诉讼费等。通常,企业为了扩大销售,增强竞争能力,往往对客户的预期未付款项规定一个允许的拖欠期限,超过规定的期限,企业就应采取各种形式进行催收。如果企业制定的收款政策过宽,则会导致预期未付款项的客户拖延时间更长,对企业不利;若收账政策过严,催收过急,有可能伤害无意拖欠的客户,影响企业未来的销售和利润。因此企业在制定收账政策时,要权衡利弊,掌握好宽严界限。

一般而言,企业加强收账管理,及早收回货款,可以减少坏账损失,减少应收账款的资金占用,但会增加收账费用。因此,制定收账政策就是要在增加收账费用与减少坏账损失、减少应收账款机会成本之间进行权衡。若前者小于后者,则说明制定的收账政策是可取的。

四、应收账款的日常管理

对于已经发生的应收账款,企业还应进一步强化日常管理工作,采取有力的措施进行分析、控制，及时发现问题，提前采取对策。这些措施主要包括应收账款追踪分析、应收账款账龄分析、应收账款收现保证率分析和建立应收账款坏账准备制度。

(一)应收账款追踪分析

应收账款一旦发生，赊销企业就必须考虑如何按期足额收回的问题。要达到这一目的，赊销企业就有必要在收账之前，对该项应收账款的运行过程进行追踪分析，既然应收账款是存货变现过程的中间环节，对应收账款实施追踪分析的重点应放在赊销商品的销售和变现方面。客户以赊购方式购入商品后，迫于获利和付款信誉的动力与压力，必然期望迅速地实现销售并收回账款，如果这一期望能够顺利地实现，而客户又具有良好的信用品质，则赊销企业如期足额地收回客户欠款一般不会有多大的问题。然而，市场供求关系具有的瞬变性，使得客户所赊购的商品不能顺利地销售与变现，经常出现的情形有两种：积压或赊销。但无论属于哪种情形，对客户而言，都意味着应收账款的现金支付能力匮乏。在这种情况下，客户能否严格履行赊销企业的信用条件，取决于两个因素：其一，客户的信用品质；其二，客户现金的持有量与调剂程度（如现金用途的约束性、其他短期债务偿还对现金的要求等）。如果客户的信用品质良好，持有一定的现金余额，且现金支出的约束性较小，可调剂程度较大，客户大多是不愿以损失市场信誉为代价而拖欠赊销企业账款的。如果企业信用品质不佳，或者现金匮乏，或者现金的可调剂程度低下，那么，赊销企业的账款遭受拖欠也就在所难免。

(二)应收账款账龄分析

企业已发生的应收账款时间长短不一，有的尚未超过信用期，有的则已逾期拖欠。一般来讲，逾期拖欠时间越长，账款催收难度越大，成为坏账的可能性也就越高。因此，进行账龄分析，密切注意应收账款的回收情况，是加强应收账款日常管理的重要环节。

应收账款账龄分析就是考虑研究应收账款的账龄结构。所谓应收账款的账龄结构，是指各账龄应收账款的余额占应收账款总计余额的比重。

账龄分析表是一张能显示应收账款在外天数（账龄）长短的报告，其格式如表 5-6 所示。

表 5-6 表明，该企业应收账款总计为 200 万元，其中在信用期内的 80 万元，占 40％时；超过信用期的应收账款为 120 万元，占 60％。比重较大，应引起财务管理人员的高度重视，应该视账龄的长短采取不同的收账措施。

表 5-6 **账龄分析表**

2008 年 12 月 31 日

应收账款账龄	账户数量	账款金额(万元)	比重(%)
信用期内	200	80	40
超过信用期 1 个月内	100	40	20
超过信用期 2 个月内	50	20	10
超过信用期 3 个月内	30	20	10
超过信用期 4 个月内	20	20	10
超过信用期 5 个月内	15	10	5
超过信用期 5 个月以上	5	10	5
合计	420	200	100

利用账龄分析表,企业可以了解到以下情况:

(1)多少欠款在信用期内。表 3-4 显示,有价值 80 万元的应收账款处在信用期内,占全部应收账款的 40%。这些款项未到偿付期,欠款是正常的;但到期后能否正常收回尚不确定,故及时地监督仍是必要的。

(2)有多少欠款超过了信用期,超过时间不同的款项各占多少,有多少欠款会因拖欠时间太久而可能成为坏账。表 3-4 显示,有价值 120 万元的应收账款已超过了信用期,占全部应收账款的 60%。其中拖欠时间较短(一个月内)有 40 万元,占全部应收账款的 20%。这部分欠款收回的可能性很大;拖欠时间较长的(2 个月到 5 个月)有 70 万元,占全部应收账款的 35%,这部分欠款的回收有一定难度;拖欠时间最长的(5 个月以上)有 10 万元,占全部应收账款的 5%,这部分欠款就可能成为坏账。对不同拖欠时间的欠款,企业应采取不同的收账方法,制定出经济、可行的收账政策;对可能发生的坏账损失,则应提前作出准备,充分估计这一因素对损益的影响。

通过应收账款账龄分析,不仅能提示财务管理人员应把过期款项视为工作重点,而且有助于促进企业进一步研究与制定新的信用政策。

3. 应收账款收现保证率分析

由于企业当期现金支付需要量与当期应收账款收现额之间存在非对称矛盾,并呈现出预付性与滞后性的差异特征(如企业必须用现金支付与赊销收入有关的增值税和所得税、弥补应收账款资金占用等),这就决定了企业必须对应收账款收现水平制定一个必要的控制标准,即应收账款收现保证率。

应收账款收现保证率是为适应企业现金收支匹配关系的需要所确定出的有效收现的应付账款占应收账款的百分比,是二者应当保持的最低比例。公式为:

应收账款收现保证率＝（当期必要现金支付总额－当期其他稳定可靠的现金流入总额）/当期应收账款总金额

式中的当期其他稳定可靠的现金流入总额是指从应收账款收现以外的途径可以取得各种稳定可靠的现金流入数额，包括短期有价证券变现净额、可随时取得的银行贷款额等。

【例 5-7】 某公司预计 2009 年应收账款的总计金额为 3000 万元，必要的现金支付为 2100 万元，应收账款收现以外的其他稳定可靠的现金流入总额为 600 万元，则该公司 2006 年的应收账款收现保证率＝(2100－600)/3000＝50％

应收账款收现保证率指标反映了企业既定会计期间预期现金支付数量扣除各种可靠、稳定性来源后的差额，必须通过应收款项有效收现予以弥补的最低保证程度，其意义在于，应收款项未来是否可能发生坏账损失对企业并非最为重要，更为关键的是实际收现的款项能否满足同期必需的现金支付要求，特别是满足具有刚性约束的纳税债务及偿付不得展期的到期债务的需要。

企业应定期计算应收账款实际收现率，看其是否达到了既定的控制标准。如果发现实际收现率低于应收账款收现保证率，应查明原因，采取相应对策，确保企业有足够的现金满足同期必需的现金支付要求。

第四节　存货管理

一、存货管理的目标

如果工业企业能在生产投料时随时购进所需的原材料，或者商业企业在销售时随时购进该项商品，就不需要存货。而实际情况却并非如此。为了企业的生产经营活动能够连续地进行，企业需要储备一些存货资产，主要基于以下考虑：

(一)保证生产或销售的经营需要

企业很少能随时购入生产或销售所需的各种物资，即使市场供应充足也是如此。这不仅因为会有某种材料的市场断档，而且还因为运输途中有可能会出现故障。为了避免或减少出现停工待料、停业待货等事故，需要储备存货。

(二)源于价格的考虑

批量采购可享受价格优惠。但过多的存货要占用较多的资金，且会增加包括仓储费、维护费、保险费、工资等的开支。进行存货管理，就要在存货成本和存货效益之间进行权衡，达到两者的最佳组合。这就是存货管理的目标。

二、储备存货的有关成本

与储备存货有关的成本包括以下三种：

（一）取得成本

取得成本是指为取得某种存货而付出的成本，通常用 TC_a 表示，取得成本又分为订货成本和购置成本。

1. 订货成本

订货成本指的是取得订单的成本，包括固定订货成本和变动订货成本，固定订货成本如常设采购机构的基本开支等，它与订货次数无关，用 F_1 表示；变动订货成本如差旅费、邮费等，它与订货次数有关，假设存货年需要量用 D 表示，每次进货量用 Q 表示，每次订货的变动成本用 K 表示，则订货成本的计算公式为：

$$订货成本=F_1+\frac{D}{Q}K$$

2. 购置成本

购置成本指的是存货本身的交换价值，一般用数量和单价的乘积来确定。年需要量用 D 表示，单价用 U 表示，则购置成本为 DU，订货成本加上购置成本，就得到存货的取得成本，即：

$$取得成本=F_1+\frac{D}{Q}K+DU$$

（二）储存成本

储存成本是指为了储存存货而发生的成本，包括存货占用资金所应计的利息、仓储费用、保管费用以及存货的非正常损失费用等，通常用 TC_c 表示。

储存成本也分为固定成本和变动成本。固定储存成本与存货数量的多少无关，比如仓库的折旧费用、仓库职工的固定月工资等，常用 F_2 表示；变动储存成本与存货的数量有关，如存货资金的应计利息、存货的损坏费用以及保险费用等，单位变动储存成本用 K_c 表示，则储存成本为：

$$储存成本=F_2+\frac{Q}{2}K_c$$

（三）缺货成本

缺货成本是指由于存货供应中断而对生产经营造成的损失，包括停工损失、库存商品缺货造成拖延发货损失和丧失销售机会的损失以及不能及时供货造成的商誉损失；如果企业为了生产连续进行，在缺货时采用紧急采购的方式解决问题，那由此形成的紧急额外购入成本也构成缺货成本的一部分。缺货成本用 TC_s 表示。如果用 TC 表示存货总成本，则有：

$$TC = TC_a + TC_c + TC_s = F_1 + \frac{D}{Q}K + DU + F_2 + \frac{Q}{2}K_c + TC_s$$

企业存货管理的目标就是使得上式 TC 值最小。

三、存货决策

(一)存货资金需要量的确定

1. 周转期法：是根据各种存货的平均每日周转额和存货周转期来确定存货资金需要量。

$$\begin{aligned}存货资金需要量 &= 存货平均每日周转额 \times 存货周转期 \\ &= \frac{存货全年需要量 \times 单价}{360} \times 存货周转期\end{aligned}$$

2. 因素分析法：是以上期存货实际占用额为基础，分析计划期有关因素的影响情况，并考虑资金周转速度的变化而确定的存货资金需要的方法。

存货资金需要量＝(上期实际占用量－不合理占用量)×(1±计划期资金周转速度增长百分比)

(二)存货管理基本模式——经济采购批量模式

经济采购批量是指能够使一定时期存货的相关成本达到最低点的采购数量。通过对存货成本分析可知，决定存货经济采购批量的成本因素主要包括变动性的订货成本、变动性的储存成本以及允许缺货时的缺货成本。不同的成本项目与采购批量呈现着不同的变动关系。减少采购批量，增加采购次数，使储存成本降低的同时，也会导致进货成本与缺货成本提高；相反，增加采购批量，减少采购次数，尽管可降低进货成本与缺货成本，但同时会导致储存成本的提高。

有了上述对存货成本的分析，我们明白了存货成本的构成，接下来是运用适当的方法求出经济采购批量，为此，我们需作如下假设：

(1)企业能够及时补充存货；

(2)所订货物集中到达，而不是陆续入库；

(3)年需求量已知而且可以预测；

(4)所需存货市场供应充足，该市场是完全竞争市场，不存在存货的购买难问题；

(5)企业不存在现金短缺；

(6)无通货膨胀，存货单价保持不变；

(7)无现金折扣；

(8)不允许缺货，即没有缺货成本。

有了上述假设，由于企业不允许缺货，所以经济采购批量模式考虑的仅仅是使订货变动成本和储存变动成本之和最低，此时经济采购批量下的存货相关成本计算公式为：

存货相关总成本＝订货变动成本＋储存变动成本

即：
$$TC=\frac{D}{Q}K+\frac{Q}{2}K_c$$

存货的经济采购批量就是使上式中 TC 为最小的订货量 Q，为了求出 TC 的最小值，对自变量 Q 求导数，可得出：

经济采购批量 $Q=\sqrt{\frac{2KD}{K_c}}$

经济采购批量下存货相关成本 $TC=\sqrt{2KDK_C}$

经济采购批量平均占用资金 $I=\frac{Q}{2}U$

年度最佳进货次数 $N=\frac{D}{Q}$

最佳进货间隔期 $T=\frac{360}{N}$

式中：D——某存货年需要量；

K——平均每次进货费用；

K_C——单位存货年储存成本；

U——存货单价。

【例 5-8】 某企业年耗用甲材料 5000 公斤，该材料单位成本为 20 元，每次订货成本为 50 元，单位储存成本为 2 元，则：

$$Q=\sqrt{\frac{2KD}{K_C}}=\sqrt{\frac{2\times5000\times50}{2}}=500(\text{公斤})$$

$$TC=\sqrt{2KDK_C}=\sqrt{2\times5000\times50\times2}=1000(\text{元})$$

$$I=\frac{Q}{2}U=\frac{500}{2}\times20=5000(\text{元})$$

$$N=\frac{D}{Q}=\frac{5000}{500}=10(\text{次})$$

$$T=\frac{360}{N}=\frac{360}{10}=36(\text{天})$$

（三）存货陆续供应和使用的经济采购批量模型

企业在实际中，各批存货可能是陆续进货，陆续使用。设每日送货量为 P，故该批货物全部送达所需天数（送货期）$=\frac{Q}{P}$，该货每天平均使用量为 d，则送货期内的全部耗用量为$\frac{Q}{P}\times d$，平均库存量$=\frac{1}{2}\left(Q-\frac{Q}{P}\times d\right)$，与批量有关的成本

$$TC=\frac{D}{Q}K+\frac{1}{2}\left(Q-\frac{Q}{P}d\right)K_C。$$

因此，陆续供应和使用时经济采购批量为：

$$Q=\sqrt{\frac{2KDP}{K_C(P-d)}}$$

据此还可得出陆续供应和使用时经济采购批量相关成本公式：

$$TC=\sqrt{2KDK_C\left(1-\frac{d}{P}\right)}$$

【例 5-9】 振华公司全年需用乙材料 3600 吨，每日送货量为 20 吨，每日使用量为 10 吨，每次进货费用为 500 元，每吨材料年储存变动成本为 11.25 元。

则：$Q=\sqrt{\frac{2\times500\times3600\times20}{11.25\times(20-10)}}=\sqrt{\frac{72000000}{112.5}}=800$（吨）

$$TC=\sqrt{2\times500\times3600\times11.25\times\left(1-\frac{10}{20}\right)}=4500（元）$$

（四）实行商业折扣条件下的经济采购批量模型

在市场经济条件下，为了鼓励客户购买更多的商品，销售企业通常会给予不同程度的优惠，即实行商业折扣或称价格折扣。购买越多，可获得的价格优惠越大。因此，在存在商业折扣的条件下，计算经济采购批量时，除了考虑存货的变动订货成本和变动储存成本外，还应考虑存货的购置成本。因此，此时的存货相关总成本可按下式计算：

存货相关总成本＝存货购置成本＋变动订货成本＋变动储存成本

即：$TC=DU+\frac{D}{Q}K+\frac{Q}{2}K_C$

实行数量折价条件下经济采购批量模型计算的基本步骤如下：

（1）按照基本模型确定出无数量折扣条件下的经济采购批量，并按计算结果计算此种情况下的存货相关总成本。

（2）计算按给予数量折扣的进货批量进货时的存货相关总成本。

（3）比较不同进货批量的存货相关总成本，最低存货相关总成本对应的进货批量，就是实行数量折扣的最佳经济采购批量。

【例 5-10】 某公司丙材料的年需要量为 20000 公斤，每公斤单价为 30 元，销售方规定：客户每批购买量达 1000 公斤时，价格可优惠 2%；每批购买量达 2000 公斤时，价格可优惠 2.5%。已知每次订货成本为 160 元，单位材料的年储存成本为 10 元。要求：计算最佳的经济进货批量。

(1)按经济采购批量基本模型确定的经济采购批量为：

$$Q=\sqrt{\frac{2KD}{K_C}}=\sqrt{\frac{2\times160\times20000}{10}}=800(\text{公斤})$$

每次进货 800 公斤时的存货相关总成本为：

$$TC=DU+\frac{D}{Q}K+\frac{Q}{2}K_C$$

$$=20000\times30+\frac{20000}{800}\times160+\frac{800}{2}\times10=608000(\text{元})$$

(2)每次进货 1000 公斤时存货相关总成本为：

$$TC=20000\times30\times(1-2\%)+\frac{20000}{1000}\times160+\frac{1000}{2}\times10=596200(\text{元})$$

(3)每次进货 2000 公斤时的存货相关总成本为：

$$TC=20000\times30\times(1-2.5\%)+\frac{20000}{2000}\times160+\frac{2000}{2}\times10=596600(\text{元})$$

通过以上计算结果可知，每次进货 1000 公斤时的存货相关总成本最低，所以最佳采购批量为 1000 公斤。

这个结论也是建立在经济采购批量基本模型与其他各种假设均具备的前提之上的。

本章习题

一、填空题

1. 企业持有现金的动机有______、______、______。
2. 现金管理的具体目标是______、______。
3. 现金管理的存货模式下最佳现金持有量的公式是______。
4. 应收款项的功能有______、______。
5. 存货成本包括______、______、______。

二、单项选择题

1. 下列项目中不属于速动资产的有(　　)。

A. 应收账款　　B. 预付账款　　C. 存货　　D. 其他应收账款

2. 某企业规定的信用条件为“5/15,2/20,n/30”,一客户从该企业购入原价为 10000 元的原材料，并于第 15 天付款，该客户实际支付的货款是(　　)元。

A. 9500　　B. 9900　　C. 10000　　D. 9800

3. 企业赊销政策的内容不包括(　　)。

A. 确定信用期间　　B. 确定信用条件

C. 确定现金折扣政策　　D. 确定收账方法

4. 某公司2000年应收账款总额为450万元,必要现金支付总额为200万元,其他稳定可靠的现金流入总额为50万元。则应收账款收现保证率为(　　)。

A. 33%　　B. 200%　　C. 500%　　D. 67%

5. 某企业的应收账款周转期为80天,应付账款的平均付款天数为40天,平均存货期限为70天,则该企业的现金周转期为(　　)天。

A. 190　　B. 110　　C. 50　　D. 30

6. 企业为了满足交易动机而持有现金,所需考虑的主要因素是(　　)。

A. 企业销售水平的高低　　B. 企业临时举债能力的大小

C. 企业对待风险的态度　　D. 金融市场投机机会的多少

7. 持有过量现金可能导致的不利后果是(　　)。

A. 财务风险加大

B. 收益水平下降

C. 偿债能力下降

D. 资产流动性下降

8. 某公司现金收支平稳,预计全年现金需要量为250000元,现金与有价证券的转换成本为每次500元,有价证券年利率为10%。则最佳现金持有量为(　　)元。

A. 50000　　B. 5000　　C. 2500　　D. 500

9. 各种持有现金的动机中,属于应付未来现金流入和流出随机变动的动机是(　　)。

A. 交易动机　　B. 预防动机　　C. 投机动机　　D. 长期投资动机

10. 通常情况下,企业持有现金的机会成本(　　)。

A. 与现金余额成反比　　B. 与有价证券的利息率成正比

C. 与持有时间成反比　　D. 是决策的无关成本

11. 企业为满足预防性动机所持有的现金的数量主要取决于(　　)。

A. 现金流量的可预测性　　B. 企业的短期资金融通能力

C. 企业的支付能力　　D. 企业的生产能力

12. 采用积极的信用政策扩大销售(赊销)引起收益增加的同时也会产生债务人因为各种原因不能按期偿还债务的现象,由此而引致的应收款项的成本是指(　　)。

A. 管理成本　　B. 机会成本
C. 资金成本　　D. 坏账费用

三、多项选择题

1. 现金集中管理控制模式包括(　　)。
A. 统收统支模式　　B. 拨付备用金模式
C. 设立结算中心模式　　D. 收支两条线模式
E. 财务公司模式
2. 在现金需要总量既定的前提下(　　)。
A. 现金持有量越多,现金管理总成本越高
B. 现金持有量越多,现金持有成本越大
C. 现金持有量越少,现金管理总成本越低
D. 现金持有量越少,现金转换成本越高
E. 现金持有量与持有成本成正比,与转换成本成反比
3. 信用标准过高的可能结果有(　　)。
A. 丧失很多销售机会　　B. 降低违约风险
C. 扩大市场占有率　　D. 减少坏账费用
E. 增大坏账损失
4. 以下属于缺货成本的有(　　)。
A. 材料供应中断而引起的停工损失
B. 成品供应短缺而引起的信誉损失
C. 成品供应短缺而引起的赔偿损失
D. 成品供应短缺而引起的销售机会的丧失
E. 其他损失
5. 以下是存货费用的有(　　)。
A. 存货资金占用费　　B. 保管费
C. 进货费用　　D. 管理费用
E. 仓储损耗
6. 企业持有现金的动机有(　　)。
A. 交易动机　　B. 预防动机
C. 投机动机　　D. 维持补偿性余额
E. 储存动机
7. 下列项目属于流动资产的是(　　)。
A. 库存现金　　B. 交易性金融资产

C. 交易性金融负债应付票据　　D. 预付账款

E. 预收账款

8. 构成企业信用政策模式的因素有(　　)。

A. 信用标准　　B. 信用条件

C. 信用期限　　D. 折扣期限

E. 收账政策

9. 存货管理的功能主要有(　　)。

A. 有利于企业的销售　　B. 防止生产中断

C. 降低存货成本　　D. 提高企业的变现能力

E. 优化存货结构

10. 为了评价两个可选择的信用标准孰优孰劣,必须详细计算两个方案带来的收益与成本,为此应测试的项目包括(　　)。

A. 管理成本的变化　　B. 坏账成本的变化

C. 销售量变化对销售利润的影响　D. 信用条件的变化情况

E. 应收款项投资及其机会成本的变化情况

11. 应收款项的管理费用包括(　　)。

A. 收账费用　　B. 坏账损失

C. 账簿费用　　D. 顾客信用调查费用

E. 信息收集费用

12. 确定订货点需考虑以下因素(　　)。

A. 安全储备　　B. 提前订货期

C. 预计最长提前订货时间　　D. 预计每天最大耗用量

E. 平均每天正常耗用量

13. 收账费用和坏账损失之间有如下关系(　　)。

A. 收账费用支出越多,坏账损失越少,二者成反比关系

B. 开始花费一些收账费用,应收账款和坏账损失有小幅度降低

C. 收账费用继续增加,应收款项和坏账损失明显减少

D. 达到饱和点时,收账费用继续增加,应收款项和坏账损失减少开始不明显,进入收账费用陷阱

E. 随着收账费用的增加,坏账损失呈递减变化

四、判断题

1. 企业现金持有量过多会降低企业的收益水平。　　(　　)

2. 企业持有的现金总额可以小于各种动机所需现金余额之和,且各种动机

所需保持的现金也不必均为货币形态。 ( )

3. 利用现金浮游量的前提是结算方式不是即时到账的，比如各种票据都有自己的提示付款期。 ( )

4. 现金持有的动机主要是交易性动机和谨慎性动机。 ( )

5. 一笔现金可以服务于多个动机。 ( )

6. 现金持有成本和现金持有量呈反比例变化，现金转换成本与现金持有量呈正比例变化。 ( )

7. 现金的成本分析模型假定每日现金流量为正态分布。 ( )

8. 订货成本的高低取决于订货的次数，与订货的数量没有直接关系。 ( )

9. 赊销是扩大销售的有力手段之一，企业应尽可能地放宽信用条件，增加赊销量。 ( )

10. 应收账款管理中信用政策的确定应该兼顾赊销的收益与成本。 ( )

五、计算题

1. 某公司目前年赊销额为 24 万元，每件产品售价为 10 元，该公司考虑其目前的信用政策及另外两个新的政策，并预期这些政策将产生如下表的结果。假设该公司新增产品每件仍能带来 3 元利润，其资金报酬率为 20%。

	目前政策	A	B
赊销额增加	0	25%	35%
平均收现期	1 个月	2 个月	3 个月
坏账损失率	1%	3%	6%

要求：判断三个政策的优劣。

2. 某公司均衡生产某产品，且每年需耗用乙材料 36000 公斤，该材料采购成本为 200 元/公斤，年度储存成本为 16 元/公斤，平均每次进货费用为 20 元。要求：

(1)计算乙材料的经济进货批量。

(2)计算乙材料经济进货批量下的平均资金占用额。

(3)计算乙材料最佳进货批次。

(4)计算乙材料在经济进货批量下存货相关成本。

3. 某企业预计全年需用资金 3600 万元，预计的存货周转期为 70 天，应收账款周转期为 60 天，应付账款为 40 天。试计算该企业的最佳现金持有量。

4. 某公司现金收支平稳，预计全年现金需要量为250000元，现金与有价证券转换成本为每次500元，有价证券年利率为10%。

要求：(1)计算最佳现金持有量；

(2)计算最佳现金持有量管理相关成本、转换成本、持有机会成本；

(3)计算有价证券交易次数、交易间隔期。

5. 某公司预测的年度赊销收入净额为2400万元，应收账款周转期为40天，变动成本率为75%，资金成本率为9%。试计算该企业应收账款的机会成本。

6. 某厂生产甲产品，固定成本总额为100000元，变动成本率为75%，当该企业没有对客户提供现金折扣时，该产品的年销售收入为2000000元，应收账款的平均回收期为60天，坏账损失率为2%。现考虑是否给客户提供信用条件“2/10，*n*/30”。估计采用这一新的信用条件后，销售将增加15%，有60%的客户将在折扣期内付款，另外40%的客户平均收现期为40天，坏账损失率降为1%，该企业的生产能力有剩余，其资金成本为10%。试确定该企业是否应采用新的信用条件。

7. 某厂计划年度甲材料耗用总量为7200公斤，每次订货成本为800元，该材料的单价为30元，单位储存成本为2元。

要求：(1)计算该材料的经济采购批量；

(2)若供货方提供商业折扣，当一次采购量超过3600公斤时，该材料的单价为28元，那么一次采购多少较经济？

六、简答题

1. 简述应收款项管理的主要内容。
2. 简述应收账款日常管理。
3. 流动资产的定义及特点是什么？
4. 现金管理制度的内容有哪些？
5. 存货管理的基本方法有哪些？
6. 现金收支有哪些规定？
7. 存货经济批量决策的假设有哪些？
8. 企业持有现金的动机是什么？

第六章　固定资产及无形资产管理

学习目的与要求

通过本章的学习，要求理解固定资产、无形资产的概念，明确固定资产和无形资产的分类，掌握固定资产的折旧方法，以及固定资产和无形资产的投资管理和日常管理的方法。

导读案例

某纺织印染厂 1993 年将 600000 元更新改造基金全部用于购置生产设备，扩大生产规模，该厂分纺纱、织布和印染三个工场，主要生产设备为纺纱机、织布机、印花机三大类。收集资料如下：

1. 市场销售情况，自 1988 年纺织业走出低谷之后，棉纱、棉布、印染布一直走俏，供不应求。

2. 棉纱主要销售国内。由于全国纺纱能力低于织布能力，所以棉纱价格逐年看涨。同时，棉花价格也上涨很快，纺织厂普遍改用化纤原料，以降低生产成本；棉布全部销往东欧，外汇价格看好，但产品质量要求高；印染布目前畅销美国，但市场有不稳定征兆。

3. 三个工场设备都可以买到，但都是议价。为创造最佳经济效益，厂部召开投资决策大会，研究添置何种纺织设备为最优。会上提出了三种投资方案：添置纺纱机、添置织布机和添置印花机。投资额都是 600000 元，设备使用年限分别是 4 年、5 年和 6 年。设备报废时无残值，用年限法折旧。三种方案预计实现净利润不同，有数据资料为依据，根据厂内实际情况，添置何种纺织设备为最优呢？

第一节　固定资产管理概述

一、固定资产的概念和特点

企业进行生产经营活动，必须具备劳动资料。劳动资料是人们用来影响和改变劳动对象的物质条件。固定资产是使用期限超过一年、单位价值在规定标准以上、并且在使用过程中保持原有物质形态的劳动资料，它包括房屋及建筑物、机器设备、运输设备、工具器具等。不同时具备以上两个条件的劳动资料为低值易耗品。但是，有些劳动资料，单位价值虽然低于规定标准，但属于企业的主要劳动资料，也应列作固定资产；有些劳动资料，单位价值超过规定标准，但更换频繁，易于损坏，也不应列作固定资产。重要性原则是判断固定资产的重要标准。

固定资产在使用过程中不断运动而不改变其实物形态，但它在运动中不断磨损，其价值逐渐减少。固定资产的价值运动是随着固定资产购建、投入使用、价值转移和补偿以及固定资产报废更新的顺序不断进行的。在运动过程中，固定资产表现为以下特点：

（一）固定资产的循环周期取决于其使用年限

固定资产有其自身的价值运动，可以参加多个再生产活动过程而不改变其实物形态，其循环周期与生产经营周期没有直接联系。使用周期长是固定资产的重要特征。

（二）固定资产的价值补偿和实物更新是分别进行的

固定资产的价值补偿是随着固定资产的折旧提取逐渐完成的，而固定资产的实物更新则是在其不能使用或从经济上考虑不宜使用时进行的。但是价值补偿和实物更新之间存在着密切的联系，没有固定资产的价值补偿，也就无法实现其实物更新，价值补偿是实物更新的前提，实物更新则是价值补偿的最终结果。

（三）固定资产不构成产品实体

固定资产在整个使用期限内，它的实物形态不构成产品实体，而是继续停留在生产过程中。因此，固定资产的价值不会在它投入使用时全部消耗，而是按其功能丧失的比例逐渐减少。在使用过程中，其价值一部分转移到产品成本中，构成产品价值的一部分，另一部分价值则仍然固定在其物质实体内。

二、固定资产的分类

固定资产种类繁多，数量较大，为了加强管理，需要按不同的方法对其进行合理的分类。

(一)固定资产按经济用途分类

固定资产按其经济用途可以分为生产经营用固定资产和非生产经营用固定资产。

生产经营用固定资产是指直接参加生产经营过程或直接服务于生产经营过程的固定资产,如厂房、建筑物、机器设备、工具设备等。

非生产经营用固定资产是指不直接参加生产经营过程的各种固定资产,如职工住宅、文化生活设施等。

固定资产按其经济用途分类,可据此考察分析各类固定资产的构成和变化情况,以便根据各类固定资产的特点分别组织管理和研究改进利用的途径,促进企业合理配置固定资产,充分发挥其使用效能。

(二)固定资产按使用情况分类

固定资产按其使用情况可以分为使用中固定资产、未使用固定资产和不需用固定资产。

使用中固定资产是指正常使用过程中的生产经营用和非生产经营用的固定资产。由于季节性和大修理等原因而停止使用的固定资产,存放在车间内替换使用的机器设备等,也列作使用中固定资产。

未使用固定资产是指尚未开始使用的新增固定资产和停止使用的固定资产。

不需用固定资产是指不适合本企业生产经营需要,准备调配处理的各种固定资产。

固定资产按其使用情况分类,可以了解企业固定资产的使用情况,分析固定资产的利用程度,促使企业采取有效措施,提高固定资产利用率。

(三)固定资产按所属关系分类

固定资产按其所属关系可划分为自有固定资产和融资租入固定资产。

自有固定资产是指国家投资和企业投资形成的固定资产。

融资租入的固定资产是指从外单位租入的固定资产,按照合同在合同期内拥有使用权,并要支付租金。企业租入固定资产应单独核算和管理。

固定资产按其所属关系分类,便于了解固定资产的实有情况,分析企业生产能力,促进企业不断扩大生产能力。

第二节　固定资产折旧管理

一、固定资产折旧的概念

固定资产能够在多个再生产过程中发挥作用并保持其实物形态，但其价值却在不断地运动中。固定资产在使用中，其价值运动表现为价值损耗、价值转移和价值补偿。固定资产折旧是指固定资产由于损耗而转移到产品中的价值补偿。由此而计提的转移到产品成本中的损耗价值，称为固定资产折旧费。

固定资产的价值损耗可分为有形损耗和无形损耗两种。

有形损耗是指固定资产由于使用而发生的损耗或者由于自然力的作用而发生的自然损耗。固定资产投入使用后，持续作业的时间越长，强度越大，则磨损越快；同时，在使用过程中还会受到自然力的作用和侵蚀，如铁生锈、木材腐朽等。由于使用和自然力的作用，固定资产的物理性能会不断发生变化，它的价值随其功能丧失而会逐渐减少。因此，把这种损耗称为固定资产有形损耗。

无形损耗是指固定资产由于社会进步和劳动生产率提高而引起的价值损耗。具体表现为：

(1)由于科学技术的发展，劳动生产率不断提高，产品成本相应降低，所以，同样结构和性能的机器设备能够更便宜地生产出来，从而使原有机器设备贬值。

(2)由于科学技术进步，同样价值生产出效率更高、更先进的设备，使原有技术落后的机器设备贬值或被淘汰。

第一种情况下的无形损耗，不影响机器设备的使用效能，对企业来说只是一种相对损失，不构成实际损失；第二种情况下的无形损耗会使某些机器设备提前丧失使用效能，造成企业的实际损失。无形损耗是由于固定资产使用以外的原因引起的，不同的机器设备，其无形损耗是不同的，无形损耗的程度取决于该类机器设备的科技水平和更新换代速度。

固定资产价值是随着固定资产的损耗而逐渐转移的，转移价值的多少，客观上应有一个数量界限。因此，正确确定固定资产的损耗程度，从而确定固定资产的使用年限，是计提固定资产折旧的前提。全新的固定资产从投入使用到完全报废为止的耐用年限，称为固定资产的物理使用年限，它的长短取决于固定资产本身的质量和使用情况。同时，科学技术进步引致无形损耗，某些机器设备由于技术水平落后遭贬值或淘汰，造成固定资产使用年限缩短。因此，根据固定资产有形损耗，同时考虑无形损耗而确定的使用年限，成为固定资产的经济使用年限。固定资产的折旧年限，就是在经济使用年限的基础上再考虑其他各方面因素(如生产力发展水平、社会技术经济政策等)确定的。

二、固定资产折旧的计提范围

(一)企业应计提折旧的固定资产

1.房屋和建筑物(无论在用还是闲置)。

2.在用的机器设备、仪器仪表、运输车辆、工具器具。

3.季节性停用和修理停用的设备。

4.以经营租赁方式租出的固定资产。

5.以融资租赁方式租入的固定资产。

(二)企业不计提折旧的固定资产

1.房屋建筑物以外的未使用、不需用的固定资产。

2.以经营租赁方式租入的固定资产。

3.已提足折旧仍继续使用的固定资产。

4.未提足折旧提前报废的固定资产。

5.按规定单独估价作为固定资产的土地(不论在用还是闲置)。

6.已全额计提减值准备的固定资产。

从理论上讲,固定资产从投入使用后开始,就应计提折旧,固定资产报废或停止使用后,就应停止计提折旧。但在实际工作中,为方便操作起见,我国现行制度规定:企业固定资产折旧必须按月计提。具体地说就是:当月增加的固定资产,当月不提折旧,从下月起提折旧;当月减少的固定资产,当月照提折旧,从下月起不提折旧。固定资产提足折旧后,不论能否继续使用,均不再提取折旧,所谓提足折旧,是指已经提足该项固定资产应提的折旧总额;提前报废的固定资产,也不补提折旧。

三、固定资产折旧方法

(一)平均年限法

平均年限法也称“使用年限法”,它是按照固定资产的预计使用年限平均分摊固定资产折旧额的方法。这种方法所计算的折旧额在各个使用年(月)份都是相等的,折旧的累计额所绘出的图线是直线,因此,这种方法也称“直线法”。其计算公式如下:

$$年折旧额=\frac{固定资产原值-残值}{预计使用年限}$$

采用平均年限法计算固定资产折旧虽然比较简便,但它也存在着一些明显的局限性。首先,固定资产在不同使用年限提供的经济效益是不同的。一般来讲，固定资产在其使用前期工作效率相对较高，所带来的经济利益也就多；而其使用后期，工作效率一般呈下降趋势，因而，所带来的经济利益也就逐渐减少。年限平均法不考虑，明显是不合理的。其次，固定资产在不同的使用年限发生的维修费用也不一样。固定资产的维修费用将随着其使用时间的延长而不断增加，而年限平均法也没有考虑这一因素。

当固定资产各期负荷程度相同时，各期应分摊相同的折旧费，这时采用平均年限法计算折旧是合理的。但是，如果固定资产各期负荷程度不同，采用年限平均法计算折旧时，则不能反映固定资产的实际使用情况，提取的折旧数与固定资产的损耗程度也不相符。

(二)工作量法

工作量法就是按照固定资产的预计工作量平均分摊固定资产折旧总额的方法。这种方法适合于各类专业设备。固定资产的工作量可以用工作小时、行驶里程、台班等表示，单位工作量折旧额的计算公式为：

单位工作量折旧额＝(固定资产原值－预计净残值)/预计总工作量

由此可以得出该项固定资产的年折旧额计算公式为：

年折旧额＝固定资产年度实际工作量×单位工作量折旧额

【例 6-1】 甲公司的一台机器设备原价为 800000 元，预计生产产品产量为 4000000 个，预计净残值为 40000 元，本年生产产品 480000 个；假设甲公司没有对该机器设备计提减值准备。该台机器设备的本年折旧额计算如下：

单个折旧额＝(800000－40000)/4000000＝0.19(元/个)

本年折旧额＝480000×0.19＝91200(元)

(三)双倍余额递减法

双倍余额递减法，是指在不考虑固定资产预计净残值的情况下，根据每期期初固定资产原值减去累计折旧后的余额和双倍的直线法折旧率计算固定资产折旧的一种方法。计算公式如下：

年折旧率＝2/预计使用寿命×100％

年折旧额＝固定资产账面净值×年折旧率

由于每年年初固定资产净值没有扣除预计净残值，因此，在应用这种方法计算折旧额时必须注意不能使固定资产的账面折余价值降低到其预计净残值以下，即实行双倍余额递减法计算折旧的固定资产，应在其折旧年限到期前两年内，将固定资产净值扣除预计净残值后的余额平均摊销。

【例 6-2】 甲公司某项设备原价为 120 万元，预计使用寿命为 5 年，预计净残值率为 4％；假设甲公司没有对该机器设备计提减值准备。

甲公司按双倍余额递减法计算折旧，每年折旧额计算如下：

年折旧率＝2/5×100％＝40％

第一年应提的折旧额＝120×40％＝48(万元)

第二年应提的折旧额＝(120－48)×40％＝28.8(万元)

第三年应提的折旧额＝(120－48－28.8)×40％＝17.28(万元)

从第四年起改按平均年限法计提折旧：

第四、五年应提的折旧额＝(120－48－28.8－17.28－120×4％)÷2
＝10.56(万元)

(四)年数总和法

年数总和法，是以固定资产预计使用年限的各年度数字之和为分母，以该年度固定资产可供继续使用的年度为分子乘以固定资产原值减去预计净残值的余额计算求得的一种折旧方法。其折旧额按资产效率的递减而逐年减少，计算公式如下：

年折旧率＝尚可使用年限/预计使用寿命的年数总和×100％

年折旧额＝(固定资产原值－预计净残值)×年折旧率

【例 6-3】 沿用上例，采用年数总和法计算的各年折旧额如表 6-1 所示。

表 6-1　　折旧的计算　　金额单位：元

年　份	尚可使用年限	原价－净残值	年折旧率	每年折旧额	累计折旧
第 1 年	5	1152000	5/15	384000	384000
第 2 年	4	1152000	4/15	307200	691200
第 3 年	3	1152000	3/15	230400	921600
第 4 年	2	1152000	2/15	153600	1075200
第 5 年	1	1152000	1/15	76800	1152000

双倍余额递减法和年数总和法都属于加速折旧法，其特点是在固定资产使用的早期多提折旧，后期少提折旧，从而相对加快折旧的速度，目的是使固定资产成本在估计使用寿命内加快得到补偿。

第三节　固定资产投资管理

一、固定资产投资的特点

固定资产投资是形成固定资产以形成生产能力的过程。一般地说，固定资产投资具有以下特点：

（一）投资数额巨大，一经投入即无法改变

企业为生产产品，实现盈利，必须形成生产能力。固定资产投资后，代表企业的规模，由于该生产能力具有自身的特性，企业即使将来改变生产方式、生产结构，也必须考虑这些投资固定资产的可用性。

（二）投资回收期长

固定资产投资是一次性的，但投资的收回，则是要在固定资产的不断使用过程中逐渐地、部分地进行，并要在较长时期内完成。

（三）具有风险性和不确定性

由于固定资产投资额大，回收期长，在长期使用过程中，要承受着市场环境、消费需求变动的影响，使其预期收益的获得具有风险性和不确定性。

（四）固定资产设备只有充分利用，才不会成为沉重的成本负担

进行固定资产投资时应考虑生产利用率以及流动资产的配备能力，以实现规模经济效益。

固定资产投资的上述特点，决定了企业在进行固定资产投资过程中，必须做好可行性研究工作，预测投资的未来收益，作出科学的投资决策，提高投资效益。

二、固定资产投资的分类

固定资产投资有以下几种分类方法：

（一）战略性投资和战术性投资

战略性投资是指涉及企业的整个发展方向和前途，如扩大企业规模、全厂性技术改造、开发新产品等。这类投资关系到企业全局，应慎重决策。

战术性投资是指只关系到企业某一局部的具体业务投资，如提高产品质量、降低产品成本等的投资。

（二）独立性投资和相关性投资

独立性投资是指不管其他投资方案采纳和实施与否，其投资的收益和成本均不受其他方案的采纳、实施与否的影响而进行的投资。

相关性投资是指技术上互相联系的投资。相关性投资的收益和成本是密切相关的，投资项目必须配套，应将各有关投资综合起来考虑，作出比较可行的决策。

（三）先决性投资和重置性投资

先决性投资是指必须在其进行投资后，才能使其后或同时进行的项目实现其收益。例如，某企业拟扩大生产能力，需增加若干设备。为使这些设备得以运转，还必须有电力保证，否则，这些项目是无法实现效益的。这就决定了电力项目就是领先进行的先决投资。

重置性投资是指使用发挥同样作用或更有效地发挥同一作用和性能的固定资产，以取代现有固定资产的投资。

(四)扩大收入投资和降低成本投资

从增加企业收入角度，固定资产投资可以分为扩大收入投资和降低成本投资两类。扩大收入投资是指通过扩大企业生产经营规模，从而增大收入以增加利润的投资。降低成本投资则是在维持现有规模前提下，通过投资以降低生产经营中的成本费用，增加企业利润的投资。

研究固定资产投资分类，可以更好地掌握投资的性质和它们之间的相互关系，有利于分清主次，掌握重点。同时，也可以根据各类投资的特点，作出有效的决策。当然，上述分类方法并不是绝对的，有时，一个项目可以归入一个以上的类别，但这并不妨碍这种分类方法的有效性。

三、固定资产投资的可行性研究

为了获得固定资产投资的最佳经济效果，在投资以前，对于拟投资项目进行可行性研究，或称固定资产投资决策。也就是说，在投资以前要对新建或改扩建项目进行全面的调查研究，开展技术经济分析，论证该项目在技术上是否可行，经济上是否合理，并对该项目建成以后可能取得的技术经济效果进行预测，为投资决策提供可靠的依据。

(一)可行性研究的程序

1. 机会研究

机会研究，即对投资的方向提出建议，寻找最有利的投资机会。

2. 初步可行性研究

初步可行性研究是介于机会研究和可行性研究之间的一个步骤，与可行性研究的内容基本相同，区别在于占有资料的粗细程度不一样。初步可行性研究的目的在于通过对投资项目的生命力作粗略的评价，确定是否应继续进行可行性研究。如果结论是肯定的，就进行可行性研究。当机会研究具有足够的工程资料确定投资项目的发展前途时，也可以直接进行可行性研究。

3. 可行性研究

可行性研究是在初步可行性研究的基础上进行的，它要求掌握足够的资料，对投资项目进行技术经济的综合分析，对未来产品的产量、成本、销售价格、收益等进行科学的预测，其目的是为投资决策提供确切、全面的依据。

4. 评价报告

评价报告是可行性研究的结论报告，它的重点是对投资项目作出评定和投资决策。

机会研究、初步可行性研究、可行性研究和评价报告是一个不可分割的整体。虽然它们研究的深度和可靠度有所不同，但根本目的是一致的，都是对拟建项目未来的成败作出有根据的技术经济分析和预测，为投资决策提供可靠的依据。

(二)可行性研究的主要内容

可行性研究的内容很广泛，一项好的可行性研究，必须对拟建项目的各个主要方面都进行深入细致的研究。

1. 市场研究

市场研究是可行性研究的首要环节，它是通过市场调查和预测技术等手段进行的。市场研究的主要内容包括：市场的结构和需求、竞争情况，产品的弹性价格对市场的影响，销售组织、政策、服务等对市场的影响等。在综合研究以上问题的基础上，就市场现在和将来对产品的需求量和销售量作出规划。

2. 企业规模研究

市场研究为确定企业规模提供了依据，但这不是唯一依据，因为经济效果受诸多因素影响，在确定企业规模时，还要考虑工艺流程、主要设备和生产能力、设备标准和程度、设备的使用年限以及各项因素与销售计划的平衡。

3. 生产流程研究

生产流程及生产方法，它是企业技术经济活动的核心，对企业的产品成本、质量及投资产生重大影响。在选择生产流程时，要研究原材料构成和特点、市场对产品质量和规格的要求、生产可靠程度、资源利用程度、主要设备的技术条件、原材料的综合利用程度、加工费用以及环境污染等。

4. 财务状况研究

财务状况研究及经济分析，是在上述各项研究的基础上对投资项目的经济效果所作的评价。经济分析的内容包括估计投资总费用、估计周转资金需用量和施工期利息、计算债务及偿还期、支付利息的能力、利润等项指标。

在可行性研究的经济分析部分，有时还作一些敏感性分析，即在企业的收入、生产成本、投资变化上为企业的经济效果所作出的定量分析。

第四节　固定资产日常管理

固定资产的日常管理，就是企业按照固定资产管理的要求，以固定资产计划指标和各项定额为依据，对固定资产的形成、使用、损耗、补偿和利用效果所进行的日常监督和调节。其目的是充分发挥固定资产的效能，提高固定资产的利用效果。固定资产的日常管理主要包括以下四个方面：

一、实行固定资产的分级归口管理

企业固定资产种类繁多、数量较大、地点分散，并涉及企业各部门以及广大职工。为此，应建立固定资产管理责任制，实行固定资产的分级归口管理。

建立固定资产管理责任制，是指企业在经理（厂长）的领导下，按照固定资产的类别和使用特点，实行固定资产由各职能部门具体归口管理，在此基础上，再根据固定资产的使用地点，把管理责任层层落实到车间、班组和个人的一种管理制度。

固定资产实行分级归口管理的一般做法是：根据“谁使用，谁管理”的原则，将企业所有的固定资产按其类别划分给有关职能部门进行管理，做到物物有人管，层层负责任。一般来说，全厂的生产设备由生产部门负责管理，动力设备由动力部门负责管理，运输工具由运输部门负责管理，房屋建筑物和管理用具由总务部门管理，各种科研设备由技术部门负责管理。各归口管理部门要对所分管的固定资产负责，保证固定资产的安全、完整。

实行固定资产分级归口管理制度，应与归口部门和责任人员的物质利益挂起钩来，把固定资产使用与管理的责任以及利用效果纳入各级责任制范围，具体落实到每个班组和个人身上，将责、权、利结合起来，实行定级、定岗、定责、定奖、定罚。对管理成绩突出的单位和个人，应按照考核办法给予奖励；对于使用不当、保管不善、利用效果差的单位和个人除进行批评教育外，还要给予处罚；对使用保管中由于玩忽职守等人为因素而造成重大损失的人员，还要追究法律责任。只有这样，才能保证固定资产管理的责任制度真正落到实处。

二、建立固定资产卡片制度

固定资产卡片是以每一独立的固定资产项目为对象开设的明细账。企业在购入固定资产时要设立卡片，既用来登记固定资产的类别、名称、编号、预计使用年限、原始价值、建造单位等原始资料，也用来登记固定资产大修理、内部转移、对外投资、出售及报废清理等内容。固定资产卡片的基本格式如表 6-2 所示。

实行这种办法有利于保护企业固定资产的完整无缺，有利于促进使用单位加强对设备的保养和维护，提高设备的完好程度，有利于做到账实相符，为管好、用好固定资产打下良好的基础。

表 6-2 **固定资产卡片的基本格式**

(a)固定资产卡片(正面)

建造单位 建造年月 验收日期交接凭证编号 技术特征规格 调入来源 开始使用日期				固定资产卡号 第 号 固定资产名称 固定资产类别 固定资产编号				原价 其中安装费 预计使用年限 年(月)折旧率 调入时已使用年限 调入时已提折旧额		
完工大修理记录				使用单位和内部转移记录				停用记录		
日期	凭证	摘要	金额	日期	凭证	使用单位	存放地点	停用原因	停用时期	动用日期

(b)固定资产卡片(反面)

附属设备			原价变动记录					
名称	规格	数量	金额	日期	凭证	增加金额	减少金额	变动后金额
调出记录			报废清理记录					
日期 凭证号数 调出方式 调出单位 原始价值 已提折旧额 有偿调出价款 备注			日期 凭证号数 报废原因 原始价值 已提折旧额 残值收入 清理费用 备注			设立卡片日期 注销卡片日期 卡片登记人		

三、财务部门对固定资产的管理

财务部门是管理资金的综合部门,对于固定资产主要是从价值角度进行管理,财务部门对固定资产管理的内容,主要包括以下几个方面:

(一)参与固定资产投资的使用、项目建设和验收的预测与决策

固定资产投资大,建设周期长,为了保证固定资产投资按计划使用,缩短建设周期,提高固定资产投资效果,财务部门不仅应参与固定投资的预测和决策,还应参与固定资产投资的使用、项目建设的监督与验收工作。其主要内容是:按建设项目工程进度拨付资金,监督固定资产投资按计划使用;预测建设项目完成

程度及项目建设工期提前或延期对产量和利润的影响;加强在建工程的成本核算和投资计划完成情况预测;核算竣工项目的建设成本,监督办理竣工项目交接手续,妥善处理结余资金,分析竣工项目建设成本的完成情况。

(二)监督固定资产调入调出、报废清理和清查盘点

企业由于生产任务和经营方向的变化等原因,会形成一些闲置不用的固定资产,应及时加以处理,或有偿转让,或出租,对一些因长期参加生产周转而损耗以致不能再用的固定资产,应及时办理报废清理。财务部门应监督企业按规定手续办理固定资产的有偿转让和清理报废,并严格执行国家有关规定。

财务部门参与、监督财产管理部门对固定资产进行的定期或者至少每年一次的清查盘点。对盘盈、盘亏、毁损的固定资产,应当查明原因,写出书面报告,按规定程序报经批准后,在期末结账前处理完毕。

(三)依据规定计提固定资产、在建工程的减值准备

根据现行制度规定,企业应当定期或者至少于每年年度终了,对固定资产和在建工程进行全面检查,按照谨慎性原则的要求,合理地预计其可能发生的损失,对可能发生的损失按其可收回金额低于账面价值的差额计提固定资产、在建工程减值准备。而且对于存在下列情况之一的固定资产,应当全额计提减值准备。

1.长期闲置不用,在可预见的未来不会再使用,且已无转让价值的固定资产。

2.由于技术进步等原因,已不可使用的固定资产。

3.虽然固定资产尚可使用,但使用后产生大量不合格品的固定资产。

4.已遭毁损,以致不再具有使用价值和转让价值的固定资产。

5.其他实质上已经不能再给企业带来经济利益的固定资产。

企业在建工程预计发生减值时,如长期停建并且预计在3年内不会重新开工的在建工程,也应当计提在建工程减值准备。

(四)合理安排固定资产修理

固定资产在使用过程中,由于磨损、腐蚀等原因而发生损耗,为了保证固定资产的正常使用,并发挥其应有的功能和维持良好的状态,必须做好固定资产的维修和保养工作。对固定资产日常修理时所发生的修理费,可直接计入当期的成本、费用;但若企业定期对固定资产进行大修理,则修理费用一般数额较大,为了均衡企业的成本、费用,可采用待摊或者预提的办法。采用待摊方式的,实际发生的大修理费用应在下一次大修理前平均摊入成本、费用;采用预提方式的,实际发生的大修理费用应冲减预提费用。

(五)促进企业不断提高固定资产的利用效果

固定资产日常管理的主要目的,在于提高固定资产的利用效果。而提高固定资产的利用效果,主要在于改进固定资产的利用状况。财务部门应通过固定资产利用效果指标的分析和评价,必要时通过调查研究发现企业在固定资产利用方面存在的问题,提出切实可行的改进措施,提请有关部门克服消极因素,改进固定资产的使用状况,提高固定资产的利用效果。

第五节　无形资产管理

一、无形资产的概念和特点

(一)无形资产的概念

无形资产一词在西方国家已经有近百年的历史,然而对于什么是无形资产,迄今为止,尚未有一个一致的定义。对于无形资产,更多是进行描述,即以无形资产的外延替代无形资产的内涵。一般来说,无形资产是指由特定主体控制的、不具有独立实体而对生产经营长期持续发挥作用能带来经济效益的经济资源。

(二)无形资产的特点

无形资产属于资产范畴,因而它具有资产的一般特征。除此之外,它还具有以下特点:

1. 非实体性

无形资产没有物质实体形态,是隐形存在的资产,人们通过感觉器官不能触摸或感觉到。由于无形资产的非实体性,它只存在无形损耗,而不存在有形损耗。不具有实物形态是无形资产区别于其他资产的主要特征。

2. 垄断性

无形资产往往是由特定主体垄断占有,凡不能垄断或者不需要任何代价即能获得的,都不是无形资产。无形资产的这种垄断性有的是通过企业自身保护;有的则是以适当公开其内容作为代价来取得广泛而普遍的法律保护;还有的则是借助于法律保护并以长期生产经营服务中的信誉取得社会的公认。

3. 效益性

并非任何无形的事物都是无形资产,成为无形资产的前提是其必须能够以一定的方式,直接或间接地为投资者创造效益,而且必须能够在较长时期内持续产生经济效益。

4. 不确定性

无形资产能为所有者或者占有者带来的未来经济利益具有一定的不确定

性。这种不确定性与有形资产的规模和状况、市场竞争力、国家宏观调控政策、技术与经营服务更新、产品性能与质量等诸多因素有直接关系。因此,要求在对无形资产进行投资决策时应采取谨慎态度。

二、无形资产的分类

无形资产种类很多,可以按不同标准进行分类。一般有以下几种分类方法:

1. 按无形资产的性质划分

(1)专利权。专利权是国家专利机关依法批准的发明人或其权利受让人对其发明成果,在一定期间内享有的独占权或专有权。任何人如果要利用该项专利进行生产经营活动或出售使用该项专利制造的产品,需先征得专利权所有者的许可,并付给报酬。专利权一般包括发明专利、实用新型和外观设计。

(2)非专利技术。非专利技术又称"专有技术"、"技术秘密",是指未经公开、未申请专利的知识和技巧,主要包括设计资料、技术规范、工艺流程、材料配方、经营诀窍和图纸、数据等技术资料。非专利技术与专利权不同,从法律角度讲,它不是一种法定的权利,而仅仅是一种自然的权利,是一项收益性无形资产。

(3)商标权。商标是商品的标记,是商品生产者或经营者为了把自己的商品与他人的同类商品区别开来,在商品上使用的一种特殊标记。这种标记一般是由文字、图案或两者组合而成。商标权是商标注册后,商标所有者依法享有的权益,它受到法律保护,未注册商标不受法律保护。商标权是以申请注册的时间先后为审批依据,而不以使用时间先后为审批依据。商标权一般包括排他专用权(或独占权)、转让权、许可使用权、继承权等。

(4)商誉。商誉是指企业在同等条件下,能获取高于正常投资报酬率所形成的价值。形成原因在于企业所处地理位置的优势,或由于经营效率高、历史悠久、人员素质高等多种原因,与同行业企业相比较,可获得超额利润。

(5)著作权。著作权又称"版权",它是一种知识产权,是国家版权管理部门依法授予著作或文艺作品作者在一定时期内发表、再版、发行等作品的权利。

(6)土地使用权。土地使用权是国家或地方政府准许某一企业在一定时期内对国有土地享有开发、利用、经营的权利。在我国,土地归国家所有,企业对土地只有使用权,没有所有权。但土地使用权既可以依法转让,也可利用土地使用权进行投资。

(7)专营权。专营权是政府或其他企业授予的在一定区域和期限内以一定形式生产经营某种特定商品或劳务的权利,由政府机关授予的专有权利,如公共交通、电话、电力、煤气、烟草等专有生产经营权利;由一个企业授予另一个企业的专有权利,如使用其商标、商号、专利和非专利技术等。

2. 按取得无形资产的渠道划分

无形资产可分为企业自创(或自身拥有)的无形资产和外购的无形资产。前者是由于企业自己研制创造获得以及由于客观原因形成的,如自创专利、非专利技术、商标权、商誉等;后者则是企业以一定代价从其他单位购入的,如外购专利权、商标权等。

3. 按有无法律保护划分

无形资产可分为法定无形资产和收益性无形资产。专利权、商标权等均受到国家有关法律的保护,称为法定无形资产;无法律保护的无形资产,如非专利技术等称为收益性无形资产。

4. 按能否独立存在划分

无形资产可分为可确指无形资产和不可确指无形资产。凡是那些具有专门名称,可单独地取得、转让或出售的无形资产,称为可确指的无形资产,如专利权、商标权等;那些不可特别辨认、不可单独取得,离开企业就不复存在的无形资产,称为不可确指的无形资产,如商誉。

三、无形资产投资决策

无形资产投资决策方法与固定资产投资决策方法大致相同。但与固定资产投资相比,无形资产投资更加复杂。因此,无形资产投资决策,应从以下几方面重点把握。

(一)科学界定无形资产

无形资产种类较多,内涵复杂,需加以科学界定。界定无形资产,一方面应明确无形资产的种类;另一方面则要界定清楚某类无形资产的内涵。

商誉与商标权是两个既相联系又有区别的概念,二者反映两个不同的价值内涵。其区别表现在:

1. 商标是产品的标志,而商誉是企业整体声誉的体现。商标与其产品相结合,它所代表的产品质量越好,市场需求越大,信誉越高,由此带来的超额收益越大,其价值就越大。商誉则是与企业密切相关的,企业经营机制完善并且运转效率高,企业经济效益好,商誉价值就高。可见,商标权价值来自于产品所具有的超额获利能力,商誉价值则来自于企业所具有的超额获利能力。

2. 商誉是一种不可确指的无形资产,不能脱离企业而单独存在,商标则是可确指无形资产,可以单独存在,并可以在原组织继续存在的同时,转让给另一个组织。

3. 商标既可以转让商标所有权,也可以转让其使用权。而商誉只有随企业行为的发生实现其转移和转让,没有所有权和使用权之分。

专利权、商标权(以及专有技术)同属于工业产权,都有其独立的特征。但在一个企业中,有时往往支持某项商标权获利能力的是某一项专利权或非专利技术,因此,某一项商标权价值中可能包含有专利权价值或专有技术价值。因此,转让或投资商标权或专利权时,应明确界定清楚商标权或专利权的真实内容,保证其价值的真实可靠性。

另外,还需明确转让内容。以商标权为例,商标权转让方式可以分为商标权转让和商标权许可使用。商标权转让是指转让方放弃商标权,转归受让方所有,实际上是商标所有权出售。商标权许可使用则是拥有商标权的商标权人在不放弃商标所有权的前提下,特许他人按照许可合同规定的条款使用商标。

(二)正确估算无形资产的价值

在无形资产投资、转让过程中,首先应正确估算其价值。一般来说,影响无形资产评估价值的因素有:

1. 无形资产的成本。无形资产与有形资产一样,也具有成本。只是相对有形资产而言,其成本确定不是十分明晰和易于计量。对企业无形资产来说,外购无形资产较易确定成本,自创成本计量更困难些。因为无形资产产生的一次性特点,使其在创造过程中所耗费的劳动不具有横向比较性。同时,无形资产的创造,与其投入、失败等密切相关,但这部分成本的确定是很困难的。一般来说,这些成本项目包括创造发明成本、法律保护成本、发行推广成本等。

2. 机会成本。是指该项无形资产转让、投资、出售后失去市场而损失收益的大小。

3. 效益因素。成本是从对无形资产补偿角度考虑的,但无形资产更重要的是它能创造收益。一项无形资产,在环境、制度允许的条件下,获利能力越强,其评估值越高;获利能力越弱,评估值越低。有的无形资产,尽管其创造成本很高,但不为市场所需求,或收益能力低微,其评估值就很低。

4. 使用期限。每一项无形资产,一般都有一定的使用期限。使用期限的长短,一方面取决于该无形资产的先进程度;另一方面取决于其无形损耗的大小。无形资产越先进,其领先水平越高,使用期限越长。同样,其无形损耗程度越低,使用期限就越长。考虑无形资产的期限,除了应考虑法律保护期限外,更重要的是考虑其具有实际超额收益的期限。比如某项发明专利保护期 20 年,但由于无形损耗较大,拥有该项专利实际能获得超额收益期限为 10 年,则这 10 年即为评估该项专利时所应考虑的期限。

5. 技术成熟程度。科技成果一般都有一个发展——成熟——衰退的过程。科技成果的成熟程度如何,直接影响到评估值高低。其开发程度越高,技术越成熟,运用该技术成果的风险性越小,评估值就越高。一项成熟程度不是很高的无形资产，在评估时应分析预计其可能的成熟程度，正确估计其风险，从而合理确定其评估值。

6.转让内容因素。从转让内容看，无形资产转让分为所有权转让和使用权转让。在转让过程中，有关条款的规定会直接影响其评估值。就所有权转让和使用权转让来说，所有权转让的无形资产评估值高于使用权转让的评估值。在技术贸易中，同是使用权转让，由于其许可程度不同，也影响评估值的高低。

7.国内外该种无形资产的发展趋势、更新换代情况和速度。无形资产的更新换代越快，无形损耗越大，其评估值越低。无形资产价值的损耗和贬值，不取决于自身的使用损耗，而取决于本身以外的更新换代情况。

8.市场供需状况。市场供需状况，一般反映在两个方面：一是无形资产市场需求情况；二是无形资产的适用程度。对于可出售、转让的无形资产，其评估值随市场需求的变动而变动。市场需求大，则评估值就高。市场需求小，且有同类无形资产替代，则其评估值就低。同样，无形资产的适用范围越广，适用程度越高，需求者越多，需求量越大，评估值就越高。

9.同行业同类无形资产的价格水平。

此外，无形资产评估值的高低，还取决于无形资产交易、转让的价款支付方式、各种支付方式的提成基数、提成比例等，所以评估无形资产时，应综合考虑。

(三)正确判断和把握无形资产配套条件

无形资产具有附着性特点，即它必须依附于有形资产才能发挥作用。无形资产使用者拥有和投入资本规模不同，有形配套能力不同，其价值表现也不相同。调查了解资产状况、投资规模以及投资方向，可以有效判断无形资产投资的可行性，以正确作出无形资产投资的决策。

四、无形资产的日常管理

无形资产是企业资产的重要组成部分，它能在较长日期内为企业提供经济利益。为了提高无形资产的使用效果，保证无形资产投资目标的实现，必须加强对无形资产的日常管理。无形资产的日常管理包括以下几个方面：

(一)无形资产取得的管理

企业取得无形资产的方式有：自行开发、外部购入、其他单位投资转入、债务重组取得、以非货币性交易换入、接受捐赠等。企业无论以何种方式取得无形资产，最关键的问题就是对无形资产进行正确计量。对于自行开发创造而取得的无形资产，企业应及时向有关部门申报，以取得法律保护；对于外部购入、投资转入、接受捐赠、债务重组、非货币性交易等取得的无形资产，企业应按规定及时办理手续，以取得合法使用无形资产的权利；对于不受法律保护的非专利技术，企业应及时采取措施，严防泄密以维护其独占权；对于盗用企业专利权、商标权、著作权和商誉谋取盈利的非法行为，企业应诉诸法律，以维护企业自身的正当权益不受侵害。

（二）无形资产摊销的管理

无形资产应当自取得当月起，在预计使用年限内分期平均摊销，计入损益。无形资产摊销主要涉及无形资产成本、摊销开始月份、摊销方法和摊销年限等因素。无形资产成本即无形资产的入账价值。

1. 确定预计使用年限

通常情况下，无形资产成本应在其预计使用年限内摊销。如果预计使用年限超过了相关合同规定的受益年限或法律规定的有效年限的，该无形资产摊销年限按以下原则确定：

(1)合同规定受益年限但法律没有规定有效年限的，摊销期不应超过合同规定的受益年限。

(2)合同没有规定受益年限但法律规定有效年限的，摊销期不应超过法律规定的有效年限。

(3)合同规定了受益年限、法律也规定了有效年限的，摊销期不应超过受益年限和有效年限两者之中较短者。

(4)合同没有规定受益年限，法律也没有规定有效年限的，摊销期不应超过10年。

2. 无形资产的摊销开始日

无形资产应当自取得当月起在预计使用年限内分期平均摊销，计入损益。

3. 无形资产的摊销方法

无形资产的摊销方法可以有多种，如直线法、加速法等。但按照现行制度的规定，对无形资产采用直线法进行摊销。在摊销无形资产价值时，将无形资产的残值假定为零。无形资产各期摊销额可根据无形资产的原值和规定摊销期限计算求得。

（三）无形资产处置的管理

无形资产的处置包括无形资产的出租、无形资产的出售和无形资产的转销。

无形资产的出租是指企业将所拥有的无形资产的使用权让渡给其他单位，并收取租金。收取的租金按照让渡资产使用权所取得的收入计入企业其他业务收入。

无形资产的出售表明企业放弃无形资产的所有权。企业出售无形资产，应将所得价款与该项无形资产的账面价值之间的差额，计入企业营业外收支。

无形资产的转销是指如果无形资产预期不能为企业带来经济利益，从而不再符合无形资产的定义，应将其账面价值转销。企业在判断无形资产是否预期不能为企业带来经济利益时，可以从以下两个方面加以判断：第一，该无形资产是否已被其他新技术所替代，且已不能为企业带来经济利益；第二，该无形资产是否不再受法律保护，且不能为企业带来经济利益。

本章习题

一、单项选择题

1. 某企业于 2000 年投资 100 万元购入一台设备，现已经提取折旧 20 万元，则该设备的账面价值为 80 万元，目前的变现价值为 60 万元，如果企业拟购进一台新设备来替换旧设备，则下列项目中属于机会成本的是（　　）万元。

A. 20　　B. 60　　C. 70　　D. 80

2. 某企业计划投资 30 万元建设一条生产线，预计该生产线投产后可为企业每年创造 2 万元的净利润，年折旧额为 3 万元，则投资回收期为（　　）年。

A. 5　　B. 6　　C. 10　　D. 15

3. 固定资产按其所属关系可分为（　　）。

A. 自有固定资产和融资租入固定资产

B. 未使用固定资产和不需用固定资产

C. 生产用固定资产和销售用固定资产

D. 使用中固定资产和未使用固定资产

4. 当某项独立投资方案的净现值大于 0 时，其内含报酬率（　　）。

A. 一定大于 0　　B. 一定小于 0

C. 小于投资最低收益率　　D. 大于投资最低收益率

5. 使用下列（　　）折旧方法可以使固定资产成本在预计使用寿命期内加快得到补偿。

A. 直线法　　B. 工作量法

C. 双倍余额递减法　　D. 以上方法都可以

二、多项选择题

1. 无形资产的特点有（　　）。

A. 非实体性　　B. 垄断性　　C. 效益性　　D. 不确定性

2. 企业应计提折旧的固定资产有（　　）。

A. 房屋和建筑物

B. 季节性停用和修理停用的设备

C. 以经营租赁方式租出的固定资产

D. 以融资租赁方式租入的固定资产

3. 企业不计提折旧的固定资产为(　　)。

A. 已提足折旧仍继续使用的固定资产

B. 未提足折旧提前报废的固定资产

C. 已全额计提减值准备的固定资产

D. 以融资租赁方式租入的固定资产

4. 对于存在下列情况之一的固定资产,应当全额计提减值准备(　　)。

A. 由于技术进步等原因,已不可使用的固定资产

B. 已遭毁损,以致不再具有使用价值和转让价值的固定资产

C. 虽然固定资产尚可使用,但使用后产生大量不合格品的固定资产

D. 季节性停用和修理停用的设备

5. 无形资产按性质可分为(　　)。

A. 专利权　B. 非专利技术　C. 商标权　D. 土地使用权

6. 无形资产摊销主要涉及的因素有(　　)。

A. 无形资产成本　B. 摊销方法

C. 摊销年限　D. 摊销开始月份

7. 固定资产的折旧方法主要有(　　)。

A. 直线法　B. 双倍余额递减法

C. 年数总和法　D. 工作量法

8. 影响固定资产折旧的因素有(　　)。

A. 固定资产原值　B. 预计净残值

C. 固定资产减值准备　D. 固定资产的使用寿命

9. 固定资产投资的特点有(　　)。

A. 资产建设周期长,投资回收速度慢

B. 投资数额巨大,一经投入,无法改变

C. 具风险性和不确定性

D. 固定资产设备只有充分利用,才不会成为沉重的成本负担

10. 固定资产与流动资产相比,主要具有以下特点(　　)。

A. 使用期超过一年或超过一年的一个营业周期以上

B. 在使用过程中保持原来的物质形态不变

C. 用于生产经营不是为了出售

D. 其使用寿命是有限的

三、名词解释

1. 固定资产
2. 固定资产折旧
3. 双倍余额递减法
4. 无形资产
5. 专利权

四、计算题

1. 假定某项固定资产价值为10000元,预计使用年限为5年,预计残值1000元,若采用年数总和法计提折旧,计算各年的折旧额。

2. 某公司某项设备原价为160万元,预计使用寿命为5年,预计净残值率为5%,假设该公司没有对该机器设备计提减值准备,按双倍余额递减法计提折旧,计算每年的折旧额。

五、简答题

1. 什么是固定资产?固定资产的特点表现在哪些方面?
2. 可行性研究的程序是怎样的?包含哪些内容?
3. 什么是固定资产折旧?固定资产折旧方法有哪些?
4. 如何理解无形资产及其特点?无形资产包括哪些内容?
5. 无形资产投资决策,主要考虑哪几方面因素?
6. 财务部门对固定资产的管理主要包括哪几个方面?
7. 简述固定资产折旧的计提范围。

第七章　项目投资管理

学习目的与要求

本章主要介绍项目投资管理的基本概念、特点、决策程序，项目投资现金流量的内容和预测方法，项目投资决策评价指标的计算及在决策中的应用。通过本章的学习，学生应了解项目投资决策的基本程序，熟悉项目投资现金流量的内容与预测方法，掌握项目投资决策评价指标的计算方法，熟练应用净现值、内含报酬率等主要评价指标进行独立项目或互斥项目的投资决策。

导读案例

明湖环保设备制造厂是生产环保设备的中型企业，该厂生产的 w 环保监测仪器质量优良，价格合理，市场供不应求。为扩大生产经营能力，明湖环保设备制造厂准备新建一条生产线。

张大伟是该厂总会计师，负责该项目的筹资和投资工作，经过近三周的精心调查研究，得到如下有关资料：

该生产线的初始投资额需要 12.5 万元，可分两年投入。第一年初应投入 10 万元，第二年初投入 2.5 万元。第二年末项目可建成投产。投产后每年可生产监测仪 1000 台，每台销售价格为 300 元，每年可获销售收入 30 万元。投资项目可使用五年，五年后残值收入 2.5 万元，这笔资金在项目结束时可如数收回。

该项目生产的产品年总成本的构成情况如下：材料费用 20 万元，工资费用 3 万元，制造费用 2 万元，折旧费用 2 万元。

张大伟又对该厂的各种资金来源进行了分析研究，得出该厂加权平均的资金成本为 10%。

1. 根据以上资料，你认为张大伟应该向全厂各方面领导参加的投资决策会议提供的结论是应该进行该项投资还是应该否定该项投资？

2. 厂领导对张大伟提供的资料和结论进行了讨论和分析研究，认为张大伟在搜集资料方面作了很大努力，计算方法正确。但是，厂部中层干部又提出了以下意见：

经营王副总认为，在项目投资和使用期间，通货膨胀率大约在10%，将对投资项目各有关方面产生影响；

基建处董处长认为，由于受物价变动的影响，初始投资将会增长10%，投资项目终结以后，设备残值将会增加到37500元；

生产处赵处长认为，由于受物价变动的影响，原材料的费用每年将增加14%，工资费用也会增加10%；

财务处周处长认为，扣除折旧以后的制造费用每年将增加4%，折旧费用每年仍为2万元；

销售处吴处长认为，产品销售价格预计每年可增加10%。

根据以上一些意见，郑厂长要求张大伟重新计算投资项目的现金流量和净现值，提交下次会议讨论。

第一节　项目投资管理概述

一、项目投资的概念

投资是指为适应今后生产经营上的长远需要而作出的现金支出。例如，厂房设备的扩建、改造、更新，资源的开发、利用，新产品的试制与老产品的改造等方面的支出。这种支出通常不能由当年的销售收入来补偿，属于资本性支出。资本性支出需要大量资金，对企业在较长时期内有着持续的影响，投资的合理与否，是企业在未来能否保持良好经营状态和盈利能力的关键。

项目投资是对特定项目所进行的一种长期投资行为，在企业的财务过程中占有非常重要的地位。项目投资决策正确与否，对企业的经营战略与未来发展至关重要。因此，必须认真做好分析、研究工作，实现项目投资决策的科学化。项目投资决策的核心问题是要具体地分析各项目投资方案技术的经济的效益性，认真做好项目投资方案的可行性研究和经济评价工作。项目投资方案可行不可行，不仅要看技术上是否先进，组织上是否可行，而且要看经济上是否合理。但投资方案的最终选择，一般要以经济评价的结论作为主要依据。

二、项目投资决策的特点

投资是为获得收益而付出的代价，它需要在未来较长时期内，由企业投资带来的收益予以补偿。就性质而言，它是一项能使企业在较长时期内受益的“预付成本”，与短期经营决策相比，它明显地具有以下特点：

(一)项目投资决策的重要性

投资往往形成大量的固定资产,它是企业得以发展和保持与提高长期获利能力的物质基础。但是,如果投资决策不合理,就将会对企业的长期经营与发展形成巨大的压力,造成很难摆脱的困境,使企业在较长时期内难以实现较好的经济效益,甚至可以引起企业的破产。因此,项目投资决策对于企业来说,事关重大,决定全局,不但关系到企业长期的发展与命运,而且对整个国民经济都可能带来不良的影响。

(二)影响的长期性

项目投资所形成项目的寿命,一般都在几年、几十年,甚至更长时间,投资效益要经历很长时期才能完全实现。因此,项目投资一旦形成,就将对企业的财务状况和盈利能力产生长期的影响。

(三)耗资的巨大性

项目投资不仅往往要形成大量的固定资产,而且还需要相应地投入大量的流动资金,耗资巨大,需要专门的筹集资金工作。而且,如果企业经营不善,缺乏补偿这种耗费的能力,就将会陷入严重的财务困境。

(四)效益的风险性

项目投资由于耗资数额巨大,持续作用时间长,其效益在较长时期内才能逐步实现。而在未来时期内影响投资效益的因素的变化是很难确定的。例如市场需求、原材料供应、国家政策、通货膨胀、自然灾害等,一旦发生不利的变化,预期的投资效益就很难实现。如果企业缺乏足够的承担风险的能力,那么,就可能遭受重大的损失。因此,项目投资是要冒一定风险的。

(五)投资决策的难以逆转性

项目投资一旦形成,再想改变,往往为时已晚。不是难以改变,就是改变要花费巨大的代价。例如,专用设备不易改变用途,往往又难以变卖;房屋建筑的改建,破损多,支出大,若拆迁易地,则犹如重建;更不用说,像长江三峡这类巨型水利工程的决策了,要想改变,希望甚微,难于登天。

由此可知,项目投资决策是企业的关键性决策,事关重大,影响深远,投资决策的成败,效益的高低,都直接影响着企业的生存与发展。因此,企业的管理者在进行项目投资决策时,对于各种投资方案务必要认真地进行分析、评价,慎重地取舍,精心地组织实施,决不可掉以轻心。稍有疏忽,便会造成无法挽回的损失。

三、项目投资决策的分类

项目投资决策可以按照不同的标准分成若干类:

(一)按项目投资决策与再生产类型的联系分类

按项目投资决策与再生产类型的联系，可将项目投资决策分为发展性投资决策和维持性投资决策。所谓发展性投资是指为扩大再生产而进行的投资，如扩建厂房、增置设备、发展新产品、开拓新市场等。此类投资倾向于企业未来发展战略的实施。维持性投资则是指为了维持原有的生产经营能力而进行的投资。如固定资产的更新、设备的日常维修、工人工资的发放等。此类投资决策的目的主要是为了更加合理和有效地维持或利用企业现有的生产经营性条件。

(二)按项目投资决策影响的范围分类

按项目投资决策影响的范围，可将项目投资决策分为战略性投资决策和战术性投资决策。战略性投资是指一般会改变企业经营方针，对企业全局产生重大影响的投资决策。由于这类投资的成败与否，直接关系到企业的未来命运，故这类决策多由企业最高管理层筹划进行。战术性决策是指一般不改变企业经营方向，只限于生产经营条件的局部改善，影响较小的投资。该类投资决策大多由企业管理的中低层或职能管理部门筹划、高层管理部门参与作出。

(三)按投资项目之间的关系分类

按投资项目之间的关系，可将项目投资决策分为独立性投资决策和相关性投资决策。凡是仅涉及一个项目或涉及几个毫不相关项目的投资，即为独立性投资。如购买一台设备、建造一条生产线等。凡是各项目间相互联系、相互配合、缺一不可的配套投资，均属于相关投资。如建设发电厂，必须架设输电线路，购买汽车与修建车库等。对于各项独立性投资，应逐个项目分别进行决策；对于相关性投资，应综合考虑、全面权衡所有的配套项目，以其总体经济效益好的方案为优，而不能仅以其中一个项目或几个项目的经济效益的好坏作为投资方案取舍的标准。

(四)按增加利润的途径分类

按增加利润的途径可将项目投资分为扩大收入投资和降低成本投资两类。扩大收入投资是指通过扩大企业生产经营规模，以便增加利润的投资；降低成本投资则是通过降低生产经营中的各种耗费，以便增加利润的投资。

(五)按决策的分析思路分类

按其决策角度可将项目投资分为采纳与否投资和互斥选择投资。采纳与否投资是指决定是否投资于某一项目的决策，如是否要购买一台机床、是否要引进一条生产线、是否要建一栋厂房等都属于采纳与否投资；在两个或两个以上的项目中，只能选择其中之一的投资，叫互斥选择投资。例如，是买普通机床还是买电脑控制的机床、是建一条全自动化生产线还是建一条半自动化生产线等都属于互斥选择投资。

四、项目投资决策的一般程序

由于项目投资决策所需投入的资金多，涉及的时间长，所冒的风险大，对企业的盈亏和财务状况的影响深远，是企业的关键性决策。所以，必须慎重行事。为了能够科学地、正确地做好这一工作，在项目投资决策时，一般应遵循以下工作程序：

（一）选择投资机会，确定投资方向

选择投资机会，确定投资方向，是项目投资决策的第一步。企业的任何一项投资，都会受到多种因素的影响和制约。像国家法律制度的允许、有限资金的限制、原材料的来源保障以及市场供需状况的制约等等。因此，对于企业的管理者来说，就必须在上述限制条件下，去寻找最有利的投资机会。投资项目的提出，应首先确定其资本支出的最高限额和所能形成生产经营能力的最大限度；考虑其是否和现行的法律制度相抵触；投资的规模是否合适。投资立项，应在各种条件许可的情况下进行。并且，要协调好长期战略目标和短期利益之间的关系，当两者发生冲突时，应以长期发展目标为主。

（二）进行可行性分析

投资项目提出后，要进行充分的可行性分析与论证，这是项目投资决策的关键环节。其内容一般包括：投资项目的社会需要程度分析；投资方案的技术可靠性、先进性、可行性分析；投资项目的资源保证程度分析；投资项目的经济效益分析；投资效果的社会效益、生态效益、环境效益分析等等。特别是对投资项目的经济效益分析，因为投资项目的最终取舍，一般是以财务评价所得到的结论为依据。这就要以投资项目的预测现金流量为基础，计算出项目决策的各项评价指标。

（三）项目投资决策

由于投资决策牵扯的因素较多，可行的项目往往又有多个。因此，对经过充分的可行性论证后的各种备选项目，根据计算出的财务评价指标，对其风险与报酬作出评估，经过比较、判别、筛选，从中选择出最优项目或满意项目。

投资项目确定后，要编制详细、具体的资本预算表。预测分年度的用款额度及各年需投入的资本总量，以便据以筹措相应的资本来源。

（四）项目实施与控制

投资项目一经批准，即应付诸实施，进入投资预算的执行阶段。在这一过程中，应建立一套执行情况的跟踪系统，认真加强管理，以便对投资项目执行的进度、质量、支出、效益等加以有效监督与控制，保证投资决策目的完全实现。但是，也应根据出现的新情况进行修正或调整预算，确保预算的先进性和可行性；如果发现国家政策、市场环境、企业内部环境等方面发生了重大变化，使原来可行的投资项目变得不再可行，则必须尽早果断停止投资项目的建设，并采取相应的补救措施。

第二节　项目投资的现金流量分析

一、现金流量的概念

在项目投资决策中，现金流量是指该项目投资在整个项目有效期内所引起的现金流出和现金流入的数量。现金流入量与现金流出量的差额称为现金净流量，用 NCF 表示。这里的“现金”是指广义的现金，它不仅包括各种货币资金，而且还包括投资项目涉及的非货币资源的变现价值（例如厂房、设备的变现价值，而非账面成本）。现金流量的计算是以收付实现制为基础的。它不同于财务会计中的库存现金，而是区别于观念货币的现实货币。另外，它与编制财务会计的现金流量表所使用的现金流量相比，在反映的对象、期间特征、构成内容、计算口径、钩稽关系、信息属性等方面都存在较大差异。

在项目投资决策分析中，现金流量是评价投资项目经济效益的基础，是项目投资决策分析的中心环节，因此，现金流量的计算就是项目投资决策的首要问题，也是最困难的步骤。

二、现金流量的作用

项目投资决策之所以以现金流量作为投资决策分析的依据，而不是以利润，其理由主要是：

1. 现金流量具有最大的综合性，可以序时动态地反映投资的流向，反映投资中资金投入与回收的状况，以及由于投资而带来的收益，使决策者能够完整地、全面地评价投资的经济效益；而利润只是侧重于考核投资所带来的收益，忽视对投入资金回收效果的衡量，反映不出资金的投入产出关系，在对投资决策的经济效益进行评价时，利用利润指标作为依据，具有一定的片面性。

2. 投资所涉及的时间一般都比较长，未来各期利润的计算受多种因素的影响，没有统一的标准，具有不稳定性（即较大的风险性）。而且，一项投资会因为存货计价、费用摊派、折旧计提方法的不同而在同一期间出现多种利润结果，具有较大的主观随意性，从而导致不同方案的利润相关性差、可比性差，难以评价投资经济效益的好坏。现金流量则不受这些因素的影响，具有一定的客观性。

3. 由于资金具有时间价值，科学的投资决策必须要认真考核和准确计量它的影响。现金流量能体现投资收入和支出的时间性，在投资决策分析中使得应用资金时间价值进行动态的投资效果的综合评价成为可能。而利润的计算一般以权责发生制为基础，并不考虑现金收付的实际时间，体现不出投资方案对资金时间价值的要求。

4. 采用现金流量信息，排除了非现金收付内部周转的资本运动形式，从而简化了投资决策方案评价指标的计算过程。

三、现金流量的假设

为便于项目投资现金流量的计算，首先我们作出以下假设：

(1)全投资假设。即按投资项目的范围确定现金流量的内容，将整个投资项目的自有资金和借入资金都视为投资额，作为现金流出计算，而不具体考虑哪些是自有资金，哪些是借入资金。

(2)项目计算期假设。投资项目从开始建设到报废清理的全部时间称为项目计算期。项目计算期分为建设期和经营期。在项目计算期的计算上，0 表示第一年的年初，1 代表第一年的年末，又代表第二年的年初，依次类推。

(3)时点指标假设。投资所涉及的价值指标都作为时点指标处理。其中，建设投资在建设期内有关年度的年初发生；流动资金投资在建设期末发生；经营期内各年的收入、成本、折旧、摊销、利润、税金等项目的确认均在年末发生；项目最终报废或清理均发生在终结点(但更新改造项目除外)。

(4)建设期间投入全部资金假设。不论项目的原始总投资是一次投入还是分次投入均假设它们都是在建设期内投入的。

(5)经营期与折旧年限一致假设。假设投资项目主要固定资产的折旧年限或使用寿命与项目经营期相同。

四、现金流量的构成

投资项目现金流量，一般分为初始现金流量、经营现金流量和终结现金流量三部分。

(一)初始现金流量

初始现金流量是指项目建设过程中发生的现金流量，或项目投资总额。一般包括以下几部分：

1. 固定资产上的支出。包括固定资产的购入或建造成本、运输成本、安装成本及建设期利息等。

2. 流动资产上的投资。包括需要增加的材料、在产品、产成品和现金等流动资产上的投资。

3. 其他投资支出。包括与投资项目有关的职工培训费、谈判费、注册费等。

4. 原有固定资产上的变价收入。主要指固定资产更新时，原有固定资产的变卖所取得的现金收入。

(二)经营现金流量

经营现金流量是指项目建成后，生产经营过程中所发生的现金流入量和现金流出量。经营现金流量一般以年为单位进行计算。经营现金流量主要包括：增量税后现金流入量，即投资项目投产后增加的税后现金流入(或成本费用节约额)；增量税后现金流出量，是指与投资项目有关的以现金支付的各种税后成本费用(即不包括固定资产折旧费以及无形资产摊销等，也称为经营付现成本)以及各种税金支出。

经营现金流量的确认可根据有关利润表的资料分析得出。其基本计算公式为：

现金净流量＝销售收入－付现成本－所得税　　(7-1)

或者：

现金净流量＝税后利润＋折旧　　(7-2)

为反映折旧变化对现金流量的影响，上式可变为：

现金净流量＝(销售收入－付现成本)×(1－所得税税率)

＋折旧×所得税税率　　(7-3)

式中的"付现成本"，一般是指会计上的总成本减去固定资产折旧费、无形资产摊销费等不支付现金的费用后的余额。"折旧×所得税税率"称作税赋节约，是由于折旧计入成本，冲减利润而少缴的所得税税额，这部分少缴的所得税形成了投资项目的现金流入量。

(三)终结现金流量

终结现金流量是指项目经济寿命终了时发生的现金流量。主要包括经营现金流量和非经营现金流量。经营现金流量与上述经营期计算方式一样，非经营现金流量主要指以下两部分：

1. 固定资产残值变价收入以及出售时的税赋损益。

2. 垫支流动资金的收回。

五、现金流量的计算

现金流量的计算是投资项目分析过程中最重要同时也是最困难的环节之一。在确定投资项目的相关的现金流量时，所应遵循的最基本的原则是：只有增量现金流量才是与项目相关的现金流量。所谓增量现金流量，是指接受或拒绝某个投资项目后，企业总现金流量因此而发生的变动。判断增量现金流量，需要注意以下几个基本问题：

(一)注意附加效应

在预测现金流量时，要以投资对企业所有经营活动产生的整体效果为基础进行分析，而不是孤立地考察某一项目。因为当企业采纳一个新项目时，该项目对企业的其他项目或部门产生有利或不利的影响。若该项目的投入会引起企业其他经济活动销售收入的减少，则增量现金流量应减去这部分减少额；若该项目的投入会引起其他项目销售收入的增加，则增量现金流量应加上这部分增加额。

(二)区分相关成本和非相关成本

相关成本是指与特定投资项目有关的，在分析评价时必须加以考虑的成本。例如，差别成本、重置成本、边际成本、机会成本等，与此相反，与特定投资项目无关的，在分析评价时不必加以考虑的成本是非相关成本。例如，沉没成本、账面成本等。若将非相关成本纳入成本总额中，会使一个有利的项目变得无利可图，从而造成决策失误。

(三)不要忽视机会成本

机会成本是指在投资决策中，从多种方案中选取最优方案而放弃次优方案所丧失的利益。机会成本不是普通意义上的“成本”，它并未发生现金实体的交割或转让行为，而是失去的一种潜在的收益。机会成本是针对具体方案的，离开具体的方案就无法确定。机会成本与投资选择的多样性和资源的稀缺性相联系，当存在多种投资机会，而可供使用的资源有限时，机会成本就一定存在。在投资决策时，就必须加以认真对待，以便为既定资源寻求最佳使用途径。

(四)通货膨胀的影响

通货膨胀是指物价不断上涨的一种趋势。近年来，通货膨胀是世界范围内一种已趋于相当普遍和持久的经济现象，它对投资决策有着较大的影响。在物价稳定条件下，一项投资收入的净现值很高或内含报酬很高，但在通货膨胀条件下，剔除通货膨胀的影响，可能就没有多大好处，甚至是不利的。而且，由于物价上涨，投资所需资金的数量也常常会超过决策时按不变价估算的数值，这时，若不能及时获得足够的资金，就可能造成施工中断、工程完工拖期而导致投资经济效益的下降。因此，不独立计量通货膨胀的影响，就会使在投资方案分析评价中所计算出来的各项经济指标(如现金净流量、净现值及内含报酬率等)的数值中包含有虚假的因素，不能如实地反映各个投资方案可能实现的真正的经济效益，并可能由此而造成决策的失误。正确地计量通货膨胀对主要经济评价指标的影响，是正确地进行投资方案经济评价的一个必要条件。

对通货膨胀的处理有两种方法：一种是用名义利率(即按货币面值计算的利率)计算项目的现值；一种是按实际利率(即按货币购买力计算的利率)贴现。在计算通货膨胀的变化对各种现金流量如销售价格、原材料成本、工资费用的影响时，应注意不同现金流量受通货膨胀的影响是各不相同的，不能简单地用一个通货膨胀率来修正所有的现金流量。

(五)利息费用的处理方法

在投资项目评估中,利息费用对投资项目的影响,主要有两种处理方法:一种是将这些影响因素视为费用支出,从现金流量中扣除;一种是将其影响体现在现金流量的贴现率中,利率费用越高,所取贴现率越高。在实务中广泛采用的是第二种方法。这是因为,在给定资本结构的情况下,可随时根据不同的负债水平和风险情况调整项目的贴现率。

在实际工作中,为进行项目投资的经济评价的方便,一般要编制投资全过程的"现金流量表",它是现金流量计算公式的具体化、表格化。

【例 7-1】 某公司为扩大生产能力,需要购置一台新设备。现有 A、B 两个方案可供选择,A 方案需投资 100000 元,寿命期 5 年,采用直线法计提折旧,期满无残值。5 年中每年的销售收入为 60000 元,每年的付现成本为 20000 元。B 案需投资 120000 元,采用直线法计提折旧,使用寿命也为 5 年,5 年后有残值 20000 元。5 年中每年的销售收入为 80000 元,付现成本第 1 年为 30000 元,以后随着设备陈旧,逐年将增加修理费 4000 元,另外,第 1 年初需垫支营运资金 30000 元,假设所得税率为 25%。

试计算两个方案的现金流量。

解:为计算现金流量,必须先计算两个方案每年的折旧额:

A 方案的每年折旧额:$D_1=\frac{100000}{5}=20000$(元)

B 方案的每年折旧额:$D_2=\frac{120000-20000}{5}=20000$(元)

该项目两个方案的"营业现金流量计算表"和"投资项目现金流量计算表",分别如表 7-1 和表 7-2 所示。

表 7-1　投资项目的营业现金流量计算表　单位:元

年　序	1	2	3	4	5
A 方案					
销售收入(1)	60000	60000	60000	60000	60000
付现成本(2)	20000	20000	20000	20000	20000
折旧(3)	20000	20000	20000	20000	20000
税前净利(4)=(1)-(2)-(3)	20000	20000	20000	20000	20000
所得税(5)=(4)×25%	5000	5000	5000	5000	5000
税后净利(6)=(4)-(5)	15000	15000	15000	15000	15000
现金流量(7)=(1)-(2)-(5) =(6)+(3)	35000	35000	35000	35000	35000

续表

B方案					
销售收入(1)	80000	80000	80000	80000	80000
付现成本(2)	30000	34000	38000	42000	46000
折旧(3)	20000	20000	20000	20000	20000
税前净利(4)＝(1)－(2)－(3)	30000	26000	22000	18000	14000
所得税(5)＝(4)×25％	7500	6500	5500	4500	3500
税后净利(6)＝(4)－(5)	22500	19500	16500	13500	10500
现金流量(7)＝(1)－(2)－(5)＝(6)＋(3)	42500	39500	36500	33500	30500

表7-2　投资项目现金流量计算表　单位:元

年　序	0	1	2	3	4	5
A方案						
固定资产投资	－100000					
营业现金流量		35000	35000	35000	35000	35000
现金流量合计	－100000	35000	35000	35000	35000	35000
B方案						
固定资产投资	－120000					
流动资金垫支	－30000					
营业现金流量		42500	39500	36500	33500	30500
固定资产残值						20000
期满流动资金回收						30000
现金流量合计	－150000	42500	39500	36500	33500	80500

第三节　项目投资决策的基本方法

一个投资项目可行不可行,要将技术上的先进性与经济上的合理性结合起来进行分析。从经济上看,主要是要搞好投资项目经济效益的评价工作,这将有助于科学地、合理地进行投资决策,减少决策中的失误。

投资项目经济效果的评价指标比较多,在实际工作中,按照其是否按"资金时间价值"进行统一换算,可将其分为静态指标和动态指标两大类。

一、静态分析方法

静态分析方法又称为“非贴现的现金流量法”，这类方法的主要特点是，在计算投资项目的经济评价指标时，不考虑资金时间价值，因而不采用复利计息方式对有关投资方案的现金流量进行折现计算，而是直接按投资项目所形成的现金流量来进行计算。静态分析方法通常使用的有两种：静态投资回收期法和投资报酬率法。

(一)静态投资回收期法

静态投资回收期(简称为投资回收期)是指在不考虑资金时间价值的情况下，收回全部投资额所需要的时间。该指标一般以年为单位。静态投资回收期法就是以静态投资回收期的长短作为投资决策分析的标准，依此来选择最佳投资方案的一种决策分析方法。

静态投资回收期的计算，因各年现金净流量是否相等而有两种不同的方法。

当每年的营业现金净流量相等时，其计算公式为：

$$\text{投资回收期}=\frac{\text{投资总额}}{\text{每年的现金净流量}} \tag{7-5}$$

当每年的现金净流量不相等时，或者现金流入并非从投资方案有效期的第一年开始，那就需要在逐年累计其现金流入额的基础上作相应的变通计算。

【例 7-2】 华新公司计划将资金 100000 元投资于某一高科技项目，现拟有A、B、C 三个方案，每年各方案的现金流入量如表 7-3 所示。

试用静态投资回收期法为该公司确定一个最佳投资方案。

表 7-3　　华新公司 A、B、C 三个方案的现金流入量　　单位:元

年　序	A 方案	B 方案	C 方案
0	−100000	−100000	−100000
1	40000	60000	30000
2	40000	50000	40000
3	40000	40000	50000
4	40000	20000	60000

解：根据上述资料，A、B、C 三个投资回收期可计算如下：

$$\text{A 方案的投资回收期}=\frac{100000}{40000}=2.5(\text{年})$$

B 方案的投资回收期：B 方案第一年的现金流入量为 60000 元，第二年只要

回收 40000 元，即可收回全部投资额。所以，其投资回收期为：

$$1+\frac{40000}{50000}=1.8(年)$$

同理 C 方案的投资回收期为：

$$2+\frac{30000}{50000}=2.6(年)$$

通过计算，可以看出，如果以投资回收期的长短作为投资方案的判别标准，则 B 方案为该公司的一个最佳投资方案。

在使用投资回收期法进行项目投资评价时，要首先计算出该项目的投资回收期，然后与标准回收期进行比较。所谓标准回收期是指国家根据各行业、各部门具体情况规定的回收定额。如汽车为五年、电器设备为四年、机械产品为七年等。企业也可以根据实际情况自己制定相应投资项目的标准回收期。如果备选项目的投资回收期小于标准回收期，则项目可行；否则，项目不可行。

投资回收期法的主要优点是简单、明了，易于理解和掌握。而且，投资回收期越短，则该投资在未来时期所冒的风险也就越小。正是由于投资回收期的长短，可以看作是投资在未来所冒风险程度的标志，所以，这种方法在实际工作中被许多人采用。但它有明显的不足之处：一是没有考虑资金的时间价值；二是没有考虑回收期满后的现金净流量(即大于原投资额的部分)，因此，它也就不能确定整个投资项目究竟能获得多大的经济效益，用来评价不同方案的经济效果，难以确切地说明问题。

(二)投资报酬率法

投资报酬率(记作 ROI)也称“投资收益率”、“会计收益率”，是指投资项目在其寿命期内每年的平均净收益与该项目投资额的比率。投资报酬率法就是以投资报酬率作为评价投资方案的标准，据此进行投资决策的方法。

投资报酬率的计算公式为：

$$投资报酬率=\frac{年平均净收益}{投资总额}\times 100\% \tag{7-6}$$

其中，年平均净收益等于投资有效期内各年净收益的总额与其期间长度的比值。

【例 7-3】 明达公司计划从事某项投资活动，现拟有三个投资方案，有关资料如表 7-4 所示。

表 7-4 明达公司 A、B、C 三个投资方案比较 单位:元

期间	A 方案		B 方案		C 方案	
	投资额	净收益	投资额	净收益	投资额	净收益
1	60000	3500	70000	10000	45000	13500
2		6000	6000	9500	15000	11000
3		8500		16500		8500
4		11000				6000
5		13000				3000

试计算 A、B、C 三个投资方案的投资报酬率,并据此判别三个方案的优劣。

解:根据表 7-4 中的有关数据,A、B、C 三个方案的收益率可计算如下:

对于 A 方案:

$$年平均净收益=\frac{3500+6000+8500+11000+13000}{5}=8400(元)$$

$$投资报酬率=\frac{8400}{60000}\times 100\%=14\%$$

对于 B 方案:

$$年平均净收益=\frac{10000+9500+16500}{3}=12000(元)$$

$$投资报酬率=\frac{12000}{76000}\times 100\%=15.8\%$$

对于 C 方案,其结果与 A 方案相同,投资报酬率也是 14%。

从上述计算结果可知,B 方案具有较高的投资报酬率,A 方案与 C 方案的投资报酬率相同。用投资报酬率来衡量,B 方案是明达公司进行该项投资活动的最佳方案。

投资报酬率法,同样没有考虑资金时间价值,把不同年份的净收益同等看待。显然,该指标也不能正确地反映各投资方案的经济效益,例如,A 方案和 C 方案,各个年份的净收益之和,数字相同。但是,A 方案的净收益是逐年递增的,第 1 年的净收益只占第 5 年净收益的 1/3 强。而 C 方案的净收益是逐年递减的,第 1 年的净收益约为第 5 年的 3 倍,显然 C 方案比 A 方案的经济效果要好,这种差别,在投资报酬率法中是反映不出来的。

静态分析方法,计算简单,主要用于投资方案的初选。利用静态分析方法计算出的效益不好的方案,一般应予淘汰,效益较好的,再用动态分析方法作进一步的判断、选择,也就是说,在具体的项目投资决策分析中,静态分析方法要和考

虑资金时间价值的动态分析方法结合起来一起使用，静态分析方法是作为第二位的方法使用的。

二、动态分析方法

动态分析方法又叫“贴现现金流量法”，它的主要特点是考虑了资金时间价值对投资过程的影响。它按照复利计息方法，将未来各期的现金流出量和现金流入量，按预期报酬率统一折算成投资开始时（即 0 年）的现值量，以此为基础，分析、评价各投资方案的经济效益，作出采纳与否的投资决策。

通常使用的动态分析方法有：净现值法、现值指数法、内含报酬率法和动态回收期法等。

（一）净现值法

净现值是指某项投资方案未来各期现金流入量的现值总额减去现金流出量的现值总额的余额。即按行业的基准收益率或设定的折现率将投资方案未来各期现金净流量换算到零年之值的代数和。所谓净现值法是按照一项投资方案的净现值是正数还是负数来确定该方案是否可行的决策分析方法。凡净现值是正数，则说明该方案的投资报酬率大于预期的报酬率，投资不仅能获得符合预定报酬的期望利益，而且还可以得到以正值差额表示的现值利益，这在经济上是有利的。反之，若净现值是负数，则说明投资效益小于预期报酬率，投资者将无利可图，方案不可行。

净现值的计算公式为：

$$NPV=\sum_{t=0}^{n}\frac{NCF_t}{(1+i)^t} \tag{7-7}$$

式中：NPV——净现值；

NCF_t——未来第 t 期的现金净流量；

i——预定的投资报酬率（即按行业的基准收益率或设定的折现率）；

n——项目周期数。

当全部投资在建设起点一次投入、建设期为零、投产后每年的现金净流量相等时，投产后的现金净流量表现为普通年金形式，则上述公式可以简化为：

$$NPV=A\frac{1-(1+i)^{-n}}{i}-NCF_0=A\cdot(P/A,i,n)-NCF_0 \tag{7-8}$$

式中：A——未来每期相等的现金净流量；

NCF_0——原始投资额；

i——预定的投资报酬率；

n——项目周期数。

这时，对于终点的回收额（例如，残值、流动资金）可视为第 n 年的终值，在公式中单独进行处理。

【例 7-4】 燕山公司有甲、乙、丙三个投资方案，甲方案需投资 16000 元，乙方案需投资 18000 元，丙方案需投资 14000 元，投资靠银行贷款解决，年利率为 12%。甲方案期末无残值，乙、丙方案期末的残值分别为 2000 元和 1000 元。各方案的现金净流量如表 7-5 所示。

表 7-5　　燕山公司三个投资方案的现金净流量　　单位：元

年　序	甲方案	乙方案	丙方案
0	−16000	−18000	−14000
1	5000	9000	3000
2	5000	8000	3500
3	5000	6000	4800
4	5000	4000	6000
5	5000	3000*	8700*
合计	25000	30000	26000

注："*"表示在第 5 年的净流量中，包括各自的残值数。

试用净现值法为该公司选择一个最佳投资方案。

解：根据表 7-5 提供的有关资料，甲、乙、丙三个投资方案的净现值可计算如下：

$$NPV_{甲}=5000\times\frac{1-(1+12\%)^{-5}}{12\%}-16000=5000\times(P/A,12\%,5)-16000$$

$$=5000\times3.6048-16000=18024-16000=2024(元)$$

$$NPV_{乙}=\left[\frac{9000}{(1+12\%)}+\frac{8000}{(1+12\%)^{2}}+\frac{6000}{(1+12\%)^{3}}+\frac{4000}{(1+12\%)^{4}}+\frac{3000}{(1+12\%)^{5}}\right]$$

$$-18000=22930-18000=4930(元)$$

$$NPV_{丙}=\left[\frac{3000}{(1+12\%)}+\frac{3500}{(1+12\%)^{2}}+\frac{4800}{(1+12\%)^{3}}+\frac{6000}{(1+12\%)^{4}}+\frac{8700}{(1+12\%)^{5}}\right]$$

$$-14000=17635-14000=3635(元)$$

从以上计算结果可知，三个投资方案的净现值均为正数，说明它们的投资报酬率均在 12%以上，其中，乙方案的净现值最大，丙方案次之，甲方案最小，故该公司的最佳方案为乙方案，应予采纳。

【例 7-5】 明山公司拟进行一项固定资产投资，有甲、乙两个备选方案可以选择，有关资料如表 7-6 所示。

表 7-6　　明山公司甲、乙两方案的现金净流量　　单位：元

年　序	甲方案现金净流量	乙方案现金净流量
0	－20000	－30000
1	－10000	0
2	0	800
3	10000	900
4	10000	1000
5	10000	1100
6	10000	1200
7	10000	

设公司的预定报酬率为 10％。

要求：试用净现值为公司作出正确的决策。

解：甲方案的净现值为：

$$NPV=10000\times\frac{1-(1+10\%)^{-5}}{10\%}\times\frac{1}{(1+10\%)^{2}}-\left[20000+10000\times\frac{1}{(1+10\%)^{1}}\right]$$

$$=10000\times(P/A,10\%,5)\times(P/F,10\%,2)-[20000+10000\times(P/F,10\%,1)]$$

$$=10000\times3.7908\times0.8264-(20000+10000\times0.9091)=2236.17(\text{元})$$

乙方案的净现值为：

$$NPV=800\times0.8264+900\times0.7513+1000\times0.6830+1100\times0.6209+1200\times0.5645-30000=3380.68(\text{元})$$

因为乙方案的净现值大于甲方案的净现值，因此，该公司应选择乙方案。

净现值是一个折现的绝对值正指标，能衡量各方案对公司价值的影响，净现值最大与公司财富最大化是一致的，因此，净现值是投资决策评价指标中最重要的指标之一。它的优点是既考虑了资金时间价值，又利用了项目计算期内的全部现金净流量的信息。而缺点是无法反映投资项目的实际收益率水平。

当不同方案的投资额不同时，仅从净现值的大小来判断各个方案的优劣，是有着明显缺点的。因为在这种情况下，不同方案的净现值事实上是不可比的。因此，一般说来，这种方法只适用于互斥投资方案的择优过程。

（二）现值指数法

现值指数亦称“获利指数”，是指项目投产后按行业基准收益率或企业设定的贴现率折算的各年营业现金净流量的现值（可简称“报酬总现值”）与原始投资的现值（投资总现值）之比。它可用来说明每元投资额在未来可以获得的现金流入量现值的大小，使不同投资额的方案具有共同的可比基础。现值指数法就是根据各个备选方案的现值指数是否大于 1 来确定该方案是否可行的一种决策分析方法。

现值指数的计算公式为：

$$\text{现值指数}=\frac{\text{现金净流量现值}}{\text{投资总现值}}\quad \text{即：}PI=\frac{\sum_{t=1}^{n}\frac{NCF_t}{(1+i)^t}}{NCF_0} \tag{7-9}$$

式中：PI 为现值指数；其余符号的含义与公式(7-7)中的含义相同。

【例 7-6】 根据例 7-4 中的资料，试计算甲、乙、丙三个投资方案的现值指数。

解：根据例 7-4 的计算结果，甲、乙、丙三个投资方案的现值指数可分别计算如下：

$$PI_{\text{甲}}=\frac{\sum_{t=1}^{n}\frac{NCF_t}{(1+i)^t}}{NCF_0}=\frac{18024}{16000}=1.127$$

$$PI_{\text{乙}}=\frac{22930}{18000}=1.274$$

$$PI_{\text{丙}}=\frac{17635}{14000}=1.260$$

从以上计算结果可知，三个投资方案的现值指数均大于 1，说明三个投资方案都是可行方案。其中，乙方案的现值指数最大，丙方案次之，甲方案最小。乙方案是最佳方案。所得结论与利用净现值法计算得到的结论相同。事实上，对于标准型投资而言，净现值和现值指数之间，存在着密切的内在联系，因为由公式(7-7)、(7-8)和(7-9)可知：

$$NPV=\sum_{t=0}^{n}\frac{NCF_t}{(1+i)^t}$$

$$PI=\frac{\sum_{t=1}^{n}\frac{NCF_t}{(1+i)^t}}{NCF_0}$$

所以，它们之间存在着如下的关系：

净现值大于 0，则现值指数大于 1；

净现值等于 0，则现值指数等于 1；

净现值小于 0，则现值指数小于 1。

(三)内含报酬率法

内含报酬率(*IRR*)，又称“内部收益率”，是指某项投资方案在其寿命周期内实际可以达到的投资报酬率，可以理解为是该项投资方案未来各期现金流入量的现值总额与现金流出量(原始投资额)的现值总额相等时的贴现率，其实质是一种能使投资方案净现值为零的贴现率，也就是满足以下等式的 IRR 值：

$$NPV = \sum_{t=0}^{n} \frac{NCF_t}{(1+IRR)^t} = 0 \qquad (7\text{-}10)$$

只要 NPV 不为负数，则方案可行。

而对于标准型投资而言，则以下公式成立：

$$\sum_{t=1}^{n} \frac{NCF_t}{(1+IRR)^t} = NCF_0$$

即：

$$\sum_{t=1}^{n} \frac{NCF_t}{(1+IRR)^t} - NCF_0 = 0$$

由此我们可以说，所谓内含报酬率法就是具体测定各项投资方案所能达到的投资报酬率，并据以确定投资方案是否可行的一种决策分析方法。按此方法进行投资决策时，可将测得的内含报酬率与资本成本或预期报酬率相比较，以确定投资方案的优劣与取舍。如果内含报酬率低于资本成本，这说明这项投资连投资资金所需支付的成本也补偿不了，更谈不上给企业带来利润了，因而投资方案显然是不能接受的。如果内含报酬率高于资本成本而低于预期报酬率，则说明该项投资所带来的收益在补偿资本成本后，不能为企业提供满意的经济效益。如果内含报酬率高于预期报酬率，则说明该项投资能为企业带来比预料的更大的经济效益。在多个备选方案进行比较时，内含报酬率最高的方案，一般即为进行投资活动的最佳方案。目前，越来越多的企业使用该项指标对投资项目进行评价。

内含报酬率的计算方法，因未来各期现金净流量是否相等而有所不同。一般可分为两种情况。

1. 各期现金净流量相等

当一项投资方案各期的现金净流量相等时，内含报酬率可用查表结合插值法进行计算，其计算程序为：

首先，计算年金现值系数：

因为　$A \times (P/A, IRR, n) = P$

所以　$(P/A, IRR, n) = \dfrac{P}{A} = \alpha$

其次，查“年金现值系数表”（见附表 3），在已知期数(n)的一行内，查找与所求系数相同的系数。如果有与所求年金现值系数相等者，那么表中该系数所对应的折现率，即为内含报酬率；如果没有正好相等者，则找出与所求年金现值系数相邻近的较小和较大的两个年金现值系数，设为 β_1 和 β_2($\beta_1 > \alpha > \beta_2$)，读出 β_1，β_2 所对应的折现率 i_1，i_2($i_1 < i_2$)。

最后，根据上述两个折现率与所求得的年金现值系数，用插值法计算出该项投资方案的内含报酬率。

$$IRR=i_1+\frac{\beta_1-\alpha}{\beta_1-\beta_2}\times(i_2-i_1)$$

2. 各期现金净流量不相等

当一项投资方案各期的现金净流量不相等时，内含报酬率可用逐次测试法来计算。其计算程序为：

首先，根据投资方案的实际情况，先估计一个贴现率，并按该贴现率将未来各年的现金流入量统一换算为“现值”，然后相加，再把它同原投资额相比较，如果差额(即净现值)为正数，则说明估计的贴现率低于该投资方案可达到的实际投资报酬率，应稍微提高估计的贴现率，再进行测试。如果差额为负数，则说明估计的贴现率高于该投资方案的可达到的实际投资报酬率，应稍微降低估计的贴现率，再进行测试。如此，经逐次测试，最终要求找出相邻的一个正值的净现值与一个相邻的负值的净现值所对应的两个贴现率。

其次，根据上述两个邻近的贴现率，以及内含报酬率就是使投资方案的净现值等于零的原理，采用插值法计算出该投资方案的内含报酬率，其基本计算公式为：

$$IRR=i_1+\frac{NPV_1-0}{NPV_1-NPV_2}(i_2-i_1) \tag{7-11}$$

式中：IRR——内含报酬率；

i_1——使净现值为正值的较低贴现率；

i_2——使净现值为负值的较高贴现率；

NPV_1——按较低折现率计算的净现值；

NPV_2——按较高折现率计算的净现值。

【例 7-7】 根据例 7-4 中的资料，试分别计算甲、乙、丙三个投资方案的内含报酬率。

解：根据已知资料，甲、乙、丙三个投资方案的内含报酬率可分别计算如下：

(1)甲方案的内含报酬率

由于甲方案每年的现金净流量相等，所以，

$$甲方案的年金现值系数=\frac{16000}{5000}=3.200$$

查“年金现值系数表”，在年数等于 5 的行内，与年金现值系数 3.2 邻近的现值系数 3.2743 在 16%列内、3.1993 在 17%列内。由此可知，甲方案的内含报酬率在 16%和 17%之间。

下面用插值法计算：

甲方案的内含报酬率$(IRR_{甲})=i_1+\frac{NPV_1-\alpha}{NPV_1-NPV_2}\times(i_2-i_1)$

$$=16\%+\frac{3.2743-3.2}{3.2743-3.1993}\times(17\%-16\%)$$

$$=16.007\%$$

(2)乙方案的内含报酬率

由于乙方案的各年现金净流量不相等，所以，应按逐次测试法来求其内含报酬率。

首先，设一较低的贴现率 $i_1=25\%$，进行测试，计算结果如表 7-7 所示。

表 7-7　　贴现率为 25%时的净现值计算表　　单位：元

年　序	各年现金净流量	复利现值系数	现　值
1	9000	0.8000	7200.0
2	8000	0.6400	5120.0
3	6000	0.5120	3070.0
4	4000	0.4096	1638.4
5	3000	0.3277	983.1
合计			18011.5
原投资额			18000
净现值			11.5

计算结果：净现值为正数，说明估计的折现率小于内含报酬率，应提高贴现率再进行测试。

第二次测试，设贴现率 $i_2=28\%$，计算结果如表 7-8 所示。

表 7-8　　贴现率为 28%时的净现值计算表　　单位：元

年　序	各年现金净流量	复利现值系数	现　值
1	9000	0.7813	7031.7
2	8000	0.6104	4883.2
3	6000	0.4768	2860.8
4	4000	0.3725	1490.0
5	3000	0.2910	873.0
合计			17138.7
原投资额			18000
净现值			−861.3

计算结果:净现值为负数,说明估计的贴现率大于内含报酬率。

通过以上两次测试,可以断定该投资方案的内含报酬率在25%～28%之间,为了精确起见,可以再降低贴现率,例如取27%,进行测试,结果如表7-9所示。

表7-9　贴现率为27%时的净现值计算表　单位:元

年　序	各年现金净流量	复利现值系数	现　值
1	9000	0.7874	7086.6
2	8000	0.6200	4960.0
3	6000	0.4882	2929.2
4	4000	0.3844	1537.6
5	3000	0.3027	908.1
合计			17421.5
原投资额			18000
净现值			−578.5

现用插值公式计算乙方案的内含报酬率为:

$$IRR_{乙}=25\%+\frac{11.5-0}{11.5-(-578.5)}\times(27\%-25\%)$$

$$=25\%+\frac{11.5}{590}\times2\%=25.04\%$$

(3)丙方案的内含报酬率

用同样的方法,可以确定出丙方案的内含报酬率,简述如下:

设 $i_1=20\%$,则:

$$NPV_1=\left[\frac{3000}{(1+20\%)}+\frac{3500}{(1+20\%)^2}+\frac{4800}{(1+20\%)^3}+\frac{6000}{(1+20\%)^4}+\frac{8700}{(1+20\%)^5}\right]-14000=96.5$$

设 $i_2=22\%$,则:

$$NPV_2=\left[\frac{3000}{(1+22\%)}+\frac{3500}{(1+22\%)^2}+\frac{4800}{(1+22\%)^3}+\frac{6000}{(1+22\%)^4}+\frac{8700}{(1+22\%)^5}\right]-14000=-618.2$$

所以,

$$IRR_{丙}=20\%+\frac{96.5-0}{96.5-(-618.2)}\times(22\%-20\%)=20.27\%$$

从以上计算结果可知,三个投资方案的内含报酬率均超过银行的贷款年利率12%,所以,三个投资方案均是可行方案。其中,乙方案的内含报酬率最高,丙方案次之，甲方案最低。所以，乙方案为公司的最佳投资方案。

在具体的投资活动中，由于种种原因，投资所需资金往往不能一次同时投入，而是分次于不同时期投入的，分次投入的资金也要按照同样的方法统一换算为现值，能使其净现值等于零的折现率就是所求的内含报酬率。

【例 7-8】 宏泰公司的某一项投资方案，其现金流动状况如表 7-10 所示。

表 7-10　　公司现金流动状况表　　单位：万元

摘　要	年　序									
	1	2	3	4	5	6	7	8	9	合计
固定资产投资	(10)	(10)	(10)	(10)	(10)					(50)
经营利润和折旧				15	15	15	15	25	25	110
追加流动资产投资				(35)						(35)
现金净流量	(10)	(10)	(10)	(30)	5	15	15	25	25	25

注：括号内的数字表示现金流出，无括号者为现金流入。

试确定该投资方案的内含报酬率。

解：所求的内含报酬率就是能使现金净现值为零的贴现率，其计算过程如表 7-11 所示。

表 7-11　　不同贴现率下的净现值计算结果表　　单位：万元

贴现率	年　序									
	1	2	3	4	5	6	7	8	9	合计
0%	(10)	(10)	(10)	(30)	5	15	15	25	25	25
3%	(9.7)	(9.4)	(9.2)	(26.6)	4.3	12.6	12.2	19.2	18.6	12
5%	(9.5)	(9.1)	(8.6)	(24.7)	3.9	11.2	10.7	16.9	16.1	6.9
7%	(9.4)	(8.7)	(8.2)	(22.9)	3.6	10	9.3	14.6	13.6	1.9
8%	(9.3)	(8.6)	(7.9)	(22.1)	3.4	9.5	8.7	13	11.6	(1.7)

注：括号内的数字表示现金流出，无括号者为现金流入。

由插值公式，可计算出该方案的内含报酬率为：

$$IRR=7\%+\frac{1.9-0}{1.9-(-1.7)}\times(8\%-7\%)=7.53\%$$

投资项目的内含报酬率计算较复杂，但可以得到比较精确的结果。

在用内含报酬率评价投资方案的经济效果时，其本身也有两个重要的缺陷：

其一，各年的现金净流量流入后，是假定各个项目在其全过程内是按各自的内含报酬率进行再投资而形成增值，而非所有项目按统一要求达到、并在统一的资金市场上可能达到的报酬率进行再投资而形成增值，这一假定具有较大的主观性，缺乏客观的经济根据。

其二，对于非常规投资方案（即在建设和经营年限内，各年的现金净流量在开始年份出现负值，以后各年有时为正，有时为负，正负符号的改变超过一次以上的投资方案），根据上述程序计算，可能出现多个内含报酬率，使人无法判别真正的内含报酬率是多少，为指标的应用带来困难。

净现值法和内含报酬率法的区别，主要表现为以下两点：

一是净现值法是假定能按最低要求的投资报酬率将现金流入再投资；而内含报酬率法则假定能按计算出的内含报酬率将现金流入再投资。在互斥方案比较时，净现值法更切合实际，能得出可靠的结果。

二是在衡量获利能力时，净现值法得到的是绝对数，内含报酬率法得到的则是相对数。净现值反映的是公司价值的变化额。由于净现值能衡量各方案对公司价值的影响，因此，净现值最大与公司财富最大化是一致的。

内含报酬率能测量出资金流在公司内部可赚取的投资报酬，内含报酬率的最大化并不能保证公司股东财富的最大化，内含报酬率也无法体现投资方案的绝对贡献额。在分析的最后阶段，对企业来说，起作用的应是绝对利润额，而非相对利润额。

（四）等年值比较法

等年值是指根据预定报酬率和投资项目的整个有效期，按照复利计息方式，对未来各期的全部现金流量进行换算所确定的每期均等的金额。所谓等年值比较法就是根据等年值的大小来分析、评价各投资方案经济效果的一种决策分析方法。其中等年收入较高（或等年成本较低）的方案，投资的经济效果较好；反之，则较差。等年值比较法适用于原始投资额不相同的多项目比较，尤其是适用于项目计算年限不同的多项目的对比与选优决策。

等年值的计算公式为：

$$等年值=\frac{现值总额}{投资有效期年金现值系数} \tag{7-12}$$

或者

$$等年值=\frac{终值总额}{投资有效期年金终值系数} \tag{7-13}$$

【例 7-9】 华鲁公司拟进行一项投资，有甲、乙、丙三个方案可供选择，预定投资报酬率为 14%，其余有关资料如表 7-12 所示。

试对甲、乙、丙三个方案进行评价，并为该公司作出最佳选择。

解：由于甲、乙、丙三个方案的投资规模和有效期均不同，所以该公司最佳方案的选择难以用上述各种方法来进行。下面，我们用等年值法来对投资方案进行分析、评价。

表 7-12 投资方案的现金流量表

项　目	甲方案	乙方案	丙方案
投资总额(元)	100000	300000	500000
有效期限(年)	5	8	10
残值(元)	5000	10000	80000
每年现金流入量(元)	30000	60000	95000

根据公式(7-12)和(7-13)，甲、乙、丙方案的等年值可计算如下：

$$甲方案的等年值=-100000\div\frac{1-(1+14\%)^{-5}}{14\%}+5000\div\frac{(1+14\%)^{5}-1}{14\%}+30000=1627.39(元)$$

$$乙方案的等年值=-300000\div\frac{1-(1+14\%)^{-8}}{14\%}+10000\div\frac{(1+14\%)^{8}-1}{14\%}+60000=-3913.42(元)$$

$$丙方案的等年值=-500000\div\frac{1-(1+14\%)^{-10}}{14\%}+80000\div\frac{(1+14\%)^{10}-1}{14\%}+95000=3278.25(元)$$

从以上计算可以看出，在将现金流出(投资额)作为负值的情况下，乙方案的等年值为负数，故该方案不可行。丙方案的等年值比甲方案的等年值多1650.86(3278.25－1627.39)元。因此，丙方案为该公司的最佳投资方案。

(五)动态投资回收期法

动态投资回收期是指一项投资逐步实现的现金流入量现值和原始投资额现值相等时所需要的时间，也就是在考虑资金时间价值的条件下，收回原投资所需的时间。是一种以现金贴现的现金净流量计算投资回收期的方法，即首先将各年的现金净流量进行贴现，得到贴现现金流量，然后采取前述静态投资回收期的计算方法计算该项目的贴现投资回收期。贴现投资回收期除了考虑到资金时间价值外，其他的优点与缺点以及判断标准与静态投资回收期相差无几。

【例 7-10】 假设某项目的现金流量如下表，假设现金贴现率为 10%，则该项目贴现的现金流量如表 7-13 所示。

表 7-13　　某项目贴现现金流量表

年度	现金净流量	复利现值系数	贴现现金流量	累计贴现现金流量
0	−100	1.0000	−100	−100
1	20	0.9091	18.182	−81.818
2	30	0.8264	24.792	−57.026
3	40	0.7513	30.052	−26 974
4	50	0.6830	34.150	7.176
5	40	0.6209	24.836	32.012

根据投资回收期的计算方法有：

$$动态投资回收期=3+\frac{26.974}{34.150}=3.79(年)$$

对投资方案的对比与选优，是其经济评价的关键性一环。前面，我们讲了多种对投资方案的经济效果进行分析、评价的方法。在具体工作中，为了正确地进行投资方案的对比与选优，一般要从不同投资方案之间的关系着眼，将投资方案区分为独立方案、相互排斥的方案和组合排队方案三类。

对于独立方案来说，在资金总量没有限制的条件下，是通过经济评价指标的计算以判断其经济上是否可行来决定取舍的。其常用的分析、评价方法有净现值法和内含报酬率法。而且，两种方法所得出的结论是一致的。

根据内含报酬率的特性，只有 $IRR>i$，则表明方案经济上可行，同用净现值法得到的结论相一致。

对于相互排斥的方案，可以应用差量分析原理进行方案的对比与选优。增量投资如能获得要求达到的最低报酬率，则增量投资在经济上是可行的。

从净现值来看，增量分析得到的净现值大于零，则投资额大的方案较优；否则，投资额小的方案较优。

从内含报酬率来看，增量投资内含报酬率大于预定的最低报酬率，投资额大的方案较优；反之，则投资额小的方案较优。增量投资内含报酬率是指两个方案现金净流量差额的现值之和等于零时的折现率，可用与计算内含报酬率相同的方法进行计算。

用上述两种选优规则对互斥方案进行判别，所得结论一般也是相一致的。

当多个投资方案的投资规模不同，期限不一致时，为了消除投资规模和期限不同对投资方案所产生的影响，一般采用等年值比较法。

另外，在多个互相排斥方案的选优中，亦可先用回收期法进行初步筛选，然后，再用其他方法进行最优方案的选取。1992 年，美国《幸福》杂志从世界 500 家大公司中选择了 100 家进行了调查，结果表明大多数公司将净现值法和内含报酬率法作为首选方法，并且把回收期法作为第二选择的决策评价方法。使用回收期法，主要是控制投资项目的风险，因为回收期法强调了项目早期的现金流量，这是比较重要且易于预测的现金流量。

对于多个项目组合排队方案的选优问题，一般可区分为两种情况，在资金总量没有限制的情况下，可按每一项目的净现值大小排队，然后确定项目的优先顺序以决定取舍；在资金总量有限制时，只需按照内含报酬率的大小，结合净现值的大小进行各种组合排队，从中选出能使净现值之和最大的最优组合决策。

由于投资项目所需资金的数额较大，持续时间较长，投资效果的好坏直接影响着企业的财务状况和经营成果，甚至企业的生存与发展。因此，在投资活动具体实施以前，对投资的各种备选方案进行认真深入的经济评价工作，以便从中选出最优的方案，这是一项事关重大的基础性工作，必须切实做好。

第四节 项目投资决策方法的应用

企业在正常的生产经营活动中，需要作出投资决策的问题是多种多样的。下面所举案例，主要涉及固定资产的购置、更新、大修理、技术改造及产品开发等问题。

一、固定资产更新决策

随着科学技术的发展，许多新设备、新机器不断出现。使用技术上更先进、效率更高的新设备、新机器来取代现有的设备与机器，可以使企业在未来时期内取得更大的经济效益。固定资产是否更新的决策，是企业投资决策中的一个重要问题。决策分析的关键是比较固定资产更新前后，企业所能获得收益的大小。若固定资产更新后给企业带来的经济效益大于更新前给企业带来的经济效益，则方案是可取的；否则，方案便是不可取的。

(一)新设备的经济寿命与旧设备的剩余寿命相同条件下的更新决策

【例 7-11】 华通公司于 3 年前购入一套设备，原价 500000 元，预计使用 10 年，目前已提折旧 135000 元，期满残值为 50000 元，使用该设备每年可获销售收入 160000 元，每年的付现成本为 30000 元。

该公司为了提高产品的性能，准备另行购置一套新的、更先进的设备。新设备的价款约需 646000 元，估计可使用 7 年，期满预计残值收入 86000 元。新设备投入使用后，每年可获销售收入 300000 元，每年的付现成本为 50000 元。购入新设备后,原有设备可作价 120000 元进行处理。

如公司的资金成本为 14%,所得税率为 25%,新旧设备均采用平均年限法计提折旧。那么,该公司的设备更新方案是否可行?试作出决策分析。

解:由于新设备的使用年限与旧设备的剩余使用年限相同,所以,可以采用净现值法,来确定设备更新是否有利。

(1)计算出售旧设备而购入新设备的净现值

新增投资额:646000－120000＝526000(元)

每年需提折旧额$=\dfrac{646000-86000}{7}=80000$(元)

每年的税后净利润＝(300000－50000－80000)(1－25%)＝127500(元)

每年的现金净流量＝127500＋80000＝207500(元)

设备残值回收额＝86000(元)

$$
\begin{aligned}
NPV &= 207500\times\frac{1-(1+14\%)^{-7}}{14\%}+86000\times(1+14\%)^{-7} \\
&\quad +(500000-135000-120000)\times25\%-526000 \\
&= 207500\times4.2883+86000\times0.3996+61250-526000 \\
&= 459437.85(\text{元})
\end{aligned}
$$

(2)计算继续使用旧设备的净现值

每年需提折旧额$=\dfrac{500000-50000}{10}=45000$(元)

每年的税后净利润＝(160000－30000－45000)(1－25%)＝63750(元)

每年的现金净流量＝63750＋45000＝108750(元)

设备残值回收额＝50000(元)

$$
\begin{aligned}
NPV &= 63750\times\frac{1-(1+14\%)^{-7}}{14\%}+50000(1+14\%)^{-7} \\
&= 63750\times4.2883+50000\times0.3996 \\
&= 293359.13(\text{元})
\end{aligned}
$$

由以上计算结果可知,出售旧设备而购入新设备的净现值为 459437.85 元,远远大于继续使用旧设备的净现值 293359.13 元,所以华通公司的设备更新方案是可行的。

(二)新设备的经济寿命与旧设备的剩余寿命不等条件下的更新决策

在这种情况下,一般用年使用成本法作出是否更新设备的决策。年使用成本法是通过比较新旧设备的年使用成本的高低,来决定是否更新旧设备的方法。年使用成本包括年使用费和投资的年摊销额。年使用费主要是指机器设备的维修费;投资的年摊销额,包括原始投资额中逐年摊销的部分和占用在残值上的资金每年应计的利息。

【例 7-12】 某公司目前生产中正在使用的一台设备是 4 年前购进的，购价 2200 元，估计残值为 200 元。预计还可使用 6 年，其年维修费为 900 元，若目前出售可作价 600 元。现在市场上有一同类性能优良的新机器，售价 2400 元，预计使用 10 年，估计残值为 300 元，年维修费为 800 元。公司要求的设备投资报酬率至少要达到 14%。那么，该公司现在是否应该更新旧设备？试作出决策分析。

解：(1)计算旧设备的年使用成本

$$APC_1=\frac{600-200}{(P/A,14\%,6)}+900+200\times14\%$$

$$=\frac{400}{3.8887}+900+28=1030.86(\text{元})$$

(2)计算新设备的年使用成本

$$APC_2=\frac{2400-300}{(P/A,14\%,10)}+800+300\times14\%$$

$$=\frac{2100}{5.2161}+800+42=1644.60(\text{元})$$

计算结果表明，继续使用旧设备的年使用成本要比新设备的年使用成本少 613.74(即 1644.60－1030.86)元。因此，该公司应继续使用旧设备，这样，可以在 6 年的有效期内节约 3682.44(即 613.74×6)元，在经济上是有利的。

二、固定资产应否大修理的决策分析

有些企业的生产设备或其他固定资产，可以通过大修理来恢复甚至提高其技术性能，延长使用年限。但是，设备大修理往往需要资金较多，而且修理后的生产设备同新购建的生产设备相比，一般技术故障较多，维修费用较高。进行大修理是否合算，应该通过对各种方案进行深入的分析与评价以后才能得出结论。

【例 7-13】 华清公司有一台生产设备，使用多年，已经破旧，如现在进行大修，需要立即支付翻新成本 40000 元，并预计在第五年末还需大修一次，预计大修成本 16000 元。如按时大修，该设备可望再使用 10 年。10 年后，预计其残值为 10000 元。该设备每年的营运成本估计为 32000 元。

现该公司还有另外一个方案，即将旧设备出售，可得价款 14000 元，另行购置一台新设备，需支付购入成本 80000 元。新设备预计可使用 10 年，每年的营运成本为 24000 元。预计新设备在第五年末需大修一次，预计大修成本为 5000 元，期满残值约为 12000 元。

假定该公司的资金成本为 16%，那么，该公司对这台生产设备是应大修还是应重新购置？试为该公司作出正确的投资决策。

解：由于翻新设备和更新设备的使用年限相同，下面我们采用净现值结合差量分析法来确定该台设备是大修理还是应该另行重置对公司更为有利。

首先，计算购入新设备比大修旧设备所增加的现金流入现值。

翻新成本节约额＝40000（元）

$$营运成本节约额=(32000-24000)\times\frac{1-(1+16\%)^{-10}}{16\%}$$

$$=8000\times4.833=38644(元)$$

$$大修成本节约额=(16000-5000)\times(1+16\%)^{-5}$$

$$=11000\times0.475=5236(元)$$

$$残值增加额=(12000-10000)\times(1+16\%)^{-10}$$

$$=2000\times0.227=454(元)$$

现金流入现值总额＝40000＋38664＋5236＋454＝84354（元）

其次，计算购入新设备比大修旧设备所增加的现金流出现值。

现金流出现值＝80000－14000＝66000（元）

最后，计算购入新设备比大修旧设备所增加的净现值。

$NPV=84354-66000=18354$（元）

从以上计算结果可以看出，购置新设备比翻新旧设备能增加净现值 18354 元，所以该公司应该购置新设备而不宜对旧设备进行大修，这种投资方案在经济上对公司有利。

三、资金总量存在限制条件下的投资决策

一个企业在生产经营的各个方面需要进行投资的项目一般都比较多，其中许多项目经过分析、评价，可能都能达到企业必要报酬率的要求，都属于有利的投资机会。但是，企业在一定期间内的资金来源总是有限的。在资金总量一定的限制下，如何选择最合理、最有利的投资方向和投资项目，使有限资金获得更大的经济效益，这是企业投资决策所面临的一个重要问题。

在资金总量存在限制条件下，可以用净现值法作出最佳决策。其步骤是：

1. 计算所有项目的净现值，并列出各项目的初始投资额。

2. 对净现值为正的项目，在资本限量内进行各种可能的组合，并计算出各种的组合净现值总额。

3. 选择净现值总额最大的组合。

【例 7-14】　设清河公司现有资金 100 万元，欲投资于 A、B、C、D、E、F、G 七个项目，经预测，每个项目所需要的资金及可实现的净现值如表 7-14 所示。

试求该公司的最佳投资方案。

表 7-14　**投资项目所需资金及相应的净现值表**　单位:万元

投资项目	需要的投资额	可实现的净现值
A	20	10
B	31	28
C	36	30
D	40	45
E	27	30
F	18	-40

解:为了选出最佳的项目总和,必须列出在资本限量内的所有可能的组合,并计算出各种组合的净现值合计数如表 7-15 所示。

表 7-15　**各种投资项目组合的净现值合计总和表**　单位:万元

投资项目组合	需要的投资额	净现值总和
ABC	87	68
ABD	91	82
ABE	78	68
BDE	98	103
ACD	96	85
ADE	87	85

在上述 B、D、E 三个项目的组合中,需要的投资额小于 100 万元,而净现值总和 103 万元高于其他各组,所以,该公司应该选择 B、D、E 三个项目,这时可实现最大的净现值为 103 万元。

四、产品开发决策

在市场经济条件下,企业要在竞争中求得生存、发展,不但要看其产品是否能做到质量优、价格低,而且更重要的是要看产品是否适销对路。为此,就必须不断地开发新产品,或有效地改造老产品,以满足顾客的需求,占有更多的市场份额。

产品开发不仅关系到企业目前的存在和将来的发展,关系到自身能力的增强，而且关系到整个国民经济的健康发展和广大消费者的切身经济利益。因此，企业管理者的职责就是在对产品技术性能进行分析论证的同时，对有关产品的生命周期、基本功能、市场需要量、市场价格、成本水平和预期利润等因素，进行全面的预测、计量和分析，制定出一系列的最优或满意的产品开发决策。

【例 7-15】 某公司准备生产新产品 A。该产品寿命周期为 5 年，每年产销 10000 件，每件销售价格 100 元，单位成本 40 元(不包括新购置设备的维修费)。

为生产该新产品，一方面需安排流动资金 100000 元；另一方面，需要购置一台价值为 120000 元、使用期为 5 年、每年修理费为 5000 元、残值收入为 8000 元的生产设备。预定投资报酬率为 15%。

要求：该企业在现有条件下，应否生产这种新产品？

解：首先，计算生产新产品的现金流出及其现值。

所需流动资金：100000 元；

设备买价：　120000 元

年设备修理费：

$5000(P/A,15\%,5)=5000\times3.352=16760$(元)

年产品总成本：

$10000\times40(P/A,15\%,5)=400000\times3.352=1340800$(元)

所以，现金流出现值总额＝100000＋120000＋16760＋1340800

＝1577560(元)

其次，计算生产新产品的现金流入及其现值。

产品销售收入：$10000\times100\times3.352=3352000$(元)

收回流动资金：

$100000(P/F,15\%,5)=100000\times0.497=49700$(元)

设备残值收入：$8000\times0.497=3976$(元)

所以，现金流入现值总额＝3352000＋497000＋3976＝3852976(元)

最后，计算生产新产品的净现值。

$NPV=3852976-1577560=2275416$(元)

因为，$NPV>0$，所以该公司开发这种新产品的方案是可行的。

上述关于投资决策方案的企业经济效益评价，采用的方法是对方案全周期形成的现金流量按由投资报酬率与风险报酬率共同组成的折现率统一换算为现值、等年值或终值进行比较研究，据以对投资方案可能取得的财务效益的大小作为评价取舍的依据。这种方法称为传统的企业评价方法，主要适用于劳动密集型项目和在市场比较稳定的条件下投资决策方案的效益评价。

当代高、新科学技术的蓬勃发展，使企业生产的电脑化、自动化水平大大提高，具体表现为数控机床、机器人、电脑辅助设计(CAD)、电脑辅助工程(CAE)、电脑辅助制造(CAM)、弹性制造系统(FMS)及其高级形式——电脑集成制造系统(CIMS)在许多先进企业中得到广泛应用。

这些先进的技术设备一般具有总投资额大、回收期长以及更新换代快而形成风险程度高等特点，但它们所能产生的效益确是高层次、多样化的，有助于企业从整体上提高国际竞争优势。

对于这些设备只考虑财务效益的大小就显得太不够了，而必须充分注意数量因素与质量因素并重，货币计量与非货币计量并重，数量计量与综合判断相结合。而综合评价判断的成效如何，则更多地取决于决策者的素质、经验和水平。

本章习题

一、填空题

1. 投资项目现金流量，一般分为________、________和________三部分。

2. 项目投资决策的评价指标，按是否考虑资金的时间价值，可以分为______和________。

3. 静态分析方法又称为________，这类方法的主要特点是，在计算投资项目的经济评价指标时，________。

4. 动态分析方法又叫________，它的主要特点是________对投资过程的影响。

5. 如果投资方案的净现值________，该方案为可行方案；如果投资方案的净现值________，该方案为不可行方案；如果几个互斥方案的投资额相等，且年限相同，则净现值________为最优方案。

二、单项选择题

1. 下列各项中，不属于投资项目的现金流出量的是(　　)。

A. 建设投资　　B. 垫支流动资金

C. 固定资产折旧　　D. 营运成本

2. 在下列指标中，不属于贴现现金流量的指标有(　　)。

A. 净现值　B. 内含报酬率　C. 现值指数　D. 静态回收期

3. 某投资项目的年营业收入为200000元，年营运成本为100000元，年折旧额为20000元，所得税率为25%，则该方案的年营业现金流量为(　　)元。

A. 20000　　B. 60000　　C. 80000　　D. 200000

4. 其他因素不变，如果贴现率提高，则下列指标中数值将会变小的是(　　)。

A. 净现值　　B. 内含报酬率　　C. 会计利润率　　D. 回收期

5. 当某独立投资方案的净现值大于零时，则内含报酬率(　　)。

A. 一定大于零　　B. 一定大于1

C. 小于投资者要求的报酬率　　D. 大于投资者要求的报酬率

6. 内含报酬率是指能够使下列项目中(　　)为零的报酬率。

A. 净现值　　B. 现金净流量　　C. 会计利润率　　D. 回收期

三、多项选择题

1. 在下列指标中，属于项目投资决策动态评价指标的是(　　)。

A. 净现值　　B. 内含报酬率　　C. 现值指数

D. 静态回收期　　E. 会计报酬率

2. 下列指标中，属于现金流出项目的有(　　)。

A. 建设投资　　B. 经营成本

C. 建设期投入固定资产产生的利息

D. 所得税支出　　E. 固定资产折旧

3. 下列指标中，属于现金流入项目的有(　　)。

A. 营业收入　　B. 回收的流动资金　　C. 固定资产变价收入

D. 经营成本节约额　　E. 固定资产折旧

4. 投资项目评价指标的计算，所依据的折现率需事先已知，属于这类指标的有(　　)。

A. 净现值　　B. 内含报酬率　　C. 现值指数

D. 静态回收期　　E. 投资报酬率

5. 净现值法的优点有(　　)。

A. 使用了现金净流量指标

B. 考虑了资金时间价值的影响

C. 考虑了整个项目有效期的全部现金净流量

D. 能从动态的角度直接反映投资项目的实际收益率水平

E. 可以对投资额不等的方案进行选择评价

6. 确定一个投资方案可行性的必要条件是(　　)。

A. 净现值大于零　　B. 内含报酬率不低于资本成本

C. 现值指数大于1　　D. 静态回收期小于1年

E. 内含报酬率大于零

四、判断题

1. 现金净流量是现金流入量与现金流出量的差额，其数值一定大于零。（　　）

2. 折旧对投资决策的影响，实际上是由于所得税的存在引起的。（　　）

3. 投资项目未来报酬的现值与投资额现值之比，叫净现值。（　　）

4. 净现值大于零，则现值指数大于1。（　　）

5. 净现值以绝对数表示，不便于不同投资规模的方案之间的比较。（　　）

6. 内含报酬率评价指标可以从动态的角度直接反映投资项目的实际收益率水平。（　　）

7. 当某一投资项目的净现值大于零时，则说明该投资项目的实际收益率大于投资者要求的最低收益率。（　　）

8. 回收期指标的优点是计算简单、易于操作，并且考虑了整个项目计算期的现金净流量信息。（　　）

9. 在对同一独立项目进行评价时，净现值与内含报酬率的结论总是趋于一致的。（　　）

10. 在互斥项目的评价上，净现值与内含报酬率评价指标产生矛盾的根本原因是这两种指标隐含的再投资利率不同。（　　）

五、计算分析题

1. 科贸公司准备购置一台新型铣床，现有两个方案可供选择：一是向A公司购入，可分5次付款，每年初付8万元，共40万元；二是向B公司购入，一次付现，需资金32万元。假定该公司的资金成本为14%。

要求作出哪个方案较优的决策分析。

2. 清苑公司目前拟购置一台自动化设备，需资金120000元。该设备可使用6年，期满有残值6000元，按平均年限法计提折旧。使用该自动化设备，每年可为企业增加净利100000元。若该公司的预期报酬率为14%。试用以下三种方法来评价该购置方案是否可行：

(1)净现值法；

(2)动态回收期法。

3. 海天公司有一笔资金300000元，拟投资于某一项目，现有两个备选方案A和B，有关资料如下表所示：

单位:元

年　份	各年的现金净流量	
	方案A	方案B
1	120000	20000
2	100000	40000
3	80000	60000
4	60000	80000
5	40000	100000
6	20000	120000

该公司的预期投资报酬率为14%,试用以下三种方法对投资方案进行评价。

(1)净现值法;

(2)现值指数法;

(3)内含报酬率法。

4. 海辰公司为保证生产的顺利进行,拟对一台加工设备进行大修,预计大修费用为20000元,大修后,可继续使用4年,在使用过程中,每年的正常维护保养费为300元。

现有人提议,以5000元的价格出售现有加工设备,另以50000元购入一台新的加工设备。新设备预计使用10年,每年正常的维护保养费为250元。预定投资报酬率为16%。

试作出生产中所需要的加工设备是应大修还是应重新购置的决策分析。

5. 江泰公司于3年前购入一台机床,原价10万元,预计使用10年,期满有残值1万元。目前市场上有一种同等功能的以电脑控制的新型自动化机床,售价16万元,预计可使用7年,7年后有残值收入1.6万元。另经测算,新机床投入使用后,每年可降低产品加工成本1万元;购入新型机床后,原有机床可以变价出售,预计售价为2.2万元。

根据上述资料,该公司的原有机床是否应预更新(假定公司的预定投资报酬率为18%)?

6. 某企业进行一项固定资产投资,有一A方案,建设期为两年,第一年初投资200万元,第二年初投资100万元,生产经营期为5年。预定报酬率为10%。每年的现金流量为:

单位:万元

年　份	0	1	2	3	4	5	6	7
现金流量	－200	－100	0	100	100	100	100	100

要求:采用净现值法进行决策分析。

7. 江友公司准备开发一种高科技产品A,该产品的寿命期为5年,每年产销7000件,每件售价88元,单位成本50元(不包括新购入设备的修理费)。为生产这种新产品,需要安排流动资金100000元,同时,还需购入一台价值为8000元的生产设备,预定投资报酬率为16%。那么,该公司是否应该生产这种新产品?

8. 某厂准备新添一台设备,现在有两种方案,一是购买新设备,一是购买旧设备。它们的有关资料如下:

单位:元

摘　要	旧设备	新设备
购价	38000	50000
使用年限(年)	10	10
4年末大修理费用	6000	2400
残值	4000	4000
使用费	14000	10000

预定最低投资报酬率为16%。

要求:作出该厂是购买新设备还是购买旧设备的决策。

9. 明湖公司拟进行一项投资,需资金180000元,当年投产,预计寿命为10年,期满无残值,采用平均年限法计提折旧。预计投产后每年现金净流量为25000元,所得税率为50%,公司预定投资报酬率为15%。

试分析该投资方案的可行性。

10. 龙飞公司计划投资5000万元,现有A、B、C、D四个项目可供选择,这四个项目均满足公司预定投资报酬率10%的要求,其各自的现金流量见下表:

单位:万元

投资项目	投资额	净现值
A	120000	67000
B	150000	79500
C	300000	111000
D	125000	21000
E	100000	18000

根据以上资料,试分析应选择哪几个投资项目。

六、简答题

1. 企业在作项目投资决策时,应考虑哪些限制因素?

2. 试简述现金流入和现金流出的主要内容。

3. 在项目投资决策分析中,为什么要采用“现金流量”而非利润作为衡量备选方案经济效益的基础,其理由是什么?

4. 什么是项目投资决策的动态分析方法?常用的动态分析方法有哪几种?指出各种方法的优缺点。

5. 当公司存在资本限额时,如何进行项目投资决策?

6. 目前,一些企业管理者对于设备更新不感兴趣,除了考虑企业的资金不足和筹资方面的困难外,主要是因为现有设备账面净值较大,若提前更新,将会造成严重损失。你同意这种观点吗?试阐述你的理由。

7. 简述项目投资决策的特点。

8. 为方便项目投资现金流量的确定,应作哪些假设?

9. 简述现金流量构成的主要内容。

第八章　对外投资管理

学习目的与要求

本章主要讲述企业对外投资管理的基本理论与方法应用。通过本章的学习，要能理解对外投资的重要意义和基本原则，掌握有关的投资特点和投资策略。

导读案例

华兴公司现有一笔资金300万元，用来支付工程款，该工程工期为15个月。根据工程进度，一个月内需要支付90万元，半年后支付180万元，余款于工程验收后付清。公司在安排资金计划时，对1个月内支付的90万元采取7天通知存款的方式（活期存款利率为0.99%，七天通知存款的利率为1.89%），那么，剩下的资金该如何安排才能在保障资金安全的基础上实现资金收益的最大化呢？

第一节　对外投资概述

一、对外投资的概念和目的

所谓企业对外投资就是企业在满足其内部需要的基础上仍有余力，在内部经营的范围外，以现金、实物、无形资产等方式向其他单位进行的投资，以期未来获得投资收益的经济行为。对外投资是相对于对内投资而言的，随着资本市场的不断发展和企业战略的不断创新，企业对外投资已经成为企业财务决策和管理的重要内容。

企业对外投资，主要出于以下几种目的：

（一）有效地利用闲置资金

企业若将闲置的资金存于银行，不作任何使用，除了获得很少一部分利息外，没有任何收益；另外，闲置的资金如果长期得不到有效利用，会造成资金沉淀，以致资金的贬值。为此，企业就有必要为正常经营中多余的资金寻找出路，用暂时闲置的资金购入各种可随时变现的证券或其他资产，以取得一定的收益。

（二）企业扩张的需要

为了保证本企业的正常生产有足够的原材料或零配件的供应、扩大企业产品销售、实现企业生产规模扩大等目的，对其他企业进行投资，其目的不仅仅是取得投资收益，而且还有实现企业扩张之意。

（三）完成战略转型的需要

企业的战略转型和孵化也往往需要企业投资其战略转向的行业或市场。

（四）满足企业特定用途的需要

譬如用于扩大企业生产经营规模或清偿长期债务专项的资金，在企业作长期决策时，事先将一笔资金对外投资，则既可使资金保值，又能得到一定的收益。

二、投资的分类

为了加强投资管理，提高投资收益，必须分清投资的性质，对投资进行科学的分类。

（一）直接投资与间接投资

按投资与企业的生产经营关系，投资可分为直接投资和间接投资。

直接投资是指直接用现金、实物、无形资产等投入其他单位，而直接形成生产经营活动的能力，为从事某种生产经营活动创造必要的条件。

间接投资又称"证券投资"，证券是指各类记载并代表一定权利的法律凭证，它用以证明持有人有权依其所持凭证记载的内容取得相应的权益。股票、债券、基金、票据、保险单、存款单等都是证券。我们通常所说的证券投资更多地是指用现金、银行存款等资产购买有价证券（股票、债券、基金等）的对外投资。

（二）短期投资和长期投资

按投资回收时间的长短，投资可分为短期投资和长期投资。

短期投资是指能够随时变现、持有时间不超过一年的投资。

长期投资是指一年以上才能收回的投资。

短期投资和长期投资的界限主要有两个：短期投资是指能够随时变现也准备随时变现的投资。只有同时符合这两个条件，才能列入短期投资，否则列入长期投资。

（三）对内投资和对外投资

按照投资的方向，投资可以分为对内投资和对外投资。

对内投资又称"内部投资"，是指把资金投在企业内部，购置各种生产经营用资产的投资。通过投资控制企业生产规模、方向、速度，促进产品更新换代，甚至促使企业转产经营等。

对外投资是指企业以现金、实物、无形资产等方式或者以购买股票、债券等有价证券方式向其他单位的投资。对外投资包括对外直接投资和证券投资。

三、对外投资的特点

企业对外投资的种类较多，形式多样，各种投资的收益性、安全性、可变现能力等方面也存在诸多差异，每一种投资都有其各自的不同，归纳起来，对外投资有以下特点：

（一）对外投资的对象多样化，决策程序比较复杂

对外投资包括对外直接投资和证券投资。对外直接投资又包括对外合作投资、对外合资投资和对外合并投资等；证券投资又可分为股票投资、企业债投资、国债投资、可转债投资、基金投资、短期融资融券投资等。这种投资的多样化决定了投资决策的复杂化。企业在进行投资时，必须充分考虑到影响投资的各种因素，按照科学的决策程序进行决策，尽可能避免决策失误给企业带来较大的经济损失。

（二）对外投资的收益与风险差别较大

对外投资的种类不同，投资收益和风险也不同。一般来说，高风险的投资项目，也要求高收益；低风险的投资项目，收益也较低。投资风险与收益通常受投资回收期、投资性质、投资形式等多种因素的影响。通常情况下，投资回收期越长，未来的不确定性因素越多，其风险就越大，要求的投资收益也就较高；权益性投资比债权性投资的风险大，要求的投资收益也就较高；企业在选择对外投资时，必须综合的考虑投资收益与风险之间的关系，在收益与风险之间权衡利弊。

（三）对外投资的变现能力差别较大

不同种类的对外投资变现能力具有较大的差别，证券投资比直接投资的变现能力强，在企业急需资金时，可以随时将证券进行变现，而直接投资在短期内变现则很难。因此，企业在进行对外投资时，必须考虑到投资的变现能力，以满足企业未来对现金的需求。

（四）对外投资回收的时间差别较大

对外投资按期限长短可分为短期投资和长期投资。短期投资一般在一年以内就可以回收；长期投资的回收期限则较长，需要几年甚至几十年的时间。因此，企业在对外投资时，应考虑本企业未来现金的流动情况，合理安排投资组合。

四、对外投资的原则

企业在对外进行投资时，为了保证取得预期效果，应当遵循以下原则：

(一)效益性原则

在市场经济条件下,企业必须提高经济效益,获取更多的利润,才能实现企业总体的财务目标。企业在进行对外投资时,必须考虑到该项投资的经济效益以及对企业整体经济效益的影响。在综合考虑其他因素的同时,应尽可能选择一个经济效益较大的项目。

(二)安全性原则

所谓安全性原则就是投资能够收回本金和取得投资收益。企业的对外投资一般都会面临许多风险,一般来说,风险和收益是相对应的,高风险,高收益;低风险,低收益。因此,企业必须在投资报酬和风险之间权衡利弊。但需要注意的是,有些投资项目风险很大,但收益却并不一定高,因此投资时,注意不要冒无谓的风险。

企业对外投资时,要全面考虑被投资企业的财务状况、经营成果、行业特点以及发展前景等,以便保证对外投资的安全性。

(三)流动性原则

流动性原则要求企业的对外投资具有良好的变现能力。企业的对外投资因其目的不同,投资的性质也各异。有的对外投资期限很长,一般不考虑在近期变现;有的对外投资,只是为了充分利用现有的闲置资金,这部分资金以后可能会有其他的用途,这种投资就应当考虑其流动性,以便将来需要现金时,能够及时变现。一般来说证券投资的流动性高于直接投资的流动性。

(四)整体性原则

企业的对外投资活动是企业整体经营活动的一个重要组成部分,对外投资必须服从企业的整体经营活动,对外投资的目标应该与企业总的经营目标一致。尽管企业对外投资的目的有很多,但都要服从企业的整体目标。只有这样才能提高企业的整体经济效益,才能有利于企业的长期稳定发展。

第二节　债券投资

一、债券的定义、特点

债券是政府、金融机构、企业等发行主体为筹措资金而发行的一种表明票面金额、利率、偿还期限等事项,明确发行主体与投资者之间债权债务关系的凭证。

债券作为一种重要的融资手段和金融工具具有如下特征:

1. 偿还性。债券一般都规定有偿还期限,发行人必须按约定条件偿还本金并支付利息。

2. 流通性。债券一般都可以在流通市场上自由转让。

3. 安全性。与股票相比，债券通常规定有固定的利率，与企业绩效没有直接联系，收益比较稳定，风险较小。此外，在企业破产时，债券持有者优先于股票持有者对企业剩余资产享有索取权。

4. 收益性。债券的收益性主要表现在两个方面，一是投资债券可以给投资者定期或不定期地带来利息收入；二是投资者可以利用债券价格的变动，买卖债券赚取差额。

二、债券的种类

债券的种类繁多，通常按照发行主体不同，分为政府债券、金融债券和公司债券。

(一)政府债券

政府债券是指由中央政府或地方政府发行的债券。一般政府债券安全系数较高，因为有税收作为偿还保障，风险小，收益高，所以政府债券也被称为“无风险债券”。

中央政府债券也称“国家债券”，简称国债。是中央政府为筹集施政资金，凭其信誉按照一定的法律程序向投资者发行的承诺在一定期限内还本付息的债权债务凭证。地方政府债券也称“地方债”，是地方政府为了某一特定目的而发行的债券。目前，我国尚未允许地方政府发行债券。

从债券形式来看，我国发行的国债可分为凭证式国债、无记名(实物)国债和记账式国债三种。

(1)凭证式国债是一种国家储蓄债，可记名、挂失，以“凭证式国债收款凭证”记录债权，不能上市流通，从购买之日起计息。在持有期内，持券人如遇特殊情况需要提取现金，可以到购买网点提前兑取。提前兑取时，除偿还本金外，利息按实际持有天数及相应的利率档次计算，经办机构按兑付本金的千分之二收取手续费。

(2)无记名(实物)国债是一种实物债券，以实物券的形式记录债权，面值不等，不记名，不挂失，可上市流通。发行期内，投资者可直接在销售国债机构的柜台购买。在证券交易所设立账户的投资者，可委托证券公司通过交易系统申购。发行期结束后，实物券持有者既可在柜台卖出，也可将实物券交证券交易所托管，再通过交易系统卖出。

(3)记账式国债以记账形式记录债权、通过证券交易所的交易系统发行和交易，可以记名、挂失。投资者进行记账式证券买卖，必须在证券交易所设立账户，其交易方式类似于股票。由于记账式国债的发行和交易均无纸化，所以效率高、成本低、交易安全。

(二)金融债券

金融债券是指由银行或非银行金融机构为筹集资金而向投资者发行的债券。金融债券能够较有效地解决银行等金融机构的资金来源不足和期限不匹配的矛盾。因银行的信用高于一般商业信用,因此,金融债券的风险及利率通常也较低。

(三)公司债券

公司债券是公司依照法定程序发行的、约定在一定期限还本付息的有价证券。

公司债券的主要特点包括:一是风险性较大,公司债券的还款来源是公司的经营利润,但是任何一家公司的未来经营都存在很大的不确定性,因此公司债券持有人承担着损失利息甚至本金的风险;二是收益率较高,风险与收益成正比的原则,要求较高风险的公司债券需提供给债券持有人较高的投资收益。

另外,根据债券利率在偿还期内是否变化,可将债券区分为固定利率债券和浮动利率债券。固定利率债券指在发行时规定利率在整个偿还期内不变的债券。固定利率债券不考虑市场变化因素,因而其筹资成本和投资收益可以事先预计,不确定性较小,但债券发行人和投资者仍然必须承担市场利率波动的风险,如果未来市场利率下降,发行人能以更低的利率发行新债券,则原来发行的债券成本就显得相对高昂,而投资者则获得了相对现行市场利率更高的报酬,原来发行的债券价格将上升;反之,如果未来市场利率上升,新发行债券的成本增大,则原来发行的债券成本就显得相对较低,而投资者的报酬则低于购买新债券的收益,原来发行的债券价格将下降。

浮动利率债券是指发行时规定债券利率随市场利率定期浮动的债券,也就是说,债券利率在偿还期内可以进行变动和调整。浮动利率债券往往是中长期债券。浮动利率债券的利率通常根据市场基准利率加上一定的利差来确定。

三、债券投资

债券投资就是投资者通过购买各种债券进行的对外投资,它是企业证券投资的一个重要组成部分。债券投资具有风险小、投机能力不强的特点,比较适合不适宜冒险的资金投资。

投资者应当根据自身的情况选择合适的债券进行投资。投资者在进行投资时,必须了解各种债券的特性,影响债券价值投资的因素,并对债券投资的风险和收益进行分析。

(一)债券市场价值的影响因素

1. 影响债券投资价值的内部因素

(1)债券的期限。一般来说,在其他条件不变的情况下,债券的期限越长,其市场价格变动的可能性就越大,投资者要求的收益率补偿也就越高。

(2)债券的票面利率。债券的票面利率越低,债券价格的易变性也就越大。在市场利率提高的时候,票面利率较低的债券的价格下降得较快。但是,当市场利率下降时,它们的增值潜力也很大。

(3)债券的提前赎回条款。债券的提前赎回条款是债券的发行人所拥有的一种选择权,允许债券发行人在债券到期前按约定的赎回价格部分或全部偿还债务。这种规定在财务上对发行人是有利的,因为发行人可以在市场利率降低的情况下发行利率较低的债券,提前赎回利率较高的债券,从而降低融资成本。但对投资者来说是不利的,提前赎回使他们面临较低的再投资利率。这种风险要从价格上得到补偿。

(4)债券的税收待遇。一般来说,免税债券的到期收益率比类似的应税债券的到期收益率低。

(5)债券的流动性。债券的流动性是指债券可以随时变现的性质,反映债券规避由市场价格波动而导致的实际价格损失的能力。流动性较弱的债券按市价变现较困难,持有者会因此面临遭受损失的风险。这种风险必须在债券的定价中得到补偿。

(6)债券的信用级别。债券的信用级别是指债券发行人按期履行合约规定的义务,足额支付利息和本金的可靠性。一般来说,除政府债券外,一般债券都有信用风险,只是风险大小不同而已。信用级别越低的,投资者要求的收益率越高,债券的内在价值也就越大。

2. 影响债券投资价值的外部因素

(1)基础利率。基础利率是债券定价过程中必须要考虑的一个重要因素。在证券的投资价值分析中,基础利率一般指无风险利率。一般来说,短期政府债券的风险最小,其利率可以看作无风险利率。此外,银行的信用很高,这使得银行存款的风险较低,况且银行利率应用广泛,因此基础利率也可参照银行存款利率来确定。

(2)市场利率。市场利率就是债券利率的替代物,是投资于债券的机会成本。在市场总体利率水平上升时,债券的收益率水平也应上升,从而使债券的内在价值降低;反之,在市场总体利率水平下降时,债券的收益率水平也应下降,从而使债券的内在价值增加。

(3)其他因素。影响债券定价的外部因素还有通货膨胀水平以及外汇汇率风险等。通货膨胀的存在可能使投资者从债券投资中实现的收益不足以弥补由于通货膨胀而造成的购买力损失。当投资者投资于某种外币债券时,汇率的变化会使投资者的未来本币收入受到贬值损失。这些损失的可能性都必须在债券的定价中得到体现，使债券的到期收益率增加，债券的内在价值降低。

（二）债券的估价

投资者在进行投资时，首先遇到的问题就是所选择的债券的价值是多少，是否值得投资。债券估价就是对债券的价值进行评估。投资者进行债券投资都是预期在未来某段时间内可以取得一笔已经发生增值的货币收入，这笔收入主要包括将来收回的投资本金和利息。这样，目前债券的价值实际上就是按投资者要求的必要收益率对未来的这笔货币收入的折现值。债券价值实际上表达了投资者为取得未来的货币收入目前希望投入的资金，它不同于债券市场价格，后者是当前债券市场上形成的交易价格。如果债券价值大于或等于债券市场价格，则表明投资于该债券是可行的，达到了投资者的预期收益。因此，债券价值主要由两个因素决定：债券的预期货币收入和投资者要求的必要投资收益率。债券的预期货币收入主要包括到期前定期支付的利息和到期时兑付的票面金额。投资者要求的必要投资收益率一般可以参照具有可比风险的其他金融工具的收益率来确定。债券价值的计算公式因不同的计息方法，可以有以下几种表示方式。

如果债券是分期付息，到期一次还本的债券，其债券价值的计算公式为：

$$V=\sum_{t=1}^{n}\frac{I}{(1+K)^t}+\frac{F}{(1+K)^n}$$

如果债券是到期一次还本付息债券，其债券价值的计算公式为：

$$V=\frac{In+F}{(1+K)^n}$$

式中：V——债券的价值；

I——年利息额；

F——债券票面值；

K——市场利率；

n——计息期数；

t——第 t 次。

在投资决策中一般都采用复利计算公式。

【例 8-1】 某公司准备购买石化公司发行的公司债券，该债券的票面面值为 100 元，每年计息一次，票面利率为 8%，期限为 3 年，到期一次还本付息。已知具有相同风险的其他有价证券的利率为 10%。要求计算该债券的价值。假设该公司准备在债券发行日购买。

该公司债券的价值为：

$$V=\sum_{t=1}^{3}\frac{8}{(1+10\%)^t}+\frac{100}{(1+10\%)^3}$$

$= 8 \times (P/A, 10\%, 3) + 100 \times (P/F, 10\%, 3)$

$= 8 \times 2.4869 + 100 \times 0.7513$

$= 95.03$(元)

所以,该债券的价值为 94.996 元,如果债券的发行价格等于或小于 94.996 元,那么购买该债券的投资收益率就可达到或超过 10%。

(三)债券的投资收益

任何投资活动最终都是为了取得投资收益,在进行债券投资时,有必要比较各类债券的投资收益情况,以便做好投资决策。

企业在计算债券投资收益时,应该区别几种不同的收益率:

1. 票面收益率

它表示按票面价格计算确定的收益率。这种收益率是预先确定、固定不变的,也称名义收益率。

2. 最终实际收益率

它是指债券发行认购日至最终到期偿还日止,投资者获得的实际收益率。计算公式为:

$$\text{最终实际收益率} = \frac{(\text{到期收回的本利和} - \text{认购价格})/\text{偿还年限}}{\text{认购价格}} \times 100\%$$

【例 8-2】 一张面值为 100 元的债券,票面收益率为 10%,期限为 2 年,发行价格为 95 元,债券购买者在到期时可得利息 20 元。则最终收益率为:

$(120 - 95)/2/95 \times 100\% = 13.16\%$

在折价发行的情况下,最终实际收益率大于票面收益率;而在溢价发行的情况下则相反。

3. 持有期间收益率

如果购入债券后持有一定时期,在偿还期满以前将债券卖出,就应该计算持有期间收益率,即从债券购入日到卖出日为止这一段时间的年利率。其计算公式为:

$$\text{持有期间收益率} = \frac{(\text{卖出价} - \text{购入价})/\text{持有年限}}{\text{购入价}} \times 100\%$$

【例 8-3】 乙企业于 2009 年 4 月 1 日以 10000 元购入面值为 100 元的发行债券,票面利率为 12%,两年后一次还本付息。到 2010 年 7 月 1 日乙企业以 113 元的价格将其出售。则乙企业的持有期间收益率为:

持有期间收益率 $= (113 - 100)/1.25/100 \times 100\% = 10.4\%$

4. 到期收益率

到期收益率是指对已经在市场上流通的旧债券,从购入日起到最终偿还期限为止这一段的年利率。计算公式为：

$$到期收益率=\frac{(到期本利和-购入价)/剩余年限}{购入价}\times 100\%$$

【例 8-4】　丙企业用 11300 元以 113 元的价格从乙企业购入上例所述面值为 100 元的债券，并持有到还本付息日为止，剩余期限为 0.75 年。则丙企业的到期收益率为：

$$到期收益率=\frac{(12400-11300)/0.75}{11300}\times 100\%=12.98\%$$

第三节　股票投资

一、股票的定义、特点

(一)股票的定义

股票是股份公司发给股东作为投资入股的所有权凭证。

(二)股票的特点

股票的特点主要表现在：

1. 稳定性。股票投资是一种没有期限的长期投资。股票一经买入，只要股票发行公司存在，任何股票持有者都不能退股，即不能向股票发行公司要求抽回本金。同样，股票持有者的股东身份和股东权益就不能改变，但他可以通过股票交易市场将股票卖出，使股份转让给其他投资者，以收回自己原来的投资。

2. 风险性。任何一种投资都是有风险的，股票投资也不例外。股票投资者能否获得预期的回报，首先取决于企业的盈利情况，利大多分，利小少分，公司破产时则可能血本无归；其次，股票作为交易对象，就如同商品一样，有着自己的价格。而股票的价格除了受制于企业的经营状况之外，还受经济的、政治的、社会的甚至人为的等诸多因素的影响，处于不断变化的状态中，大起大落的现象也时有发生。股票市场上股票价格的波动虽然不会影响上市公司的经营业绩，从而影响股息与红利，但股票的贬值还是会使投资者蒙受部分损失。

3. 责权性。股票作为股东向公司入股获取收益的所有者凭证，持有它就拥有公司的一份资本所有权，成为公司的所有者之一，股东不仅有权按公司章程从公司领取股息和分享公司的经营红利，而且还有权出席股东大会、选举董事会、参与企业经营管理的决策等。从而，股东的投资意愿通过其行使股东参与权而得到实现。同时股东也要承担相应的责任和风险

4. 流通性。股票可以在股票市场上随时转让。

二、股票的分类

股票的种类很多，可以从不同角度进行分类。如果根据风险及投资功能划分，则股票可以分为以下几种：

1. 蓝筹股。蓝筹股是指在其所属行业内占有重要支配性地位、业绩优良、成交活跃、红利优厚的大公司的股票。“蓝筹”一词源于西方赌场。在西方赌场中，有三种颜色的筹码，其中蓝色筹码最为值钱，红色筹码次之，白色筹码最差。蓝筹股并非一成不变，随着公司经营状况的改变其经济地位也会有所改变。

2. 成长股。成长股是指发行股票时规模并不大，但公司的业务蒸蒸日上、管理良好、利润丰厚、产品在市场上有竞争力的公司的股票。优秀的成长型企业一般具有如下特征：成长股公司的利润应在每个经济周期的高涨期间都达到新的高峰，而且一次比一次高；产品开发与市场开发的能力强；行业内的竞争不激烈；拥有优秀的管理班子。成长型公司的资金，多用于建造厂房、添置设备、增加雇员、加强科研，将经营利润投资于公司的未来发展，但往往派发很少的股息或根本不派息。成长股的投资者应将目光放得长远一些，尽可能长时间地持有，以期从股价的上升中获得丰厚的利润。

3. 热门股。热门股是指交易量大、交易周转率高、股价涨跌幅度也较大的股票。热门股的形成往往有其特定的经济、政治、社会等原因。如 20 世纪 60 年代，电子工业股的上升与当时美苏进行太空竞赛有关；70 年代的石油股与中东战争、石油输出国组织大幅度提高油价有关。没有永远热门的行业或企业，不是所有快速成长的公司都能生存下来，许多红极一时的热门股后来都销声匿迹了。

4. 绩优股。绩优股是指那些业绩优良但增长速度较慢的公司的股票。这类公司有实力抵抗经济衰退，但这类公司并不能给你带来振奋人心的利润。因为这类公司业务较为成熟，不需要花很多钱来扩展业务，所以投资这类公司的目的主要在于拿股息。

5. 周期股。周期股是指经营业绩随着经济周期的变动而变动的公司股票。航空工业、汽车工业、钢铁及化学工业都属于此类。当经济从衰退中开始复苏时，周期股的价格涨得比一般成长股快；反之，当经济走向衰退时，周期股的价格跌幅可能会较大。如果没有掌握好投资周期而造成损失，投资者可能要等上好几年才能复原。所以投资这类公司，掌握正确的时机至关重要。

6. 防守股。防守股是指那些在面临不确定性和商业衰退时股价保持相对稳定的股票。公用事业公司发行的普通股是防守股的典型代表，因为即使在商业条件普遍恶化与经济萧条时期，人们对水电、煤气、邮政、通信、食品等行业也还有稳定的需求。

7. 表现股。表现股(亦称概念股)是指能迎合某一时代潮流但未必能适应另一时代潮流的公司所发行的股价呈巨幅起伏的股票。

三、股票投资

与债券相比,股票的价格波动幅度较大,且具有不返还性。这也就决定了股票投资的收益和风险都比债券投资要高,适合具有一定风险承受能力的资金进行投资。

从理论上讲,股票市场的价格应当反映其投资价值,而股票的投资价值是人们对股票未来收益的预期,但是,市场是不断变化的,随着市场各种因素的变化,人们对股票未来收益的预期也会发生改变,从而影响股票的价格,使股价产生波动。另外,股票价格还受市场供求、投资者心理等因素的影响,因此,投资者在进行投资前,必须了解股票的特性,研判市场信息,以尽可能地提高收益,规避风险。

(一)股票投资价值的影响因素

1. 影响股票投资价值的内部因素

(1)公司净资产。公司净资产是总资产减去总负债后的净值,理论上讲,净值应与股价保持一定比例,即净值增加,股价上涨;净值减少,股价下跌。

(2)公司盈利水平。公司盈利增加,可分配的股利相应增加,股票的市场价格上涨;公司盈利减少,可分配的股利相应减少,股票的市场价格下降。但要注意,股票价格的涨跌和公司盈利的变化并不完全同时发生。

(3)公司的股利政策。股利与股票价格成正比,通常股利高,股价涨;股利低,股价跌。

(4)股份分割。股份分割一般在年度决策月份进行,通常会刺激股价上升。股份分割往往比增加股利分配对股价上涨的刺激作用要大。

(5)增资和减资。公司因业务发展需要增加资本额而发行新股,在没有产生相应效益前将会使每股净资产下降,因而会促使股价下跌。但对那些业绩优良、财务结构健全、具有发展潜力的公司而言,增资意味着将增加公司经营实力,会给股东带来更多回报,股价不仅不会下跌,而且还会上涨。公司宣布减资,多半是因为经营不善、亏损严重、需要重新整顿,所以股价会大幅下降。

(6)公司资产重组。要分析公司重组对公司是否有利,重组后是否会改善公司的经营状况,这是决定股价变动方向的决定性因素。

2. 影响股票投资价值的外部因素

(1)宏观经济因素。宏观经济走向(经济周期、通货变动、国际经济形势等)、国家货币政策、财政政策、收入分配政策、证券市场监管政策等都会对股票投资价值产生影响。

(2)行业因素。产业发展状况和趋势、国家产业政策和相关产业发展等都会对该产业上市公司的股票投资价值产生影响。

(3)市场因素。证券市场上投资者对股票走势的心理预期(如散户投资者的从众心理)会对股票价格走势产生助涨助跌的作用。

(二)股票估价

股票估价实际是对股票的投资价值进行评估。长期以来,人们一直在探索如何有效地评估股票投资价值,以便在股海中选出质地优良、前景美好的股票。经过长期的投资实践,投资者发现尽管股价受多种因素的影响,但公司的内在品质,如公司的财务状况、盈利能力、成长性等,对股价有举足轻重的作用。因此,有的学者就试图探索股票价值与公司的收益水平、股利风险和增长等因素的函数关系,这就形成了几种股票估价模型。

这里主要介绍现金流贴现模型。1938 年,美国财务管理学家威廉在《投资价值理论》一书中,阐述了著名的股票估价的现金流贴现模型,也称为威廉斯公式。该模型基于这样的理论:股票价值应等于股票投资者预期能得到的未来现金流量的价值。股票投资的未来现金流量主要是股票持有期间的股利和将来出售股票的价款收入。下面介绍几种常见的股票估价模型:

1. 短期持有、将来准备出售的股票价值

$$V=\sum_{t=1}^{n}\frac{d_t}{(1+K)^t}+\frac{V_n}{(1+K)^n}$$

式中:V——股票价值;

V_n——未来出售时预计的股票价格;

K——投资者要求的投资报酬率;

d_t——第 t 期的预计股利;

n——预计股票持有的期数。

2. 长期持有、股利稳定的股票价值

$$V=\frac{d}{K}$$

式中:d——股利。

3. 长期持有、股利稳定增长的股票价值

$$V=\frac{d_0\times(1+g)}{K-g}=\frac{d_1}{K}+g$$

式中:d_0——基期股利;

d_1——第 1 年股利;

g——股利增长率。

(三)股票投资的分析方法

证券投资分析有三个基本的要素:信息、步骤和方法。其中,证券投资分析方法直接决定了证券投资分析的质量。目前,对股票投资决策分析所采用的分析方法主要有三大类:第一类是基本分析法,主要根据经济学、金融学、投资学等基本原理推导出结论的分析方法;第二类是技术分析法,主要根据证券市场自身变化规律得出结果的分析方法;第三类是证券组合分析法,以多元化投资来有效降低非系统风险是该方法的出发点,数量化分析成为其最大特点。

1. 基本分析法

基本分析又称基本面分析,是指根据经济学、金融学、财务管理学及投资学的基本原理,对决定证券价值及价格的基本要素,如宏观经济指标、经济政策走向、行业发展状况、产品市场状况、公司销售和财务状况等进行分析,评估证券的投资价值,判断证券的合理价位,提出相应投资建议的一种方法。

基本分析的理论基础在于:(1)任何一种投资对象都有一种可以称之为"内在价值"的固定标准,且这种内在价值可以通过对该种投资对象的现状和未来前景的分析而获得。(2)市场价格和内在价值之间的差距最终会被市场所纠正,因此,市场价格低于(或高于)内在价值之日,便是买(卖)机会的到来之时。

2. 技术分析法

技术分析是根据证券的市场行为来分析证券价格未来变化趋势的方法。证券的市场行为可以有多种表现形式,其中证券的市场价格、成交量、价和量的变化以及完成这些变化所经历的时间是市场行为最基本的表现形式。

技术分析的理论基础是建立在以下三个假设之上的。这三个假设是:(1)市场的行为包含一切信息。(2)价格沿趋势移动。(3)历史会重演。

3. 证券组合分析法

证券组合分析法是根据投资者对收益率和风险的共同偏好以及投资者的个人偏好确定投资者的最优证券组合并进行组合管理的方法。

证券组合投资的理论基础主要是,证券或证券组合的收益由期望收益率表示,风险则由期望收益率的方差来衡量;证券收益率服从正态分布;理性投资者具有在期望收益率既定的条件下选择风险最小的证券和风险既定的条件下选择期望收益率最高的证券这两个共同特征。

(四)股票投资的程序

1. 选择合适的投资对象

企业进行证券投资首先要选择合适的投资对象,即选择投资于何种证券,投资于哪家企业的证券。投资对象的选择是证券投资最关键的一步,它关系到投资的成败。

2. 确定合适的证券买入价格

证券的价格受各种因素的影响，通常变化较大，尤其是股票的价格更甚。买入价格的确定实际上是投资决策的一个重要方面，需要结合各种因素进行分析。投资者即使选择了一只好股票，但若买入的时机不对，价格太高，也会增加投资风险，降低投资收益。

3. 委托买卖

投资者在选定投资于何种证券并确定了买入价格后，就可以委托证券经纪人委托买卖证券。在委托经纪人买卖股票前，必须先行开设账户（股票账户和资金账户），证券和资金都登记在账户里，证券交易以转账方式进行。

4. 进行交割和清算

经纪人在接受投资者委托后，即按投资者指令进行申报竞价，然后拍板成交。证券的清算与交割是一笔证券交易达成后的后续处理，是价款结算和证券交割的过程。由证券登记结算公司为投资者进行交割和清算，投资者不需要另行办理任何手续。

5. 过户

股票过户是办理股权变更的一种程序，投资者持有的股票只有在该公司的登记部门或代理机构办理了股东名册变更以后才能成为该公司的股东，享有应有的股权。投资者在证券市场上买卖股票而引起的过户，对此投资者不需要亲自去办理过户，而由证券登记结算公司通过电脑统一办理，过户与交易同步进行。

第四节　基金投资

一、证券投资基金的定义及特点

（一）证券投资基金的概念

证券投资基金是指通过发售基金份额，将众多投资者的资金集合起来，形成独立资产，由基金托管人托管，基金管理人管理，以投资组合的方式进行证券投资的一种利益共享、风险共担的集合投资方式。如图 8-1 所示。

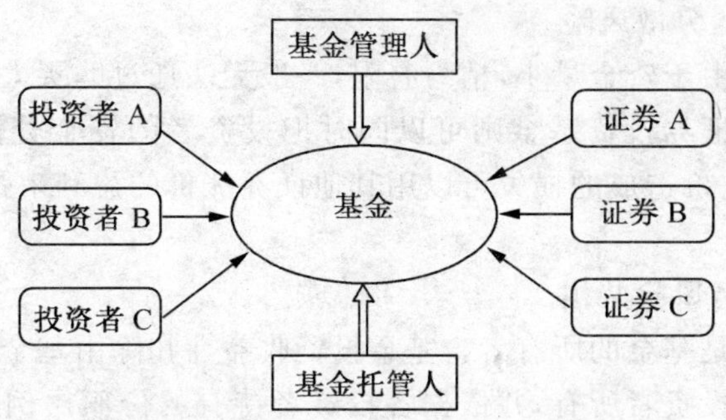

图 8-1　证券投资基金概念示意图

基金投资者、基金管理人与基金托管人为基金的当事人。基金市场上的各种服务机构通过自己的服务参与市场，监管机构则对市场上的各种参与主体实行全面的监管。如图 8-2 所示。

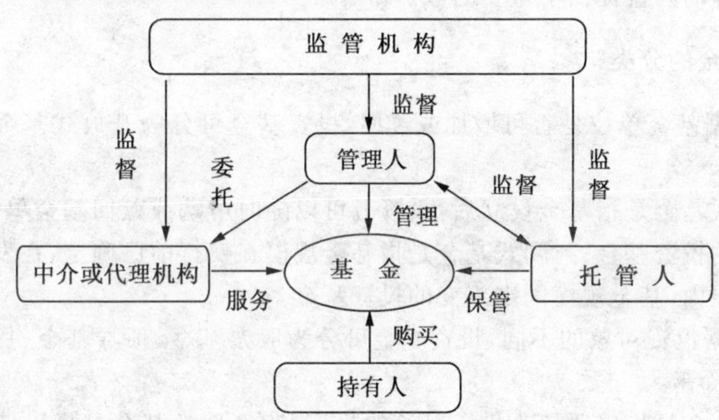

图 8-2　证券投资基金运作关系简图

在我国，基金托管人必须由合格的商业银行担任、基金管理人必须由专业的基金管理公司担任。基金投资人既享受证券投资基金的收益，也承担亏损的风险。

(二)证券投资基金的特点

1. 集合理财，专业管理

基金将众多投资者的资金集合起来，积少成多，有利于发挥规模优势，降低投资成本。基金由基金管理人进行投资管理和运作。基金管理公司配备了大量的投资专家，他们不仅掌握了广博的投资分析和投资组合理论知识，而且在投资领域也积累了相当丰富的经验。

2. 组合投资,分散风险

中小投资者由于资金量小,精力有限,一般无法通过购买太多的不同证券来分散投资风险。证券投资基金则可以同时把投资者的资金分散投资于各种证券,使某些证券跌价造成的损失可以用其他证券涨价的盈利来弥补,分散了投资风险。

3. 利益共享,风险共担

基金投资者是基金的所有者。基金投资收益在扣除由基金承担的费用后的盈余全部归基金投资者所有,并依据各投资者持有的份额比例进行分配。基金管理人、托管人只按规定收取一定比例的管理费、托管费。

4. 独立托管,保障安全

基金管理人负责基金的运作,本身并不经手基金财产的保管,基金财产的保管由独立于基金管理人的基金托管人负责。这种相互制约、相互监督的制衡机制对投资者的利益提供了重要的保护。

二、基金的分类

1. 根据基金单位是否可增加或赎回,投资基金可分为开放式基金和封闭式基金。

开放式基金是指基金设立后,投资者可以随时申购或赎回基金单位,基金规模不固定的投资基金;封闭式基金是指基金规模在发行前已确定,在发行完毕后的规定期限内,基金规模固定不变的投资基金。

2. 根据投资对象的不同,投资基金可分为股票基金、债券基金、货币市场基金、指数基金等。

股票基金是指以股票为投资对象的投资基金;债券基金是指以债券为投资对象的投资基金;货币市场基金是指以国库券、大额银行可转让存单、商业票据、公司债券等货币市场短期有价证券为投资对象的投资基金;指数基金是指以某种证券市场的价格指数为投资对象的投资基金。

3. 根据投资风险与收益的不同,投资基金可分为成长型投资基金、收入型投资基金和平衡型投资基金。成长型投资基金是指把追求资本的长期成长作为其投资目的的投资基金;收入型基金是指以能为投资者带来高水平的当期收入为目的的投资基金;平衡型投资基金是指以支付当期收入和追求资本的长期成长为目的的投资基金。

三、基金投资

基金投资就是投资者通过购买基金进行的对外投资,与债券投资和股票投资相比，投资选择相当灵活多样，从而使基金的收益有可能高于债券，投资风险又可能小于股票。基金投资适合于没有专业知识或没有时间或自己投资管理成本较高、又想分享证券投资收益的投资者进行投资。

（一）基金资产的净值

基金往往分散投资于证券市场的各种投资工具，如股票、债券等，由于这些资产的市场价格是不断变动的，因此，只有每日对单位基金资产净值重新计算，才能及时反映基金的投资价格。

基金资产净值是指在某一基金估值时点上，按照公允价格计算的基金资产的总市值扣除负债后的余额，该余额是基金单位持有人的权益。按照公允价格计算基金资产的过程就是基金的估值。基金资产的估值原则如下：

(1)上市股票和债券按照计算日的收盘价计算，该日无交易的，按照最近的收盘价计算。

(2)未上市的股票以其成本价计算。

(3)未上市国债及未到期定期存款，以本金加计至估值日的应计利息额计算。

(4)如遇特殊情况而无法或不宜按以上述规定确定资产价值时，基金管理人可依据国家有关规定办理。

单位基金净值，即每一基金单位代表的基金资产的净值。单位基金资产净值的计算公式为：

单位基金资产净值＝(总资产－总负债)/基金单位总数

（二）基金价格的确定

1. 封闭式基金价格的确定

封闭式基金的价格取决于市场供求关系，由买卖基金的投资者双方通过交易所系统达成成交价格。

封闭式基金由于不承担收回义务，其只有在公开市场上出售才能收回投资成本，以及由于供求因素的影响，使得封闭式基金的价格不如开放式基金的价格稳定，它们的价格如同股票价格一样，其单位资产价值与市场价值之间存在一个很大的差异。

2. 开放式基金价格的确定

开放式基金由于经常不断地有客户要求申购或赎回，因此，开放式基金的价格分为两种，即申购价和赎回价。

认购/申购价，是买基金时的价格，认购/申购价＝基金单位资产净值＋认购/申购费；赎回价，是向基金公司卖出基金时的价格，赎回价＝基金单位资产净值－赎回费。

(三)基金投资的决策

基金投资的风险性和收益性在很大程度上取决于基金的投资对象和基金公司的管理水平,因此基金种类的选择和基金管理公司的选择对于基金投资的成败至关重要。

1. 选择基金的种类。股票基金以股票投资为主,债券基金以债券投资为主,基金风险性和收益性与基金的投资对象有着密切的联系。

2. 同种类型的基金会因为基金管理人管理水平不同,基金净值的增长情况差别很大。这就要求我们了解基金的实际管理和运作人员的情况,分析判断他们的管理能力,选择合适的基金管理人。

3. 仔细阅读基金的说明书或投资基金公司章程,了解基金的性质、内容、基金的投资策略、基金的收费方式、基金收益人的权利等详细情况。

第五节 对外直接投资

对外直接投资就是企业根据投资协议以货币资金、实物资产、无形资产对其他企业进行直接投资,以取得投资收益或者实现对被投资企业控股的目的。在市场经济条件下,对外直接投资是企业的一种重要的投资方式,它通常是一种长期的战略性投资。

一、对外直接投资应考虑的因素

企业对外直接投资活动是为实现企业一定的投资目的而服务的,它具有投资期限长、金额大、风险高的特点。投资的成败对企业的长远发展具有重要的影响,因此,在进行投资决策时,必须充分考虑各方面的因素。

(一)企业当前的财务状况

企业进行对外直接投资首先必须考虑本企业当前的财务状况,如企业资产的利用情况、偿还债务的能力、未来几年的现金流动状况以及企业的筹资能力等等。企业当前的财务状况是制约企业对外投资的一项重要因素,如果企业的资产利用情况较好,而且正面临着资金紧张、偿债能力不足、筹资渠道较少的情况,即使有较好的投资机会,也没有投资的能力;反之,如果企业的资产没有得到充分的利用,有大量闲置的资金,就可以考虑进行对外直接投资。

(二)企业整体的经营目标

企业对外直接投资必须服从企业整体的经营目标,对外直接投资的目标应与企业的整体经营目标相一致,或者有利于实现企业的整体经营目标。企业的对外直接投资必须根据企业经营的需要来选择投资项目和投资方式,根据不同的投资目的作出相应的投资决策。

（三）投资对象的收益与风险

对外直接投资虽然目的不同，但是，任何一种对外直接投资都希望获得更好的投资收益。企业进行对外直接投资时，要认真考虑投资对象的收益和风险，在保证实现投资目的的前提下，要尽可能选择投资收益较高、风险较小的投资项目。

二、投资环境分析

投资环境是指影响企业投资效果各项内外部因素的总和。企业进行投资环境分析，可以使投资决策有坚实的基础，保证决策的正确性、及时性、提高投资决策的预见性，因此，企业在进行投资时，必须对投资环境进行认真分析。

投资环境包括的内容十分广泛，国内外的政治、经济、军事、法律、文化教育、科学技术等都会对投资有影响。其中，经济环境是最重要的因素。经济环境包含国家一定时期的经济方针、财政政策、金融状况、税务体制等，同时也包含了中观经济环境中的行业和地区经济环境的变化因素。

三、对外直接投资决策

项目投资决策的方法也适用于对外直接投资的决策。但是，在对外投资决策时还应注意：

1. 遵循完备的法律程序。对外投资不仅涉及企业的自身，还涉及与被投资企业之间的关系，这种关系既是经济关系，也是法律关系，因此必须履行相应的法律手续，以免发生法律纠纷。特别要注意的是产权要清晰，责任要明确。

2. 在不完全具有控股地位的情况下，对外直接投资不易为企业所控制，对投资对方具有较大的依附性。因此，难以控制投资之后的生产经营活动，其投资的回报也比较难预测，具有较大的不确定性。这就要求在投资决策时，应当充分考虑到可能发生的各种因素，对投资的风险和收益进行慎重的分析、比较。

3. 对外直接投资一般期限较长，应当考虑到资金市场价值对投资收益的影响，在投资决策时，应当使用体现现金流的方法进行决策。

4. 对外直接投资的变现能力较差，因此，在投资决策时必须对被投资企业的信用状况、未来的发展前景、市场形象、经营能力等方面情况有充分的了解，不可在不了解对方的情况下进行盲目投资，以免造成投资损失。

四、对外直接投资的决策程序

对外直接投资是企业的一种长期的战略性投资，它不经常发生，但是，一旦完成，便不宜更改，对企业的发展会产生深远的影响。因此，必须按照科学的程序进行分析论证，以免因决策的失误造成重大的经济损失。对外直接投资的决策一般可按照以下程序进行。

(一)投资方案的提出

企业进行对外直接投资时，必须认真分析本企业的生产经营状况，明确投资的目的，根据企业的实际需要，提出投资方案。企业对外直接投资的目的既可以是单纯为了取得投资报酬，也可以是为了分散经营风险或者控制被投资企业。不同的投资目的，选择投资对象的标准是不同的，因此，企业必须首先明确投资的目的，然后才能以此为依据提出投资方案。

(二)对投资方案进行分析、评价，选出最优投资方案

对外直接投资应该有专家小组拟定多种投资方案，然后，对拟定的几种投资方案进行比较分析，从中选出最优方案。选择投资方案时，不仅要考虑投资项目的盈利能力和发展前景，而且还要考虑各种投资项目在投资期限上的合理分配以及对投资风险的抵御能力，以实现合理的投资组合。分析评价各种投资方案时，主要分析其收益与成本，计算其现金流量，企业对内投资决策的基本原理和方法，也适用于对外投资决策。

(三)拟定投资计划，选择合理的出资方式和时间

企业在选出投资方案之后，就要作出投资决策，拟定投资计划。投资计划是企业进行投资活动的具体依据，它详细规定了投资预算总额、出资方式、出资时间、投资的进度和期限等。企业在选择出资方式和出资时间时，必须综合考虑企业的总体现金流量以及筹资能力，力求避免因资金短缺而影响投资的进度。

(四)投资方案的实施

投资计划拟定以后，就应该由具体的业务部门来实施。在执行过程中，必须严格按照投资计划进行，财务管理部门要进行财务监督，对投资活动加以控制，以便及时发现和解决问题。

(五)对投资效果的评价

在投资计划执行过程中和投资完成后，都应该及时对投资情况和投资结果进行分析评价，及时反馈各种信息，如发现问题，应尽可能进行弥补。对投资效果进行评价，可以总结经验教训，分析利弊得失，为以后的投资决策提供依据。

本章习题

一、单项选择题

1. 下列投资项目中，不属于长期投资的是（　　）。

A. 某南方彩电厂收购一显像管厂，扩大产品生产量

B. 某纺织企业决定更新一批新的纺织器械

C. 一冰箱厂为适应市场竞争需要，采用了一种先进的“零缺陷”质量管理方法

D. 某军工厂从生产军用汽车转为生产民用摩托车

2. 某投资者5年后有一笔投资收入10万元，投资的年利率为10%，用复利的方法计算其投资现值，正确的是（　　）。

A. 6.7万元　　B. 6.2万元　　C. 6.3万元　　D. 6.5万元

3. 下列不能上市流通的债券是（　　）。

A. 凭证式国债　　B. 记账式国债　　C. 企业债　　D. 可转债

4. 下列投资中收益最高、风险最大的投资品种是（　　）。

A. 国债　　B. 企业债　　C. 基金　　D. 股票

5. 当市场利率大于票面利率时，债券发行时的价格小于债券的面值。但随着时间的推移，债券价格将相应（　　）。

A. 增加　　B. 减少　　C. 不变　　D. 不确定

6. 某企业准备建一条新的生产线，预计各项支出如下：投资前费用10000元；设备购置费用500000元；设备安装费用100000元；建筑工程费用400000元；投产时需垫支营运资金50000元；不可预见费按上述总支出的5%计算，则该生产线的投资总额为（　　）元。

A. 1060000　　B. 1113000　　C. 1010000　　D. 1060500

7. 金溪公司准备与南方公司合资兴建一食品制造厂，经测算，该厂所需总投资额为1000万元，为了实现对该厂的控制，金溪公司认为其出资比例不能少于40%，则金溪公司在该项投资中的最低出资额为（　　）万元。

A. 1000　　B. 400　　C. 1400　　D. 600

8. 按照投资与企业生产经营的关系，可以把企业投资分为（　　）。

A. 直接投资与间接投资　　B. 长期投资与短期投资

C. 对内投资与对外投资　　D. 项目投资与证券投资

9. 下列哪一项为债券投资的缺点（　　）。

A. 对企业资产和盈利的求偿权居后

B. 购买力风险比较大

C. 价格受众多因素的影响

D. 收入不稳定，与企业经营状况有关

10. 下列投资中，风险最小的是(　　)。

A. 购买政府债券　　B. 购买企业债券

C. 购买股票　　D. 投资开发新项目

二、多项选择题

1. 下列项目中，属于长期投资特点的有(　　)。

A. 投入资金多　B. 影响持续时间长　C. 资金回收慢

D. 蒙受风险大　E. 与收益性支出相联系

2. 股票投资有哪些优点(　　)。

A. 能获得比较高的收益　　B. 拥有一定的经营控制权

C. 适当降低购买力风险　　D. 本金可归还，安全性较高

3. 证券投资风险中的违约风险，可能由(　　)情况造成。

A. 企业财务管理失误，不能及时清偿债务

B. 利息率变动引起证券价格变动而使投资人遭受损失

C. 自然原因如火灾引起的非常破坏事件

D. 投资人想出售有价证券但不能立即出售

4. 从完整的意义看，企业项目的投资主体类型应当包括(　　)。

A. 债权人主体　B. 企业法人主体　C. 咨询机构主体

D. 自有资金提供者主体　E. 政府管理部门主体

5. 投资项目经济评价首要考虑的两个重要问题是(　　)。

A. 资本成本的计量　B. 风险程度的估量　C. 现金支出

D. 现金收入　E. 比较回收期的长短

三、计算分析题

1. 某企业平价购买债券10万元，票面利率为10%，按单利计息，5年后一次还本付息，请计算其到期收益率；如果购进后第二年市场利率上升到14%，请计算该批债券的损失。

2. 某公司2002年5月1日投资36万元购买某种股票10万股，在2003年的3月30日每股分得现金股利0.6元，并于2003年4月30日以每股4元的价格将该股票全部售出。

要求:计算该股票的投资收益率。

3. 大华股份有限公司打算投资A公司的普通股,预计第1年股利为3元,每年以5%的增长率增长,大华公司的必要报酬率为7%,则只有该股票价格不高于多少时,投资才比较合算?

4. 某企业于2004年4月1日以10000元购得面值为100元的新发行债券,票面利率为12%,两年后一次还本付息。若到2005年7月1日以113元的价格出售。求该企业持有债券期间的收益率。

四、简答题

1. 简述企业进行对外投资的主要目的。
2. 简述债券投资和股票投资的特点。
3. 影响股票投资价值的因素有哪些?
4. 分析债券、股票、基金和对外直接投资的区别与联系。

第九章　收入和利润管理

学习目的与要求

本章主要介绍收入的概念与作用、商品销售价格的定价方法、收入预测的基本方法、税金筹划的基本概念与方法、利润分配的基本原则与顺序、利润分配政策及其选择。本章的难点是利润分配政策的确定。

导读案例

用友软件股份有限公司成立于1988年，长期致力于提供具有自主知识产权的企业应用软件、电子政务管理软件的产品、服务与解决方案，并在金融信息化和软件外包等领域占据市场领先地位。2001年5月，用友公司股票在上海证券交易所挂牌上市(股票简称：用友软件；股票代码：600588)。据用友软件公布的2007年年报显示，2007年公司实现营业收入13.56亿元，同比增长21.85%；实现净利润3.6亿元，同比增长109.9%；每股收益1.6元。公司拟向全体股东每10股派发现金红利10元(含税)，共计派发现金股利231361200元。同时，拟向全体股东每10股转增10股，共计转增231361200股。以上简单给大家介绍了用友软件公司的收入和利润，以及利润分配的情况。收入和利润是企业最为关注的问题，那么收入如何预测、如何管理，利润如何预测、怎样分配等等都是我们要解决的问题。本章主要给大家介绍收入和利润的管理。

第一节　收入管理

一、收入的概念与作用

(一)收入的概念

收入是指企业在销售商品、提供劳务及让渡资产使用权等日常活动中产生的经济利益的总流入。包括销售商品收入、提供劳务收入、利息收入、租金收入、股利收入等，但它不包括偶发事件产生的利得——营业外收入、补贴收入，也不包括为第三方或者客户代收的款项。其中，日常活动是指企业为完成其经营目标而从事的所有活动，以及与其相关的其他活动。因此，收入属于企业主要的经常性的业务收入，即为通常意义的营业收入，它由主营业务收入和其他业务收入构成。

1. 主营业务收入。主营业务收入是指企业经常性的、主要业务所产生的收入。不同行业的企业主营业务收入包括的内容不同。工业企业的主营业务收入主要包括销售商品、自制半成品、提供工业性劳务等收入；商品流通企业的主营业务收入主要包括销售商品取得的收入。主营业务收入一般占企业收入的比重较大，会对企业的经济效益产生较大的影响。在会计核算中单独设置"主营业务收入"科目核算经常性的、主要业务所产生的收入。

2. 其他业务收入。其他业务收入是指企业非经常性的、兼营的业务所产生的收入。其他业务收入一般占企业收入的比重较小，如固定资产的租赁收入等。工业企业的其他业务收入主要包括材料销售、技术转让、代购代销、固定资产出租、包装物出租、运输等非工业性劳务收入。单独设置"其他业务收入"科目核算非经常性的、兼营的业务所产生的收入。

(二)收入的作用

在市场经济条件下，企业是独立的商品生产者和销售者，为了在激烈的市场竞争中立于不败之地，必须增加营业收入，提高经济效益。营业收入关系到企业的生存与发展，营业收入有非常重要的作用：

1. 营业收入是企业补偿生产经营耗费的资金来源。在正常的生产经营过程中，企业为了取得营业收入，要耗费大量的人力、物力和财力，这些耗费都需要从营业收入中取得补偿，因此，营业收入的实现关系到企业再生产活动的正常进行。

2. 营业收入是企业的主要经营成果，是企业取得利润的重要保障。企业取得了营业收入，才表明企业的产品或劳务真正地实现了其价值，所以营业收入是衡量企业经营业绩的一个重要指标，无论是企业管理当局，还是企业的所有者和债权人都十分重视企业的营业收入情况，企业为了实现目标利润，必须通过各种途径，增加营业收入。

3. 营业收入是企业现金流入量的重要组成部分。企业在生产经营过程中，为了购入存货、支付费用、缴纳税金和偿还债务，必须经常维持一定量的现金流入，这样才能保证企业生产经营活动的正常进行。举债经营虽然可以增加企业的现金流入，但是要付出较大的利息费用，并且增加了企业的财务风险，而营业收入的实现，一方面销售了产品，增加了收入；另一方面可以收回现金，增加了现金流入量，改善了企业的财务状况。

总之，对企业而言，积极地组织企业收入有着十分重要的意义。

二、收入管理的要求

为了促进企业营业收入的实现，必须加强对营业收入的管理。企业营业收入的管理应符合以下要求：

(一)科学合理地制定商品销售价格

商品销售价格直接影响和决定企业营业收入。在市场经济条件下，企业商品销售价格的制定必须科学合理。价格既是影响生产者利益的因素，又是影响消费者利益的因素，虽然企业享有商品、劳务定价权，但是也要重视价值规律的作用。在制定商品销售价格时，既要考虑本企业的经济利益，又要兼顾广大消费者的承受能力。企业在制定商品销售价格时，既要深入到车间、班组收集真实可靠的成本核算资料，又要深入到市场中了解消费市场情况，充分考虑成本费用、市场竞争、商品质量等因素，利用定价策略，科学合理地制定商品价格，促进营业收入的实现。

(二)正确进行营业收入的预测

依靠市场求生存，依靠市场求发展，是市场经济对企业的客观要求。企业只有深入市场进行调查研究，分析市场动态和变化趋势，才能准确有效地对商品的销售状况进行预测，并据以作出商品产销的财务决策，编制出切实可行的营业收入计划，以增强企业营业收入管理的预见性。

(三)有效地实施营业收入的日常管理

营业收入既是财务活动的主要内容，又是财务管理的重要组成部分。由于营业收入的管理涉及相关的许多部门，各有关部门应充分发挥各自职能作用，齐抓管理，加强营业收入的日常管理。营业收入的日常管理一般应包括：按照预测和计划科学地安排生产，及时签订并认真履行合同，加速销售货款的回收；正确运用促销策略，促进销售，开拓市场，增加营业收入。

三、商品销售价格的制定

商品价格是以货币计量的商品价值。商品价格是由商品的制造成本、期间费用、销售税金和企业纯收入构成的。在成本费用和销售数量一定的情况下，商品价格的高低直接决定企业营业收入的多少和盈利水平的高低。在市场经济条件下，企业拥有商品的定价权，应根据各自的定价目标选择科学可行的定价方法，合理确定商品的销售价格。常用的定价方法主要有：

(一)标准产品定价的基本方法

对标准产品制定正常的、长期性价格时，最常用的就是产品成本定价方法，它是以行业平均成本费用为基础，加上规定的销售税金和一定的利润所组成。用公式表示为：

$$\text{产品出厂价格}=\text{单位产品制造成本}+\text{单位产品应负担的期间费用}+\text{单位产品销售税金}+\text{单位产品销售利润}$$

$$=\text{单位产品制造成本}+\text{单位产品销售利润}+\text{出厂价格}\times\left(\text{期间费用率}+\text{销售税率}\right)$$

移项整理后：

$$\text{产品出厂价格}=\frac{\text{单位产品制造成本}+\text{单位产品销售利润}}{1-\text{期间费用率}-\text{销售税率}}$$

$$=\frac{\text{单位产品制造成本}\times(1+\text{成本利润率})}{1-\text{期间费用率}-\text{销售税率}}$$

其中，期间费用包括管理费用、财务费用和销售费用。期间费用率为期间费用与产品销售收入的比率，既可以用行业水平，也可以用本企业基期损益表的数据。

销售税金是指产品在销售环节应缴纳的消费税、城建税及教育费附加等，但不包括增值税。销售税率是这些税率之和。

销售利润既可以是行业的平均利润，也可以是企业的目标利润。成本利润率是销售利润与制造成本的比率，即加成比例。这是成本加成法的关键。

成本加成法定价的优点是：产品价格能保证企业的制造成本和期间费用得到补偿后还有一定利润，产品价格水平在一定时期内较为稳定，定价方法简便易行。

成本加成法定价的缺点是：忽视了市场供求和竞争因素的影响，忽略了产品寿命周期的变化，缺乏适应市场变化的灵活性，不利于企业参与竞争，容易掩盖企业经营中非正常费用的支出，不利于企业提高经济效益。

【例 9-1】　伟东公司生产一种产品，预计单位制造成本为 100 元，行业平均成本利润率为 25%，销售税率为 0.7%，公司基期的期间费用为 500000 元，产品销售收入为 5000000 元。

分析：

$$\text{出厂价格}=\frac{100\times(1+25\%)}{1-\frac{500000}{5000000}-0.7\%}=140.45(\text{元})$$

（二）新产品定价的基本方法

市场已经出现而在本企业属于投产的新产品，其定价工作是被动的，企业在定价时需要和市场上其他企业同种产品的售价进行对比。但是如果企业生产的是市场上没有出现过的新产品，情况就大不相同了。这种新产品具有不确定性：

什么样的价格能为消费者接受？推销费用能发生多少？销售量达到多大？销量、价格、利润之间的关系如何？如此等等的问题很难确定。在这种情况下，企业可以采用两种截然不同的非常定价方法：撇脂定价和渗透定价。

1. 撇脂定价

所谓撇脂定价，是指在产品生命周期的最初阶段，把产品的价格定得很高，以攫取最大利润，有如从鲜奶中撇取奶油。是一种高价策略。企业之所以这样做，是因为有些购买者主观认为某些商品具有很高的价值。一般在以下条件下企业可以采取撇脂定价：

(1)市场有足够的购买者，他们的需求缺乏弹性，即使把价格定得很高，市场需求也不会大量减少。

(2)高价使需求减少一些，因而产量减少一些，单位成本增加一些，但这不致抵消高价所带来的利益。

(3)在高价情况下，仍然独家经营，别无竞争者。有专利保护的产品即是如此。

(4)某种产品的价格定得很高，使人们产生这种产品是高档产品的印象。

2. 渗透定价

所谓渗透定价，是指企业把其创新产品的价格定得相对较低，以吸引大量顾客，提高市场占有率。是一种低价策略。企业采取渗透定价需具备以下条件：

(1)市场需求显得对价格极为敏感，因此，低价会刺激市场需求迅速增长。

(2)企业的生产成本和经营费用会随着生产经营经验的增加而下降。

(3)低价不会引起实际和潜在的竞争。

(三)特殊情况下的定价问题

这里的特殊情况是指企业尚有剩余生产能力未被充分利用、市场需求发生特殊变化、遇到强劲的竞争对手等。在这些特殊情况下，前面所讲到的定价方法无法应用。此时，可按变动成本定价法确定价格。变动成本定价法，又称"边际贡献定价法"，是指在变动成本的基础上，加上预期的贡献计算价格的定价方法。其计算公式为：

$$价格=单位变动成本+单位边际贡献$$

所谓边际贡献，就是销售收入减去变动成本后的余额。单位产品的销售收入在补偿其变动成本之后，首先用于补偿固定成本费用。在盈亏平衡点之前，所有产品的累计贡献均体现为对固定成本费用的补偿，企业无盈利可言。在到达盈亏平衡点之后，产品销售收入中的累计贡献才是现实的盈利。所有产品销售收入中扣除其变动成本后的余额，不论能否成为企业盈利，都可视为是对企业的贡献，它既可以反映为企业盈利的增加，也可以反映为企业亏损的减少。从短期决策来看，企业增加生产只要能获得边际贡献，就是有经济效益的，即所增加的那部分边际产量对提高企业经济效益是有贡献的，产量可一直增加到边际贡献等于零为止。变动成本定价法通常使用于以下两种情况：一种情况是，当市场上产品供过于求，企业产品滞销积压时，如坚持以总成本为基础定价出售，就难以为市场所接受，其结果不仅不能补偿固定成本，连变动成本都无法收回，此时，用变动成本为基础定价，可大大降低售价，对付短期价格竞争；另一种情况是，当订货不足、企业生产能力过剩时，与其让厂房和机器设备闲置，不如利用低于总成本但高于变动成本的低价来扩大销售，同时也能减少固定成本的亏损。

四、营业收入的预测

预测是指用科学的方法预计、推算事物发展的必然性或可能性，即根据过去或现在的情况预计未来情况。企业为了加强营业收入的管理，必须做好营业收入的预测工作。企业的营业收入主要是由销售收入构成的，因此，营业收入预测主要是销售收入的预测。

（一）销售预测的概念及作用

1. 销售预测是企业经过充分的调查研究，搜集各种有关的信息和数据，运用一定的方法对影响企业销售的各种因素进行分析，测算出企业在未来一定时期内各种产品的销售量及变化趋势。

2. 作用：实际上，销售预测是企业对市场需求的预测。因此企业可以根据销售预测情况改进销售工作，提高销售的工作效率，并根据销售预测来确定生产经营计划，调整经营目标，争取更好的经济效益；企业可以以销定产，根据销售预测资料，安排生产，避免产品积压。在现代市场经济条件下，销售预测比以往任何时候都更为重要。成熟的市场经济，多表现为买方市场，企业竞争日益激烈，如果不开展科学的预测分析，就不能预计未来的发展趋势，无法采取积极的措施，难以适应不断变化的市场经济。

（二）销售预测的程序

尽管销售预测十分重要，但进行高质量的销售预测却并非易事。在进行预测和选择最合适的预测方法之前，了解对销售预测产生影响的各种因素是非常重要的。一般来讲，在进行销售预测时考虑两大类因素：外界因素和内部因素。

外界因素主要有：①需求动向。需求是外界因素之中最重要的一项，如流行趋势、爱好变化、生活形态变化、人口流动等，均可成为产品（或服务）需求的质与量方面的影响因素，因此，必须加以分析与预测。企业应尽量收集有关对象的市场资料、市场调查机构资料、购买动机调查等统计资料，以掌握市场的需求动向。②经济变动。销售收入深受经济变动的影响，经济因素是影响商品销售的重要因素，为了提高销售预测的准确性，应特别关注商品市场中的供应和需求情况。尤其近几年来科技、信息快速发展，更带来无法预测的影响因素，导致企业销售收入波动。③同业竞争动向。销售额的高低深受同业竞争者的影响，古人云“知己知彼，百战不殆”。为了生存，必须掌握对手在市场中的所有活动。例如，竞争对手的目标市场在哪里，产品价格高低，促销与服务措施等等。④政府、消费者团体的动向。考虑政府的各种经济政策、方案措施以及消费者团体所提出的各种要求等。

内部因素主要有：①营销策略。市场定位、产品政策、价格政策、渠道政策、广告及促销政策等变更对销售额所产生的影响。②销售政策。考虑变更管理内容、交易条件或付款条件、销售方法等对销售额所产生的影响。③销售人员。销售活动是一种以人为核心的活动，所以人为因素对于销售额的实现具有相当深远的影响力，这是我们不能忽略的。④生产状况。货源是否充足、能否保证销售需要等。销售预测是一项很复杂的工作，要使这一复杂工作有条不紊地进行，就必须遵循一定的程序。

销售预测的基本程序如下：

1. 确定预测对象，制定预测规划。预测必须先确定预测的对象以及预测工作要达到的目的。对产品销售的预测是一项复杂的工作，应该有重点地选择预测的对象，组织人力研究调查方案、拟定预测规划。

2. 搜集、整理有关数据、资料，并进行分析比较。这是销售预测的基础工作，只有掌握了大量的数据材料，才能提高预测的可靠性。这些数据包括影响销售的各种外部和内部因素。

3. 根据预测对象，选择适当的预测方法，提出数学模型，对销售情况作出定性分析和定量测算。在进行销售预测时，应根据不同的预测对象和内容，选择不同的预测方法，从而使预测的结果更加准确。

4. 分析预测误差。由于经营活动中存在许多不确定性因素，预测不可能对未来情况完全预计到，多少会使预测出现一定偏差。因此在预测时要计算分析可能出现的各种情况，估计预测的误差范围。

5. 评价预测结果。这种评价是事后进行的，将预测的结果同实际发生的结果对比，分析出现差异的原因，以便进行修正，为以后的预测提供更加可靠的信息。

(三)销售预测的方法

销售预测对企业的销售具有重要的指导意义。预测人员应在掌握大量数据信息基础上，选择科学的预测方法。主要的预测方法有：

1. 判断分析法

判断分析法是一种常用的定性分析方法，主要是通过一些具有丰富经验的企业管理人员、有销售经验的工作人员或者有关专家对市场未来变化进行分析，以判断企业在一定时期内某种产品的销售趋势。这种方法预测所需时间短，费用比较低，但是，它是凭人的主观来判断的，准确性难免受到影响。判断分析法又分为意见汇集法和专家诊断法等。

(1)意见汇集法

意见汇集法是由本企业熟悉市场情况的推销人员对各类顾客进行调查，并将调查结果填入卡片或表格，然后由销售部门进行综合汇总，对某种产品的销售趋势进行预测。这种方法简单适用、集思广益，费用也比较低。但是这种方法是建立在假设业务人员都能向企业如实反映情况的基础上，所以结果如何受人为因素影响。

【例 9-2】 伟东公司采用意见汇集法对销售额进行预测，该公司 20 名推销人员对计划期销售额的平均预测值为 580 万元，而 5 名销售部门经理的平均预测值为 520 万元。要求分别用算术平均法和加权平均法来确定计划期的销售预测值。假定推销人员的权数为 0.7；销售部门经理的权数为 0.3。

采用算术平均法计算的计划期销售预测值为：

$$\text{计划期销售预测值} = \sum_{i=1}^{n} \frac{X_i}{n} = (580+520)/2 = 550(\text{万元})$$

采用加权平均法计算的计划期销售预测值为：

$$\text{计划期销售预测值} = \sum_{i=1}^{n} W_i X_i = 580 \times 0.7 + 520 \times 0.3 = 562(\text{万元})$$

(2)专家诊断法

专家诊断法是指向学有专长、经验丰富的有关专家征询意见，对某种产品的未来销售量进行判断和预测的一种方法。这里的专家主要指本企业或同行业的高级管理人员、销售部门经理以及其他有关专家。专家预测法的优点是能够比较迅速地作出预测，而且费用比较低，考虑比较周全。但是，这种方法因为缺乏事实根据，往往带有一定的主观片面性。

①专家个人意见集合法。这种方法是首先向各个专家征求意见，要求他们对本企业某种产品销售的未来趋势和当前的状况作出独立的个人判断，然后对此加以综合，确定预测值。采用这种方法可以汇集各方面专家从不同角度反映的意见，其准确性一般比意见汇集法要高，但是由于不同的专家掌握的资料有限，因此也会带有一定的片面性。

②专家小组法。这种方法是由若干个专家预测小组，分别以小组为单位对企业的某种产品的未来销售趋势进行判断预测，再进行综合汇总的一种预测方法。采用这种方法，在预测过程中可以发挥集体的智慧，从而使预测的结果更加

准确。

③德尔菲法。德尔菲法是 20 世纪 60 年代初美国兰德公司的专家们为避免集体讨论存在的屈从于权威或盲目服从多数的缺陷提出的一种定性预测方法。为消除成员间相互影响,参加的专家可以互不了解,它运用匿名方式反复多次征询意见和进行背靠背的交流,以充分发挥专家们的智慧、知识和经验,最后汇总得出一个能比较反映群体意志的预测结果。

德尔菲法的一般工作程序如下:首先确定调查目的,拟订调查提纲,确定目标,拟订出要求专家回答问题的详细提纲,并同时向专家提供有关背景材料,包括预测目的、期限、调查表填写方法及其他希望要求等说明。其次选择一批熟悉本问题的专家,一般为 20 人左右,包括理论和实践等各方面专家。再次以通信方式向各位选定专家发出调查表,征询意见。最后对返回的意见进行归纳综合、定量统计分析后再寄给有关专家,如此往复,经过三、四轮意见比较集中后进行数据处理与综合得出结果。每一轮时间为 7～10 天,总共一个月左右即可得到大致结果,时间过短因专家很忙难于反馈,时间过长则外界干扰因素增多,影响结果的客观性。

这种方法的优点主要是简便易行,具有一定的科学性和实用性,可以避免会议讨论时产生的害怕权威随声附和,或固执己见,或因顾虑情面不愿与他人意见冲突等弊病;同时也可使大家发表的意见较快收敛,参加者也易接受结论,具有一定程度综合意见的客观性。但缺点是由于专家的时间紧,回答总是往往比较草率,同时由于预测主要依靠专家,因此归根到底仍属专家们的集体主观判断。此外,在选择合适的专家方面也较困难,征询意见的时间较长,对于需要快速判断的预测难于使用等。尽管如此,本方法因简便可靠,仍不失为一种人们常用的定性预测方法。

2. 调查分析法

这种预测方法是通过对某种产品在市场上的供求关系和消费者的消费趋向的调查,来预测本企业产品的销售趋势。这种方法的主要信息来源于调查,调查的范围应尽可能地广泛而具有代表性。一般而言,调查的内容包括:

(1)对产品的调查

对产品的调查主要是摸清产品估计的寿命周期以及目前本企业产品所处的阶段。任何一种产品都有一个从开发、发展到饱和、衰亡的过程,这个过程称为产品的寿命周期。随着科学技术的发展,产品的市场寿命周期也越来越短,因此,调查产品的寿命周期以及所处阶段进行调查是企业制定经营计划、确定战略的基础。

(2)对客户的调查

对客户的调查主要是了解消费者的消费倾向。对客户的调查要根据产品的用途和功能,有选择地调查不同的消费群体。通过对不同消费群体的调查,可以促使企业改进产品的品种,提高产品质量,以满足市场的需要。

(3)对经济发展趋势的调查

对经济发展趋势的调查主要是了解国际、国内及本地区的经济发展趋势,因为这些因素都会影响市场需求。

(4)对同行业的调查

对同行业的调查主要是了解竞争对手的产品设计、产品功能和质量、生产规模、价格和销售情况、售后服务等情况,以做到知己知彼。

3. 趋势分析法

根据某预测对象过去的、按时间先后顺序排列的数据,运用一定的数学方法进行加工、计算,借以预测其未来发展趋势的分析方法。属于预测分析中定量分析法的一种方法,其实质是把未来作为历史的延伸,并采用数理统计的方法来预测事物发展的趋势。实际预测分析中常用的算术平均法、移动平均法、加权移动平均法、指数平滑法、季节预测法。现分别举例说明如下:

(1)算术平均法。这种方法是以过去若干时期的销售量的算术平均数作为销售预测数的一种预测方法。这种方法的优点是计算公式简单,缺点是把不同时间的差异平均化,没有考虑远近期间销售业务量的变动对预测期销售量影响的程度不同,可能造成预测结果产生较大误差。

计算公式为:$\overline{X}=\dfrac{\sum_{i=1}^{n}x_i}{n}=\dfrac{x_1+x_2+x_3+x_4+\cdots+x_n}{n}$

式中:$\overline{X}$——过去 n 期销售量的平均值;

x_i——第 i 期的销售量;

n——期数。

【例 9-3】 根据 2007 年下半年销售情况(如表 9-1 所示)求出平均数,就是企业在 2008 年中销售的预测数。

表 9-1　　某种产品 2007 年 7～12 月的销售额　　单位:万元

月份	销售额
7	100
8	90

续表

9	110
10	120
11	105
12	105
合计	630

销售预测数＝630/6＝105(万元)

(2)移动平均法。这种方法是指从 n 期的时间数列销售量中选取一组 m 期的数据作为观察期数据，求其算术平均数，并不断向后移动，连续计算观测值平均数，以最后一组平均数作为未来销售预测值的一种方法。计算公式为：

$$S_t=\frac{\sum_{i=t-m}^{t-1}X_i}{n}$$

式中：S_t——第 t 期的预测数；

x_i——第 i 期销售数；

n——期数。

【例 9-4】 企业 2007 年 7～12 月份销售额仍用表 9-1 数据，则预测 2008 年 1 月份的销售额就是 105 万元。假如该企业 2008 年 1 月份实际销售额为 118 万元，而 2 月份销售预测额如下：

销售量预测数＝(90＋110＋120＋105＋105＋118)/6＝108(万元)

(3)加权移动平均法。加权移动平均法就是根据同一个移动段内不同时间的数据对预测值的影响程度，分别给予不同的权数，然后再进行平均移动以预测未来值。加权移动平均法不像简单移动平均法那样，在计算平均值时对移动期内的数据同等看待，而是根据愈是近期数据对预测值影响愈大这一特点，不同地对待移动期内的各个数据。对近期数据给予较大的权数，对较远的数据给予较小的权数，这样来弥补简单移动平均法的不足。计算公式为：

$$S_t=\frac{\sum_{i=t-m}^{t-1}W_iX_i}{\sum_{i=t-m}^{t-1}W}$$

式中：S_t——第 t 期的预测销售数；

W_i——第 i 期权数；

X_i——第 i 期实际销售数；

n——期数。

如果令 $\sum_{i=1}^{n} W_i = 1$，则上述公式可以简化为：

$$S_t = \sum_{i=t-m}^{t-1} W_i X_i$$

【例 9-5】 假设选用最近 4 个月数据来预测未来月份的销售额，规定权数为 0.1，0.2，0.3，0.4，则 2008 年 1 月份预测销售额为：

预测销售额＝110×0.1＋120×0.2＋105×0.3＋105×0.4＝108.5（万元）

则 2008 年 2 月份预测销售额为：

预测销售额＝120×0.1＋105×0.2＋105×0.3＋108.5×0.4
＝107.9（万元）

（4）平滑指数法。平滑指数法是在前期销售量的实际数和预测数的基础上，利用确定的平滑指数预测未来销售量的一种方法。从本质上来说，平滑指数法也是一种特殊的加权平均法。这种方法在预测时引入一个指数平滑系数 a，然后求出预测数，可以提高预测的准确性。计算公式为：

$$S_t = \alpha D_{t-1} + (1-\alpha) S_{t-1}$$

式中：S_t——第 t 期的预测销售数；

D_{t-1}——第 $t-1$ 期的实际销售额；

S_{t-1}——第 $t-1$ 期的预测销售额；

α——指数平滑系数，满足 $0<\alpha<1$ 的常数。

平滑指数 a 的取值范围一般是在 0.3～0.7 之间，平滑指数越大，则近期实际数对预测结果的影响越大；平滑指数越小，则近期实际数对预测结果的影响越小。因此，一般情况下，如果销售量波动较大或要求进行短期效率预测，则应选择较大的平滑指数；如果销量的波动较小或要求进行长期销量预测，则应选择较小的平滑指数。

【例 9-6】 2009 年 12 月份的实际销售额为 105 万元，假定原来预测 12 月份的销售额为 110 万元，指数平滑系数为 0.7，则 2010 年 1 月份的预测销售额为：

预测销售额＝0.7×105＋（1－0.7）×110＝106.5（万元）

2010 年 1 月份实际销售额为 118 万元，则 2010 年 2 月份的预测销售额为：

预测销售额＝0.7×118＋（1－0.7）×106.5＝114.55（万元）

（5）季节预测法。由于气候、风俗习惯等因素的影响，许多产品的市场需求表现出明显的季节波动，因此这一类产品的市场预测，简单地运用平均法就不能正确地反映季节波动的影响，所以必须考虑到季节变化再进行预测，在预测过程中可以参照上一年度相同时期的销售情况，结合本年度的各种变化来预测本年度该季节的销售情况。

4. 因果分析法

在现实的市场条件下，企业产品的销售量往往与某些变量因素（如国民生产总值、个人可支配收入、人口、相关工业产品的销售量、需求的价格弹性或收入弹性等）之间存在一定的函数关系。产品销售总是受各种因素的影响。因果分析法就是从影响产品销售的各种相关关系中，找到它们与销售量的函数关系，并利用这种因果关系进行销售预测。这种方法往往要建立预测的数学模型，故又称“回归分析法”，常用的有简单回归分析法、多元回归分析法。

简单回归分析法的基本公式是：

$$y_c = a + bx$$

式中：y_c—— 预测销售量；

a—— 固定销售量，是一特定常数；

x—— 相关因素值；

b—— 自变量 x 的系数，代表自变量 x 对销售量影响的程度。

一般适用于销售量主要受某一重要因素影响的产品，例如家具的销售额，除一般家庭需要适当添置或更新家具外，主要是新婚夫妇成套购买家具。因此，新婚人数的多少，便成为影响家具销售额变动的一个重要的相关因素。假设某家具厂按历年统计资料计算，每年销售家具一般为 210 万元，其中新婚夫妇购买家具为 140 万元。经市场调查分析，明年新婚人数预计可达 1500 对，按每对新婚者平均购买 1000 元家具计算，该厂明年家具预测销售额为：$70 + 0.1 \times 1500 = 220$（万元）。

这一公式是一个经验公式，可以根据历史统计数据，利用最小二乘法来确定一条反映 x、y 之间的误差最小的直线。a 和 b 可以通过以下公式计算：

$$a = \frac{\sum y - b\sum x}{n}$$

$$b = \frac{\sum xy - \frac{(\sum x)(\sum y)}{n}}{\sum x^2 - \frac{(\sum x)^2}{n}} = \frac{n\sum xy - \sum x\sum y}{n\sum x^2 - (\sum x)^2}$$

多元回归分析法主要是用于销售量的变化与几个因素相关的产品的预测。如果销售量 y 与 $x_1, x_2, x_3, \cdots, x_n$ 等多个因素有关，则可以有下面多元回归方程来预测销售量 y：

$$y = a + b_1x_1 + b_2x_2 + b_3x_3 + \cdots + b_nx_n$$

在采取多元回归分析时，要根据各种因素对销售量影响的程度来确定相关系数。由于计算很复杂，在实际工作中，多采用电脑进行计算和预测。

销售预测除了以上四种方法外，还有本量利预测法，但这种方法多用于生产经营决策，它不仅可以用于销售预测，也可以用于成本和利润的预测，这种方法将在后面的利润预测中说明。

五、收入的日常管理

营业收入是企业资金周转的基本条件和企业进行利润分配的来源，企业必须加强对营业收入的日常管理，这是提高企业经济效益的一个重要环节。为了保证营业收入计划的完成，企业通常要做好以下几个方面的工作：

(一)调整推销手段，认真执行销售合同，扩大产品销售量，完成销售计划

在市场经济条件下，企业的推销手段对产品的销售有重大影响，推销手段高，可以扩大产品销售量，增加销售收入。在销售产品时，要认真执行与客户所签订的经济合同，这样不仅可以加速企业的资金周转，而且可以提高企业的信誉，为企业生产经营创造良好的环境。

(二)提高服务质量，做好售后服务工作

质量是企业的生命，关系到企业生产经营的成败兴衰。质量服务不仅包括企业服务态度和服务水平，而且还包括企业产品的质量。提高服务质量可以使销售工作少出问题，减少销货退回，减少经济纠纷，增加企业的销售收入。售后服务对企业销售也至关重要，有助于提高企业信誉，增强产品竞争力，扩大销售。售后服务包括的内容很广泛，如为客户安装调试产品、提供技术咨询、建立维修服务网点等。售后服务是市场竞争、打开产品销路的重要手段，是一种必要的追加投资。

(三)及时办理结算，加快货款回收

货款结算与回收一般由财务部门统一办理，但是销售部门也应该协助财务部门做好货款回收工作。货款回收关系到企业资金的周转速度，如果货款拖欠太多，以致发生坏账损失，就会影响企业经营目标的实现。为了减少坏账数量，企业在销售产品时，一定要在合同中明确双方的责任和货款结算方式，在改善本企业的商品发运工作的情况下，也要认真审查对方的信誉情况。

(四)在产品销售过程中，要做好信息反馈工作

企业产品生产和销售必须以市场为导向，根据市场需求变化来调整自己的经营活动。企业在销售产品过程中，要了解市场情况，搜集各种信息，以使企业根据市场变化来调整计划的不合理之处，同时也为未来预测做好准备。

第二节 税金与纳税筹划

一、税收概述

(一)税收的概念与种类

税收是国家凭借政治权力,无偿地征收实物或货币,以获取财政收入的一种手段。税收是国家取得财政收入的工具,也是国家参与社会产品分配的一种方式。但是这种分配方式不同于其他分配方式,它是凭借国家的政治权力进行的分配,因此具有鲜明的特征,即税收的无偿性、强制性和固定性。

征税对象不仅决定着税种的性质,而且还在很大程度上决定了税种的名称。因此,按征税对象进行分类是最常见的一种税种分类方法。按征税对象进行分类,可将全部税种分为流转税、所得税、资源税、财产税和行为税等。

1. 流转税。流转税是以流转额为征税对象的税种。流转额具体包括两种:一是商品流转额,它是指商品交换的金额。对销售方来说,是销售收入额;对购买方来说,是商品的采购金额。二是非商品流转额,即各种劳务收入或者服务性业务收入的金额。由此可见,流转税类所指的征税对象非常广泛,涉及的税种也很多。但流转税类都具有一个基本的特点,即以商品流转额和非商品流转额为计税依据,在生产经营及销售环节征收,收入不受成本费用变化的影响,而对价格变化较为敏感。我国现行的增值税、消费税、营业税、关税属于这类税种。

2. 所得税。它是以纳税人的各种应纳税所得额为征税对象的税种。对纳税人的应纳税所得额征税,便于调节国家与纳税人的利益分配关系,能使国家、企业、个人三者的利益分配关系很好地结合起来。科学合理地收税可以促进社会经济的健康发展,保证国家财政收入的稳步增长和调动纳税人的积极性。所得税的特点是:征税对象不是一般收入,而是总收入减除各种成本费用及其他允许扣除项目以后的应纳税所得额;征税数额受成本、费用、利润高低的影响较大。我国现行的所得税主要有企业所得税和个人所得税。

3. 资源税。对资源的征税是对开发和利用自然资源的单位和个人征收的一种税。现行对资源征税的税种有资源税、土地使用税和耕地占用税。

4. 财产税。对财产的征税就是对纳税人所拥有的财产征收的一种税。财产税可以调节社会成员的财产收入水平,财产税是以纳税人的财产价值为征税依据,而不论纳税人有无所得,因此,它在调节纳税人财产收入方面,可以弥补所得税的不足。

5. 行为税。行为税是以纳税人的某种特定行为作为征税对象的一种税。

这种特定行为通常是指国家通过征税所要加以限制或监督的行为，行为税通常具有其特殊的目的性。

本节主要介绍增值税、消费税、营业税和所得税的计算与纳税筹划。

（二）增值税

增值税是对在我国境内销售货物或者提供加工、修理修配劳务，以及进口货物的单位和个人，就其取得的货物或应税劳务销售额，以及进口货物金额计算税款，并实行税款抵扣制的一种流转税。增值税是对商品生产或流通各环节的新增价值或商品附加值进行征税，所以称之为增值税。增值税是价外税，它以不含增值税税额的价格为计税依据，在销售商品时，增值税专用发票上分别注明增值税税款和不含增值税的价格，以消除增值税对成本、利润、价格的影响。

1. 征税范围主要包括：

（1）销售或进口货物。货物是指有形动产，包括电力、热力、气体在内。

（2）提供的加工、修理修配劳务。加工是指受托加工货物，即委托方提供原料或主要材料，受托方按照委托方的要求制造货物并收取加工费的业务。修理修配是指受托对损伤和丧失功能的货物进行修复，使其恢复原状和功能的业务。

（3）某些特殊的项目。主要包括货物期货（包括商品期货和贵金属期货，在期货的实物交割环节计税）、银行销售金银的业务、典当业的死当物品销售业务和销售寄售物品的业务，均应缴纳增值税。

（4）某些特殊的行为，主要包括视同销售行为、混合销售行为、兼营非应税劳务行为等。

2. 纳税义务人。在中华人民共和国境内销售货物或者提供加工、修理修配劳务以及进口货物的单位和个人，为增值税的纳税义务人。

3. 增值税应纳税额的计算。一般纳税人在计算应纳增值税税额的时候，先分别计算其当期销项税额和进项税额，然后以销项税额抵扣进项税额后的余额为实际应纳税额，一般纳税人基本税率为17%、对特殊货物采用低税率13%。应纳税额计算公式：

应纳税额＝当期销项税额－当期进项税额

当期销项税额＝当期销售额×适用税率

（三）消费税

消费税是国家为了体现消费政策，对生产和进口的应税消费品征收的一种税。消费税为价内税，只在应税消费品的生产、委托加工和进口环节缴纳（金银首饰除外，在零售环节缴纳消费税）；在以后的批发、零售等环节，因价款中已包含消费税，因此不再缴纳消费税，税款最终由消费者承担。

1. 现行消费税的征收范围主要包括烟、酒及酒精、鞭炮、焰火、化妆品、成品油、贵重首饰及珠宝玉石、高尔夫球及球具、高档手表、游艇、木制一次性筷子、实木地板、汽车轮胎、摩托车、小汽车等税目，有的税目还进一步划分若干子目。

2. 在中华人民共和国境内生产、委托加工和进口本条例规定的消费品的单位和个人，为消费税的纳税义务人。

3. 消费税的计税方法：消费税的计税依据分别采用从价和从量两种计税方法。实行从价计税办法征税的应税消费品，计税依据为应税消费品的销售额。实行从量定额办法计税时，通常以每单位应税消费品的重量、体积或数量为计税依据。

(1)从价计税时：应纳税额＝应税消费品销售额×适用税率

(2)从量计税时：应纳税额＝应税消费品销售数量×适用税额标准

(四)营业税

营业税是对在我国境内提供应税劳务、转让无形资产或者销售不动产的单位和个人，就其取得的营业额征收的一种税。一般规定：在我国境内提供应税劳务、转让无形资产、销售不动产的单位和个人，为营业税的纳税义务人。征税范围包括交通运输业、建筑业、金融保险业、邮电通信业、文化体育业、娱乐业、服务业、转让无形资产和销售不动产。

营业税其税款的计算较之前面的增值税、消费税要简单，计算公式为：

应纳税额＝营业额×税率

营业税的计税依据是营业额，营业额为纳税人提供应税劳务、转让无形资产或者销售不动产向对方收取的全部价款和价外费用。价外费用包括向对方收取的手续费、基金、集资费、代收款项、代垫款项及其他各种性质的价外收费。针对不同行业的具体情况，计税营业额确定有其具体的规定。

(五)企业所得税

新的《中华人民共和国企业所得税法》由中华人民共和国第十届全国人民代表大会第五次会议于 2007 年 3 月 16 日通过，自 2008 年 1 月 1 日起施行，1991 年 4 月 9 日第七届全国人民代表大会第四次会议通过的《中华人民共和国外商投资企业和外国企业所得税法》和 1993 年 12 月 13 日国务院发布的《中华人民共和国企业所得税暂行条例》同时废止。

1. 征税范围指企业每一纳税年度的收入总额，减除不征税收入、免税收入、各项扣除以及允许弥补的以前年度亏损后的余额，为应纳税所得额。

2. 企业所得税的纳税人。在中华人民共和国境内，企业和其他取得收入的组织为企业所得税的纳税人，企业分为居民企业和非居民企业。居民企业，是指依法在中国境内成立，或者依照外国(地区)法律成立但实际管理机构在中国境内的企业。居民企业应当就其来源于中国境内、境外的所得缴纳企业所得税。

非居民企业，是指依照外国(地区)法律成立且实际管理机构不在中国境内，但在中国境内设立机构、场所的，或者在中国境内未设立机构、场所，但有来源于中国境内所得的企业。非居民企业在中国境内设立机构、场所的，应当就其所设机构、场所取得的来源于中国境内的所得，以及发生在中国境外但与其所设机构、场所有实际联系的所得，缴纳企业所得税。非居民企业在中国境内未设立机构、场所的，或者虽设立机构、场所但取得的所得与其所设机构、场所没有实际联系的，应当就其来源于中国境内的所得缴纳企业所得税。

3. 企业所得税的计算

应纳税额＝应纳税所得额×适用税率

应纳税所得额＝收入总额－不征税收入－免税收入－扣除额－允许弥补的以前年度亏损

企业以货币形式和非货币形式从各种来源取得的收入为收入总额。包括：

(1)销售货物收入；

(2)提供劳务收入；

(3)转让财产收入；

(4)股息、红利等权益性投资收益；

(5)利息收入；

(6)租金收入；

(7)特许权使用费收入；

(8)接受捐赠收入；

(9)其他收入。

“不征税收入”是指有些非经营活动或非营利活动带来的经济收入从应税总收入中排除。不属于税收优惠的范畴，与“免税收入”的概念不同。

准予扣除的项目包括：计算应纳税所得额时准予扣除的项目是指与纳税人收入有关的成本、费用、税金和损失。

成本：即生产、经营成本，是指纳税人为生产、经营产品和提供劳务等所发生的各项直接费用和各项间接费用。

费用：即纳税人为生产、经营商品和提供劳务等发生的销售费用、管理费用和财务费用。

税金：即纳税人按规定纳税的消费税、营业税、关税、城市维护建设税、资源税、土地增值税、教育费附加。

损失：即纳税人生产、经营过程中的各项营业外支出，已发生的经营亏损和投资损失以及其他损失。

纳税人的上述各种扣除项目，应严格按照税法规定的范围、标准扣除，不得任意扩大扣除范围。不得扣除的项目主要包括：

(1)资本性支出，是指纳税人购置、建造固定资产，对外投资支出。

(2)无形资产转让、开发支出，但开发支出中未形成资产的部分准予扣除。

(3)违法经营的罚款、被没收财物的损失。

(4)各项税收的滞纳金、罚金和罚款。

(5)自然灾害或者意外事故损失有赔偿的部分。

(6)超过国家规定允许扣除的公益、救济性捐赠，以及非公益、救济性的捐赠。

(7)各种赞助支出。

(8)与取得收入无关的其他各项支出。

企业所得税的基本税率为25%。

在计算企业所得税时，企业在某一年度发生亏损，可以在以后年度应纳税所得中予以弥补。亏损是指经营亏损，具体是指除政策性原因之外，企业销售产品或提供劳务等的收入不足以抵偿其成本、费用支出的差额。税法规定，企业某一年度发生的亏损可以用下一年度的所得弥补，下一年度的所得不足以弥补的，可以逐年延续弥补，但最长不得超过5年。即纳税人的年度所得额，可以先扣除以前年度的亏损，如有余额，才是当年的应纳税所得额。

二、纳税筹划的概念与特点

(一)纳税筹划的概念

所谓纳税筹划是指通过对涉税业务进行策划，制作一整套完整的纳税操作方案，从而达到节税的目的。纳税筹划是企业的一种理财活动，是指纳税人为实现经济利益最大化的目的，在国家法律允许的范围内，对自己的纳税事项进行系统安排，以获得最大的经济利益。

(二)纳税筹划的特点

纳税筹划有其固有的特征，主要表现在：纳税筹划的合法性、纳税筹划的政策导向性、纳税筹划的目的性、纳税筹划的专业性和纳税筹划的时效性等几方面。

1. 纳税筹划的合法性。纳税筹划是在合法条件下进行的，是在对国家制定的税法进行比较分析研究后，进行纳税优化选择。从纳税筹划的概念可以看出，纳税筹划是以不违反国家现行的税收法律、法规为前提，否则，就构成了税收违法行为。因此，纳税人应该具备相当的法律知识，尤其是清楚相关的税收法律知识，知道违法与不违法的界限。纳税筹划的合法性是纳税筹划最基本的特点，具体表现在纳税筹划运用的手段是符合现行税收法律法规的，与现行国家税收法律、法规不冲突，而不是采用隐瞒、欺骗等违法手段。

2. 纳税筹划的政策导向性。税收是国家控制的一个重要的经济杠杆，国家可以通过税收优惠政策，多征或减征税收，引导纳税人采取符合政策导向的行为，以实现国家宏观经济调整或治理社会的目的。

3. 纳税筹划的目的性。反映在企业进行纳税筹划中，其选择和安排都围绕着企业的财务管理目标而进行，以实现价值最大化和使其合法权利得到充分的享受和行使为中心。纳税筹划是一种理财活动，也是一种策划活动，而人们的策划活动总是为了实现一定的意图和目标而进行的，没有明确的意图和目的就无法进行策划。在纳税筹划中，一切选择和安排都围绕着节约税收成本的目标而进行，以实现企业利益的最大化和使其合法权益得到充分享受与行使是进行纳税筹划的中心。

4. 纳税筹划的专业性。由于纳税筹划是纳税人对税法的能动运用，是一项专业技术性很强的策划活动。它要求筹划者要精通国家税收法律、法规，熟悉财务会计制度，更要时刻清楚如何在既定的纳税环境下，组合成能够达到实现企业财务管理目标、节约税收成本的目的。

5. 纳税筹划的时效性。国家的税收政策法令是纳税人进行理财的一个外部环境，它实际上给纳税人的行为提供空间，纳税人只能适应它，而无法改变它，纳税筹划受现行的税收政策法令所约束。然而，纳税人面对的行为空间并不是一成不变的。任何事物都是不断向前发展的，国家税收政策法规也不例外，随着国家经济环境的变化，国家的税收法律也会不断修正和完善。税收作为国家掌握的一个重要的经济杠杆，税收政策必然根据一定时期的宏观经济政策的需要而制定，也就是说，任何国家的税收政策都不是一成不变的，当国家税收政策变动时，纳税筹划的做法也应及时进行调整。

三、纳税筹划的目标

纳税筹划的目标就是企业通过纳税筹划所要达到的目的。纳税筹划的目标应当与企业财务管理的目标是一致的，它是财务管理目标在纳税筹划上的具体体现。企业纳税筹划应当达到什么样的目标，在理论界主要有以下几种代表性观点：

（一）税收最小化

税收最小化是指纳税人通过对其生产经营活动和财务活动的合理安排，采取各种节税技术，使其应缴纳的各种税收之和最小。这种观点认为只要纳税人减少了税收，就可以给纳税人带来税收收益，从而增加企业价值，因此，这种观点直接体现了纳税筹划的节税作用，但忽视了纳税筹划本身可能会限制企业的生产经营活动，影响企业经营活动的效率，而且纳税筹划本身也会发生成本，这些都会降低企业的价值。

(二)净利润最大化

净利润最大化是指纳税人在纳税筹划过程中，通过对其生产经营活动和财务活动的合理安排，采取各种节税技术，使其净利润达到最大。这种观点不仅考虑了纳税筹划可以节约税收，而且还考虑了纳税筹划对企业经营活动和成本的影响。只有使企业利润达到最大的纳税筹划方案才是最佳方案。这种观点符合企业追求利润最大化的财务管理目标，但没有考虑时间价值对纳税筹划的影响。

(三)企业价值最大化

现代财务管理理论认为企业财务管理的目标应当是企业价值最大化。企业的任何经营活动和财务活动都应该以实现企业价值最大化增长为终极目标。纳税筹划也不例外，企业在进行纳税筹划时，应当以企业价值最大化作为纳税筹划的目标。纳税筹划这一目标是由企业财务管理目标所决定的。这一目标既体现了纳税筹划给企业带来的税收利益，也体现了纳税筹划的风险性，同时也考虑了时间价值对纳税筹划标准的影响。企业价值是企业未来现金净流量的现值，因此，纳税筹划应当有利于增加企业现金净流量。

四、纳税筹划的原则

税收筹划有利于实现企业价值或股东权益最大化，所以许多纳税人都乐于进行筹划。但是，如果纳税人无原则地进行纳税筹划，就可能达不到预期的目的。根据纳税筹划的性质和特点，企业进行纳税筹划应当遵循如下原则：

(一)事前筹划原则

纳税筹划必须做到与现行的税收政策法令不冲突。由于国家税法制定在先，而税收法律行为在后，在经济活动中，企业的经济行为在先，向国家缴纳税收在后，这就为我们的筹划创造了有利的条件。我们完全可以根据已知的税收法律规定，调整自身的经济事务，选择最佳的纳税方案，争取最大的经济利益。如果没有事先筹划好，经济业务一旦发生，应税人已经确定，则纳税筹划就失去意义。这个时候如果想减轻自身的税收负担，就只能靠偷税、逃税了。所以，企业进行纳税筹划，必须在经营业务未发生时、收入未取得时先做好安排。

(二)保护性原则

企业的账簿、凭证是记录企业经营情况的真实凭据，是税务机关进行征税的重要依据，也是证明企业没违反税收法律的重要依据。例如，《税收征收管理法》第 52 条规定：“因税务机关的责任，致使纳税人、扣缴义务人未缴或少缴税款的，税务机关在 3 年内可以要求纳税人、扣缴义务人补缴税款，但是不得加收滞纳金。因纳税人、扣缴义务人计算错误等失误，未缴或少缴税款的，税务机关在3年内可以追征税款、滞纳金；有特殊情况的，追征期可以延长到5年。"这里所说的特殊情况是指涉及的应纳税款额在10万元以上。因此，企业在进行税收筹划后，要巩固已取得的成果，应妥善保管好账目、记账凭证等有关会计资料，确保其完整无缺，保管期不得短于税收政策规定的补征期和追征期。

（三）经济原则

税收筹划可以减轻企业的税收负担，使企业获得更多的经济利益，因此许多企业都千方百计地加以利用。但是，在具体操作中，许多纳税筹划方案理论上虽然可以少缴纳一些税金或降低部分税负，但在实际运作中却往往不能达到预期效果，其中很多纳税筹划方案不符合成本效益原则是造成纳税筹划失败的原因。纳税筹划归根到底是属于企业财务管理的范畴，它的目标与企业财务管理的目标是相同的——实现企业价值最大化。所以在纳税筹划时，要综合考虑采取该纳税筹划方案是否给企业带来绝对的利益，要考虑企业整体税负的降低，纳税绝对值的降低。

由于纳税筹划在降低纳税人税收负担、取得部分税收利益的同时，必然要为纳税筹划方案的实施付出额外的费用，导致企业相关成本的增加，以及因选择该筹划方案而放弃其他方案所损失的相应机会收益。例如，企业运用转让定价方式减轻自己的税负，需要花费一定的人力、物力、财力在低税负区内设立相应的办事机构，而这些机构的设立可能完全是出于税收方面的考虑，而非正常的生产经营需要。再如，纳税筹划是一项技术很强的工作，筹划人员不仅需要有过硬的财务、会计、管理等业务知识，还要精通有关国家的税收法律、法规及其他相关法律、法规，并十分了解税收的征管规程及存在的漏洞与弊端，因此，企业在纳税筹划前需要进行必要的税务咨询，有些时候还可能需要聘用专业的税务专家为企业服务，或直接购买避税计划。所以，纳税筹划与其他管理决策一样，必须遵循成本效益的原则，只有当筹划方案的所得大于支出时，该项纳税筹划才是成功的筹划。

（四）适时调整的原则

纳税筹划是一门科学，有其规律可循。但是，一般的规律并不能代替一切，不论多么成功的纳税筹划方案，都只是一定的历史条件下的产物，不是在任何地方、任何时候、任何条件下都可适用的。纳税筹划的特征是不违法性，究竟何为违法，何为不违法，这完全取决于一个国家的具体法律。随着地点的变化，纳税人从一个国家到另一个国家，其具体的法律关系是不同的；随着时间推移，国家的法律也会发生变化。企业面对的具体的国家法律法规不同，其行为的性质也会因此而不同。由此可见，任何纳税筹划方案都是在一定的地区、一定的时间、一定的法律法规环境条件下、以一定的企业的经济活动为背景制定的，具有针对性和时效性，一成不变的纳税筹划方案，终将妨碍企业财务管理目标的实现，损害企业股东的权益。所以，企业要想长久地获得税收等经济利益的最大化，就必须密切注意国家有关税收法律法规的变化，并根据国家税收法律环境的变化及时修订或调整纳税筹划方案，使之符合国家税收政策法令的规定。

五、纳税筹划的方法

(一)避税筹划

所谓"避税筹划"是指纳税人在充分了解现行税法的基础上，通过掌握相关会计知识，在不触犯税法的前提下，对经济活动的筹资、投资、经营等活动作出巧妙的安排，这种安排手段处在合法与非法之间的灰色地带，达到规避或减轻税负的目的。其特征有：

1. 非违法性。逃税是违法的，节税是合法的，只有避税处在逃税与节税之间，属于"非违法"性质。

2. 策划性。逃税属于低素质纳税人的所为，而避税者往往素质较高，通过对现行税法的了解甚至研究，找出其中的漏洞，加以巧妙安排，这就是所谓的策划性。

3. 权利性。避税筹划实质上就是纳税人在履行应尽法律义务的前提下，运用税法赋予的权利，保护既得利益的手段。避税并没有，也不会，也不能不履行法律规定的义务，避税不是对法定义务的抵制和对抗。

4. 规范性。避税者的行为较规范，往往是依据税法的漏洞展开的。

避税筹划和节税筹划不同，避税筹划与逃税筹划也不同，它是以非违法的手段来达到少缴税或不缴税的目的，因此避税筹划既不违法，也不合法，而是处在两者之间，我们称之为"非违法"。正由于此，避税筹划也就存在一定的风险，有可能被税务机关认定为"逃税"。

由于避税筹划是以非违法的手段达到规避纳税义务的目的。因此在相当程度上它与逃税一样危及国家税法，直接后果是将导致国家财政收入的减少，间接后果是税收制度有失公平和社会腐败，故避税需要通过反避税加以抑制。但避税与逃税有本质差别，逃税是非法的，它是依靠非法的手段，达到少缴税或不缴税的目的，因此对逃税应加大打击和依法处罚力度，而对避税只能采取措施堵塞漏洞，如加强立法和征管等，一般不能依法制裁。

究竟何为"非法"，何为"非违法"，何为"合法"，这完全取决于一国的国内法，没有超国界的统一标准。因而会出现这样的现象，即：在甲国为非法的事，在乙国也许是天经地义的合法行为。所以，离开了各国的具体的法律，很难从一个超脱的国际观点来判断哪一项交易、哪一项业务、哪一种情况是非法的。换句话说，有时候很难在避税与逃税之间，甚至避税与节税之间划一条泾渭分明的界线。在有些国家，任何使法律意图落空的做法都被认为是触犯了法律，在这样的国家中，逃税与避税之间的界线就更加模糊。

(二)节税筹划

研究避税最初产生的缘由不难发现：避税是纳税人为了抵制政府过重的税负，维护自身既得经济利益而进行的各种逃税、骗税、欠税、抗税等受到政府严厉的法律制裁后，找到的更为有效的规避办法。纳税人常常会发现，有些逃避纳税义务的纳税人受到了政府的严厉制裁，损失惨重，而有些纳税人则坦然、轻松地面对政府的各项税收检查，轻松过关。究其原因，不外乎这些智慧型纳税人常常能够卓有成效地利用税法本身的纰漏和缺陷，顺利而又轻松地实现了避税或节税而又未触犯法律。这就使越来越多的纳税人对避税行为趋之若鹜，政府也不得不将其注意力集中到完善税收立法和堵塞征管漏洞上。这种"道高一尺，魔高一丈"的避与堵，大大加快了税制的建设，使税制不断健全，不断完善，有助于社会经济的进步与发展。因此，随着税制的完善及征管漏洞的减少，筹划的空间日益狭小。但随着避税空间的压缩，节税筹划的空间却日益扩大。所谓"节税筹划"是指纳税人在不违背税法立法精神的前提下，充分利用税法中固有的起征点、减免税等一系列优惠政策，通过纳税人对筹资活动、投资活动以及经营活动的巧妙安排，达到少缴或不缴税的目的。这种巧妙安排与避税筹划最大的区别在于避税是违背立法精神的，而节税是顺应立法精神的。换句话说，顺应法律意识的节税活动及其后果与税法的本意相一致，它不但不影响税法的地位，反而会加强税法的地位，从而使当局利用税法进行的宏观调控更加有效，是值得提倡的行为。节税有以下几个特征：

1. 合法性。避税不能说是合法的，只能说是非违法的，逃税则是违法的，而节税是合法的。

2. 政策导向性。如果纳税人通过节税筹划最大限度地利用税法中固有的优惠政策来享受其利益，其结果正是税法中优惠政策所要引导的，因此，节税本身正是优惠政策借以实现宏观调控目的的载体。

3. 策划性。节税与避税一样，需要纳税人充分了解现行税法知识和财务知识，结合企业全方位的筹资、投资和经营业务，进行合理合法的策划。没有策划就没有节税。

(三)转嫁筹划

税负转嫁是指纳税人为了达到减轻税负的目的，通过价格的调整和变动，将税负转嫁给他人承担的经济行为。

税负的转嫁与归宿在税收理论和实践中有着重要地位，与逃税、避税相比更为复杂。税负转嫁结果是有人承担，最终承担人称为负税人。税负落在负税人身上的过程叫税负归宿。所以说税负转嫁和税负归宿是一个问题的两个说法。在转嫁条件下，纳税人和负税人是可分离的，纳税人只是法律意义上的纳税主体，负税人是经济上的承担主体。

典型的税负转嫁或狭义的税负转嫁是指商品流通过程中，纳税人提高销售价格或压低购进价格，将税负转移给购买者或供应者。转嫁的判断标准有：

1. 转嫁和商品价格是直接联系的，与价格无关的问题不能纳入税负转嫁范畴。

2. 转嫁是个客观过程，没有税负的转移过程不能算转嫁。

3. 税负转嫁是纳税人的主动行为，与纳税人主动行为无关的价格再分配性质的价值转移不能算转嫁。

明确这三点判断标准，有利于明确转嫁概念与逃税、避税及节税的区别。

一般来讲，转嫁筹划与逃税、避税、节税的区别主要有：

1. 转嫁不影响税收收入，它只是导致归宿不同，而逃税、避税、节税直接导致税收收入的减少。

2. 转嫁筹划主要依靠价格变动来实现，而逃税、避税、节税的实现途径则是多种多样的。

3. 转嫁筹划不存在法律上的问题，更没有法律责任，而逃税、避税和节税都不同程度地存在法律麻烦和法律责任问题。

4. 商品的供求弹性将直接影响税负转嫁的程度和方向，而逃税、避税及节税则不受其影响。

第三节　利润管理

一、利润的构成

利润是企业在一定会计期间的经营成果，是最终的财务成果。企业的利润总额一般包括营业利润、投资净收益、补贴收入和营业外收支净额四个部分。其计算公式为：

利润总额＝营业利润＋投资净收益＋补贴收入＋营业外收支净额

(一)营业利润

营业利润是企业在一定会计期间内从事生产经营活动所取得利润，是企业利润总额的主要来源。

营业利润＝主营业务利润＋其他业务利润－期间费用

主营业务利润＝主营业务收入－主营业务成本－主营业务税金及附加

其他业务利润＝其他业务收入－其他业务支出

期间费用是指企业本期发生的，不能计入产品成本，而直接计入当期损益的各项费用，包括销售费用、管理费用和财务费用。

(二)投资净收益

投资净收益是指企业对外投资所取得的收益减去发生的投资损失和计提的投资减值准备后的余额。其计算公式为：

投资净收益＝投资收益－投资损失－投资减值准备

(三)补贴收入

补贴收入是指企业按规定实际收到退还的增值税，或按销量或工作量等依据国家规定的补助定额计算并按期给予的定额补贴及属于国家财政扶持的领域而给予的其他形式的补贴。

(四)营业外收支净额

营业外收支净额是指营业外收入减去营业外支出后的余额。其计算公式为：

营业外收支净额＝营业外收入－营业外支出

营业外收入是相对于企业的营业收入而言的，它是指企业发生的与其生产经营活动无直接关系的各项收入。营业外支出是相对于经营性耗费支出而言的，它是指企业发生的与其生产经营活动无直接关系的各项支出。

(五)净利润

净利润是指在利润总额中按规定缴纳了所得税后公司的利润留成，一般也称为税后利润或净收入，净利润的计算公式为：

净利润＝利润总额×(1－所得税率)

净利润是一个企业经营的最终成果，净利润多，企业的经营效益就好；净利润少，企业的经营效益就差，它是衡量一个企业经营效益的主要指标。净利润的多寡取决于两个因素，一是利润总额，二是所得税率。企业的所得税率都是法定的，所得税率愈高，净利润就愈少。

二、利润预测

利润预测是企业经营预测的一个重要方面，它是在销售预测的基础上，通过对产品的销售水平、价格水平、成本状况进行分析和测算，预测出企业未来一定时期的利润水平。利润预测要在了解企业过去和现在的生产经营状况及所处经济环境的基础上，运用一定的科学方法，对影响利润的各种因素进行分析，测算出企业未来的利润水平。利润预测的方法很多，以下主要介绍本量利分析法、相关比率法和因素测算法。

(一)本量利分析法

1. 概念

本量利分析法全称为“成本－业务量(生产量或者销售量)－利润分析法”,也称损益平衡分析法,它主要根据成本、业务量和利润三者之间的变化关系,分析某一因素的变化对其他因素的影响。本量利分析法既可用于利润预测,也可用于成本和业务量的预测。

2. 本量利的相互关系

企业管理者在决定生产和销售数量时,为了了解它们对利润的影响,需要建立一个数学模型。这个模型中除了业务量和利润以外的变量都是常数,使业务量和利润之间建立起直接的函数关系。为此,人们首先研究成本和业务量之间的关系,并确定了成本按性态的分类,然后在此基础上明确成本,业务量和利润之间的相互关系。

本量利分析法是以成本性态研究为基础的。所谓成本性态是指成本总额对业务量的依存关系。在此,业务量是指企业生产经营活动水平的标志量。既可以是产出量也可以是投入量,既可以用实物度量、时间度量,也可以用货币度量。当业务量变化后,各项成本有不同的性态:变动成本、固定成本和混合成本。变动成本是指随业务量增长而成正比例增长的成本;固定成本是指在一定业务范围内,不受业务量的影响的成本;混合成本介于两者之间,是指随着业务量增长而增长,但不按比例增长的成本,可以将其分为固定成本和可变成本。这样全部成本都可以分为固定成本和变动成本两部分。

3. 本量利的数学模型

在将成本分解成变动成本和固定成本之后,就可建立本量利的数学模型,进行预测分析。本量利的数学模型有以下三种表达方式:

(1)损益方程式

①基本的损益方程式

利润＝销售收入－总成本

销售收入＝单价×销售量

总成本＝变动成本＋固定成本

变动成本＝单位变动成本×销售量

可以得到公式:

利润＝(单价－单位变动成本)×销售量－固定成本

上式明确表达了本量利之间的数学关系。其中利润一般指息税前收益(*EBIT*)。在预测期间利润时,通常把单价、单位变动成本和固定成本视为稳定的常量,只有销售和利润两个自由变量。给定销量时,可利用方程式直接计算出预计利润;给定目标利润时,可直接计算出应达到的销售量。

【例 9-7】 某企业每月固定成本 1000 元,生产一种产品,单价 10 元,单位变动成本 6 元,本月计划销售 500 件,问预期利润是多少?

解:利润=(单价-单位变动成本)×销售量-固定成本

=(10-6)×500-1000

=1000(元)

②损益方程式的变换形式

A. 计算销售量的方程式

销售量=(固定成本+利润)÷(单价-单位变动成本)

【例 9-8】 假设例 9-7 企业拟实现目标利润 1100 元,问应销售多少产品?

销售量=(1000+1100)÷(10-6)=525(件)

B. 计算单价的方程式

单价=(固定成本+利润)÷销售量+单位变动成本

【例 9-9】 假设例 9-7 企业计划销售 600 件,欲实现利润 1400 元,问单价应定为多少?

单价=(1000+1400)÷600+6=10(元)

C. 计算单位变动成本的方程式

单位变动成本=单价-(固定成本+利润)÷销售量

【例 9-10】 假设例 9-7 企业每月固定成本 1000 元,单价 10 元,计划销售 600 件,欲实现目标利润 800 元,问单位变动成本应控制在什么水平?

单位变动成本=10-(1000+800)÷600=7(元)

D. 计算固定成本的方程式

固定成本=单价×销售量-单位变动成本×销售量-利润

(2)边际贡献方程式

边际贡献=销售收入-变动成本

产品的边际贡献可以理解为产品的销售收入扣除变动成本后的余额,它首先用于弥补企业的固定成本,如果还有剩余即为企业的利润,如果不足以收回固定成本则发生亏损。

①单位边际贡献就是每种产品的销售单价减去各产品的单位变动成本,即每增加一个单位产品销售可提供的贡献毛益。其计算公式为:

单位边际贡献=单价-单位变动成本

【例 9-11】 某企业只生产一种产品,单价为 6 元,单位变动成本为 3 元,销售 600 件,则:

边际贡献＝6×600－3×600＝1800(元)

单位边际贡献＝6－3＝3(元)

②边际贡献率。可以用边际贡献率来反映某种产品的边际贡献。边际贡献率是边际贡献在销售收入中所占的百分比。它反映了每1元的销售收入所提供的边际贡献。

边际贡献率＝(边际贡献÷销售收入)×100％
＝(单位边际贡献×销售量)÷(单价×销售量)×100％
＝单位边际贡献÷单价×100％

③变动成本率。与边际贡献率相对应,变动成本率是指变动成本在销售收入中占的百分比。

变动成本率＝(变动成本÷销售收入)×100％
＝(单位变动成本×销售量)÷(单价×销售量)×100％
＝单位变动成本÷单价×100％

由于销售收入被分为变动成本和边际贡献两部分,前者是产品自身的耗费,后者是给企业的贡献,两者的百分率之和应为1。

④基本的边际贡献方程式:

利润＝销售收入－变动成本－固定成本
＝边际贡献－固定成本
利润＝销售量×单位边际贡献－固定成本

【例9-12】 某企业只生产一种产品,单价为6元,单位变动成本为3元,销量600件,固定成本为1000元,则:

利润＝(6－3)×600－1000＝800(元)

(3)本量利图

1)将成本、销售量、利润之间的关系反映在直角坐标系中,所形成的图形,就是本量利图。该图形能够直观地反映企业盈利和亏损时的销售量,故亦称为盈亏临界图或损益平衡图。在直角坐标系中,本量利图是由三条直线构成的,如图9-1所示。

图中直角坐标系的横轴表示销售量,纵轴表示成本及销售收入的金额;平行于横轴的直线F为固定成本线;以点(O,固定成本)为起点,以单位变动成本为斜率的直线V为变动成本线;以原点为起点,以单价为斜率的直线S为销售收入线。

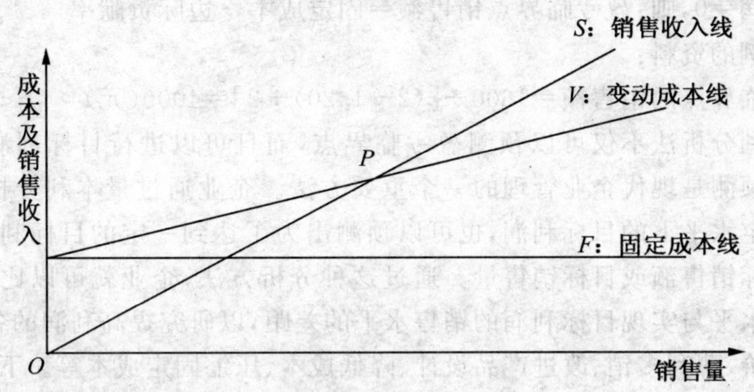

图 9-1　本量利图

2)基本的本量利图主要表示的意义为：

①固定成本线与横轴之间的距离为固定成本值，它不因产量增减而变动。

②变动成本线与固定成本线之间的距离为变动成本，它随产量而成正比例变化。

③变动成本线与横轴之间的距离为总成本。

④销售收入线与变动成本线的交点 P 为盈亏临界点，也称“保本点”。当销售量大于 P 时为盈利，小于 P 时为亏损。

3)盈亏临界点的确定

①盈亏临界点销售量

对于生产单一产品的企业，盈亏临界点可用销售量表示。

利润＝单价×销量－单位变动成本×销量－固定成本

令利润等于 0，此时的销量为盈亏临界点的销售量：

0＝单价×盈亏临界点销售量－单位变动成本×盈亏临界点销售量－固定成本

盈亏临界点销售量＝固定成本÷(单价－单位变动成本)

可以得到：盈亏临界点销售量＝固定成本÷单位边际贡献

【例 9-13】　某企业生产的一种产品，单价为 2 元，单位变动成本为 1.20 元，固定成本为 1600 元/月，计算其盈亏临界点销售量。

盈亏临界点销售量＝1600÷(2－1.20)＝2000(件)

②盈亏临界点的销售额

单一产品企业在现代经济中只在少数，大部分企业产销多种产品。多品种企业的盈亏临界点一般用销售额表示。

利润＝边际贡献率×销量－固定成本

令利润＝0，则：盈亏临界点销售额＝固定成本÷边际贡献率

如上例的资料：

盈亏临界点的销售额＝1600÷［(2－1.20)÷2］＝4000(元)

本量利分析法不仅可以预测盈亏临界点，而且可以进行目标利润的预测。目标利润预测是现代企业管理的一个重要方法。企业通过量本利分析法，可以预测在一定水平下的目标利润，也可以预测出为了达到一定的目标利润所需要实现的目标销售额或目标销售量。通过这种分析方法，企业就可以比较分析现有的销售水平与实现目标利润的销售水平的差距，以研究提高利润的各种方案，如降低售价、薄利多销、改进产品设计、降低成本、压缩固定成本等。下面举例说明目标利润的预测方法。

【例 9-14】 某企业根据市场调查分析，预测出计划期间甲产品的销售量为 100000 件，该产品销售单价为 8 元，单位变动成本为 5 元，固定成本总额为 16000 元。要求预测出计划期间甲产品预计可实现的目标利润。

根据本量利分析的基本公式，甲产品的预计目标利润为：

$$\begin{aligned}\text{预计目标利润}&=\text{销售单价}\times\text{预计销售量}-(\text{单位变动成本}\times\text{预计销售量}\\&\quad+\text{固定成本总额})\\&=8\times100000-(5\times100000+16000)\\&=284000(\text{元})\end{aligned}$$

企业可以根据计划期的生产能力、技术条件、市场环境等因素确定企业的目标利润。然后根据目标利润，利用本量利分析法预测出实现目标利润的销售量——目标销售量。其计算公式为：

$$\text{目标销售量}=\frac{\text{固定成本总额}+\text{目标利润}}{\text{销售单价}-\text{单位变动成本}}=\frac{\text{固定成本总额}+\text{目标利润}}{\text{单位边际贡献}}$$

$$\text{目标销售额}=\frac{\text{固定成本总额}+\text{目标利润}}{\text{边际贡献率}}$$

【例 9-15】 某企业经过调查分析，确定计划期间的目标利润为 200000 元，该企业的产品销售单价为 10 元，单位变动成本为 6 元，固定成本总额为 100000 元。要求预测实现目标利润的目标销售量的目标销售额。

$$\begin{aligned}\text{目标销售量}&=\frac{\text{固定成本总额}+\text{目标利润}}{\text{销售单价}-\text{单位变动成本}}\\&=\frac{100000+200000}{10-6}\\&=75000(\text{件})\end{aligned}$$

目标销售额＝目标销售量×销售单价

＝75000×10＝750000(元)

(二)相关比率法

企业一定时期所实现的利润总额一般而言与销售收入、资金占用总额是正相关的。相关比率法是根据利润与相关指标之间的关系，对计划期间的利润进行分析的方法。常有的相关指标有销售收入利润率、资金利润率等。

相关比率法的计算公式为：

利润＝预计销售收入×销售收入利润率

利润＝预计平均资金占用额×资金利润率

从公式中可知，利润的预测是以销售收入的预测和资金占用额的预测为基础的。销售收入和资金占用额预测得准确与否直接影响到利润预测的准确性。

【例 9-16】 某企业基期的销售收入利润率为 20%，根据对市场的预测分析，计划期的销售收入利润率与基期相同，预计企业的销售收入为 8200 万元。要求预测企业计划期的利润额。

根据相关比率法，计划期企业的利润额为：

利润＝预计销售收入×销售收入利润率

＝8200×20%

＝1640(万元)

【例 9-17】 某企业预测计划期内的资金占用额为 8500 万元，同行业的平均资金利润率为 18%。要求预测企业计划期的利润额。

根据相关比率法，计划期企业的利润额为：

利润＝预计平均资金占用额×资金利润率

＝8500×18%

＝1530(万元)

(三)因素测算法

因素测算法是在基期利润水平的基础上，根据计划期间影响利润变动的各项因素预测出企业计划期间的利润额。因素测算法是以本量利分析法的基本原理为基础的。

计算公式为：

计划期利润＝基期利润±计划期受各种因素影响而变动的利润

在采用因素测算法时，首先必须对影响利润的各种因素进行测算。这些因素有外部因素也有内部因素；然后将变化了的各种因素代入本量利方程式，测算出对利润影响的结果。通常，销售量和销售价格与利润是正相关的，而单位变动成本和固定成本和利润是负相关的。有时，采用该法，则是先确定了目标利润，然后再确定为了实现目标利润需要采取的各项措施，如降低单位变动成本或固定成本、增加销售量、提高售价等措施。

【例 9-18】 某企业上一年度的甲产品的销售量为 50000 件，销售单价为 20 元，该产品的单位变动成本为 12 元，固定成本为 80000 元，该年度的利润总额为 320000 元。经过对市场供需状况的调查，本年度甲产品的预计销售量为 55000 件，销售单价为 19 元。据预测，该企业因改进产品设计，单位变动成本可降低至 10 元，但固定成本会增加到 90000 元。要求采用因素测算法计算各因素的变化对利润的影响。

根据所给的资料，测算出各因素的变化对利润的影响如下：

1. 销售量增加对利润的影响

(55000－50000)×20＝100000(元)

2. 销售单价降低对利润的影响

(19－20)×55000＝－55000(元)

3. 单位变动成本降低对利润的影响

50000×12－55000×10＝50000(元)

4. 固定成本增加对利润的影响

80000－90000＝－10000(元)

以上各种因素对利润的综合影响为：

100000－55000＋50000－10000＝85000(元)

计划年度预计利润总额＝320000＋85000＝405000(元)

以上是先预测出各因素的变化，然后再根据各项因素来预测企业的利润。但是，有时则是先确定了目标利润，然后再预测为了实现目标利润需要采取的各项措施，如降低单位变动成本或固定成本、增加销售量、提高销售价格等措施。下面举例说明为了实现目标利润，需要采取的措施。

【例 9-19】 某企业上年度甲产品的销售数量(Q)为 1000 件，单价(SP)为 18000 元，单位变动成本(V)为 12000 元，固定成本总额(F)为 5000000 元。那么，甲产品上年度的利润为：

$$P = Q\times SP - Q\times V - F$$

$$= 1000\times 18000 - 1000\times 12000 - 5000000 = 1000000(\text{元})$$

在此基础上，如果要求下年度的利润增长 12%，即达到 1120000 元[1000000×(1＋12%)]，可以从以下几方面采取措施：

1. 增加销售数量

因为：$1120000 = 18000Q - 12000Q - 5000000$

$Q\times(18000-12000) = 6120000$

所以：$Q=6120000/18000-12000=1020$(件)

在其他条件不变时，销售数量增加2%[(1020－1000)/1000×100%]，达到1020件时，可实现目标利润。

2. 提高销售价格

因为：$1120000=1000SP-1000\times12000-5000000$

$1000SP=18120000$

所以：$SP=18120000/1000=18120$(元)

在其他条件不变时，销售价格提高0.67%[(18120－18000)/18000×100%]，达到18120元时，可实现目标利润。

3. 降低固定成本总额

因为：$1120000=1000\times18000-1000\times12000-F$

$1120000=18000000-12000000-F$

所以：$F=18000000-12000000-1120000=4880000$(元)

在其他条件不变时，固定成本总额降低2.4%[(4880000－5000000)/5000000×100%]即降低为4880000元时，可实现目标利润。

4. 降低单位变动成本

因为：$1120000=1000\times18000-1000V-5000000$

$1000V=1000\times18000-5000000-1120000=11880000$

所以：$V=11880000/1000=11880$(元)

在其他条件不变时，单位变动成本降低1.00%[(11880－12000)/12000×100%]即降低为11880元时，可实现目标利润。

三、利润计划

利润计划是企业财务计划的重要组成部分，它是在利润预测的基础上编制而成，是对利润预测和经验决策的具体反映。利润计划也是一定时期企业生产经验活动的目标。

利润是由营业利润、投资净收益和营业外收支净额组成。因此在编制利润计划时应先编制营业利润计划、投资收益计划和营业外收支计划，然后在这些计划基础上汇总编制利润计划。营业利润计划是在销售预测的基础上编制的；投资收益计划应根据企业的投资计划以及投资收益预测来编制；营业外收支计划是根据企业过去营业外收支资料以及对企业未来营业外收支的预测分析编制的。利润计划确定后企业就当组织付诸实施。在执行过程中若因为各种因素变化使计划不切实际，就应当及时调整计划。

四、利润控制

利润控制就是根据利润计划的要求，对影响利润计划实现的各种因素进行管理，以便增加企业收入，压缩各种费用支持。利润是一项综合指标，它集中体现了企业生产经验活动的财务成果。为了实现利润计划，必须全面完成各项生产经营计划，做好企业的各方面工作，提高企业的整体经济效益。利润控制主要包括：

1. 充分挖掘潜力，降低产品成本，压缩各项费用支出，提高产品质量。

2. 面向市场了解需求变化，努力开发新产品，以满足市场的需求。企业只有根据市场的变化，不断实现产品的更新换代，才能保证在激烈的市场竞争中立于不败之地。

3. 经常收集各种市场信息，积极调整生产经营策略，调整计划中不切实际之处，以保证企业经营目标的圆满实现。

4. 加强企业内部管理，建立责任制，充分调动员工的积极性，以保证各项生产经营计划的实现。

5. 充分利用企业的闲置资金对外投资。

6. 充分利用各类资产，严格控制各种营业外支出，尽量减少各类损失。

五、利润分配

(一)利润分配的基本程序

利润分配就是对企业所实现的经营成果在各个方面之间进行分配。作为分配基础的企业利润可能指税前利润，也可能指税后利润。现在财务管理上的利润分配主要是指企业净利润的分配。分配程序如下：

1. 用于抵补被没收的财物损失，支付违反税法规定的各项滞纳金和罚款。

2. 弥补超过所得税前利润弥补期限、按规定可用税后利润弥补的亏损。

3. 按税后净利润扣除前两项以后的10%计提法定盈余公积金。公积金是企业在税后利润中提取的积累资金，是企业用于防范和抵御风险，补充资本的重要资金来源。公积金从性质上看属于企业所有者的权益，包括法定盈余公积金和任意盈余公积金两种。企业提取的公积金主要用于以下两个方面：用于弥补企业的亏损。企业以前年度的亏损按税法规定不能用税前利润弥补时，可用税后利润弥补，也可用公积金弥补；用于增加企业的注册资本。

4. 向投资者分配利润。企业以前年度未分配的利润，可以并入本年度向投资者分配。向投资者分配的利润是投资者从企业获取的投资收益。企业应当在弥补亏损、提取公积金和公益金之后才能向投资者分配利润。如果企业当年无利润一般不得向投资者分配利润。

(二)股利政策的选择与评价

股利政策是股份有限公司财务管理的一项重要内容,它不仅仅是对投资收益的分配,也是关系到公司的投资融资以及股票价格等各个方面。一般来说股利政策的制定应考虑以下因素的影响:

1. 法律因素。①资本保全的约束。资本保全是为了保护投资者利益而作出的法律限制。股份公司只能用当期利润或留用利润来分配股利,不能用公司出售股票而募集的资本发放股利。②企业积累的约束。即要求股份公司在分配股利之前,应当按法定的程序先提取各种公积金。这也是为了增强企业抵御风险的能力,维护投资者的利益。③企业利润的约束。即规定只有在企业以前年度的亏损全部弥补完之后,若还有剩余利润才能用于分配股利,否则不能分配股利。④偿债能力的约束。规定企业在分配股利时必须保持充分的偿债能力。企业分配股利不能只看利润表上的净利润的数额,还必须考虑到企业的现金是否充足。

2. 债务契约因素。债务契约是指债权人为了防止企业过多发放股利,增加债务风险,而以契约的形式限制企业现金股利的分配。这种限制通常包括:规定每股股利的最高限额;规定未来股息只能用贷款协议签订以后的新增收益来支付,而不能动用签订协议之前的留存利润;规定企业的流动比率、利息保障倍数低于一定标准时不得分配现金股利,等等。

3. 公司自身因素。①现金流量。公司在分配现金股利时,必须要考虑到现金流量以及资产的流动性。否则过多的分配现金股利会影响公司未来的支付能力,甚至可能会出现财政困难。②举债能力。如果举债能力较强,在公司缺乏资金时能够较容易地在资本市场上筹集资金则可以采取比较宽松的股利政策。反之,只能采取较为紧缩的股利政策,少发放现金股利,留有较多的公积金。③投资机会。在企业有良好的投资机会时,应考虑少发放现金股利,增加留存利润,用于再投资,这样可以加速企业的发展。④资本成本。资本成本是企业选择筹资方式的基本依据。留用利润是企业内部筹资的一种重要方式,它同发行新股或举借债务相比,具有成本低隐蔽性好的优点。合理的股利政策实际上是要解决分配与留用的比例关系以及如何合理有效地利用留用利润的问题。

4. 股东因素。①追求稳定的收入规避风险。有些股东依赖公司发放的现金股利维持生活,有些股东认为现实的股利比较稳妥,可以规避风险。这些股东倾向于可以多分配股利。②担心控制权的稀释。大股东持股比例较高,对公司拥有一定的控制权,他们出于对公司控制权可能被稀释的担心,往往倾向于公司少分配现金股利,多留存利润;规避所得税。按照税法的规定,政府对企业征收所得税之后，还要对股东分得的股息红利征收个人所得税。因此，高收入阶层的股东为了避税往往反对公司发放更多的现金股利，而低收入阶层的股东正好相反。

（三）股利政策的类型

股利政策受多种因素的影响，并且不同的股利政策也会对公司的股票价格产生不同的影响。因此，对于股份公司来说，制定一个正确的合理的股利政策是十分重要的，其核心问题是股利支付比率问题。常有的股利政策有：

1. 剩余股利政策

剩余股利政策，就是在企业确定的最佳资本结构下，税后净利润首先要满足投资的需求，然后若有剩余才用于分配股利。这是一种投资优先的股利政策。采用剩余股利政策的先决条件是企业有良好的投资计划，并且该投资计划的预计报酬率要高于股东要求的必要报酬率才能为股东所接受。采用剩余股利政策的企业，因其有良好的投资机会，投资者会对公司未来的获利能力有较好的预期，因而其股票价格会上升。并且以留用利润来满足最佳资本结构下对股东股权资本的需要，可以降低企业的资本成本，也有利于企业提高资本的利用效率。

需要说明的是剩余股利政策是 MM 理论在股利政策事务上的具体应用。根据 MM 理论，企业都有一个最佳资本结构，在此结构下企业的综合资本成本最低，才可能实现股东财富最大化的理财目标。因此，股利政策只有符合最佳资本结构的要求，才能使公司的资本成本达到最佳效果。

2. 固定股利或稳定增长股利政策

该种政策要求企业在较长时间内支付固定的股利额，只有当企业对未来利润增长确有把握，并且这种增长被认为不会发生逆转时，才能增加每股股利额。实行这种股利政策者都支持股利相关论，认为企业的股利政策会对股票价格产生影响，股利的发放是向投资者传递企业经营状况的某种信息。

(1)政策优点

①股利稳定说明该公司经营业绩比较稳定，经营风险小。这样投资者要求的必要报酬率就会降低，有利于股票价格上升。

②稳定的股利政策有利于投资者有规律地安排收入和支出。

③如果公司确定一个稳定的增长率，实际上是传递给投资者该公司经营业绩稳定增长的信息，可增加公司信誉提高股票价格。

(2)政策缺点

该政策可能会给公司带来较大的财政压力。而且为了维持稳定的股利水平可能会使公司的某些投资方案延期，或者使公司资本结构暂时偏离目标资本结构。

3. 固定股利支付率股利政策

这是一种变动的股利政策，公司每年都从净利润中按固定的股利支付率发放股利。这一股利政策使企业的股利政策和企业的盈利状况密切相关。这种股利政策不会给公司带来较大的财务负担，但是其股利可能会忽高忽低，传递给投资者该公司经营不稳定的信息，容易使该公司股票价格发生较大波动，不利于树立良好的企业形象。

4. 低正常股利加额外股利政策

该政策介于稳定股利政策与变动股利政策之间。这种股利政策每期都支付稳定的较低的股利额，当企业盈利较多时，再根据实际情况发放额外股利。这种股利政策有较大的灵活性，既不会给公司带来较大的财务压力，又保证股东定期得到一笔固定的股利收入。这样维持了股利的一定稳定性，又有利于使企业的资本结构达到目标资本结构，为许多企业所采用。

（四）股利的种类与发放程序

1. 股利的种类

(1)现金股利。现金股利是企业以现金的形式发放给股东的股利。这是最常见的股利分派方式。现金股利发放的多少主要取决于公司的股利政策和经营业绩。

(2)股票股利。股票股利是企业将应分配给股东的股利以股票的形式发放。可以用于发放股票股利的，除当年的可供分配利润外，还有企业的盈余公积金和资本公积金。股票股利没有改变企业账面的股东权益总额，同时也没有改变股东的持股结构，但是会增加市场上流通股票的数量，因此发放股票股利会使股票价格下降。一般来说，若不考虑股票市价的波动，发放股票股利后的股票价格，应当按发放的股票股利的比例而成比例下降。分配股票股利，一方面扩张了股本；另一方面起到股票分割的作用。高速成长的企业可以利用分配股票股利的办法来进行股票分割，以使股价稳定在一个合理的水平上，避免股价过高而使投资者减少。

2. 股利的发放程序

股份公司分配股利必须遵守法定的程序，一般先由董事会宣布发放股利的日期。在宣布分配方案时，要公布股权登记日、除息日和股利发放日。

(1)宣布日。即股东大会决议通过并由董事会宣布发放股利的日期。在宣布分配方案时，要公布股权登记日、除息日和股利发放日。在西方，一般按季度发放。

(2)股权登记日。有权领取本期股利的股东资格登记截止日期。

(3)除息日。除去股利的日期，即领取股利的权利与股票分开的日期。在除息日之前购买的股票，才能领取本次股利。

(4)股利发放日。付息日，是将股利正式发放给股东的日期。

本章习题

一、单项选择题

1. 公司采用固定股利政策发放股利的好处主要表现为(　　)。

A. 降低资本成本　　B. 维持股价稳定

C. 提高支付能力　　D. 实现资本保全

2. 具有较大灵活性的股利分配政策是(　　)。

A. 剩余股利政策　　B. 固定股利政策

C. 固定股利支付率政策　　D. 低正常股利加额外股利政策

3. 按公司法规定，公司分配当年税后利润时应当按(　　)的比例提取法定盈余公积。

A. 5%　　B. 10%　　C. 25%　　D. 40%

4. 造成股利波动较大，给投资者公司不稳定的感觉，对于稳定股票价格不利的股利分配政策是(　　)。

A. 剩余股利政策　　B. 固定股利政策

C. 固定股利支付率政策　　D. 低正常股利加额外股利政策

5. 股利分配政策的关键是确定(　　)。

A. 股利支付日期　　B. 股利支付方式

C. 股利支付比率　　D. 股利政策确定

二、多项选择题

1. (　　)属于收入的趋势预测分析法。

A. 算术平均数法　　B. 指数平滑法

C. 直线回归分析法　　D. 移动平均数法

2. 较大的平滑指数可用于(　　)情况的销量预测。

A. 近期　B. 远期　C. 波动较大　D. 波动较小　E. 长期

3. 营业利润的预测方法有(　　)。

A. 本量利分析法　　B. 目标利润法

C. 因素测算法　　D. 指数平滑法

三、计算分析题

1. 某企业生产和销售甲、乙两种产品，产品的单位售价分别为2元和10元，边际贡献率分别是20%和10%，全年固定成本均为45000元。

要求：(1)假设全年甲、乙两种产品分别销售了150000件和130000件，试计算下列指标：①用金额表现的甲乙两种产品的盈亏平衡点销售额。②用实物单位表示的甲、乙两种产品的盈亏平衡点销售量。③用金额表现的安全边际。④预计利润。

(2)如果增加广告费5000元，可使甲产品销售量增至160000件，而乙产品的销售量会减少到120000件。试计算此时的盈亏平衡点销售额，并说明采取这一广告措施是否合算。

2. 某厂某产品设计生产能力为200000件，现正常销售量为160000件，单价1000元，单位变动成本为600元，固定成本为240000元。现有一外商要求订货40000件，出价700元/件。

要求：

(1)确定是否接受这项订货。

(2)如外商要求订货60000件。因企业无法扩大生产能力，需压缩正常销售量20000件，此外需追加订货的出口运费20000元，确定是否接受此订货。

3. 某公司生产和销售一种产品，单价为40元，单位变动成本为28元，全月固定成本为150000元，每月销售50000件。由于市场竞争激烈，产品单价降为32元，同时，每月还需增加广告费30000元。

要求：

(1)计算该产品的盈亏临界点；

(2)计算该产品销售多少件才能使利润在原来售价基础上增加10%。

4. 光明公司2010年税后净利5000万元，今年由于某种原因，税后净利降为4750万元，目前公司发行在外普通股1000万股。该公司对未来仍有信心，决定投资4000万元设立新厂，其中40%来自权益资金，60%来自负债资金。此外，已知去年该公司每股股利3元。

要求：

(1)若该公司维持固定股利支付率政策，则今年应支付每股股利多少元?

(2)若依剩余股利政策，则今年应支付每股股利多少元?

四、简答题

1. 商品销售价格的定价方法有哪些?
2. 收入预测的基本方法有哪些?
3. 利润分配的基本程序是什么?
4. 利润分配政策有哪些? 如何选择?
5. 什么是本量利分析法?
6. 简述股利政策的类型。

第十章　财务预算与控制

学习目的与要求

本章介绍了财务管理的工作环节，通过本章的学习要求了解财务预算的定义与功能及其在财务管理环节和全面预算体系中的地位，掌握各种预算的编制方法和优缺点，了解财务控制的基本原则、种类和方法，掌握成本中心、利润中心和投资中心的含义、类型、特点及考核指标，掌握标准成本控制的含义、标准成本的制定、成本差异的计算和分析方法。

导读案例

2000 年 10 月，中石化经过重组分别在中国香港、美国纽约、英国伦敦成功上市，2001 年在上海证券交易所上市。上市以后，对中石化对外信息披露和加强内部管理提出了新的挑战，这就要求中石化必须进行信息化的建设。具体到财务部门而言，中石化为了实现建立成本控制体系的目标，主要做了以下工作：一是对成本核算进行统一和规范，确保同类企业的核算口径相同；在这方面，中石化制定了统一的成本核算办法，设计了统一的标准代码体系，应用统一的软件平台。二是将收入、成本（费用）的预算落在实处，并选择了海波龙计划；完成损益预算后，又实施了资金预算。三是选择海波龙计划产品，建立了先进的、系统的、与国际初步接轨的财务分析体系。截至目前，中石化所进行的各相关项目基本完成，运行情况良好，基本实现了项目的预期目标。可见，合理科学的财务预算制定与财务控制管理关系到一个企业的发展，是一个企业立足于纷繁复杂的市场经济中不可或缺的支撑点。那么，如何进行财务预算、如何进行有效的财务成本控制呢？本章将会逐一介绍以上问题。

第一节 财务预算体系

一、财务预算的概念

(一)财务预算的概念

财务预算是一系列专门反映企业未来一定预算期内财务状况、经营成果以及现金收支等价值指标的各项预算的总称。具体包括现金预算、预计利润表、预计资产负债表和预计现金流量表等内容。财务预算是企业财务决策目标的具体化、系统化、定量化,它与企业的特种决策预算、日常业务预算组成了一个全面预算体系。它的编制需要以企业财务预测结果为依据,其质量受到企业财务预测质量的制约。

(二)财务预算在全面预算体系中的地位

企业全面预算体系是关于企业未来一定预算期内,全部经济活动各项目标的行动计划相应措施的预期数值说明,其实质是一套以货币及其他数量形式反映的预计财务报表和其他附表,主要用来规划预算期内企业的全部经济活动及其成果。企业全面预算体系的内容一般包括日常业务预算、专门决策预算和财务预算三大类。

日常业务预算是指与企业日常经营活动直接相关的经营业务的各种预算。具体包括销售预算、生产预算、直接材料消耗及采购预算、直接工资及其他直接支出预算、制造费用预算、产品生产成本预算、销售及管理费用预算等,这些预算前后衔接,相互勾稽,既有实物量指标,又有价值量指标。

专门决策预算是指企业为不经常发生的长期投资决策项目或一次性专门业务所编制的预算。具体包括资本支出预算、一次性专门业务预算等。资本支出预算根据经过审核批准的各个长期投资决策项目编制,它实际上是对决策选中方案的进一步规划。一次性专门业务预算是为了配合财务预算的编制,为了便于控制和监督,对企业日常财务活动中发生的一次性的专门业务,如筹措资金、投放资金、其他财务决策(发放股息、红利等)编制的预算。

上述的各种日常业务预算和专门决策预算,最终大都可以综合反映在财务预算中,这样,财务预算就成为各项经营业务和专门决策的整体计划,故也称为“总预算”,各种业务预算和专门决策就称为“分预算”。由此可见,财务预算是企业预算的一个重要组成部分,它和其他预算紧密地联系在一起,构成一个数字相互衔接的、完整的预算体系。

二、财务预算的作用

财务预算在企业经营管理和实现目标利润中发挥着重大作用，概括起来有以下四点：

(一)明确目标，即财务预算是企业各级各部门工作的奋斗目标

财务预算是以各项业务预算和专门决策预算为基础编制的综合性预算，整个预算体系全面、系统地规划了企业主要技术经济指标和财务指标的预算数。因此，通过编制财务预算，不仅可以确定企业的总目标，而且也明确了企业内部各级各部门的具体目标，如销售目标、生产目标、成本目标、费用目标、收入目标和利润目标等。各级各部门根据自身的具体目标安排各自的经济活动，设想达到各目标拟采取的方法和措施，为实现具体目标努力奋斗。如果各级各部门都完成了自己的具体目标，企业的总目标也就有了保障。

(二)协调平衡，即财务预算是企业各级各部门工作协调的工具

企业内部各级各部门因其职责的不同，对各自经济活动的考虑可能会带有片面性，甚至会出现相互冲突的现象。譬如，销售部门根据市场预测提出一个庞大的销售计划，生产部门可能没有那么大的生产能力。生产部门可以编制一个充分发挥生产能力的计划，但销售部门却可能无法将这些产品推销出去。克服片面、避免冲突的最佳办法是进行经济活动的综合平衡。财务预算具有高度的综合能力，编制财务预算的过程也是企业内部各级各部门的经济活动密切配合、相互协调、统筹兼顾、全面安排、搞好综合平衡的过程。例如，编制生产预算一定要以销售预算为依据，编制材料、人工、费用预算必须与生产预算相衔接，预算各指标之间应保持必需的平衡等等。只有企业内部各级各部门协调一致，才能最大限度地实现企业的总目标。

(三)强化控制，即财务预算是企业各级各部门工作控制的标准

财务预算在使各级各部门明确奋斗目标的同时，也为其工作提供了控制依据。预算进入实施阶段以后，各级各部门管理工作的重心转入控制，即设法使经济活动按预算进行。各级各部门应以各项预算为标准，通过计量对比，及时提供实际偏离预算的差异数额，并分析原因，以便采取有效措施，挖掘潜力，巩固成绩，纠正缺点，保证预定目标的完成。

(四)考核依据，即财务预算是企业各级各部门工作考核的依据

现代化企业管理必须建立健全各级各部门的责任制度，而有效的责任制度离不开工作业绩的考核。在预算实施过程中，实际偏离预算的差异，不仅是控制企业日常经济活动的主要标准，而且也是考核、评定各级各部门和全体职工工作业绩的主要依据。通过考核，对各级各部门和全体职工进行评价，并据此实行奖

惩、安排人事任免等，促使人们更好地工作，完成奋斗目标。为了让有关部门和职工及时了解自己的业绩，财务预算经起草、修改、定稿以后，必须发给各级各部门和全体职工。

三、财务预算与预测、决策及控制的关系

1. 财务预算以财务预测为根据，受到财务预测质量的限制，同时又较财务预测更具体，更具实际意义。

2. 财务预算必须服从决策目标的要求。

3. 财务预算是财务控制的先导，其量化指标可作为日常控制和业绩考核所依据的标准。

四、财务预算编制的步骤

企业预算以利润为最终目标，并把确定下来的目标利润作为编制预算的前提条件。根据已确定的目标利润，通过市场调查，进行销售预测，编制销售预算。在销售预算的基础上，作出不同层次、不同项目的预算，最后汇总为综合性的现金预算和预计财务报表。财务预算编制的过程可以归结为以下几个主要步骤：

1. 根据销售预测编制销售预算；

2. 根据销售预测确定的预计销售量，结合产成品的期初结存量和预计期末结存量编制生产预算；

3. 根据生产预算确定的预计生产量，先分别编制直接材料消耗及采购预算、直接人工预算和制造费用预算，然后汇总编制产品生产成本预算；

4. 根据销售预算编制销售及管理费用预算；

5. 根据销售预算和生产预算估计所需要的固定资产投资，编制资本支出预算；

6. 根据执行以上各项预算所产生和必需的现金流量，编制现金预算；

7. 综合以上各项预算，进行试算平衡，编制预计财务报表。

从企业编制预算的期间上看，年度预算是基本预算。在年度预算之下，日常业务预算应按季分月编制，特种决策预算应首先按照每一投资项目分别编制，并在各项目寿命期内分年安排，再把属于各计划年度的资本支出进一步细分为按季或按月编制的预算，现金预算要根据企业的具体需要按月、按周、按天编制，预计财务报表要按季编制。

第二节 财务预算的编制方法

企业编制财务预算的传统方法主要有固定预算和增(减)量预算,这些方法的最大优点是思路简单、操作方便。但是,在市场经济体制下,由于企业财务活动日趋复杂,传统编制方法的缺点也日趋明显。目前在企业中推广采用的比较先进的编制方法主要有弹性预算、零基预算和滚动预算。

一、固定预算和弹性预算

编制预算的方法按其业务量基础的数量特征不同,可分固定预算方法和弹性预算方法两大类。

(一)固定预算

1. 固定预算的含义

在预算期内编制财务预算所依据的成本费用和利润信息只是在一个预定的产销业务量水平的基础上确定的,这种百分之百地依赖一种业务量编制的预算称为固定预算,也称为"静态预算"。

2. 固定预算的特征

(1)不考虑预算期内企业业务量可能发生的变动,只按照预算期内预定的业务量水平确定相应的数据。

(2)把企业经营的实际结果与按照预算期内预定的某一业务量水平所确定的预算数进行比较,并据以进行分析、业绩评价和考核。

3. 固定预算的优缺点

固定预算的优点:编制预算的工作量小;预算编制后具有相对的稳定性,没有特殊情况不需要对预算进行修订。

固定预算的缺点:

(1)过于机械呆板,不能根据企业业务量的变化而调整预算。

(2)可比性差。当实际的业务量与编制预算所依据的业务量有较大差异时,就会导致成本、费用、利润的实际水平和预算水平因业务量不同而失去可比性,不利于开展评价、控制、考核工作。例如:在编制财务预算时,预计的业务量以生产量为准,预计企业在本年度生产 50 万件产品,成本预算总额为 2000 万元,而实际生产量是 55 万件,实际成本为 2150 万元,实际成本总额比成本预算总额超支较大,但是实际成本超过预算的差额中,包括了不应该在成本分析中出现的主观因素,即生产量增长了 5 万件使成本总额增加产生的差异额,对于产品成本控制来说,控制单位产品的材料、人工、其他消耗的耗用量和控制单位产品的材料、人工、其他消耗的单价是有意义的,而企业生产量增加使成本增加是无法由生产人员去控制的。在这种情况下,根据既定的成本预算总额去考核生产人员完成成本的业绩,是没有任何意义的。

固定预算主要适用于业务量水平比较稳定的企业和非盈利组织编制预算时采用。

(二)弹性预算

1. 弹性预算的含义

企业在不能准确预测业务量的情况下,以业务量、成本、利润之间的依存关系(成本习性分析)为依据,编制能够适应不同业务量水平需要的预算,该种预算编制方法就称为弹性预算,也称为"变动预算"。它是为了克服固定预算的缺点而提出来的。

2. 弹性预算的优缺点

弹性预算的优点主要有以下两个方面:

(1)预算适用范围宽。弹性预算能够及时反映可预见的多种业务量水平所对应的预算,扩大了预算的适用范围,便于对预算指标的调整,弹性预算实际是随着业务量水平的变动而调整的一组预算。

(2)可比性强。企业的生产经营活动处在不断变化中,在预算期内,实际业务量与计划业务量不同时,可以把实际指标与实际业务量所对应的预算额进行对比,能够使预算执行情况的评价和考核建立在更加客观、可比的基础上,便于发挥预算的控制作用。

弹性预算的缺点:编制预算的工作量大,只能在有限的业务量范围内编制预算。

3. 弹性预算的适用范围

弹性预算可与多种业务量水平相对应,比固定预算的适用范围宽,但弹性预算所对应的业务量范围一般限定在正常业务量的70%～110%之间。企业未来业务量的变动会影响到成本费用和利润等各个方面,弹性预算从理论上讲适用于全面预算中与业务量有关的各种预算,由于收入、利润可按概率的方法进行风险分析预算,直接人工、直接材料可按标准成本进行标准预算,而制造费用、管理费用、销售费用等间接费用应用弹性预算的频率较高,从实用角度讲,弹性预算主要用于编制弹性成本费用预算和弹性利润预算等。

4. 弹性成本费用的预算

编制弹性成本费用预算,首先要选择业务量的计量单位,再确定适用的业务量范围,最后,按照各项成本与业务量的关系计算各项预算成本。制造费用弹性预算的编制可以按照生产业务量,如销售量、销售收入等。弹性成本费用的预算编制通常可以采用以下两种方法：

(1)公式法

采用公式法，要把成本划分为固定成本、变动成本、混合成本，再把混合成本近似地分解成固定成本和变动成本。在对业务量、成本、利润之间关系分析的基础上，则可以把任何成本费用近似地表示为：

$$Y_c = a + bX$$

式中：Y_c——成本总额；

a——固定成本；

b——单位业务量的变动成本；

X——业务量。

①当 b 等于零时，Y 为固定成本；②当 a 等于零时，X 为变动成本；③当 a 和 b 均不为零时，Y 为混合成本，可采用适当的数学方法(常用的有高低点法、趋势预测法、个别分析法等)将 Y 加以分解，分别确定 a 和 b。按照上述公式就可以推算出业务量在允许范围内的各个水平上的各项预算成本。上述内容就是公式法的基本思想。

【例 10-1】 英才公司一车间在过去 5 年发生的修理费用和机械工时有关资料如表 10-1 所示。

要求：采用高低点法将制造费用分解为固定成本和变动成本。

表 10-1 英才公司一车间 2007～2011 年修理费用及机械工时消耗统计表

项目＼年份	2007	2008	2009	2010	2011
机械工时 X(台时)	185000	200000	220000	240000	270000
修理费用 Y(元)	129000	138000	149000	162000	180000

根据上述资料，机械工时的最低点为 185000 台时，对应的修理费用为 129000 元；最高点为 270000 台时，对应的成本为 180000 元。根据公式 $Y = a + bX$，则：

$180000 = a + b \times 270000$

$129000 = a + b \times 185000$

解上述方程可得：$a = 18000$，$b = 0.6$

【例 10-2】 英才公司一车间 2011 年制造费用弹性预算指标(部分)如表 10-2 所示，其中较大的混合成本已经分解。在正常生产业务量下，机械工时的变动范围为 168000～264000 台时。

要求：采用公式法推算出机械工时为 216000 台时，一车间 2011 年总的制造费用预算额和各项制造费用的预算额。

表 10-2　英才公司一车间 2011 年固定制造费用和单位变动制造费用表

生产业务量范围	机械工时在 168000～264000 台时	
费用项目	固定制造费用 a(元)	变动制造费用 b(元/台)
电力费		0.4
运输费		0.2
消耗材料费	12000	0.8
修理费	18000	0.6
水费	1000	0.1
折旧费	25000	1.8
设备租金	6000	
保险费	18000	
管理人员工资	9000	
合计	89000	3.9

当生产业务量为 216000 台时，可根据公式计算出各项制造费用年预算额和制造费用年预算额：

电力费年预算额＝0.4×216000＝86400(元)

修理费年预算额＝18000＋0.6×216000＝147600(元)

设备租金年预算额＝6000(元)

同理可以计算出运输费、消耗材料费、水费、折旧费、保险费、管理人员工资的年预算额分别为：43200 元、184800 元、22600 元、413800 元、18000 元、9000 元。

制造费用年预算额＝89000＋3.9×216000＝931400(元)

公式法的优点是在一定范围内不受业务量波动影响，缺点是逐项分解成本比较麻烦，而且也不能直接查出待定业务量下的总成本预算数额。

(2)列表法

采用列表法，是对一定范围内的业务量按照固定的间隔确定出业务量的具体数值，并计算出已确定业务量所对应的成本预算额，通过列表的方式展示预算。列表法在一定程度上能克服公式法查不到不同业务量下总成本预算数额的弱点，在相关范围内每隔一定业务量间隔进行预算，以反映一系列业务量下的预算成本水平。

【例 10-3】 英才公司的生产业务量以机械工时为标准，以台时作为计量单位。一车间正常生产业务量为：机械工时 240000 台时。一车间机械工时的有效变动范围和制造费用各费用项目 a、b 的值，如表 10-3 所示。

要求：采用列表法，按正常生产业务量的 10%为间隔，编制 2011 年英才公司一车间制造费用预算。

2011 年英才公司一车间制造费用预算编制结果如表 10-3 所示：

表 10-3 **英才公司 2011 年度制造费用预算编制表** 单位：元

机械工时(台时)	168000	192000	216000	240000	264000
业务量间隔(10%)	70	80	90	100	110
变动制造费用					
电力费	67200	76800	86400	96000	105600
运输费	33600	38400	43200	48000	52800
变动成本合计	100800	115200	129600	144000	158400
混合制造费用					
消耗材料费	146400	165600	184800	204000	223200
修理费	118800	133200	147600	162000	176400
水费	17800	20200	22600	25000	27400
折旧费	327400	370600	413800	457000	500200
混合成本合计	610400	689600	768800	848000	927200
固定制造费用					
设备租金	6000	6000	6000	6000	6000
保险费	18000	18000	18000	18000	18000
管理人员工资	900	900	900	900	900
固定成本合计	3300	3300	3300	3300	3300
制造费用预算额	744200	837800	931400	1025000	1118600

表 10-3 是以正常业务量的 10%为间隔计算的，实际工作中可再小些或再大些。间隔小，能更多地反映出不同业务量水平下的预算成本，用预算控制成本会更精确，但会增加编制的工作量；间隔大，虽然能够减轻编制的工作量，但会失去弹性预算的优点。列表法在一定程度上克服了公式法无法直接查到不同业务量水平所对应的成本预算数额的弱点。

5. 弹性利润表的编制

弹性利润预算的编制是以预期的各种销售收入为出发点，扣减相应的成本，分别确定不同销量可能实现的利润或发生的亏损，从而反映不同销售业务量条件下相应的预算利润水平。通常有以下两种方法：

(1)因素法

采用因素法要根据利润的因素与收入成本的关系，列表反映这些因素分别变动时相应的预算利润水平。

【例 10-4】 英才公司预计 2011 年 A 产品单位变动成本为 80 元，固定成本 6000 元。当年生产的产品当年销售，销售业务量的有效变动范围为 280～440 件。同一销售业务量下其售价分别为 120 元和 130 元。

要求：采用因素法推算出按 5%为业务量间隔时，英才公司 2011 年 A 产品利润预算数额。

根据资料编制 2011 年英才公司 A 产品弹性利润预算如表 10-4 所示。

表 10-4　　英才公司 2011 年 A 产品弹性利润预算表

销售量(件)	280		400		440	
售价(元)	120	130	120	130	120	130
销售收入(元)	33600	36400	48000	52000	52800	57200
变动成本(元)	22400	22400	32000	32000	35200	35200
固定成本(元)	6000	6000	6000	6000	6000	6000
利润总额(元)	5200	8000	10000	14000	11600	16000

以销售量 280 件，售价 120 元为例：

2007 年 A 产品利润预算数额＝销售收入预算数－预计销售量×单位变动成本预算数－固定成本预算数＝33600－280×80－6000＝5200(元)。

本方法适用于经营单一品种的企业；也适用于经营多品种的企业，但要求按照产品品种分别计算企业的固定成本。该方法在预计各种销量、售价变动水平较大时，预算工作量大。

(2)百分比法

百分比法又称“销售百分比法”，即按不同项目占销售额的百分比，列表反映在销售业务量的有效变动范围内，销售收入的不同百分比所对应的预算利润水平。这种方法有一个前提：固定成本不变动，并且变动成本随销售收入变动百分比而同比例变动

【例 10-5】 英才公司 2011 年利润表及各项目占销售额的百分比如表 10-5

所示。

要求:根据表 10-5 的资料采用百分比法编制英才公司 2012 年销售利润弹性预算。

表 10-5　英才公司 2011 年实际利润表　单位:万元

项目	金额	占销售百分比(%)
销售收入	500	100
变动成本	390	78
固定成本	70	14
利润总额	40	8

根据表 10-5 编制英才公司 2012 年弹性利润预算如表 10-6 所示。

表 10-6　英才公司 2012 年弹性利润预算表　单位:万元

销售收入百分比	70%	80%	…	100%	110%
销售收入	350	400	…	500	550
变动成本	273	312	…	390	429
固定成本	70	70	…	70	70
利润总额	7	18	…	40	51

以销售收入百分比的 70%为例:

2012 年利润预算额＝2006 年销售收入×70%×(1－78%)－2006 年固定成本＝500×70%×(1－78%)－70＝7(万元)

本方法适用于多品种经营的企业,方法简单,但要求固定成本不变动,那么只能编制在上下限之内的各种销售收入所对应的利润预算,因为,销售收入超过上下限时可能使固定成本发生变动,使这一方法的使用只能局限在某一销售范围内。

二、增量预算与零基预算

编制成本费用预算的方法按其出发点的特征不同,可分为增量预算方法和零基预算方法两大类。

(一)增量预算

1. 增量预算的含义

增量预算是以基期成本费用水平为基础,结合预算期业务量水平和降低成本的措施，调整原有费用项目来编制预算的方法。

2. 增量预算的前提条件

(1)现有的业务活动是企业必需的，只有保留现有的业务活动，才能使企业得到正常发展。

(2)原来存在的各项开支都是合理的。因为现有的业务活动是企业必需的，各项开支都是为了完成现有的业务活动，所以各项开支都应是合理的。

(3)增加费用预算是值得的。

3. 增量预算的优点

编制预算时，既考虑了历史上成本费用的发生情况，又在历史的基础上对预算期的成本费用进行调整。

4. 增量预算的缺点

(1)能使不必要的开支合理化。由于按这种方法编制预算，经常不加分析地保留或接受原有的成本项目，使原来不合理的开支继续存在，按这样的预算进行成本费用控制会出现保守落后的情况。

(2)不利于降低成本费用。由于这种方法主张不需要在原有预算内容上作较大改进，容易鼓励预算编制人员凭主观想法按成本项目平均削减预算或只增不减，滋长了预算中的“平均主义”和“简单化”，不利于调动各部门降低费用的积极性。

(3)不利于企业未来的发展。按照这种方法编制的成本费用预算，对于那些未来实际需要的开支项目，因为对未来情况的变化考虑较少而造成预算额不足。

增量预算主要适用于生产经营业务没有大的调整的企业。

(二)零基预算

1. 零基预算的含义

零基预算也称为“以零为基础编制计划和预算的方法”，是指在编制成本预算时，不考虑以前所发生的费用项目和费用数额，一切从零开始，按照实际需要与可能，逐项审议预算期内各项费用内容及开支标准的合理性，在综合平衡基础上编制费用预算的方法。零基预算相当于对一个新事物作预算，从零出发，不受原来的框框限制，对一切费用一视同仁。它是为了克服增量预算的缺点而设计的，现在被广泛用于管理间接费用。

2. 零基预算的编制程序

(1)确定预算单位。预算单位也称为“基本预算单位”，可以按专项工作任务、主要项目等来确定。实际工作中，一般由高层管理者确定哪一级机构部门或项目为预算单位。

(2)提出各预算单位的预算方案。动员各预算单位的人员，根据企业预算期内的总体目标以及各预算单位的具体目标、业务活动水平,在充分讨论的基础上提出本单位预算期内应当发生的各项费用,并确定各费用项目的预算数额,所确定的预算数并不考虑这些费用项目以前是否发生过以及发生额是多少,同时说明各费用项目开支的理由。

(3)进行成本效益分析。比较每一项费用和它带来的效益,评价每项费用支出的必要性大小,把预算期内必须发生的费用项目划分为不可避免费用项目,把预算期内通过采取措施可以不发生的费用项目划分为可避免费用项目,把在预算期内必须足额支付的费用项目划分为不可延缓的费用项目,把可以在预算期内延缓支付或部分支付的费用项目划为可延缓的费用项目。

(4)确定各预算项目的资金分配方案。把预算期内可动用的资金在各预算单位间分配,对于不可避免且不可延缓的费用项目必须优先安排资金,对于不可避免且可延缓的费用项目要根据预算期内可动用资金情况,按照轻重缓急和收益大小分配资金。

(5)编制最终预算。对各个预算单位进行协调后,具体规定有关预算指标,逐项下达费用预算。

3. 零基预算的优点

(1)不受原来费用项目的限制。要重新论证每一项费用存在的合理性,将有限的资金用在刀刃上,促使企业对资源进行合理的分配。

(2)能调动各方面降低费用的积极性。这种方法促使各级管理人员充分发挥他们的积极性、主动性、创造性,也能使各预算单位精打细算,合理使用资金,提高资金的利用效果,不断压缩经营开支。

(3)有助于企业未来的发展。这种预算有利于企业面向未来考虑问题。按照这种预算进行成本费用控制,能提高企业的经济效益,也有利于企业发展。

4. 零基预算的缺点

(1)这种方法从零开始编制预算,需要完成大量的基础工作,如对历史资料和市场状况进行分析、对投入产出和现有资金使用进行分析等,这会带来繁重的工作量,有时甚至得不偿失,难以突出重点。

(2)编制时间比较长。

(3)费用项目的成本效益分析往往缺乏客观依据。

4. 零基预算编制举例

零基预算可以把原业务量和新增业务量看作一个整体,根据预售期的业务量确定有关数据,编制预算。其具体步骤:确定费用数额→划分费用层次→分配经济资源。

【例 10-6】 英才公司销售及管理部门 2011 年假设可动用的资金为 170 万元。要求:采用零基预算编制 2011 年的销售及管理部门费用预算。

首先,由企业的销售及管理部门的所有员工,根据预算期企业的总目标和本部门的目标,进行反复讨论,提出了预算期可能发生的一些费用项目以及其金额,如表 10-7 所示。

表 10-7　　英才公司 2011 年销售及管理部门费用表　　单位:万元

项目	金额	项目	金额
广告费	40	培训费	18
业务招待费	42	房屋租金	42
差旅费	20	办公费	22

其次,对表 10-7 所列的各项费用进行成本效益分析,分析发现差旅费、培训费、房屋租金、办公费都是不可避免且不可延缓的费用项目,应当全额保证;广告费和业务招待费是不可避免且可延缓的费用项目,投入 1 元广告费,可获得 10 元收益,投入 1 元业务招待费,可获得 15 元收益。

再次,销售及管理部门分配资金,要先满足差旅费、培训费、房屋租金、办公费这四项不可避免且不可延缓费用的支出,这四项费用的合计数为 102 万元(20＋18＋42＋22),剩余 68 万元(170－102)小于广告费、业务招待费需要的数额,从广告费和业务招待费的必要程度上看,两者都是必要的,也就说必须在两者间分配剩余的资金,这时选择效益作为标准进行分配:

广告费可分得的资金＝68×10÷(10＋15)＝27.2(万元)

业务招待费可分得的资金＝68×15÷(10＋15)＝40.8(万元)

最后,编制零基预算表,编制结果如表 10-8 所示。

表 10-8　　英才公司 2011 年销售及管理费用零基预算表　　单位:万元

项目	差旅费	培训费	房屋租金	办公费	招待费	广告费	合计
预算额	20	18	42	22	40.8	27.2	170

三、定期预算与滚动预算

编制预算的方法按其预算期的时间特征不同,可分为定期预算方法和滚动预算方法两大类。

(一)定期预算

1. 定期预算的含义

定期预算,是指在编制预算时以不变的会计期间(如日历年度)作为预算期的一种预算编制的方法。

2. 定期预算的优点

能够使预算期间与会计年度相对应,便于考核和评价预算的执行情况。

3. 定期预算的缺点

(1)指导性差。定期预算往往在会计年度的最后一个季度着手编制下一年度预算,由于对整个预算年度的生产经营活动很难作出准确的预算,特别是对于预算期的最后两三个月只能进行笼络的估算,给预算执行带来困难,预算的指导作用削弱。

(2)适应性差。定期预算不能随情况的变化及时调整,而事先预见的预算期内的某些活动,在执行预算的过程中经常会有所变动,这使原有预算显得不适应。

(3)连续性差。预算执行受预算期的限制,使管理者的决策视野局限于本期规划的经营活动,很少考虑下期,如果提前完成预算,所有的事情往往会推到下一年再考虑,会形成人为的预算间断,因此,定期预算不适应连续不断的经营过程,不利于企业的长远发展。

定期预算适合于各年的经营业务几乎相同且年内的经营活动没有变化的企业。

(二)滚动预算

1. 滚动预算的含义

滚动预算,又称"连续预算"或"永续预算",是指在编制预算时,将预算期与会计年度脱离,随着预算的执行不断延伸补充预算,逐期向后滚动,使预算期永远保持为一个固定期间的一种预算编制方法。它是为了克服定期预算的缺点而提出的。

2. 滚动预算的依据及具体做法

滚动预算的依据:

(1)企业的生产经营活动是延续不断的,预算应该反映这一延续不断的经营活动,编制预算应当与生产经营活动相适应,连续不断地编制。

(2)随着时间的推移,企业的经营活动会出现一些难以预料的变化,预算必须能及时反映这一变化。

(3)人们对未来客观事物的认识是由浅入深、循序渐进的,预算应当按照人们的认识规律由粗到细的编制,以免预算与实际产生较大出入。

滚动预算的具体做法：每执行一个季度（或一个月）的预算后，立即根据前一季度（或一个月）的预算执行情况，对以后各季度（或各月）的预算进行修订，并增加一个季度（或一个月）的预算。这样就形成了逐期向后滚动、连续不断地编制企业预算的过程。

3. 滚动预算的优缺点

滚动预算的优点：

(1)透明度高。滚动预算不是一次性地在预算年度开始之前的两三个月进行预算编制，而是根据企业经营活动的变化不断调整，这样能使管理者从动态的角度准确地把握住远期的战略规划和近期目标，也有利于银行、财政税务机构和企业主管部门了解企业的经营状况。

(2)及时性强。滚动预算能够根据前期预算的执行情况，结合各因素的变动情况，及时调整和修订近期预算，使预算更加切合实际，能充分发挥预算的指导和控制作用。

(3)连续性、完整性、稳定性强。滚动预算在时间上不受日历年度的限制，能连续不断地对未来的生产经营活动进行连续预算，不会造成人为间断，还能使企业管理者了解未来 12 个月企业总体规划和近期预算目标，能确保企业工作的完整性和稳定性。

滚动预算的缺点：编制预算的工作量大。

4. 滚动预算的方式和特征

滚动预算按其预算编制和滚动时间不同可以分为逐月滚动、逐季滚动和混合滚动三种方式。

(1)逐月滚动

逐月滚动是编制和调整预算每月进行一次，以月份为单位编制和滚动预算的方式。如在 2011 年 1～12 月的预算执行过程中，需要在 2011 年 1 月末根据当月预算的执行情况，修订 2011 年 2～12 月的预算，同时增补 2012 年 1 月的预算；2012 年 2 月末根据当月预算的执行情况，修订 2012 年 3 月至 2013 年 1 月的预算，同时增补 2013 年 2 月的预算，以此类推。

(2)逐季滚动

逐季滚动是编制和调整预算每季进行一次，以季度为单位编制和滚动预算的方式。如在 2010 年 1 季度至 4 季度的预算执行过程中，需要在 2010 年 1 季末根据当季预算的执行情况，修订 2010 年 2 季度至 4 季度的预算，同时增补 2011 年 1 季度的预算；2011 年 2 季末根据当季预算的执行情况，修订 2011 年 3 季度至 2012 年 1 季度的预算，同时增补 2012 年 2 季度的预算，以此类推。

逐季滚动的预算比逐月滚动的预算工作量小，但预算精度较差。

(3)混合滚动

混合滚动是编制预算时,同时以月份和季度为单位编制和滚动预算的方式。为了做到长计划短安排、近详远略,在预算编制过程中,可以对近期预算提出较高的精度要求,使预算的内容相对简单,这样就可以减少预算工作量。这是滚动预算的一种变通方式。如对2008年1月至3月逐月编制。根据2008年1季度预算的执行情况,编制2008年4月至6月的详细预算,修订2008年3季度至4季度的预算,同时增补2009年1季度的预算;2008年6月末根据2008年2季度预算的执行情况,编制2008年7月至9月的详细预算,修订2008年4季度至2009年1季度的预算,同时增补2009年2季度的预算,以此类推。

混合滚动综合了逐月滚动和逐季滚动的优点。

第三节　现金预算与预计财务报表的编制

企业编制预算期间,往往因预算种类的不同而各有所异。一般来说,在年度预算下面,日常业务预算和一次性专门业务预算应按季分月编制;资本支出预算应首先按每一投资项目分别编制,并在各项目的寿命周期内分年度安排,然后在编制整个企业计划年度财务预算时,再把属于该计划年度的资本支出预算进一步细分为按季或按月编制的预算;现金预算应根据企业的具体需要按月、按周、按天编制,预计财务报表应按季编制。下面系统介绍财务预算的编制方法。为了与会计年度相配合,本节所列举的例题中,各种日常业务预算、专门决策预算和财务预算的编制期间,均以一年作为基本预算期间,并采用预算数值相对稳定不变的固定预算法来编制各种预算。

一、现金预算的编制

(一)现金预算的概念

现金预算亦称"现金收支预算",它是以日常业务预算和专门决策预算为基础编制的反映企业预算期间现金收支情况的预算。它反映现金收入、现金支出、现金收支差额、现金筹措及使用情况以及期初期末现金余额,主要包括现金收入、现金支出、现金余缺和现金融通四个部分,这四部分内容的关系是:

现金余缺=期初现金余额+现金收入-现金支出

期末现金余额=现金余缺+现金融通

现金收入包括预算期间的期初现金余额加上本期预计可能发生的现金收入,其主要来源是销售收入和应收账款的回收,可以从销售预算中获得有关资料。现金支出包括预算期间预计可能发生的一切现金支出,包括各项经营性现金支出，用于缴纳税金、股利分配的支出，购买设备等资本性支出，可以从直接材料、直接人工、制造费用、销售及管理费用及专门决策预算等中获得有关资料。现金余缺是将现金收入总额与现金支出总额相抵，如果收入大于支出即出现剩余；如果收入小于支出则出现短缺。现金融通是指当出现现金剩余时，企业可用它来归还以前的借款或进行短期投资；当出现现金短缺时，企业应向银行或其他单位借款，发行债券、股票等。企业不仅要定期筹措到抵补收支差额的现金，还必须保证有一定的现金储备，应注意保持期末现金余额在合理的上下限度内波动。

（二）现金预算的编制

日常业务预算和特种决策预算是现金预算的编制依据。日常业务预算包括销售预算、生产预算、直接材料消耗及采购预算、直接人工预算、制造费用预算、产品生产成本预算、销售及管理费用预算、财务费用预算等。为了与会计年度配合，这里对各种日常业务预算、特种决策预算、财务预算的编制都以一年作为基本预算期间，并编制各季预算。

1. 销售预算

销售预算是指根据企业的目标利润，在销售预测的基础上，对销售活动编制的预算。它是业务预算，是日常业务预算的出发点，同时也是编制全面预算的出发点。销售预算的主要内容是预计销售量、预计单位售价、预计销售收入；还要有预计现金收入，以便为编制现金收支预算提供必要信息。预计销售量和预计单位售价是根据对市场的预测和对企业生产能力的预测得到的，销售预算涉及的计算公式为：

预计销售收入＝预计销售量×预计单位售价

预计现金收入＝上期应收销货款的回收额＋本期销售中应收到的货款

【例 10-7】 假设英才公司生产销售甲、乙两种产品，预计 2011 年各种产品销售量及售价资料如表 10-9 所示。预计销售环节税金为销售收入的 5%。预算期初应收账款余额为 195600 元，预算期已全部收回。预算期销售情况为现销占 60%，赊销占 40%。

要求：编制英才公司 2011 年的销售预算。

编制英才公司 2011 年销售预算如表 10-9 所示。

表 10-9　　英才公司 2011 年销售预算　　单位:元

产品名称	全年合计		
	预计销售量	预计单价	预计销售收入
甲	5600(件)	40	224000
乙	8400(件)	50	420000
合计	644000		
销售环节税金现金支出	32200(即 644000×5%)		
回收前期应收账款	195600		
预算期现销收入	386400(即 644000×60%)		
现金收入合计	582000		

2. 生产预算

生产预算是指在销售预算的基础上预测生产,对生产活动作出的预算。它为编制成本和费用预算提供依据。生产预算的主要内容是预计销售量、预计期初存货量、预计期末存货量、预计生产量。预计销售量可以从销售预算中查到,预计期初存货量等于上季末存货量,预计期末存货量可按下季度销售量的一定百分比确定,生产预算涉及的计算公式为:

预计生产量=预计销售量+预计期末存货量-预计期初存货量

其中"预计期末存货量"有时凭经验估计,有时经分析确定。

【例 10-8】　英才公司 2011 年甲、乙产品年初、年末存货资料如表 10-10 所示。要求:根据有关资料编制英才公司的生产预算。

表 10-10　　英才公司 2011 年生产预算　　单位:件

项　目	甲产品	乙产品
预计销售量(见表 10-9)	5600	8400
加:预计期末存货	300	500
减:期初存货	400	800
预计生产量	5500	8100

3. 直接材料消耗及采购预算

直接材料消耗及采购预算又称"材料预算",是在生产预算的基础上预测生产耗用材料的情况,对直接材料消耗情况及采购活动作出的预算。直接材料消耗及采购预算的主要内容是预计生产量、生产耗用直接材料量、预计直接材料采购量、预计直接材料采购成本等，还要预计材料采购的现金支出，以便为编制现金收支预算提供必要信息。预计生产量可以在生产预算中找到数据，单位产品材料耗用量可以从定额中找到数据，年初材料结存量可以从上年末的会计报表中找到数据，预计年末材料结存量是根据当前的情况估计的，预计各季末材料结存量是根据下一季度生产量的一定百分比确定的，直接材料消耗及采购预算涉及的计算公式为：

预计生产耗用材料量＝预计生产量×单位产品材料耗用量

预计材料采购量＝预计生产耗用材料量＋期末结存量－期初结存量

【例 10-9】 假定英才公司生产甲、乙产品只需 A 种原材料，A 材料年初、年末存货资料如表 10-11 所示。预算期初应付账款余额为 125000 元，预算期内已全部偿还。预算期材料采购的货款有 50％在本期内付清，另外 50％在下期内支付。

要求：编制英才公司 2011 年度的直接材料消耗及采购预算。

表 10-11　　英才公司 2011 年的直接材料消耗及采购预算

项　目	全年合计	
	甲产品	乙产品
预计生产量(件)(见表 10-10)	5500	8100
单位产品材料消耗定额(公斤)	3	4
预计材料消耗量(公斤)	16500	32400
预计材料总消耗量(公斤)	48900	
加：预计期末材料存量(公斤)	6400	
减：预计期初材料存量(公斤)	6200	
预计材料采购量(公斤)	49100	
材料单价(元)	6	
预计材料采购成本(元)	294600	
偿还前期所欠材料款(元)	125000	
预算期现购材料支出(元)	147300(即 294600×50％)	
现金支出合计(元)	272300	

4. 直接人工预算

直接人工预算是在生产预算的基础上预测人工工时消耗水平，对人工成本作出的预算。直接人工预算的主要内容是预计生产量、单位产品消耗的直接人工工时、每工时人工成本、人工总成本。预计生产量可以在生产预算中找到数据，单位产品消耗的直接人工工时和每工时人工成本可以从标准成本中找到数据。

直接人工预算编制的程序如下：

(1)计算预算期各种产品直接人工总工时，公式为：

某产品预计直接人工总工时＝该产品预计生产量×该产品单位直接人工工时

(2)计算预算期各种产品直接工资成本，公式为：

某产品预计直接工资成本＝该产品直接人工总工时×小时工资率

(3)计算预算期各种产品其他直接支出，公式为：

某产品预计其他直接支出＝该产品预计直接工资成本×提取百分比

(4)将预计直接工资成本和其他直接支出两部分汇总起来，即可编制直接人工成本预算。

【例 10-10】　假设东方公司期初期末在产品数量没有变动，其他直接支出已被并入直接人工成本统一核算，不分别反映直接工资与其他直接支出。

要求：编制东方公司 2011 年直接人工成本预算，如表 10-12 所示。

表 10-12　　东方公司 2011 年直接人工成本预算表

项　目	全年合计	
	甲产品	乙产品
预计生产量(件)(见表 10-10)	5500	8100
单位产品直接人工工时(小时)	2	3
预计直接人工总工时(小时)	11000	24300
预计直接人工工时合计数(小时)	35300	
小时工资率(元/小时)	2.5	
预计直接人工成本总额(元)	88250	

5. 制造费用预算

制造费用预算是对直接材料消耗预算和直接人工预算以外的其他一切生产费用作出的预算。要把制造费用划分为变动制造费用和固定制造费用，变动制造费用以生产为基础，利用完善的标准成本资料来编制，也可逐项预计。固定制造费用，一般需要逐项预计，因为它往往与生产量无关。为了提供编制现金预算的资料，需要对制造费用中发生的待摊费用、预提费用、固定资产折旧进行调整，把制造费用调整为用现金支付的制造费用。制造费用预算涉及的计算公式为：

变动（或固定）制造费用的分配率＝变动（或固定）制造费用/相关分配标准预算

【例 10-11】 假定变动（或固定）制造费用总额按预计直接人工工时总数进行分配。制造费用预算金额中，除折旧费用外都需要使用现金支付。要求：编制英才公司制造费用预算。如表 10-13 所示。

表 10-13　　东方公司 2011 年制造费用预算　　单位：元

变动制造费用	金额	固定制造费用	金额
间接人工	5820	修理费	5920
间接材料	20130	折旧费	16540
修理费	5860	管理人员工资	8350
水电费	3490	保险费	5910
小计	35300	财产税	5640
直接人工总工时（小时）	35300	小计	42360
变动费用分配率（元/小时）	1	固定费用分配率	1.2
合计	77660		
减：折旧费	16540		
现金支出的费用	61120		

6. 产品生产成本预算

产品生产成本预算是在生产预算、直接材料消耗及采购预算、制造费用预算、直接人工预算基础上，对各种产品生产成本水平作出的预算。产品生产成本预算的主要内容是产品单位成本、产品生产成本、产品销售成本、期末存货成本等。产品生产成本可以从直接材料消耗及采购预算、制造费用预算、直接人工预算中找到数据，产品生产量、期末存货量可以从生产预算中找到数据，产品销售量可以从销售预算中找到数据。

【例 10-12】 根据前述例题，要求：编制东方公司甲、乙产品生产成本预算表。如表 10-14 和表 10-15 所示。

表 10-14　　东方公司甲产品生产成本 2011 年制造费用预算表　　单位:元

成本项目	单耗	单价	单位成本	生产成本（5500 件）	期末存货成本（300 件）	销售成本（5600 件）
直接材料	3	6	18	99000	5400	100800
直接人工	2	2.5	5	27500	1500	28000
变动制造费用	2	1	2	11000	600	11200
固定制造费用	2	1.2	2.4	13200	720	13440
合计			27.4	150700	8220	153440

表 10-15　　东方公司乙产品生产成本 2011 年制造费用预算表　　单位:元

成本项目	单耗	单价	单位成本	生产成本（8100 件）	期末存货成本（500 件）	销售成本（8400 件）
直接材料	4	6	24	194400	12000	201600
直接人工	3	2.5	7.5	60750	3750	63000
变动制造费用	3	1	3	24300	1500	25200
固定制造费用	3	1.2	3.6	29160	1800	30240
合计			38.1	308610	19050	320040

7. 销售及管理费用预算

销售及管理费用预算是在销售预算和生产预算的基础上,对推销商品和进行一般行政管理工作而发生的各项费用作出的预算。要把销售及管理费用划分为变动销售及管理费用和固定销售及管理费用,按照销售预算、生产预算和实际需要逐项预计。

【例 10-13】 假定销售及管理费用预算金额中,除折旧费外都需要使用现金支付。要求:编制英才公司销售及管理费用预算。如表 10-16 所示。

表 10-16　　英才公司 2009 年销售及管理费用预算　　单位:元

销售费用项目	金额	管理费用项目	金额
销售人员工资	4300	管理人员工资	6700
专设销售机构办公费	5400	差旅费	2900
广告费	6300	保险费	3700

续表

包装费、运杂费	3600	折旧费	8600
保管费用	2100	办公费	1400
合计	45000		
减:折旧费	8600		
现金支出的费用	36400		

8. 财务费用预算

财务费用预算是对企业将要发生的利息收支、汇兑损益、筹资或结算过程中支付的手续费作出的预算。财务费用预算的主要内容是利息收支、汇兑损益、筹资或结算过程中支付的手续费,这些费用都要按照销售预算、生产预算和实际需要逐项预计

【例 10-14】 英才公司发行一项长期债券,期限为 5 年,年利率为 4%,债券面值总额为 100000 元,每年支付一次,则年利息额为:100000×4%=4000(元)。

9. 特种决策预算

特种决策预算是对中选方案的进一步规划,它比决策要更精确、更细致,它包括短期决策预算和长期决策预算两类。短期决策预算常常被纳入业务预算体系,如企业生产某种产品的零部件取得方式调整决策一旦确定,就要调整直接材料消耗及采购预算、直接人工预算、产品生产成本预算。长期决策预算又称为“资本支出预算”,常常涉及长期建设项目的资金投放与筹措等,除个别项目外,一般不纳入业务预算,但要计入与此项目有关的现金预算和预计资产负债表。

【例 10-15】 英才公司为生产新产品决定 2011 年新建一条生产线,本年内调试安装完毕,该生产线投产所需的丙材料在 2011 年年初购买。要求:编制 2011 年英才公司新建生产线的投资及筹资预测。

从新建生产线投资决策中查找数据,并根据决策之前收集到的资料和进行投资建设的实际需要,逐项预计新建生产线投资及筹资的各项指标,编制英才公司 2011 年新建生产线及筹资预算,如表 10-17 所示。

英才公司预计资金充足,不必采取负债形式筹措新建生产线的资金。

如果该新建生产线准备 2012 年生产,需要在 2011 年购买 B 材料作为原料,购买 B 材料所支出的资金即计入该新建生产线 2011 年的投资额,又要计入 2011 年直接材料消耗及采购预算中的预计采购成本总额,但在作现金预算时,要从该新建生产线支付的现金中扣除,只在采购材料支付的现金中列示。除了购买 B 材料所支出的资金可以纳入直接材料消耗及采购预算中,其余各项目只

能在现金预算和预计资产负债表中反映。

表 10-17　**英才公司 2011 年新建生产线投资及筹资预算表**　单位:元

项　目	一季度	二季度	三季度	四季度	本年合计
固定资产投资					
勘察设计费	2000				2000
土建工程	8000	26000			34000
设备购置		124000			124000
安装工程			8000	9000	17000
其他				3000	3000
固定资产投资小计	10000	150000	8000	12000	180000
流动资产投资					
购买丙材料					
流动资产投资小计					
投资总计	10000	150000	8000	12000	180000
筹措投资资金					
发行企业债券					
筹措投资资金合计					

10. 现金预算

现金预算根据前面各种预算中的现金收入和现金支出的资料编制,“年初现金余额”资料由上年末资产负债表提供。

【例 10-16】 假定英才公司期初现金余额为 8756 元,需要保留的期末现金余额为 11000 元;银行借款按“每期期初借入、期末归还”来预计利息,年利息率为 3%。要求:编制东方公司现金预算。如表 10-18 所示。

表 10-18　**英才公司 2011 年现金预算表**　单位:元

项　目	金　额
期初现金余额	8756
预算期现金收入额(见表 10-9)	582000
可供使用的现金	590756

续表

预算期现金支出额	544270
其中:直接材料(见表 10-11)	272300
直接人工(见表 10-12)	88250
制造费用(见表 10-13)	61120
销售及管理费用(见表 10-16)	36400
预计所得税	32200
购买机器设备(资本支出预算)	30000
预分股利	24000
现金余缺	46486
向银行借款	100000
归还银行借款	100000
支付银行借款利息(年利率为 3%)	3000
支付债券利息(利息费用预算)	4000
期末现金余额	39486

二、预计财务报表的编制

预计财务报表也称为“企业总预算”,是控制企业预算期内资金、成本、利润总量的手段。它主要是为企业管理服务,从总体上反映预算期内企业经营的全局措施,与实际的财务报表不同,主要包括预计利润表和预计资产负债表等。

(一)预计利润表的编制

预计利润表也称为“利润预算”,是以货币为计量单位,全面、综合地反映企业预算期内经营成果的利润计划。它是企业控制生产经营活动和财务收支的主要依据,其内容格式与实际利润表完全相同,但目的不同,它的目的是预测预算期的盈利水平,如果利润预算数与企业的目标利润相差较大,就需要调整预算,设法达到目标利润,或在企业领导批准后修改目标利润。预计利润表是对销售预算、产品生产成本预算、销售及管理费用预算、营业外收支预算、现金预算汇总后编制的,可以分季编制,也可以按年编制。

【例 10-17】 假定英才公司预算期所得税税率为 33%,要求:编制英才公司预计利润表。如表 10-19 所示。

表 10-19 英才公司 2011 年预计利润表 单位:元

项 目	金 额
销售收入	644000
销售税金及附加	32200
销售成本	473480
毛利	138320
销售及管理费用	45000
财务费用(利息)	7000
利润总额	86320
应缴所得税	28486
税后净利润	57834

表 10-19 中,"毛利"项目的数据是"销售收入"与"销售税金及附加"、"销售成本"三项目的差额。

(二)预计资产负债表的编制

预计资产负债表是以货币为计量单位反映预算期期末财务状况的总括性预算。预计资产负债表是在基期期末资产负债表的基础上,对预算期的生产预算、销售预算、成本预算调整后编制的。编制预计资产负债表的目的是判断预算反映的财务状况的稳定性和流动性。通过预计资产负债表的分析,发现反映企业预算期内资产营运能力、偿债能力、盈利能力的财务比率不佳,可以及时修改预算,调整经营策略,以改善财务状况。

【例 10-18】 假定英才公司基期期末资产负债表各项目数据如表 10-20 所示,预算期土地、普通股股本、长期借款三项目没有发生变化。要求:编制英才公司预计资产表。

表 10-20 英才公司 2007 年预计资产负债表 单位:元

资产			负债及股东权益		
项目	年初	年末	项目	年初	年末
流动资产:			负债:		
现金	8756	39486	应付账款	125000	147300
应收账款	195600	257600	长期借款	50000	50000

续表

材料存货	37200	38400	合计	175000	197300
产成品存货	41440	27270	股东权益：		
合计	282996	334270	普通股股本	120000	120000
固定资产：			未分配利润	35996	98316
土地	16000	16000	合计	155996	189830
房屋及设备	40000	70000			
累计折旧	8000	33140			
合计	48000	52860			
资产合计	330996	415616	负债及股东权益合计	330996	415616

第四节 财务控制

一、财务控制概述

（一）财务控制的意义与特征

1. 财务控制的概念

财务控制是指通过财务工作，运用财务机制，采用政策制定、目标、定额、计划、责任和流程等控制方式，对企业财务活动进行监督、限制、调整和引导，确保企业及其内部机构和人员全面落实、实现财务预算的过程。

2. 财务控制的基本特征

(1)财务控制是一种价值控制：以价值形式为控制手段；

(2)财务控制是一种综合控制：以不同岗位、部门和层次的不同经济业务为综合控制对象；

(3)财务日常控制是以现金流量控制为目的，以控制日常现金流量为主要内容。

3. 财务控制的作用

财务控制是内部控制的一个重要组成部分，是内部控制的核心，是内部控制在资金和价值方面的体现。财务控制必须以确保单位经营的效率性和效果性、资产的安全性、经济信息和财务报告的可靠性为目的。财务控制的作用主要有以下三方面：

一是有助于实现公司经营方针和目标，它既是工作中的实时监控手段，也是评价标准；

二是保护单位各项资产的安全和完整，防止资产流失；

三是保证业务经营信息和财务会计资料的真实性和完整性。

(二)财务控制的要素

1. 控制环境

控制环境，是指对企业财务控制的建立和实施有重大影响的各种环境因素的统称。包括企业风险管理观念、风险文化、诚信与价值观、员工的胜任能力、董事会或审计委员会的组成、管理和经营方式、企业组织结构、企业授予权利和责任的方式以及人力资源政策和实务等。

2. 目标设定

财务控制的目标主要包括：

(1)合理配置和使用财务资源，提高财务资源的产出比率，实现企业价值最大化；

(2)保护资产的安全与完整；

(3)遵循有关财务会计法规和企业已制定的财务会计政策；

(4)保证财务信息的可靠性。

3. 事件识别

事件是指由可以影响企业财务目标实现的事项，如银行信贷、利率、汇率等政策的调整，新的竞争对手的出现，市场价格水平的变化，企业组织结构和高层管理人员的变化等。

4. 风险评估

风险评估指管理层分析、评价和估计对企业目标有影响的内部或外部风险的过程。管理者应当从可能性和影响这两个角度评估事项，并采用定性与定量相结合的方法。

5. 风险应对

风险应对包括规避风险、减少风险、转移风险和接受风险。

6. 控制活动

控制活动是指确保管理阶层的指令得以执行的政策及程序，如核准、授权、验证、调节、复核营业绩效、保障资产安全及职务分工等。

7. 信息与沟通

信息主要是指会计系统所提供的内部与外部信息，它是公司为汇总、分析、分类、记录、报告业务处理的各种方法和记录，包括文件预先编号、业务复核、定期调节等。

沟通是指信息系统提供有效信息给适当的人员，通过沟通，使各级管理人员和员工能够知悉其在财务控制中的责任。

8. 监控

监控是由适当的人员，在适当及时的前提下，评估控制的设计和运作情况的过程。包括：

(1)持续的监督活动；

(2)个别评估；

(3)报告缺陷。

(三)财务控制的原则

财务控制的基本原则包括：

1. 目的性原则。财务控制作为一种财务管理职能，必须具有明确的目的性，为企业理财目标服务。

2. 充分性原则。财务控制的手段对于目标而言，应当是充分的，应当足以保证目标的实现。

3. 及时性原则。财务控制的及时性要求及时发现偏差，并能及时采取措施加以纠正。

4. 认同性原则。财务控制的目标、标准和措施必须为相关人士所认同。

5. 经济性原则。财务控制的手段应当是必要的，没有多余，财务控制所获得的价值应大于所需费用。

6. 客观性原则。管理者对绩效的评价应当客观公正，防止主观片面。

7. 灵活性原则。财务控制应当含有足够灵活的要素，以便在出现任何失常情况下，都能保持对运行过程的控制，不受环境变化、计划疏忽、计划变更的影响。

8. 适应性原则。财务控制的目标、内容和方法应与组织结构中的职位相适应。

9. 协调性原则。财务控制的各种手段在功能、作用、方法和范围方面不能相互制约，应相互配合，在单位内部形成合力，产生协同效应。

10. 简明性原则。控制目标应当明确，控制措施与规章制度应当简明易懂，易为执行者所理解和接受。

(四)财务控制的种类

1. 按照财务控制的内容，可分为一般控制和应用控制两类。

一般控制，是指对企业财务活动赖以进行的内部环境所实施的总体控制，包括组织控制、人员控制、财务预算、业绩评价、财务记录等项内容。

应用控制，是指作用于企业财务活动的具体控制，包括业务处理程序中的批准与授权、审核与复核以及为保证资产安全而采取的限制措施等项控制。

2. 按照财务控制的功能，可分为预防性控制、侦查性控制、纠正性控制、指导性控制和补偿性控制。

预防性控制，是指为防范风险、错弊和非法行为的发生，或减少其发生机会所进行的控制；侦查性控制，是指为了及时识别已经存在的风险、已经发生的错弊和非法行为，或增强识别能力所进行的控制；纠正性控制是对那些通过侦查性控制查出来的问题所进行的调整和纠正；指导性控制是为了实现有利结果而进行的控制；补偿性控制是针对某些环节的不足或缺陷而采取的控制措施。

3. 按照财务控制的时序，财务控制可分为事前控制、事中控制和事后控制三类。

事前控制，是指企业为防止财务资源在质和量上发生偏差，而在行为发生之前所实施的控制；事中控制，是指财务活动发生过程中所进行的控制；事后控制，是指对财务活动的结果所进行的分析、评价。

(五)财务控制的方法

财务控制的方式、方法主要包括授权批准控制、职务分离控制、全面预算控制、财产保全控制、独立检查控制和业绩评价控制等。

1. 授权批准控制

授权是指对某一大类业务或某项具体业务的政策决策。授权通常包括一般授权和特别授权两种方式。

批准是检查已确立的授权条件得到满足的实际步骤。

2. 职务分离控制

职务分离控制是指对处理某种经济业务所涉及的职责分派给不同的人员，使每个人的工作都是对其他有关人员的工作的一种自动的检查。

职务分离的主要目的是预防和及时发现职工在履行职责过程中产生错误和舞弊行为。

常见的不相容职务包括：业务授权与执行职务相分离；业务执行与记录职务相分离；业务授权与财产保管职务相分离；财产保管与记录职务相分离；记录总账与明细账职务相分离；经营责任与记账责任相分离；财产保管与财产核对职务相分离。对一项经济业务处理全过程的各个步骤也要分派给不同的部门和人员负责。

3. 全面预算控制

全面预算控制是以全面预算为手段对企业财务收支和现金流量所进行的控制。全面预算控制主要包括以下几个环节：建立预算体系、编制和审定预算、下达预算指标、授权预算执行、监督预算执行、分析预算差异、考核预算业绩等。

4. 财产保全控制

财产保全控制的措施主要包括：

(1)限制接触财产;

(2)定期盘点清查;

(3)记录保护;

(4)财产保险;

(5)财产记录监控。

5. 独立检查控制

独立检查控制是指由业务执行者以外的人员对已执行的业务的正确性所进行的验证,又称"内部稽核"。

一个有效的独立检查控制应当满足三个条件:

(1)检查工作由一个和原业务活动、记录、保管相独立的人员来执行;

(2)不管采用全部复核或抽样复核,复核工作须经常进行;

(3)错误和例外须迅速地传达给有关人员以便更正。

6. 业绩评价控制

业绩评价,是指将实际业绩与其他标准,如前期业绩、预算和外部基准尺度进行比较;将不同系列的数据相联系,如经营数据和财务数据,对功能或营运业绩进行评价。

二、责任中心财务控制

建立责任中心、编制和执行责任预算、考核和监控责任预算的执行情况是企业实行财务控制的一种有效的手段,又称为"责任中心财务控制"。

(一)责任中心的含义与特征

责任中心就是承担一定经济责任,并享有一定权利和利益的企业内部(责任)单位。

企业为了实行有效的内部协调与控制,通常都会按照统一领导、分级管理的原则,在其内部合理划分责任单位,明确各责任单位应承担的经济责任、应有的权利,促使各责任单位尽其责任协同配合实现企业预算总目标。同时,为了保证预算的贯彻落实和最终实现,必须把总预算中确定的目标和任务,按照责任中心逐层进行指标分解,形成责任预算,使各个责任中心据以明确目标和任务。责任预算执行情况的揭示和考评可以通过责任会计来进行。责任会计围绕各个责任中心,把衡量工作成果的会计同企业生产经营的责任制度紧密结合起来,成为企业内部控制体系的重要组成部分。由此可见,建立责任中心是实行责任预算和责任会计的基础。

责任中心通常具有以下特征:

1. 责任中心是责权利相结合的实体。它意味着每个责任中心都要对一定的财务指标承担完成的责任；同时，赋予责任中心与其所承担责任的范围和大小相适应的权利，并规定相应的业绩考核标准和利益分配标准；

2. 责任中心具有承担经济责任的条件。它有两方面的含义：一是责任中心要有履行经济责任中各条款的行为能力；二是责任中心一旦不能履行经济责任，要能对其后果承担责任。

3. 责任中心所承担的责任和行使的权力是可控的。每个责任中心只能对其责权范围内可控的成本、收入、利润和投资负责，在责任预算和业绩考评中也只应包括他们能控制的项目。可控是相对于不可控而言的，不同的责任层次，其可控的范围并不一样。一般而言，责任层次越高，其可控范围也越大。

4. 责任中心具有相对独立的经营活动和财务收支活动。它是确定经济责任的客观对象，是责任中心得以存在的前提条件。

5. 责任中心便于进行单独核算。责任中心不仅要划清责任而且要单独核算，划清责任是前提，单独核算是保证。只有既划清责任又能进行单独核算的企业内部单位，才能成为一个责任中心。

(二)责任中心的类型和考核指标

根据企业内部责任中心的权责范围及业务活动的特点不同，责任中心可以分为成本中心、利润中心和投资中心三大类型。

1. 成本中心

(1)成本中心的含义

成本中心，亦称“费用中心”，是指只能控制成本或费用的责任中心。成本中心的生产经营活动只对成本费用产生影响，通常没有收入，因而成本中心无需对收入、利润和投资负责，只需对成本费用负责。在企业内部，凡不直接对外销售产品，不实行独立经济核算，只要有成本费用的发生的单位都可成为成本中心，比如只负责产品生产的生产部门、劳务提供部门以及给予一定费用指标的企业管理科室。

成本中心是应用最为普遍的一种责任中心形式，只要有成本费用发生的地方，都可以建立成本中心，上至工厂一级，下至车间、工段、班组，甚至个人都可划分为成本中心。成本中心的规模不一，多个较小的成本中心共同组成一个较大的成本中心，多个较大的成本中心又能共同构成一个更大的成本中心，从而在企业形成逐级控制、层层负责的成本中心体系。

(2)成本中心的类型

按分类方法不同可分为：

①基本成本中心和复合成本中心

基本成本中心是指最底层、没有下属的成本中心，比如生产班组、工段、甚至生产工人个人，只要不能再继续往下分解，那么它就是一个基本成本中心。基本成本中心对其可控成本向上一级责任中心负责。

复合成本中心是指较高层次的成本中心，它由若干个下属成本中心构成，如生产车间、分厂等，在它的下面有若干个低层次的基本成本中心。

②技术性成本中心和酌量性成本中心

技术性成本中心是指发生的数额通过技术分析可以相对可靠地估算出来的成本，如产品生产过程中发生的直接材料、直接人工、间接制造费用等。其特点是这种成本的发生可以为企业提供一定的物质成果，投入量与产出量之间有着密切的联系。技术性成本可以通过弹性预算予以控制。

酌量性成本是否发生以及发生数额的多少是由管理人员的决策所决定的，主要包括各种管理费用和某些间接成本项目，如研究开发费用、广告宣传费用、职工培训费用等。这种费用发生主要是为企业提供一定的专业服务，一般不能直接产生可以用货币计量的成果。投入量与产出量之间没有直接关系。酌量性成本的控制应着重于预算总额的审批上。

(3)成本中心的特点

成本中心相对于其他责任中心如利润中心和投资中心有自身的特点，主要表现在：

①成本中心只考评成本费用而不考评收益。成本中心一般不具备经营权和销售权，其经济活动的结果不会形成可以用货币计量的收入，有的成本中心可能有少量的收入，但从整体上讲，其产出与投入之间不存在密切的对应关系，因而，这些收入不作为主要的考核内容，也不必计算这些货币收入。概括地说，成本中心只以货币形式计量投入，不以货币形式计量产出。

②成本中心只对可控成本承担责任。成本费用依其责任主体是否能控制分为可控成本与不可控成本。凡是责任中心能控制其发生及其数量的成本称为可控成本；凡是责任中心不能控制其发生及其数量的成本称为不可控成本。具体来说，可控成本必须同时具备以下四个条件：一是可以预计。即成本中心能够事先知道将发生哪些成本以及在何时发生；二是可以计量。即成本中心能够对发生的成本进行计量；三是可以施加影响。即成本中心能够通过自身的行为来调节成本；四是可以落实责任。即成本中心能够将有关成本的控制责任分解落实，并进行考核评价。凡不能同时具备上述四个条件的成本通常为不可控成本。属于某成本中心的各项可控成本之和即构成该成本中心的责任成本。从考评的角度看，成本中心工作成绩的好坏，应以可控成本作为主要依据，不可控成本核算只有参考意义。在确定责任中心的成本责任时，应尽可能使责任中心发生的成本成为可控成本。

(4)成本中心的考核指标

成本中心的考核指标主要采用相对指标和比较指标，包括成本（费用）变动额和成本（费用）变动率两项指标。

成本（费用）变动额＝实际责任成本（费用）－预算责任成本（费用）

$$成本（费用）变动率=\frac{成本（费用）变动额}{预算责任成本（费用）}\times 100\%$$

在进行成本中心考核时，如果预算产量与实际产量不一致，应注意按弹性预算的方法先行调整预算指标，然后，再按上述指标计算。

【例 10-19】　2007 年末英才公司内部某车间成本中心业绩报告如表 10-21 所示。

表 10-21　　英才公司某车间成本中心业绩报告

(2007 年 12 月)　　单位：元

项目	实际数	预算数	差异数
可控直接成本			
直接材料	59000	61000	－2000
直接人工	32000	31000	1000
可控间接成本			
间接材料	2500	2400	100
间接人工	1000	1200	－200
其他	600	800	－200
合计	95100	96400	－1300

由表 10-21 资料计算得：

成本（费用）变动额 ＝ 95100 － 96400 ＝ －1300（元）

成本（费用）变动率 ＝ －1300/96400 ＝－1.35％

计算结果表明，该成本中心的成本降低额为 1300 元，降低率为 1.35％。

2. 利润中心

(1)利润中心的含义

利润中心是指既对成本负责又对收入和利润负责的区域，它有独立或相对独立的收入和生产经营决策权。通常情况下，它是企业中较高的责任层次，如单位独立核算的分厂、分公司等。各利润中心都自成一体，独立经营，但也需相互协调。与成本中心相比，利润中心的权利和责任都相对大得多。它不仅要降低成本,而且更要寻求收入的增长,并使之超过成本的增长。

(2)利润中心的类型

在实践中,通常存在以下两种类型的利润中心:

①自然的利润中心,即以对外销售产品或提供劳务而取得实际收入为特征的利润中心。这类利润中心一般具有产品销售权或劳务提供权、价格制定权、材料采购权、生产决策权。比如,集团公司采取事业部制时,每个事业部都有销售、生产、采购的职能,有很大的独立性,这些事业部就是自然的利润中心。

②人为的利润中心。它是指有些责任中心并不对外销售产品和提供劳务,但为评价其贡献大小,按照内部结算价格对其生产成果进行确认,而被人为地划分的利润中心。其特征是不从单位外部取得收入。这类利润中心一般也具有一定的经营管理权,即能够自主决定本利润中心的产品品种、产品产量、作业方法、人员调配、资金使用等,如大型钢铁公司分成采矿、炼铁、炼钢、轧钢等几个部门,这些部门的产品主要在公司内部转移,只有少量对外销售,或者全部对外销售均由企业专设的销售机构完成,则这些部门可以被确定为人为的利润中心。

利润中心的利润总额并不一定与整个企业实际取得的利润总额相等。这是因为利润中心的利润是按照利润中心所能影响和控制的可控成本和收入计算决定的,那些在其经营活动范围内发生或取得但不直接与利润有关或不可控的成本和收入,则排除于利润中心的利润计算之外。而且人为的利润中心的收入是按其对其他责任中心提供的产品(或劳务)数量与一定的内部转移价格计算的,并不构成企业实际的收入,当然相应确定的利润也非企业实际的财务成果。

(3)利润中心的成本计算

利润中心对利润负责,必然要考核和计算成本,以便正确计算利润,作为对利润中心业绩评价与考核的可靠依据。对利润中心的成本计算,通常有两种方式可供选择:

①在无法实现共同成本合理分摊的情况下,人为利润中心通常只计算可控成本,而不分担不可控成本;

②在共同成本能够合理分摊或无须共同分摊的情况下,自然利润中心不仅计算可控成本,也应计算不可控成本。

(4)利润中心的考核指标

①当利润中心不计算共同成本或不可控成本时,其考核指标是边际贡献总额,该指标等于利润中心销售收入总额与可控成本总额(或变动成本总额)的差额。值得说明的是,如果可控成本中包含可控固定成本,就不完全等于变动成本总额。但一般而言,利润中心的可控成本是变动成本。

②当利润中心计算共同成本或不可控成本,并采取变动成本法计算成本时,

其考核指标包括：利润中心边际贡献总额、利润中心负责人可控利润总额、利润中心可控利润总额。

$$\text{利润中心边际贡献总额}=\text{该利润中心销售收入总额}-\text{该利润中心变动成本总额}$$

$$\text{利润中心负责人可控利润总额}=\text{该利润中心边际贡献总额}-\text{该利润中心负责人可控固定成本}$$

$$\text{利润中心可控利润总额}=\text{该利润中心负责人可控利润总额}-\text{该利润中心负责人不可控固定成本}$$

因此，

$$\text{公司利润总额}=\text{各利润中心可控利润总额之和}-\text{公司不可分摊的各种管理、财务费用等}$$

【例 10-20】　英才公司的甲车间是一个人为利润中心，本期实现内部销售收入 100 万元，销售变动成本为 75 万元，该中心负责人可控固定成本为 10 万元，中心负责人不可控的且应由该中心负担的固定成本为 5 万元。

则该中心实际考核指标分别为：

利润中心边际贡献总额＝100－75＝25(万元)

利润中心负责人可控利润总额＝25－10＝15(万元)

利润中心可控利润总额＝15－5＝10(万元)

3. 投资中心

(1)投资中心的含义

投资中心是指既对成本、收入和利润负责，又对投资效果负责的责任中心。投资中心是最高层次的责任中心，它拥有最大的决策权，也承担最大的责任。投资中心必然是利润中心，但利润中心并不都是投资中心。

投资中心与利润中心的区别主要有两个：一是权利不同，利润中心没有投资决策权，它只是在企业投资形成后进行具体的经营；而投资中心则不仅在产品生产和销售上享有较大的自主权，而且能够相对独立地运用所掌握的资产，有权构建或处理固定资产，扩大或缩减现有的生产能力。二是考核办法不同，考核利润中心业绩时，不联系投资多少或占用资产的多少，即不进行投入产出的比较，相反，考核投资中心时，必须将所获得的利润与所占用的资产进行比较。

(2)投资中心的考核指标

投资中心的考核指标除考核利润指标外，投资中心主要考核能集中反映利润与投资额之间关系的指标，包括投资利润率和剩余收益。

①投资利润率

投资利润率又称“投资收益率”，是指投资中心所获得的利润与投资额之间的比率，可用于评价和考核由投资中心掌握、使用的全部净资产的盈利能力。其计算公式为：

$$投资利润率=\frac{利润}{投资额}\times100\%=\frac{销售收入}{投资额}\times\frac{成本费用}{销售收入}\times\frac{利润}{成本费用}$$

$$=资本周转率\times销售成本率\times成本费用利润率$$

其中，投资额是指投资中心的总资产扣除对外负债后的余额，即投资中心的净资产。为了评价考核由投资中心掌握、使用的全部资产总体盈利能力，还可以使用总资产息税前利润率指标。其计算公式为：

$$总资产息税前利润率=\frac{息税前利润}{总资产}\times100\%$$

投资利润率是目前许多公司十分偏爱的评价投资中心业绩的指标。它具有如下优点：

首先，能够反映投资中心的综合获利能力。投资利润率由三项指标构成，即收入、成本和投资。提高投资利润率既可以通过增收节支，也可以通过减少投入资本来实现。

其次，具有横向可比性。作为效益指标，投资利润率体现了资本的获利能力，剔除了因投资额不同而导致的利润差异的不可比因素，有利于判断投资中心经营业绩的优势。

再次，可作为选择投资机会的依据，这样有利于调整资产和存量，优化资源配置。

最后，依此指标来评价投资中心的业绩，有利于正确引导投资中心的经营管理行为，避免短期行为。这是因为这一指标反映了投资中心运用资产并使资产增值的能力，资产运用的任何不当行为都将降低投资利润率。所以，以此作为评价投资中心业绩的尺度，将促使各投资中心用活闲置资产，合理确定存货，加强对应收账款及固定资产的管理，及时处理变质、陈旧过时的库存商品等。

当然该指标也有它的局限性。投资利润率的缺点是部门经理有时会放弃高于资本成本而低于目前部门投资利润率的机会，或者减少现有的投资利润率低但高于资本成本的资产，损害企业整体利益。

【例 10-21】 假定英才公司下属甲、乙两个分公司均为投资中心。报告期甲公司的经营资产平均余额为 2000000 元，利润为 460000 元；乙公司的经营资产平均余额为 3000000 元，利润为 540000 元。则：

$$甲公司的投资利润率=\frac{460000}{2000000}\times100\%=23\%$$

$$乙公司的投资利润率=\frac{540000}{3000000}\times100\%=18\%$$

这两个分公司的经济效益仅从利润绝对数来看,乙分公司要比甲分公司好,但从投资利润率来看就恰恰相反了。显然,甲分公司的经营业绩优于乙分公司。

投资利润率作为评价指标的不足之处是会使投资中心缺乏全局观念。各投资中心为达到较高的投资利润率,可能不愿接受获利较低的投资项目,尽管这种项目对整个企业是有利的。

【例 10-22】 假定上例中企业要求甲分公司计划期生产某种新产品,该产品的预计投资额是 400000 元,预计年利润将增加 88000 元,生产新产品后甲分公司计划期的预计投资利润率为:

$$甲公司的投资利润率=\frac{460000+88000}{2000000+400000}\times100\%=22.83\%$$

由于生产新产品,甲分公司的投资利润率将下降到 22.83%,用投资利润率指标评价业绩,则说明甲分公司的经营业绩下滑。甲分公司当然不会接受这一新的投资项目。但该投资目的投资利润率达到 22%(88000/400000×100%),高于企业的平均投资利润率 20% [(460000+540000)/(2000000+3000000)×100%],显然,接受该投资项目将会提高整个企业的投资利润率,因而从企业全局看,该投资项目还是有利的。

②剩余收益

剩余收益是一个绝对数指标,是指投资中心获得的利润扣减其投资额(或净资产占用额)按规定(或预期)的最低收益率计算的投资收益后的余额。其计算公式为:

剩余收益=利润-投资额(或净资产占用额)×规定或预期的最低投资收益率

如果预期指标是总资产息税前利润率时,则剩余收益计算公式应作相应调整,其计算公式如下:

剩余收益=息税前利润-总资产占用额×规定或预期的总资产息税前利润率

剩余收益指标能够反映投入产出的关系,能避免本位主义,使个别投资中心的利益与整个企业的利益统一起来。

【例 10-23】 假设例 10-22 中,企业改用剩余收益指标考核投资中心的业绩,企业各投资中心的平均利润率为 20%,则甲分公司接受生产新产品的剩余收益计算如下:

生产新产品的剩余收益＝88000－400000×20％

＝88000－80000

＝8000(元)

计算结果表明，甲分公司接受该项目，企业所得到的投资利润率将超过20％，而且甲分公司可以增加剩余收益 8000 元，此时甲分公司就愿意接受该项目。可见，利用剩余收益指标考核投资中心的业绩将使企业整体利益和投资中心的局部利益达到一致。

(三)责任预算、责任报告与业绩考核

1. 责任预算

(1)责任预算的含义。责任预算是指以责任中心为主体，以其可控成本、收入、利润和投资等为对象编制的预算。它是企业总预算的补充和具体化。

责任预算包括必须保证实现的主要责任指标(即各责任中心的考核指标)和其他责任指标(如劳动生产率、设备完好率、出勤率、材料消耗率、职工培训等)。

(2)责任预算的编制

责任预算的编制程序有两种：一是以责任中心为主体，自上而下地将企业总预算在各责任中心之间层层分解，便于企业统一指挥和调度，但不利于调动责任中心积极性的预算程序。二是各责任中心自行列示各自的预算指示，由下而上、层层汇总，最后由企业专门机构或人员进行汇总和调整，有利于发挥各责任中心的积极性，但会影响预算质量和编制时效的程序。

责任预算的编制程序与企业组织机构设置和经营管理方式有着密切的关系。因此，在集权组织结构形式下，通常采用第一种程序，首先要按照责任中心的层次，从上至下把公司总预算或全面预算逐层向下分解，形成各责任中心的责任预算；然后建立责任预算执行情况的跟踪系统，记录预算执行的实际情况，并定期由下而上把责任预算的实际执行数据逐层汇总，直到最高层的投资中心。

在分权组织结构形式下，采用后一种程序较多。首先也应该按照责任中心的层次，将公司总体预算从最高层向最底层逐级分解，形成各自责任中心的责任预算。然后建立责任预算的跟踪系统，记录预算执行情况，并定期从最基层责任中心把责任成本和收入的实际情况，通过编制业绩报告逐级向上汇总。

2. 责任报告

责任报告亦称“业绩报告”、“绩效报告”，是指根据责任会计记录编制的反映责任预算实际执行情况，或者揭示责任预算与实际执行差异的内部会计报告。通过编制责任报告，可完成责任中心的业绩评价和考核。

责任报告的编报是自下而上逐级实现的，随着责任中心的层次由低到高，其报告的详略程度从详细到抽象，这与责任预算的从抽象到具体不同。责任会计核算是指以责任中心为对象的会计核算工作，按照它与财务会计的关系可分为与财务会计分开单独核算的"双轨制"和与财务会计结合的"单轨制"两种方式。

3. 业绩考核

业绩考核是指以责任报告为依据，分析、评价各责任中心责任预算的实际执行情况，找出差距，查明原因，借以考核各责任中心工作成果，实施奖罚，促使各责任中心积极纠正行为偏差，完成责任预算的过程。

从考核的指标口径看，业绩考核包括狭义和广义两种。前者仅考核责任中心的价值指标(如成本、收入、利润以及资产占用额等责任指标)的完成情况；后者则还包括非价值责任指标的完成情况。应根据不同责任中心的特点进行业绩考核。

(1)成本中心业绩考核。成本中心没有收入来源，只对成本负责，因而也只考核其责任成本。成本中心业绩考核是以责任报告为依据，将实际成本与预算成本或责任成本进行比较，确定两者差异的性质、数额以及形成的原因，并根据差异分析的结果，对各成本中心进行奖罚，以督促成本中心努力降低成本。

(2)利润中心业绩考核。利润中心既对成本负责，又对收入和利润负责，在进行考核时，重点在于考核销售收入、贡献毛益和息税前利润。特别是应通过一定期间实际利润与预算利润进行对比，分析差异及其形成原因，明确责任，借以对责任中心的经营得失和有关人员的功过作出正确评价和奖罚。

(3)投资中心业绩考核。投资中心不仅对成本、收入和利润负责，而且还要对投资效果负责。因此，投资中心业绩考核除了要考核其权责范围内的成本、收入和利润外，还要重点考核投资利润率和剩余收益两项指标上。

总之，随着责任中心的层次由低到高，越往上一层，计算和考核的指标越多，考核的内容也越多。

(四)责任结算与核算

1. 内部转移价格

内部转移价格是指企业内部各责任中心之间进行内部结算和责任结转时所采用的价格标准。

内部转移价格与外部市场价格既有相似之处，如采用内部转移价格，可以使企业内部的两个责任中心处于类似于市场交易的买卖两极。又有不同之处，如企业供求双方的关系不是一种完全的市场竞争关系，而是模拟市场竞争关系；内部结算价格也不完全按市场供求状况决定，只是模拟市场价格；在其他条件不变的情况下，内部结算价格的变化，只会改变有关责任中心的内部利润，而不会改变企业利润总额。

制定内部转移价格有助于分清责任，有助于在客观、可比的基础上进行业绩考核，有助于协调各中心的业务活动和企业内部的各项业务活动，也有助于作出正确的经营决策。

制定内部转移价格时，必须考虑全局性原则，力求实现企业利润最大化；公平性原则，充分体现各责任中心的经营努力或经营业绩；自主性原则，在确保企业整体利益的前提下，尽量通过各责任中心的自主竞争或讨价还价来确定内部转移价格；重要性原则，应当体现"大宗细，零星简"的要求。

内部转移价格的类型包括市场价格、协商价格、双重价格和成本转移价格四种类型：

(1)市场价格。市场价格是指以产品或劳务的市场价格作为基价制定的内部转移价格。

采用市场价格，一般假定各责任中心处于独立自主的状态，可自由决定从外部或内部进行购销。同时产品或劳务有客观的市价可采用。

以市场价格作为内部转移价格，并不等于直接按市场价格结算，而应当进行必要调整，剔除销售费、广告费及运输费等内容。如果企业各责任中心不是独立核算分厂，而是车间或部门时，还要剔除市场价格中的销售税金。同时，以市场价格为依据制定内部结算价格，一般假设中间产品有完全竞争的市场，或中间产品提供部门无闲置生产能力。

(2)协商价格。协商价格是指企业内部各责任中心以正常的市场价格为基础，通过共同协商，确定出的为双方所接受的内部转移价格。

采用协商价格的前提是责任中心相互转移的产品应有可能在非竞争性市场买卖，在这种市场内买卖双方有权自行决定是否买卖这种中间产品。如果买卖双方不能自行决定，或当价格协商的双方发生矛盾而不能自行解决，或双方协商定价不能导致企业最优决策时，企业高一级的管理层要进行必要干预。

协商价格通常要低于市价，原因是内部结算价格中不包含外部推销、管理费用和税金等；内部转移的中间产品数量较大，单位成本相应较低；供应方大多拥有剩余生产能力。

协商价格的上限是市价，下限是单位变动成本。具体价格应由各相关责任中心在这一范围内协商议定。

(3)双重价格。双重价格是指针对责任中心供应双方分别采用不同的价格标准所制定的内部转移价格。如对产品(半成品)的供应方，可按协商的市场价格计价；对使用方则按供应方的产品(半成品)的单位变动成本计价，其差额由企业会计部门进行最终调整。

可以采用双重价格的根据在于采用内部转移价格主要是为了考核、评价责任中心的业绩，而不强求各中心的转移价格完全一致，可分别选用对不同责任中心最有利的价格为计价依据。

双重价格有双重市场价格（当某种产品或劳务有多种市价时，供应方采用最高市价，使用方采用最低市价）和双重协商价格（供应方按市价格或议价计价，使用方按对方的单位变动成本计价）两种形式。

当内部产品或劳务有外界市场，供应方有剩余生产能力、而且其单位变动成本要低于市价，而采用单一的内部转移价格又不能调动各责任中心的积极性和确保责任中心与整个企业的经营目标实现时，可考虑采用双重价格。

双重价格可同时满足供应方和使用方的不同需要，激励双方在经营上充分发挥其主动性和积极性。

(4)成本转移价格。成本转移价格是指以产品或劳务的成本为基础而制定的内部转移价格。包括标准成本价格、标准成本加成价格和标准变动成本价格三种形式。

标准成本价格是指以产品或劳务的单位标准成本为基础的价格。适于成本中心之间转移的产品（半成品）的结算。其优点是可以将管理和核算工作结合起来，有利于避免转移供应方成本高低对使用方的影响，有利于调动供需双方降低成本的积极性。

标准成本加成价格是指产品或劳务的单位标准成本加上一定的合理利润（按成本加成率计算）确定的内部转移价格。其优点是能分清相关责任中心的责任，但确定加成利润率时，也难免带有主观随意性。

标准变动成本价格是指以产品或劳务的单位标准变动成本为基础的内部转移价格。它能明确地揭示成本与产量的关系，便于考核各责任中心的业绩，也利于经营决策。不足之处是产品（半成品）或劳务中不包含固定成本，不能反映劳动生产率变化对固定成本的影响，不利于调动各责任中心提高产量的积极性。

2. 内部结算方式

内部结算是指企业各责任中心在相互提供产品或劳务时所发生的、按内部转移价格计算的债权、债务。

按照结算的手段不同，可分别采取内部支票结算、转账通知单和内部货币结算等方式。

(1)内部支票结算方式。该方式指由付款一方签发内部支票通知内部银行从其账户中支付款项的内部结算方式。包括签发、收受和银行转账三个环节，主要适用于收付款双方直接见面进行经济往来的业务结算。它可使收付双方一手交“钱”，一手交货，责任明确。

(2)转账通知单方式。该方式是指由收款一方根据有关原始凭证或业务活动证明签发转账通知单，通知内部银行将转账通知单转给付款一方，让其付款的一种内部结算方式。它适用于经常性的质量与价格较稳定的往来业务，手续简便，结算及时；但因转账通知单是单向发出指令，付款一方若有异议，可能拒付，需要交涉。

(3)内部货币结算方式。该方式是指使用企业内部银行发行的限于企业内部流通的货币(包括内部货币、资金本票流通券、资金券等)进行内部往来结算的一种内部结算方式。它是一种典型的一手交钱一手交货的结算方式，比内部支票结算方式更为直观。可强化各责任中心的价值观念、核算观念、经济责任观念。但是内部货币携带不便，清点麻烦，保管困难。

3. 责任成本的内部结转

责任成本的内部结转，也称“责任转账”，是指在生产经营过程中，对于因不同原因造成的各种经济损失，由承担损失的责任中心对实际发生或发现损失的责任中心进行损失赔偿的账务处理过程。

企业内部责任中心在生产经营过程中，常常有这样的情况：发生责任成本的中心与应承担责任成本的中心不是同一责任中心，为划清责任，合理奖罚，就需要将这种责任成本相互结转。最典型的实例是企业内的生产车间与供应部门都是成本中心，如果生产车间所耗用的原材料是由于供应部门购入不合格的材料所致，则多耗材料的成本或相应发生的损失，应由生产车间成本中心转给供应中心负担。

责任转账的目的是为了划清各责任中心的成本责任，使不应承担损失的责任中心在经济上得到合理补偿。进行责任转账的依据是各种准确的原始记录和合理的费用定额。在合理计算出损失金额后，应编制责任成本转账表，作为责任转账的依据。

各责任中心在往来结算和责任转账过程中，有时会因意见不一致而产生一些责、权、利不协调的纠纷，为此，企业应建立内部仲裁机构，从企业整体利益出发对这些纠纷作出裁决，以保证各责任中心正常、合理地行使权力，保证其权益不受侵犯。

第五节　成本控制

一、成本控制的含义

在推行现代企业制度的企业里，要提高企业的经济效益，降低产品成本是一个重要的途径。要降低产品成本，一个很重要的方法就是开展成本控制活动。

成本控制就是指在产品的制造过程中，对成本形成的各种因素，按照事先拟定的标准严格加以监督，发现偏差就及时采取措施加以纠正，从而使生产过程中的各项资源的消耗和费用开支限制在标准规定的范围之内。简言之，成本控制就是对企业生产经营过程中发生的各种耗费进行控制。

二、成本控制的类型和内容

成本控制可按不同的标志进行分类。

1. 按照控制的时间分类，成本控制可分为事前成本控制、事中成本控制和事后成本控制。

事前成本控制是指在投产前的设计、试制阶段，对影响成本的各有关因素进行事前控制。其主要目的是防患于未然。

事中控制是指产品生产过程中，从安排生产、采购原辅材料、生产准备、生产，直到产品完工入库整个过程的成本控制。主要是日常的控制。

事后控制是指完工后的成本控制。主要是根据事先确定的控制标准，对实际形成的成本进行控制、分析和评价，包括成本差异分析、确定责任归属。其目的是为未来的事前成本控制和事中成本控制打下基础。

2. 按照控制的原理分类，成本控制可分为前馈性成本控制、防护性成本控制和反馈性成本控制。前馈性成本控制属于事前成本控制；防护性成本控制是辅助控制，也属于事前成本控制；反馈性成本控制主要进行的是日常或事后的成本控制。

3. 按照控制的手段分类，成本控制可分为绝对成本控制和相对成本控制。绝对成本控制主要着眼于节约支出；而相对成本控制是开源与节流并重。

4. 按照控制的对象分类，成本控制可分为产品成本控制和质量成本控制。产品成本控制是对生产产品全过程的控制；质量成本控制是质量管理与成本管理的有机结合，通过确定最优质量成本而达到控制成本的目的。

5. 按照控制时期分类，成本控制可分为经营期成本控制和使用寿命周期成本控制。经营期成本控制侧重于控制经营期内的成本；而使用寿命周期成本控制则要进行原始成本和使用成本的双重控制。

6. 按照成本费用的构成分类，成本控制可分为生产成本控制和非生产成本控制。前者是指控制生产过程中为制造产品而发生的成本。主要包括直接材料控制、直接人工控制和制造费用的成本控制；后者是指控制生产成本以外的非生产成本。主要包括销售费用的控制、管理费用的控制和财务费用的控制。

三、成本控制的方法

进行成本控制的基本方法是标准成本控制法。

(一)标准成本的含义

标准成本,是指运用技术测定等方法制定的,在有效的经营条件下应该实现的成本,是根据产品的耗费标准和耗费的标准价格预先计算的产品成本,是经过努力能达到的目标成本。

标准成本控制,是成本控制中应用最为广泛和有效的一种成本控制的方法。它是以标准成本为基础,把实际发生的成本与标准成本进行对比,揭示成本差异形成的原因和责任,采取相应措施,实现对成本的有效控制。其中,标准成本的制定与成本的事前控制相联系,成本差异分析、确定责任归属、采取措施改进工作则与成本的事中和事后控制相联系。

(二)标准成本的制定

根据标准成本达到的难易程度和修订的频率,标准成本有以下三种形式:

1. 基本标准成本

这类标准成本是根据正常的耗用水平、正常的价格和正常生产经营能力的利用程度,也就是根据过去一段时期实际成本的平均值,剔除生产经营活动中的异常因素,并考虑今后的变动趋势而制定的。在经济形势稳定的条件下,可以使用基本标准成本。但由于它几年制定一次并保持不变,所以随着科学技术的日益发展,劳动生产率不断提高,原有标准成本将逐渐过时,难以在成本管理中发挥其应有的作用。

2. 理想标准成本

这类标准成本是根据最少的耗用量、最低的价格水平和可能实现的最高生产能力的利用程度等条件,也就是在排除一切失误、浪费和耽搁的基础上制定的。由于这类标准成本要求过高,不考虑在生产中可能发生的上述实际情况,如果用它们来计算成本的话,会挫伤职工的生产积极性。因此,这种标准成本在实际工作中很少采用。

3. 现实标准成本

这类标准成本是根据企业最可能发生的生产要素耗用量、生产要素价格和生产经营能力的利用程度而制定的。由于这种标准成本包含企业一时还不能避免的某些不应有的低效、失误和超量消耗,因此它是一种经过努力可以达到的既先进又合理、最切实可行并接近实际的成本,因而在西方国家广为采用。

标准成本虽然属于未来成本,但不同于预算成本的总成本的范畴,而是单位成本的范畴。标准成本的制定,有利于企业编制预算、考核评价各个部门的工作业绩,并为正确进行经营决策提供依据。

产品成本是由直接材料、直接人工和制造费用三个成本项目组成的,因此,应按照这些项目的特点分别制定其标准成本。各有关项目标准成本的基本形式是数量标准乘以价格标准。标准成本的制定主要包括以下几个方面：

1．直接材料标准成本的制定

直接材料标准成本是单位产品应耗用直接材料的成本目标，是由直接材料价格标准和直接材料数量标准两个因素决定的。用公式表示为：

$$\text{某产品的直接材料标准成本}=\text{该产品所需某种材料的数量标准}\times\text{该种材料的价格标准}$$

材料的数量标准是指单位产品耗用原料及主要材料的数量的多少，通常也称为材料消耗定额。材料数量标准应根据企业产品的设计、生产和工艺的现状，结合企业的经营管理水平的情况和成本降低任务的要求，考虑材料在使用过程中发生的必要损耗，并按照产品的零部件来制定各种原料及主要材料的消耗定额。

材料的价格标准既可采用现行或预期价格标准，也可采用正常价格标准。前者是最合乎需要和有效的标准，后者往往是材料的统计或平均价格标准。当采用现行或预期价格标准时，要视有无长期购料合同，并根据库存材料价格和市场预测，以及运输途中的损耗、挑选费等来确定。另外，还应注意考虑以下几个方面：确定最佳采购批量获得的价格优惠；实现最低成本所采用的装运和储藏的最佳方法；利用商业信用可能节约的成本和降低的价格。

2．直接工资标准成本的制定

直接工资的标准成本是指单位产品应耗用直接工资的成本目标。在采用计件工资形式的企业中，直接工资标准成本直接表现为计件工资单价；在采用计时工资形式的企业中，直接工资标准成本是由直接人工用量标准和直接人工价格标准两个因素决定的。

直接人工价格标准即直接人工标准工资率，通常由劳动工资部门根据用工情况制定，当采用计时工资时，标准工资率即是单位工时标准工资，它是由标准工资总额与标准总工时的商来计算的。公式如下：

$$\text{标准工资率}=\frac{\text{标准工资总额}}{\text{标准总工时}}$$

直接人工用量标准即工时用量标准，也称“工时消耗定额”。它是指企业在现有的生产技术条件、工艺方法和技术水平的基础上，考虑到提高劳动生产率的要求，采用一定的方法，按照产品生产加工所经过的程序，确定单位产品所需耗用的生产工人工时数。在制定工时消耗定额时，还要考虑到生产工人必要的休息和生理上所需时间，以及机器设备的停工清理时间，使制定的工时消耗定额既合理又先进，从而达到成本控制的目的。

因此，直接人工的标准成本可按照下面的公式来计算：

$$\text{某产品的直接人工标准成本} = \text{该产品的工时用量标准} \times \text{该产品的标准工资率}$$

3. 制造费用标准成本的制定

制造费用的标准成本是由制造费用价格标准和制造费用用量标准两项因素决定的。制造费用价格标准，也就是制造费用的分配率标准，其计算公式为：

$$\text{制造费用分配率标准} = \frac{\text{标准制造费用总额}}{\text{标准总工时}}$$

制造费用的用量标准，就是工时用量标准，其含义与直接人工用量标准相同。

因此，制造费用标准成本＝工时用量标准×制造费用分配率标准

制造费用标准成本通常分变动制造费用和固定制造费用两部分来进行编制。

固定性制造费用通常是根据事先编制的固定预算来控制其费用总额。在变动成本法下，固定性制造费用属于期间费用，不必在各种产品间进行分配，因而不包括在单位的编制成本中。但在完全成本法下，制定固定性制造费用的编制成本可采用两种方法：第一种方法是分别确定固定性制造费用的分配率标准和工时用量标准，然后计算两者的乘积；第二种方法是直接按固定性制造费用预算额除以预算产量。无论在哪种方法下，变动制造费用分配率标准均可以按照上式来计算。

4. 单位产品标准成本的制定

通过制定以上的直接材料标准成本、直接人工标准成本、制造费用标准成本，可以逐项汇总确定出单位产品的标准成本，编制标准成本卡。

【例 10-24】 2007 年初，英才公司制定的甲产品的标准成本卡如表 10-22 所示。

表 10-22　　英才公司甲产品标准成本卡

成本项目	用量标准	价格标准	单位标准成本
直接材料			
A 材料	3 公斤/件	40 元/公斤	120 元/件
B 材料	5 公斤/件	20 元/公斤	100 元/件
合计	—	—	220 元/件
直接人工	2.5 小时/件	20 元/小时	50 元/件
变动制造费用	2.5 小时/件	3.4 元/小时	8.5 元/件
固定制造费用	2.5 小时/件	15 元/小时	37.5 元/件
甲产品单位标准成本	—	—	316 元/件

（三）成本差异的含义和类型

成本差异就是指在一定时期生产一定数量的产品所发生的实际成本总额与标准成本总额之间的总差额。

成本差异的类型按照不同分类标准有：

1. 价格差异和数量差异

价格差异是由于特定成本项目的实际价格水平与标准价格不一致而导致的成本差异。其计算公式为：

价格差异＝（实际价格－标准价格）×实际产量下的实际用量

＝价格差×实际产量下的实际用量

数量差异是由于特定成本项目的实际用量与标准用量不一致而导致的成本差异。其计算公式为：

数量差异＝标准价格×（实际产量下的实际用量－实际产量下的标准用量）

＝标准价格×实际产量下的用量差

2. 纯差异与混合差异

纯差异就是把其他因素固定在标准的基础上，计算出来的差异。纯用量差异就是标准价格与用量之积；纯价格差异则是价格差异与标准用量之积。

混合差异是总差异扣除所有纯差异之后的剩余差异，等于价格差与用量差之积。对混合差异的处理方法有三种：第一，将它分离出来，单独列示；第二，将混合差异平均或按一定的比重在纯差异之间分配；第三，不单独计算混合差异，而将其直接归并于某项差异。

3. 有利差异与不利差异

有利差异是指因实际成本低于标准成本总额而形成的节约差。不利差异是指实际成本高于标准成本总额而形成的超支差。但要注意，有利与不利是相对而言的，在一定条件下可以相互转换。

4. 可控差异与不可控差异

可控差异是成本控制的重点，是与主观努力密切相关的成本差异。不可控差异的形成或变动主要受客观因素制约，与主观努力的关系不大。

（四）成本差异的计算和分析

一般情况下，成本差异的分析要从价格因素和数量因素两个方面来进行。具体分解要从直接材料、直接人工、变动性制造费用、固定性制造费用四个方面进行。

1. 直接材料成本差异的计算与分析

直接材料的成本差异是指实际产量下直接材料实际总成本与其标准总成本之间的差额。它可分解为直接材料用量差异和直接材料价格差异两部分。有关计算公式如下：

$$\text{直接材料成本差异}=\text{实际产量直接材料实际成本}-\text{实际产量直接材料实际成本}$$
$$=\text{直接材料用量差异}+\text{直接材料价格差异}$$

(1)直接材料用量差异。直接材料用量差异是指由于材料实际用量与标准用量的不同而导致的差异，其计算公式如下：

$$\text{直接材料用量差异}=\text{直接材料标准价格}\times\left(\text{实际产量直接材料实际用量}-\text{实际产量直接材料标准用量}\right)$$

影响直接材料消耗数量的因素是多种多样的，如工人的技术熟练程度和责任感、加工设备的完好程度、产品质量控制制度、材料的质量和规格、材料的安全保管工作等。一般地说，生产中直接材料用量差异应由生产部门负责，但有时也可能是采购部门的工作引起的，如采购部门以较低的价格购进了质量较差的材料，由于不完全适合原定的生产需要，也会引起耗用量的增长，由此而形成的直接材料用量的不利差异，就应由采购部门负责。

(2)直接材料价格差异。直接材料价格差异是指实际产量下，由于材料的实际价格与标准价格的不同而导致的差异。其计算公式如下：

$$\text{直接材料价格差异}=\left(\text{直接材料实际价格}-\text{直接材料标准价格}\right)\times\text{实际产量直接材料实际用量}$$

影响直接材料价格变动的因素也是多方面的，如市场环境、价格变动状况、材料采购方式、路费、批量和运输方式及材料供应者的选择等。只要其中任何一个因素脱离了制定标准成本时的预定要求，都会影响价格差异。所以对价格变动的原因和责任，还需根据具体情况作进一步的分析。也就是说，其中某些差异可能是由采购工作所造成的，也可能是由生产上的原因所引起的，如为适应生产上的要求，对某项材料进行小批量的紧急订货，并由陆运改为空运，因此而形成的不利差异，其责任应由生产部门负责。

【例 10-25】 仍以 10-24 资料为例，假设英才公司 2007 年 1 月份生产甲产品 100 件，实际耗用 A 材料 5 公斤/件，A 材料实际单价为 35 元/公斤。

要求：计算 A 材料的成本差异。

解：A 材料成本差异＝ 100×5×35－100×3×40＝ 5500(元)

进一步计算得：A 材料的用量差异＝40×(100×5－100×3)＝8000(元)

A 材料的价格差异＝ (100×35－100×40)×5 ＝－2500(元)

显然，A 材料成本差异＝A 材料的用量差异＋A 材料的价格差异

＝8000＋(－2500)＝5500(元)

2. 直接人工成本差异的计算与分析

直接人工成本差异就是在实际产量下直接工资总成本与其标准成本总额的差额。它可分解为直接人工效率差异与直接人工工资率差异两部分。

计算公式为：

$$\text{直接人工成本差异} = \text{实际产量直接人工实际成本} - \text{实际产量直接人工实际成本}$$

$$= \text{直接人工工资率差异} + \text{直接人工效率差异}$$

(1)直接人工效率差异。直接人工效率差异即直接人工的用量差异，由于在既定产量下的人工用量的多少，反映着效率的高低。其计算公式为：

$$\text{直接人工效率差异} = \text{直接人工标准工资率} \times \left(\text{实际产量直接人工实际工时} - \text{实际产量直接人工标准工时}\right)$$

影响直接人工效率的因素是多方面的，工人技术状况、工作环境和设备条件的好坏等，都会影响效率的高低，但其主要责任部门还是在生产部门。

(2)直接人工工资率差异。直接人工工资率差异即直接人工的价格差异。人工的价格差异表现为小时工资率。其计算公式为：

$$\text{直接人工工资率差异} = \left(\text{直接人工实际工资率} - \text{直接人工标准工资率}\right) \times \text{实际产量直接人工实际工时}$$

直接人工工资率通常较少变动，其主要影响原因是工人工资结构和工资水平变动，如将技术熟练、工资级别较高的工人安排在不需要高技术的工作岗位上，就会出现工资率差异。一般而言，这种差异的责任不在生产部门，劳动人事部门更应对其承担责任。

【例 10-26】 仍以 10-24 资料为例，假设英才公司 2007 年 1 月份生产甲产品 100 件，实际工时用量为 300 小时，实际工资分配率为 16 元/小时。

要求：计算直接人工成本差异。

解：

直接人工成本差异＝300×16 －100×20×2.5

＝4800－5000＝－200(元)

进一步计算得：

直接人工工资率差异＝（16－20)×300＝－1200(元)

直接人工效率差异＝（300－100×2.5)×20＝1000(元)

显然，直接人工成本差异＝直接人工工资率差异＋ 直接人工效率差异

＝－1200＋1000＝－200(元)

3. 变动性制造费用成本差异的计算与分析

变动性制造费用是在实际产量下变动性制造费用的实际发生额与其标准发

生额之间的差额。可以分解为效率差异与耗费差异两部分。其计算公式为：

$$\text{变动制造费用成本差异}=\text{实际产量实际变动制造费用}-\text{实际产量标准变动制造费用}$$
$$=\text{变动制造费用耗费差异}+\text{变动制造费用效率差异}$$

(1)效率差异。变动制造费用效率差异，是指因实际耗用工时脱离标准而导致的成本差异。其计算公式为：

$$\text{变动制造费用效率差异}=\text{变动制造费用标准工资率}\times(\text{实际产量下实际工时}-\text{实际产量下标准工时})$$

式中的工时既可以是人工工时，也可以是机器工时，这取决于变动制造费用的分配方法；式中的标准工时是指实际产量下的标准工时。变动制造费用效率差异的形成原因与直接人工效率差异形成原因基本相同。

(2)耗费差异。变动制造费用耗费差异是指因变动制造费用或工时的实际耗费脱离标准而导致的成本差异，也称“变动制造费用分配率差异”。其计算公式为：

$$\text{变动制造费用耗费差异}=(\text{变动制造费用实际分配率}-\text{变动制造费用标准分配率})\times\text{实际产量下实际工时}$$

【例 10-27】 仍以 10-24 资料为例，假设英才公司 2007 年 1 月分生产甲产品 100 件，实际工时用量为 300 小时，实际变动制造费用分配率为 3 元/小时。

要求：计算变动制造费用成本差异。

解：

变动制造费用成本差异＝300×3－100×3.4×2.5 ＝900－850＝50(元)

进一步计算得：

变动制造费用效率差异＝ 3.4×(300－100×2.5) ＝170(元)

变动制造费用耗费差异＝ (3－3.4)×300＝－120(元)

显然，变动制造费用成本差异＝变动制造费用效率差异＋ 变动制造费用耗费差异

＝170＋(－120)＝50(元)

4. 固定性制造费用成本差异的计算与分析

固定性制造费用成本差异是在实际产量下固定性制造费用实际发生额与其标准发生额之间的差额。

其计算公式为：

$$\text{固定制造费用成本差异}=\text{实际产量下实际固定制造费用}-\text{实际产量下标准固定制造费用}$$
$$=\text{实际分配率}\times\text{实际工时}-\text{标准分配率}\times\text{实际产量下标准工时}$$

其中，

$$\text{标准分配率}=\text{固定制造费用预算总额}\div\text{预算产量下标准总工时}$$

对固定性制造费用的差异分解可采用两差异分析法和三差异分析法。

(1)两差异分析法

两差异法是将固定性制造费用的成本差异分解为耗费差异和能量差异。它们的计算公式如下：

$$\text{耗费差异}=\text{实际产量下实际固定制造费用}-\text{预算产量下标准固定制造费用}$$
$$=\text{实际固定制造费用}-\text{预算产量}\times\text{工时标准}\times\text{标准分配率}$$
$$=\text{实际固定制造费用}-\text{预算产量下标准工时}\times\text{标准分配率}$$

$$\text{能量差异}=\text{预算产量下标准固定制造费用}-\text{实际产量下标准固定制造费用}$$
$$=\text{标准分配率}\times\left(\text{预算产量下的标准工时}-\text{实际产量下的标准工时}\right)$$

(2)三差异分析法

三差异法是将固定性制造费用的成本差异分解为耗费差异、产量(或生产能力)差异和效率差异。其中，耗费差异与两差异分析法中的耗费差异概念和计算相同，三差异法和两差异法不同之处在于它进一步将两差异法的能量差异分解为产量差异和效率差异。计算公式为：

$$\text{耗费差异}=\text{实际产量下实际固定制造费用}-\text{预算产量下标准固定制造费用}$$
$$=\text{实际固定制造费用}-\text{预算产量}\times\text{工时标准}\times\text{标准分配率}$$
$$=\text{实际固定制造费用}-\text{预算产量下标准工时}\times\text{标准分配率}$$

$$\text{产量差异}=\left(\text{预算产量下标准工时}-\text{实际产量下实际工时}\right)\times\text{标准分配率}$$

$$\text{效率差异}=\left(\text{实际产量下实际工时}-\text{实际产量下标准工时}\right)\times\text{标准分配率}$$

【例 10-28】　仍以 10-24 资料为例，假设英才公司 2007 年 1 月份生产甲产品 100 件，实际工时用量为 300 小时，预算产量 110 件，固定制造费用预算总额为 4125 元，固定制造费用实际支出为 4000 元。

要求：分别用二差异法和三差异法计算固定制造费用成本差异。

解：二差异法：

固定制造费用成本差异＝4000－4125/110×100
＝4000－3750
＝250（元）

其中，

固定制造费用耗费差异＝4000－110×2.5×15
＝4000－4125
＝－125（元）

固定制造费用能量差异＝（110×2.5－100×2.5）×15
＝375（元）

所以，固定制造费用成本差异＝固定制造费用耗费差异＋固定制造费用能量差异
＝－125＋375
＝250（元）

三差异法：

同上，固定制造费用成本差异＝250（元）

其中，固定制造费用耗费差异＝－125（元）

固定制造费用产量差异＝（110×2.5－300）×15
＝－375（元）

固定制造费用效率差异＝（300－100×2.5）×15
＝750（元）

所以，固定制造费用成本差异＝（－125）＋（－375）＋750＝250（元）

本章习题

一、单项选择题

1. 下列各项弹性预算中，计算工作量大但结果相对较精确的编制方法是（　　）。

A. 公式法　　B. 列表法　　C. 图示法　　D. 因素法

2. 相对于固定预算而言，弹性预算的主要优点是（　　）。

A. 机动性强　B. 稳定性强　C. 连续性强　D. 远期指导性强

3. 下列各项中，不属于日常业务预算内容的有(　　)。

A. 生产预算　B. 产品成本预算

C. 销售费用预算　D. 资本支出预算

4. 不需另外预计现金支出，直接参加现金预算汇总的预算是(　　)。

A. 成本预算　B. 销售预算　C. 人工预算　D. 期间费用预算

5. 企业年度各种产品销售业务量为100%时的销售收入为5500万元、变动成本为3300万元，企业年固定成本总额为1300万元，利润为900万元，则当预计业务量为70%时的利润为(　　)万元。

A. 540　B. 240　C. 630　D. 680

6. 财务控制中为了实现有利结果而采取的控制，指的是(　　)。

A. 侦查性控制　B. 预防性控制　C. 补偿性控制　D. 指导性控制

7. 下类各项中，不属于投资中心特征的是(　　)。

A. 拥有决策权

B. 一般为独立的法人

C. 处于责任中心的最高层

D. 只需要对投资效果负责，不需要对成本负责

8. 下列不属于影响剩余收益的因素有(　　)。

A. 利润　B. 投资额

C. 规定或预期的最低投资报酬率　D. 利润留存比率

9. 为便于考察各责任中心的责任业绩，下列各项中不宜作为内部转移价格的是(　　)。

A. 标准成本　B. 实际成本

C. 标准变动成本　D. 标准成本加成

10. 责任成本的计算范围是(　　)。

A. 直接材料、直接人工、制造费用

B. 直接材料、直接人工、变动制造费用

C. 各责任中心的直接材料、直接人工、制造费用

D. 各责任中心的可控成本

二、多项选择题

1. 滚动预算按其预算编制和滚动的时间单位不同可分为(　　)。

A. 逐月滚动　B. 逐季滚动　C. 混合滚动　D. 增量滚动

2. 与生产预算由直接关系的预算是(　　)。

A. 直接材料预算　　B. 变动制造费用预算
C. 销售及管理费用预算　　D. 直接人工预算

3. 在财务预算中，专门用以反映企业未来一定预算期内预计财务状况和经营成果的预算为(　　)。

A. 现金预算　　B. 预计资产负债表
C. 财务费用预算　　D. 预计利润表和利润分配表

4. 编制预计财务报表的依据是(　　)。

A. 现金预算　　B. 特种决策预算
C. 日常业务预算　　D. 责任预算

5. 采取双重价格的前提条件是(　　)。

A. 内部转移的产品或劳务有外界市场
B. 供应方有剩余生产能力
C. 单位变动成本要低于市价
D. 供应方没有剩余生产能力

6. 不适宜作为考核利润中心负责人业绩的指标是(　　)。

A. 利润中心边际贡献总额　　B. 公司利润总额
C. 利润中心可控利润　　D. 利润中心负责人可控利润

7. 作为评价投资中心业绩的指标，"剩余收益"的优点是(　　)。

A. 可以使业绩评价与企业目标保持一致
B. 能够体现投入产出关系
C. 能分解为资本周转率、销售成本率和成本费用利润率的乘积，从而反映投资中心的综合盈利能力
D. 具有横向可比性，便于投资规模不同的部门间比较

8. 某产品的单位产品标准成本为：工时消耗 3 小时，变动制造费用小时分配率为 5 元，固定制造费用小时分配率为 2 元，本月生产产品 500 件，实际使用工时 1400 小时，实际发生变动制造费用 7700 元，实际发生固定制造费用 3500 元，则下列有关制造费用差异计算正确的是(　　)。

A. 变动制造费用耗费差异为 700 元
B. 变动制造费用效率差异为－500 元
C. 固定制造费用耗费差异为 260 元
D. 固定制造费用效率差异为－200 元
E. 固定制造费用产量差异为 240 元

三、判断题

1. 管理费用多属于固定成本，所以，管理费用预算一般是以过去的实际开支为基础，按预算期的可预见变化来调整。（ ）

2. 增量预算特别适用于产出较难辨认的服务性部门费用预算的编制。（ ）

3. 各项预算中，构成全面预算体系最后环节的是特种决策预算。（ ）

4. 属于编制全面预算的出发点和日常业务预算的基础的是销售预算。（ ）

5. 责任中心是指承担一定经济责任的企业内部(责任)单位。（ ）

6. 内部支票结算方式主要是用于企业内部收、付款双方直接见面进行经济往来的大宗业务结算。（ ）

7. 正常标准成本从数额上看，它应当大于理想标准成本，但又小于历史平均成本。（ ）

8. 同一成本项目，对有的部门来说是可控的，而对另一部门来说则可能是不可控的。也就是说，成本的可控与否是相对的，而不是绝对的。（ ）

9. 计算差异时假定某个因素变动时，把其他因素固定在标准的基础上，计算得出的差异就是纯差异。（ ）

四、计算题

1. 某企业预算年度A产品的销售量在30万件到70万件之间波动，销售单价为80元/件，单位变动成本为56元/件，A产品应分担的年固定成本为600万元。

要求：

(1)以10万件为销售量的间隔单位，按因素法编制A产品弹性利润预算。

销售量(万件)	30	40	50	60	70
单价(元/件)					
单位变动成本					
销售收入(万元)					
减:变动成本					
边际贡献					
减:固定成本					
营业利润					

(2)若该企业年度各种产品销售业务量为100%时的销售收入为14000万元，变动成本为9800万元，企业年固定成本总额为3000万元，要求按销售百分比法，以10%为间隔编制该企业销售业务量从70%～110%的弹性利润预算。

单位：万元

销售百分比	70%	80%	90%	100%	110%
销售收入(万元)					
减：变动成本					
边际贡献					
减：固定成本					
营业利润					

2. A公司根据销售预测，对某产品预算年度的销售量作如下预计：第一季度为5000件，第二季度为6000件，第三季度为8000件，第四季度为7000件，每个季度的期末存货量应为下一季度预计销售量的10%，若年初存货量为750件，年末存货量为600件，单位产品材料消耗定额为2公斤/件，单位产品工时定额为5小时/件，单位工时的工资额为0.6元。

要求：根据以上资料编制该公司下列的生产预算和材料消耗预算和直接人工预算。

A公司生产预算和材料消耗预算

项　目	一季度	二季度	三季度	四季度	全年合计
预计销售量(件)					
加：预计期末存货(件)					
减：期初存货量(件)					
预计生产量(件)					
单位产品材料消耗定额(公斤)					
预计直接材料消耗量(公斤)					
单位产品工时定额(工时)					
预计生产需要定额工时总量(工时)					

A公司直接人工预算

项 目	一季度	二季度	三季度	四季度	全年合计
预计生产量(件)					
单位产品工时定量(工时)					
预计生产需要定额工时总量(工时)					
单位工时的工资额(元)					
预计直接人工成本(补工时)					

3. 某集团下设一分公司,2007年实现销售收入5000万元,变动成本率为70%,固定成本为800万元,其中,折旧费为200万元。

(1)若该分公司为利润中心,固定成本只有折旧费是部门经理不可控而应该由分公司负担,折旧费以外的固定成本为部门经理的可控成本。要求计算:

①该利润中心负责人可控利润总额;

②该利润中心可控利润总额。

(2)若该分公司为投资中心,其所占用的总资产平均总额为4000万元,其中负债资金1000万元,平均利息率为10%。若该公司股东要求的最低净资产利润率为11%,所得税率为33%。要求计算:

①该投资中心的投资利润率;

②该投资中心的剩余收益。

4. 某产品的本月成本资料如下:

(1)单位产品标准成本

成本项目	用量标准	价格标准	标准成本
直接材料	50公斤	9元/公斤	450元/件
直接人工	A	4元/小时	B
变动制造费用	C	D	135元/件
固定制造费用	E	F	90元/件
合计			855元/件

本企业该产品预算产量的标准工时为1000小时,制造费用均按人工工时分配。

(2)本月实际产量20件,实际耗用材料900公斤,实际人工工时950小时,实际成本如下:

直接材料	9000 元
直接人工	3325 元
变动制造费用	2375 元
固定制造费用	2850 元
合计	17550 元

要求：

(1)填写标准成本卡中用字母标示的数据；

(2)计算本月产品成本差异总额；

(3)计算直接材料价格差异和用量差异；

(4)计算直接人工效率差异和工资率差异；

(5)计算变动制造费用耗费差异和效率差异；

(6)分别采用二差异法和三差异法计算固定制造费用差异。

五、简答题

1. 什么是财务预算？简述财务预算的作用及其与预测决策分析的关系。

2. 什么是固定预算与弹性预算？具有哪些特征，编制程序及方法是怎样的？

3. 什么是增量预算与零基预算？它们具有哪些特征，编制程序及方法是如何？

4. 什么是定期预算与滚动预算？编制程序及方法如何？

5. 什么是现金预算？其包括哪些内容？

6. 简述销售预算、生产预算及预算报表的编制方法。

7. 什么是财务控制？财务控制的特点是什么？

8. 进行财务控制时应遵循哪些原则？财务控制受哪些环境的制约？

9. 什么是责任中心？责任中心有哪几种？

10. 什么是成本中心？成本中心的考核指标是什么？

11. 什么是利润中心？利润中心的考核指标是什么？

12. 什么是投资中心？投资中心的考核指标是什么？

13. 直接材料、直接人工、制造费用的标准成本是如何制定的？

14. 简述成本差异的概念及其分类。

第十一章　财务分析与业绩评价

学习目的与要求

了解财务分析的目的与意义，熟悉财务分析方法的种类、含义及原理；掌握分析偿债能力、营运能力、获利能力和发展能力的有关指标及计算方法；熟悉财务综合指标分析的含义及应用方法。

导读案例

某公司为上市公司，该公司发行之股票在上海证券交易所上市。据该公司公布的2007年年报显示，公司股票每股收益为0.25元，净资产收益率为14.49%，股东权益比率为50.99%，每股净资产为2.50元，应收账款周转次数为12次，周转天数为30.4天，流动比率为3.15，在年末公司股票的市价为每股5.00元，则其市盈率为20倍。以上是根据该公司2007年12月公布的基本财务报表？计算出的公司股票的相关财务比率。上市公司的相关财务比率是投资者较为关注的问题，如每股收益、每股净资产、市盈率等等，那么这些财务比率是如何计算出来的？这就是我们在这一章要解决的问题。

第一节　财务分析概述

一、财务分析的意义

财务分析是以企业的财务报告等会计资料为基础，对企业的财务状况和经营成果进行分析和评价，反映企业在运营过程中的利弊得失、发展趋势，从而为改进企业财务管理工作和优化经济决策提供重要的财务信息。财务分析是财务管理的重要方法之一，它是对企业一定期间的财务活动的总结，为企业进行下一步的财务预测和财务决策提供依据。

二、财务分析的目的

对企业进行财务分析所依据的资料是客观的，但是，不同的人员所关心问题的侧重点不同,因此,进行财务分析的目的也各不相同。

(一)评估企业的偿还债务能力

通过对企业的财务报告等会计资料进行分析,可以了解企业资产的流动性、负债水平以及偿还债务的能力,从而评价企业的财务状况和经营风险,为企业经营管理者、投资者和债权人提供财务信息。

(二)分析企业的资产管理水平

对企业资产的管理是企业管理的一项重要内容,在某种程度上体现了企业管理水平的高低。资产是企业生产经营活动的经济资源,资产的管理水平直接影响到企业的收益,它体现了企业的整体素质。进行财务分析,可以了解到企业资产的保值和增值情况,分析企业资产的管理水平、资金周转状况、现金流量情况等,为评价企业的经营管理水平提供依据。

(三)分析企业的获利能力

企业理财的根本目标是努力实现企业价值最大化,因此获取利润是企业的主要经营目标之一。企业要生存和发展,必须争取获得较高的利润,这样才能在竞争中立于不败之地。通过财务指标的计算与分析,了解企业的盈利能力和资金周转情况,挖掘企业改善财务状况、扩大财务成果的潜力,促使企业尽可能地达到利润最大化的目标。

(四)预测企业的发展趋势

无论是企业的经营管理者,还是投资者、债权人,都十分关注企业的发展趋势,这关系到他们的切身利益。通过对企业进行财务分析,可以判断出企业的发展趋势,预测企业的经营前景,从而为企业经营管理者和投资者进行经营决策和投资决策提供重要的依据,避免决策失误给其带来重大的经济损失。

三、财务分析的基础

财务分析是以企业的会计核算资料为基础,通过对会计所提供的核算资料进行加工整理,得出一系列科学的、系统的财务指标,以便进行比较、分析和评价。这些会计核算资料包括日常核算资料和财务报告,但财务分析主要是以财务报告为基础,日常核算资料只作为财务分析的一种补充资料。企业的财务报告主要包括资产负债表、利润表、现金流量表、其他附表以及财务状况说明书。

(一)资产负债表

资产负债表是反映企业某一日期财务状况的会计报表。它以"资产=负债+所有者权益"这一会计等式为依据,按照一定的分类标准和次序反映企业在某一个时间点上资产、负债及所有者权益的基本状况。

资产负债表是进行财务分析的一张重要财务报表,它提供了企业的资产结构、资产流动性、资金来源状况、负债水平以及负债结构等财务信息。分析者通过对资产负债表的分析，可以了解企业的偿债能力、资金营运能力等财务状况，为债权人、投资者以及企业管理者提供决策依据。

（二）利润表

利润表也称“损益表”，是反映企业在一定期间生产经营成果的财务报表。利润表是以“利润＝收入－费用”这一会计等式为依据编制而成的。通过利润表可以考核企业利润计划的完成情况，分析企业的获利能力以及利润增减变化的原因，预测企业利润的发展趋势，为投资者及企业管理者等各方面提供财务信息。

（三）现金流量表

现金流量表是以现金及现金等价物为基础编制的财务状况变动表，是企业对外报送的一张重要会计报表。它为会计报表使用者提供企业一定会计期间内现金和现金等价物流入和流出的信息，以便于报表使用者了解和评价企业获取现金和现金等价物的能力，并据以预测企业未来现金流量。

根据《企业会计准则》的要求，企业应在年末编制年报时编报现金流量表。为了正确地分析现金流量表，必须要明确现金流量表中这样几个重要的概念：现金、现金等价物、现金流量。现金流量表中的现金是指企业的库存现金以及可以随时用于支付的存款，包括库存现金、银行存款和其他货币资金，但是应注意的是，银行存款和其他货币资金中不能随时用于支付的存款不应作为现金，而应作为投资，如不能随时支取的定期存款等。现金等价物是指企业持有的期限短、流动性强、价值变动风险很小、易于转换为现金的短期投资，如购买短期国债等。现金等价物虽然不是现金，但其支付能力与现金的差别不大，可以视为现金。一项投资被确认为现金等价物必须同时具备四个条件：期限短、流动性强、易于转换为现金、价值变动风险很小。其中，期限短一般是指从购买日起，三个月内到期。现金流量是某一段时期内企业现金流入和流出的数量，主要包括经营活动产生的现金流量、投资活动产生的现金流量和筹资活动产生的现金流量三类。

四、财务分析的内容

尽管不同利益主体对财务分析的各个指标关注的程度不同，但就企业整体来看，财务分析的内容可以大体归纳成四个方面：偿债能力分析、营运能力分析、盈利能力分析和发展能力分析。它们的关系大体如下：偿债能力是财务目标实现的稳健保证，营运能力是财务目标实现的现实物质基础，盈利能力是上述两者共同作用的结果，同时也对两者的增强起着推动作用，发展能力则预示着企业未来一段时间内的发展潜能及趋势。四者相辅相成，共同构成企业财务分析的基本内容。

第二节 财务分析方法

一、趋势分析法

趋势分析法是以连续数年的财务会计资料，选择第一年或某一年的资料为基期数据，计算每一个期间各个项目的趋势百分比，借以显示其在各期间上升或者下降的变动趋势。趋势分析包括经营成果趋势分析和财务状况变动趋势分析等。

$$基期趋势百分比=\frac{当期金额（或余额）}{基期金额（或余额）}\times 100\%$$

【例 11-1】 假设某公司连续三年的现金余额和按照各种基期计算的趋势百分比如表 11-1 所示。

表 11-1　　某公司趋势百分比计算表

	第一年	第二年	第三年
现金余额	100000	150000	75000
以第一年为固定基期	100%	150%	75%
以前一年为变动基期	100%	150%	50%
以平均数 108333 为基数	92.31%	138.46%	69.23%

在采用趋势分析法进行计算与分析中还应该注意以下问题：

(1)当基期的某一个项目为零或者为负数时，不应该计算趋势百分比，否则会造成错误的计算结果与分析结论。

(2)在分析中应该研究各相关项目趋势增减的程度。例如企业的流动资产如果逐年减少一般为不利的趋势，但是，流动负债的减少较流动资产的减少更多可能就是有利的趋势了。

(3)在分析中，如果前后期企业的会计政策不一致，趋势分析将失去意义。

(4)在分析中，物价水准的变动将直接影响趋势分析，物价水平的波动有损比较的意义。

(5)在进行趋势分析时还应该与绝对数字一起进行观察，因为仅仅观察相对数字还是不够的，例如基期金额过低或者过高将被认为趋势非常理想或者非常不理想，但事实并非如此。例如，企业的某一个资产项目由 10 元增加到 20 元与由 500000 元增加到 1000000 元，虽然从相对数来看同样增加 100%，但是，对于分析者而言，这两个数据的重要性显然是不同的。

二、连环替代法

连环替代法又称“因素替代法”，它是用来确定几个相互联系的因素对分析对象——综合财务指标或经济指标的影响程度的一种分析方法。采用这种分析方法的目的在于，当有若干因素对分析对象发生影响作用时，假定其他各个因素都无变化，顺序确定每一个因素单独发生变化所产生的影响。

【例 11-2】 某企业 2009 年 9 月某种原材料费用的实际数是 50000 元，而其计划数是 45000 元。实际比计划增加 5000 元。由于原材料费用是由产品产量、单位产品材料消耗用量和材料单价三个因素的乘积构成的，因此，就可以把材料费用这一总指标分解为三个因素，然后逐个来分析它们对材料费用总额的影响程度。现假定三个因素的数值如表 11-2 所示。

表 11-2　某种原材料费用的三个因素

项　目	单　位	计划数	实际数
产品产量	件	1 000	1 250
单位产品材料消耗量	公斤	5	4
材料单价	元	9	10
材料费用总额	元	45 000	50 000

根据表 11-2 中的资料，材料费用总额实际数较计划数增加 5000 元，这是我们要分析的对象。下面运用连环替代法，可以计算各因素变动对材料费用总额的影响程度：

计划指标：1000×5×9＝ 45000(元)　(1)

第一次替代：1250×5×9 ＝ 56250(元)　(2)

第二次替代：1250×4×9 ＝ 45000(元)　(3)

第三次替代：1250×4×10 ＝ 50000(元)　(4)

实际指标：

(2)－(1)＝56250－45000＝11250(元)　产量增加的影响

(3)－(2)＝45000－56250＝－11250(元)　材料节约的影响

(4)－(3)＝50000－45000＝5000(元)　价格提高的影响

11250－11250＋5000＝5000(元)　全部因素的影响

下面再进一步以常见的简化的公式加以说明（以杜邦分析方法为例，只简单概括总结)，后面学到的杜邦分析方法用到的公式如下：

权益净利率＝销售净利率×资产周转率×权益乘数

N A B C

上年： $N_0 = A_0 \times B_0 \times C_0$

第一次替代： $N_2 = A_1 \times B_0 \times C_0$

第二次替代： $N_3 = A_1 \times B_1 \times C_0$

本年： $N_1 = A_1 \times B_1 \times C_1$

A 因素变动的影响：$N_2 - N_0$

B 因素变动的影响：$N_3 - N_2$

C 因素变动的影响：$N_1 - N_3$

注意： 如果将各因素替代的顺序改变，则各个因素的影响程度也就不同。

三、比率分析法

比率是财务报表分析中应用最广泛的一项分析工具，是指某一特定日期或者某一期间各有关项目的相关性，并且以百分率或者分数加以表示。比率分析在于通过指标的比较，研究各项目的内在联系与规律性。

$$比率 = \frac{某一个项目金额}{另一个项目金额} \times 100\%$$

国际上一般通行的财务分析比率指标大约有 20 个，这些财务比率可以分为五大类，即短期偿债能力比率、资本结构与长期偿债能力比率、营运能力比率、获利能力比率与发展能力比率等。

(一)短期偿债能力财务比率(见表 11-3)

表 11-3　　短期偿债能力财务比率

财务比率名称	计算公式	财务比率名称	计算公式
流动比率	流动资产/流动负债	现金流动负债比率	(现金＋现金等价物)/流动负债
速动比率	速动资产/流动负债		

(二)资本结构与长期偿债能力财务比率(见表 11-4)

表 11-4 资本结构与长期偿债能力财务比率

财务比率名称	计算公式	财务比率名称	计算公式
资产负债率	负债总额/资产总额	产权比率	负债总额/股东权益总额
已获利息倍数	(税前净利＋利息)/利息费用	权益乘数	资产总额/股东权益总额

(三)营运能力财务比率(见表 11-5)

表 11-5 营运能力财务比率

财务比率名称	计算公式	财务比率名称	计算公式
存货周转率	销售成本/平均存货	应收账款周转率	赊销收入净额/应收账款平均余额
流动资产周转率	销售收入/流动资产平均余额	固定资产周转率	销售收入/固定资产平均净值
总资产周转率	销售收入/资产平均总额		

(四)获利能力财务比率(见表 11-6)

表 11-6 获利能力财务比率

财务比率名称	计算公式	财务比率名称	计算公式
资产净利率	净利润/资产平均总额	股东权益净利率	净利润/股东权益平均总额
成本费用净利率	净利润÷成本费用总额	销售净利率	净利润/销售收入净额
每股利润	(净利润－优先股股利)/发行在外的普通股平均股数	市盈率	每股市价/每股利润

(五)发展能力分析(见表 11-7)

表 11-7 发展能力分析

财务比率名称	计算公式	财务比率名称	计算公式
销售(营业)增长率	本年主营业务收入增长额/上年主营业务收入总额	资本积累率	本年所有者权益增长额/年初所有者权益
总资产增长率	本年总资产增长额/年初资产总额		

第三节　财务指标分析

财务分析在企业的财务管理工作中具有重要的作用。通过财务分析，可以评价企业的偿债能力、资产管理水平、获利能力和企业的发展趋势。总结和评价企业财务状况与经营成果的分析指标包括偿债能力指标、营运能力指标、盈利能力指标和发展能力指标。现将后面计算时需用到的 A 公司的资产负债表和利润表列举如下，分别见表 11-8 和表 11-9。

表 11-8　　资产负债表

（2007 年 12 月 31 日）　　单位：万元

资　产	年初数	年末数	负债与所有者权益	年初数	年末数
货币资产	8000	9000	短期借款	20000	23000
短期投资	10000	5000	应付账款	10000	12000
应收账款	12000	13000	预收账款	10000	15000
预付账款	400	800	其他应付款	5000	5000
存货	40000	50000	流动负债合计	45000	55000
待摊费用	1000	2000	长期负债	25000	25000
流动资产合计	71400	79800	实收资本	120000	120000
长期投资	2000	3000	盈余公积	23400	23800
固定资产净值	140000	160000	未分配利润	10000	29000
无形资产	10000	10000	所有者权益	153400	172800
资产合计	223400	252800	负债及所有者权益合计	223400	252800

表 11-9　　利润表

（2007 年度）　　单位：万元

项　目	上年数	本年数
主营业务收入	180000	200000
减：主营业务成本	107000	120000
主营业务税金及附加	11000	12000
主营业务利润	62000	68000

续表

加:其他业务利润	6200	10000
减:营业费用	16200	20000
管理费用	8000	10000
财务费用	2000	4000
营业利润	42000	44000
加:投资收益	3000	3000
营业外收入	1000	1500
减:营业外支出	6000	6500
利润总额	40000	42000
减:所得税(税率为25%)	10000	10500
净利润	30000	31500

一、公司偿债能力分析

偿债能力分析是指企业偿还各种到期债务(包括本息)的能力。偿债能力分析是企业财务分析的一个重要方面,通过这种分析可以揭示企业的财务风险。偿债能力分析包括短期偿债能力分析和长期偿债能力分析。

(一)短期偿债能力分析

短期偿债能力是指企业流动资产对流动负债及时足额偿还的保障程度。流动负债是将在一年内需要偿付的债务,这部分负债对企业的财务风险影响较大,如果不能及时偿还,就可能使企业面临倒闭的危险。在资产负债表中,流动负债与流动资产形成一种对应关系。

企业短期偿债能力的衡量指标主要有流动比率、速动比率和现金流动负债率。

1. 流动比率

流动比率是企业流动资产与流动负债的比率。流动资产主要包括现金、短期投资、应收及预付款项、存货、待摊费用等,一般用资产负债表中的流动资产总额;流动负债主要包括短期借款、应付及预收款项、各种应交款项等,通常用资产负债表中的流动负债总额。

流动比率是衡量企业短期偿债能力的一个重要财务指标,这个比率越高,说明企业偿还流动负债的能力越强,流动负债得到偿还的保障越大,但是,过高的流动比率也并非好现象，因为流动比率过高，可能是企业滞留在流动资产上的资金过多，未能有效地加以利用，可能会影响企业的获利能力。根据西方的经验，流动比率在 2∶1 比较合适。其计算公式为：

流动比率＝流动资产/流动负债

【例 11-3】 根据表 11-8 中的 A 公司的流动资产和流动负债的 2007 年数据，计算该公司的流动比率。

年初流动比率＝71400/45000＝1.587

这表明年初 A 公司每有 1 元的流动负债，就有 1.587 元的流动资产作保障。

年末流动比率＝79800/55000＝1.451

这表明年末 A 公司每有 1 元的流动负债，就有 1.451 元的流动资产作保障。这个比值小于 2∶1，说明流动资产数值偏低。

2. 速动比率

速动比率是速动资产与流动负债的比率。速动资产是指流动资产减去变现能力较差且不稳定的存货、待处理流动资产损失后的资产。因为存货是变现能力较差的，需要经过销售才能变为现金，如果存货积压、滞销，则其变现就成为问题。

速动比率＝速动资产/流动负债＝(流动资产－存货)/流动负债

【例 11-4】 根据表 11-8 中的有关数据，计算 A 公司的速动比率。

年初速动比率＝(71400－40000)/45000＝0.698

年末速动比率＝(79800－50000)/55000＝0.542

速动比率越高，说明企业的短期偿债能力越强。一般认为其比率为 1∶1 比较合适。A 公司的速动比率有些偏低，可以考虑适当减少存货占用的资金数额。实际分析时，应根据企业的性质和其他因素来综合判断。在分析时需注意的是：尽管速动比率较之流动比率更能反映出流动负债偿还的安全性和稳定性，但并不能认为速动比率较低的企业的流动负债到期绝对不能偿还。实际上，如果企业存货流转顺畅，变现能力较强，即使速动比率较低，只要流动比率高，企业仍然有望偿还到期的债务本息。

3. 现金比率

现金比率是企业的现金类资产与流动负债的比率。现金类资产包括企业的库存现金、随时可以用于支付的存款和现金等价物，即现金流量表中所反映的现金。其计算公式为：

现金比率＝(现金＋现金等价物)/流动负债

【例 11-5】 根据表 11-8 中的有关数据，A 公司资产负债表的有关数据(假设该公司的短期投资均为现金等价物)，计算该公司 2007 年末的现金比率。

现金比率＝(9000＋5000)/55000＝0.255

现金比率可以反映企业的直接支付能力，因为现金是企业偿还债务的最终手段，如果企业现金缺乏，就可能会发生支付困难，将面临财务危机，因而现金比率高，说明企业有较好的支付能力，偿付债务是有保障的。但是，如果这个比率过高，可能意味着企业拥有过多的获利能力较低的现金类资产，企业的资产未能得到有效的利用。

(二)长期偿债能力分析

长期偿债能力是指企业偿还长期负债的能力，企业的长期负债主要有长期借款、应付长期债券、长期应付款等。对于企业的长期债权人和所有者来说，不仅关心企业短期偿还能力，而且更关心企业长期偿债能力。因此，在对企业进行短期偿债能力分析的同时，还需分析企业的长期偿债能力，以便于债权人和投资者全面了解企业的偿债能力及财务风险。反映企业长期偿债能力的财务比率主要有：资产负债率、股东权益比率、权益乘数、产权比率和利息保障倍数。

1. 资产负债率

资产负债率是企业负债总额与资产总额的比率，也称为"负债比率"，它反映企业的资产总额中有多少是通过举债而得到的。其计算公式为：

资产负债率＝负债总额/资产总额

资产负债率反映企业偿还债务的综合能力，这个比率越高，企业偿还债务的能力越差；反之，偿还债务的能力越强。

【例 11-6】 根据表 11-8 的有关数据，计算 A 公司 2007 年末的资产负债率。

资产负债率＝80000/252800＝0.316

这表明 A 公司的资产有 31.6％是来源于举债，或者说 A 公司每有 31.6 元的债务，就有 100 元的资产来偿还。

对于资产负债率的高低，企业的债权人、股东和企业经营者往往从不同的角度来评价。

(1)从债权人的角度来看，债权人最关心的是借给企业的资金得到偿还的安全性。如果这个比率过高，说明在企业的全部资产中股东提供的资本所占比重太低，这样，企业的财务风险就主要由债权人负担，其贷款的安全也缺乏可靠的保障。所以，债权人总是希望企业的负债比率低一些。

(2)从企业股东的角度来看，企业股东最关心的是投资收益的高低。企业借入资金与股东投入的资金在生产经营中可以发挥同样的作用，如果企业负债所支付的利息率低于资产净利率，股东就可以利用举债经营取得更多的投资收益。因此，股东所关心的往往是全部资产净利率是否超过了借款的利息率。

(3)从企业经营者的角度来看,企业经营者既要考虑企业的盈利,也要顾及企业所承担的财务风险。资产负债率作为财务杠杆不仅反映了企业的长期财务状况,也反映了企业管理层承担风险的能力。当然,负债也必须有一定的限度,负债比率过高,企业的财务风险将加大,一旦资产负债率接近1,则说明企业资不抵债,有濒临倒闭的危险。

2. 股东权益比率与权益乘数

股东权益比率是股东权益与资产总额的比率,该比率反映企业资产中有多少是所有者投入的。其计算公式为:

股东权益比率=股东权益总额/资产总额

股东权益比率与资产负债率之和等于1。这两个比率从不同的侧面反映了企业长期财务状况,股东权益比率越大,资产负债比率就越小,企业财务风险就越小,偿还长期债务的能力就越强。

【例 11-7】 根据表 11-8 的有关数据,计算 A 公司 2007 年末的股东权益比率。

股东权益比率=172800/252800=0.684

股东权益比率的倒数,称为权益乘数,即资产总额是股东权益的多少倍。该乘数越大,说明股东投入的资本在资产中所占比重越小。计算公式为:

权益乘数=资产总额/股东权益总额

【例 11-8】 根据表 11-8 的有关数据,计算 A 公司 2007 年末的权益乘数。

权益乘数=252800/172800=1.462

3. 产权比率

产权比率是负债总额与股东权益总额的比率,是企业财务结构稳健与否的重要标志,也称"资本负债率"。它反映企业所有者权益对债权人权益的保障程度。其计算公式为:

产权比率=负债总额/股东权益总额

【例 11-9】 根据表 11-8 的有关数据,计算 A 公司 2007 年末的产权比率。

产权比率=80000/172800=0.463

该指标越低,表明企业的长期偿债能力越强,债权人权益的保障程度越高,承担的风险越小,但企业不能充分发挥负债的财务杠杆效应。所以,企业在评价产权比率适度与否时,应从提高获利能力与增强偿债能力两个方面综合进行,即在保障债务偿还安全的前提下,应尽可能提高产权比率。

产权比率与资产负债率对评价偿债能力的作用基本相同,主要区别是:资产负债率侧重于分析债务偿付安全性的物质保障程度,产权比率侧重于解释财务结构的稳健程度以及自有资金对偿债风险的承受能力。

4. 利息保障倍数

利息保障倍数也称“已获利息倍数”，是税前利润加利息费用之和与利息费用的比率。其计算公式为：

利息保障倍数＝（税前利润＋利息费用）/利息费用

【例 11-10】 根据表 11-9 的有关数据（假定该公司的财务费用都是利息费用），计算 A 公司 2007 年末的利息保障倍数。

利息保障倍数＝（42000＋4000）/4000＝11.5

公式中的税前利润是指缴纳所得税之前的利润总额，利息费用包括企业在生产经营过程中实际支出的借款利息、债券利息。

利息保障倍数不仅反映了企业获利能力的大小，而且还反映了获利能力对偿还到期债务的保证程度，它既是企业举债经营的前提依据，也是衡量企业长期偿债能力大小的重要标志。如果这个比率太低，说明企业难以保证利用经营所得来按时按量支付债务利息，这会引起债权人的担心。一般来说，企业的利息保障倍数至少要大于 1，且比值越高，企业长期偿债能力一般也就越强。如果利息保障倍数过小，就难以偿付债务及利息，若长此以往，甚至会导致企业破产倒闭。

二、企业营运能力分析

企业的营运能力反映了企业资金周转状况，对此进行分析，可以了解企业的营业状况及经营管理水平。评价企业营运能力常用的财务比率有：存货周转率、应收账款周转率、流动资产周转率、固定资产周转率、总资产周转率等。

（一）存货周转率

存货周转率，也称“存货利用率”，是企业一定时期的销售成本与存货平均资金占用额的比率，是反映企业流动资产流动性的一个指标，也是衡量企业生产经营各环节中存货运营效率的一个综合性指标。其计算公式为：

存货周转率（次数）＝销售成本/平均存货

平均存货＝（期初存货余额＋期末存货余额）/2

公式中的销售成本可以从利润表中得到，平均存货是期初存货余额与期末存货余额的平均数，可以根据资产负债表计算得到。

【例 11-11】 根据表 11-8 和表 11-9 的有关数据，计算 A 公司 2007 年存货周转率。

120000/[（40000＋50000）÷2]＝2.67（次）

存货周转率说明了一定时期内企业存货周转的次数，可以用来测定企业存货的变现速度，衡量企业的销售能力及存货是否过量。存货周转率反映了企业的销售效率和存货使用效率。在正常情况下，如果企业经营顺利，存货周转率越高，说明存货周转得越快，企业的销售能力越强，营运资金占用在存货上的金额也会越少。但是，存货周转率过高，也可能说明企业管理方面存在一些问题，如存货水平太低，甚至经常缺货，或者采购次数过于频繁、批量太小等。

存货周转状况也可以用存货周转天数来表示。其计算公式为：

存货周转天数＝360/存货周转率＝平均存货×360/销售成本

存货周转天数表示存货周转一次所需要的时间，天数越短说明存货周转得越快。前面计算的存货周转 2.67 次，因此存货周转天数为：360/2.67＝134.83(天)。

(二)应收账款周转率

应收账款周转率是企业一定时期销售收入净额与应收账款平均余额的比率。它反映了企业应收账款的周转速度。其计算公式为：

应收账款周转率＝赊销收入净额/应收账款平均余额

应收账款平均余额＝(期初应收账款＋期末应收账款)÷2

公式中赊销收入净额是指销售收入扣除了销货退回、销货折扣及折让后的赊销净额。应收账款包括会计核算中的“应收账款”和“应收票据”等全部赊销账款在内，且其金额应为扣除坏账准备后的净额。

【例 11-12】 假设 A 公司的销售都是赊销，根据表 11-8 和表 11-9 的有关数据，计算 A 公司 2007 年应收账款周转率。

应收账款周转率＝200000÷[(12000＋13000)÷2]＝16(次)

应收账款周转率是评价应收账款流动性大小的一个重要的财务比率，它反映了一个企业在一个会计年度内应收账款的周转次数，可以用来分析企业应收账款的变现速度和管理效率。这一比率越高，说明企业催收账款速度越快，账龄较短，可以减少坏账损失，而且资产的流动性强，企业的短期偿债能力也会增强，在一定程度上，可以弥补流动比率低的不利影响。

也可以用应收账款平均收账期来反映应收账款的周转情况。其计算公式为：

应收账款平均收账期＝360/应收账款周转率

＝应收账款平均余额×360÷赊销收入净额

应收账款平均收账期表示应收账款周转一次所需天数。平均收账期越短，说明企业的应收账款周转速度越快。借助应收账款周转期与企业信用期限的比较，还可以评价购买单位的信用程度，以及企业原定的信用条件是否适当。

A 公司应收账款平均收账期为：360/16＝22.5(天)

(三)流动资产周转率

流动资产周转率是销售收入与流动资产平均余额的比率，它反映的是全部流动资产的利用效率。其计算公式为：

流动资产周转率＝销售收入/流动资产平均余额

流动资产平均余额＝(期初流动资产＋期末流动资产)÷2

流动资产周转率表明在一个会计年度内企业流动资产周转的次数，它反映了流动资产周转的速度。该指标越高，说明企业流动资产的利用效率越好。

【例 11-13】 根据表 11-8 和表 11-9 的有关数据，计算 A 公司 2007 年流动资产周转率。

流动资产周转率＝200000/75600＝2.646(次)

流动资产平均余额＝(71400＋79800)/2＝75600(元)

类似的也可以用流动资产周转天数表示：

流动资产周转天数＝360/流动资产周转率

＝流动资产平均余额×360÷销售收入

在此例中，流动资产周转天数＝360/2.646＝136.08(天)。

流动资产周转率是分析流动资产周转情况的一个综合指标，流动资产周转快，可以节约资金，提高资金的利用效率。周转天数越少，表明流动资产在经历生产和销售各阶段时所占用的时间越短。生产经营任何一个环节上的工作改善，都会反映到周转天数的缩短上来。

(四)固定资产周转率

固定资产周转率，也称"固定利用率"，是企业销售收入与固定资产平均净值的比率。其计算公式为：

固定资产周转率＝销售收入/固定资产平均净值

固定资产平均净值＝(期初固定资产净值/期末固定资产净值)÷2

【例 11-14】 根据表 11-8 和表 11-9 的有关数据，计算 A 公司 2007 年的固定资产周转率。

固定资产周转率＝200000/[(140000＋160000)÷2]＝1.333(次)

运用固定资产周转率时，需要考虑固定资产因计提折旧的影响，其净值在不断地减少以及因更新重置、其净值突然增加的影响。同时，由于折旧方法的不同，可能影响其可比性。故在分析时，一定要剔除掉这些不可比因素。

(五)总资产周转率

总资产周转率也称"总资产利用率"，是企业销售收入与资产平均总额的比率。其计算公式为：

总资产周转率＝销售收入/资产平均总额

资产平均总额＝(期初资产总额＋期末资产总额)/2

【例 11-15】 根据表 11-8 和表 11-9 的有关数据，计算 A 公司 2007 年总资产周转率。

总资产周转率＝200000/[(223400＋252800)÷2]＝0.840(次)

总资产周转率可用来分析企业全部资产的使用效率。如果这个比率较低，说明企业利用其资产进行经营的效率较差，会影响企业的获利能力，企业应该采取措施提高销售收入或处置资产，以提高总资产利用率。

三、企业获利能力分析

获利能力是指企业赚取利润的能力。盈利是企业的重要经营目标，是企业生存和发展的物质基础，它不仅关系到企业所有者的利益，而且也是企业偿还债务的一个重要来源。评价企业获利能力的财务指标主要有：资产报酬率、股东权益报酬率、销售净利率、成本费用净利率、每股利润、市盈率等。

(一)资产净利率

资产净利率是企业一定时期内的净利润与资产平均总额的比率。其计算公式为：

资产净利率＝净利润/资产平均总额×100％

【例 11-16】 根据表 11-8 和表 11-9 的有关数据，计算 A 公司 2007 年的资产净利率。

资产净利率＝31500/[(223400＋252800)÷2]×100％＝13.23％

资产净利率主要用来衡量企业资产获利的能力，它反映了企业总资产的利用效率。A 公司的资产净利率为 13.23％，说明该公司每 100 元的资产可以赚取 13.23 元的净利润。这一比率越高，说明企业的获利能力越强。

在分析企业的资产净利率时，通常要与该企业前期、与同行业平均水平和先进水平进行比较，这样才能判断企业资产净利率的变动趋势以及在同行业中所处的地位，从而可以了解企业的资产利用效率，发现经营管理中存在的问题。

(二)股东权益净利率

股东权益净利率是一定时期企业的净利润与股东权益平均总额的比率。其计算公式为：

股东权益净利率＝净利润/股东权益平均总额×100％

股东权益平均总额＝(期初股东权益＋期末股东权益)÷2

【例 11-17】 根据表 11-8 和表 11-9 的有关数据，计算 A 公司 2007 年的股东权益净利率。

股东权益净利率＝31500/[(153400＋172800)÷2]×100％＝19.31％

股东权益净利率是评价企业获利能力的一个重要的财务比率，反映了企业股东获取投资报酬的高低。该比率越高，说明企业的获利能力越强。

股东权益净利率也可以用以下公式表示：

股东权益净利率＝资产净利率×平均权益乘数

由此可见，股东权益报酬率取决于企业的资产净利率和权益乘数两个因素。因此，提高股东权益净利率可以有两种途径：一是在资产净利率即企业资金结构一定的情况下，通过增收节支，提高资产利用效率，来提高资产净利率；二是在资产净利率大于负债利息率的情况下，可以通过增大权益乘数，即提高资产负债率，来提高股东权益净利率。

（三）销售净利率

销售净利率是企业净利润与销售净额的比率。其计算公式为：

销售净利率＝净利润/销售收入净额×100％

销售净利率说明了企业净利润占销售收入的比例，它可以评价企业通过销售赚取利润的能力。销售净利率表明企业每元销售净收入可实现的净利润是多少。该比例越高，企业通过扩大销售获取收益的能力越强。

【例 11-18】 根据表 11-9 的有关数据，计算 A 公司 2007 年的销售净利率。

销售净利率＝31500/200000×100％＝15.75％

销售净利率为 15.75％，说明每 100 元的销售收入可为公司提供 15.75 元的净利润。

前面介绍了资产净利率，该比率也可以分解为总资产周转率与销售净利率的乘积，其计算公式为：

资产净利率＝总资产周转率×销售净利率

由此可见，资产净利率主要取决于总资产周转率与销售净利率两个因素。企业的销售净利率越大，资产周转速度越快，则资产净利率越高。因此，提高资产净利率可以从两个方面入手，一方面加强资产管理，提高资产利用率；另一方面加强销售管理，增加销售收入，节约成本费用，提高利润水平。

（四）成本费用净利率

成本费用净利率是企业净利润与成本费用总额的比率。它反映企业生产经营过程中发生的耗费与获得的收益之间的关系。其计算公式为：

成本费用净利率＝（净利润÷成本费用总额）×100％

【例 11-19】 根据表 11-9 的有关数据，计算 A 公司 2007 年的成本费用净利率。

成本费用净利率＝31500÷120000＝26.25％

这一比率越高，说明企业为获取收益而付出的代价越小，企业的获利能力越强。因此，通过这个比率不仅可以评价企业获利能力的高低，而且也可以评价企业对成本费用的控制能力和经营管理水平。

(五)每股利润

每股利润也称“每股收益”或“每股盈余”,是股份公司税后利润分析的一个重要指标,主要是针对普通股而言的。每股利润是税后净利润扣除优先股股利后的余额,除以发行在外的普通股平均股数。其计算公式为:

每股利润=(净利润一优先股股利)/发行在外的普通股平均股数

每股利润是股份公司发行在外的普通股所取得的利润,它可以反映股份公司的获利能力的大小。每股利润越高,说明股份公司的获利越强。

【例 11-20】 根据表 11-9 的资料,假设发行在外的普通股平均股数为 15000 万股,并且没有优先股,计算 A 公司 2007 年的普通股每股利润。

每股利润=31500/15000=2.1(元)

(六)市盈率

市盈率是指普通股每股市价与每股利润的比率。其计算公式为:

市盈率=每股市价/每股利润

市盈率是反映股份公司获利能力的一个重要财务比率,投资者对这个比率十分重视。这一比率是投资者作出投资决策的重要参考因素之一。一般来说,市盈率高,说明投资者对该公司的发展前景看好,愿意出较高的价格购买该公司股票,所以一些成长性较好的高科技公司股票的市盈率通常要高一些。但是,也应注意,如果某一种股票的市盈率过高,则也意味着这种股票具有较高的投资风险。

【例 11-21】 设定 2007 年末,A 公司的股票价格为每股 36 元,计算其市盈率。

市盈率=36/2.1=17.14

四、发展能力分析

发展能力是企业在生存的基础上,扩大生产规模、壮大自身实力的潜力。在考察企业发展潜力时,主要考查以下指标:

(一)销售(营业)增长率

销售(营业)增长率是指企业本年销售(营业)收入增长额同上年销售(营业)收入总额的比率。销售(营业)增长率表示与上年相比,企业销售(营业)收入的增减变化情况,是评价企业成长状况和发展潜力的一项重要指标。其计算公式为:

销售(营业)增长率=本年主营业务收入增长额/上年主营业务收入总额×100%

【例 11-22】 根据表 11-9 的有关数据,计算 A 公司 2007 年的销售(营业)增长率。

销售(营业)增长率＝(200000－180000)/180000×100％＝11.11％

销售(营业)增长率若大于零,表示企业本年主营业务收入有所增长,指标值越高表明增长速度越快,企业市场前景越好。

(二)资本积累率

资本积累率是指企业本年所有者权益增长额同年初所有者权益的比率,它表示的是企业当年资本的积累能力,也是评价企业发展潜力的一项重要指标。其计算公式为:

资本积累率＝本年所有者权益增长额/年初所有者权益×100％

【例 11-23】 根据表 11-8 的有关数据,计算 A 公司 2007 年的资本积累率。

资本积累率＝(172800－153400)/153400×100％＝12.65％

资本积累率若大于零,则指标值越高表明企业的资本积累越多,应付风险、持续发展的能力越大。

(三)总资产增长率

总资产增长率是企业本年总资产增长额同年初资产总额的比率,它表示的是企业本期资产规模的增长情况,衡量的是企业经营规模总量上的扩张程度。其计算公式为:

总资产增长率＝本年总资产增长额/年初资产总额×100％

【例 11-24】 根据表 11-8 的有关数据,计算 A 公司 2007 年的总资产增长率。

总资产增长率＝(252800－223400)/223400×100％＝13.16％

第四节　财务状况综合评价

一、财务状况综合评价的作用

在本章的前面几节中,已经分别对企业的偿债能力、盈利能力、营运能力和成长能力进行了具体分析,但上述内容均只能反映企业经济效益的某一个方面,不能全面系统地对企业的财务状况和经营成果以及现金流量状况作出评价,而财务分析的目的就是要全方位地披露企业经营理财状况,进而对企业的经济效益作出正确合理的判断,为企业资金的筹集、投放、运用分配等一系列财务活动的决策提供有力的支持。因此,必须进行多种指标的相关分析或者采用适当的标准对企业状况进行综合分析,才能从整体角度对企业的财务状况和经营成果进行客观评价。

财务综合评价，将企业视为一个完整的大系统，并将偿债能力、营运能力、盈利能力以及成长能力诸方面各个要素分析融合在一个有机整体中，全方位评价企业的财务状况和经营成果等状况。

财务状况的综合评价贵在综合，它利用各种方法——杜邦法、沃尔法等，将企业财务活动视为一个完整的、不可分割的系统，并且在财务状况综合评价过程中，各种财务报表（主要指资产负债表、利润表和现金流量表）以及其他财务信息也在相互关联、相互影响中构成一个完整的信息报告系统。

二、杜邦财务分析体系

（一）概念及分析体系

杜邦财务分析体系（如图 11-1 所示），是利用各财务指标间的内在关系，对企业综合经营理财及经济效益进行系统分析评价的方法。该体系以净资产收益率为核心，将其分解为若干财务指标，通过分析各分解指标的变动对净资产收益率的影响来揭示企业获利能力及其变动原因。杜邦体系各主要指标之间的关系如下：

净资产收益率＝总资产净利率×权益系数
＝销售净利率×总资产周转率×权益系数

式中：销售净利率＝净利润/营业收入

总资产周转率＝营业收入/平均资产总额

权益乘数＝资产总额/所有者权益总额＝1/(1－资产负债率)

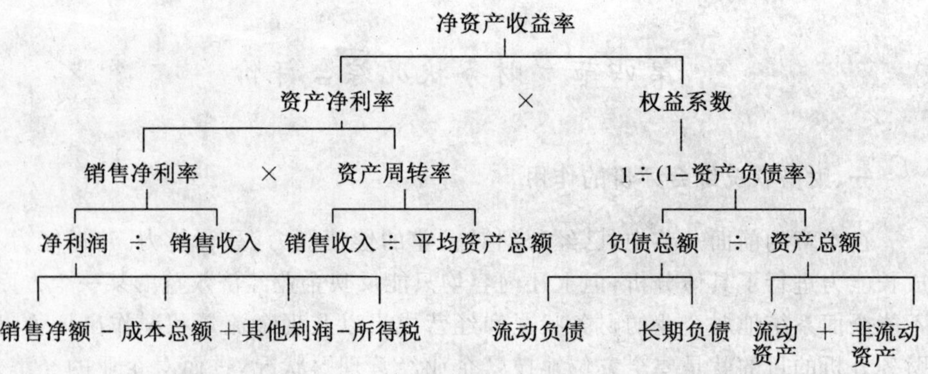

图 11-1　杜邦财务分析体系

在具体运用杜邦体系进行分析时，可以采用因素替代法，首先确定销售净利率、总资产周转率和权益乘数的基准值，然后顺次代入这三个指标的实际值，分别计算分析这三个指标的变动对净资产收益率的影响方向和程度；还可以使用因素分析法进一步分解各个指标并分析其变动的深层次原因，找出解决的方法。

销售净利率反映了1元销售收入可以带来多少净利润，它表示销售收入的收益水平。它可以进一步分解：

销售净利率＝税后净利润÷销售收入

税后净利润＝销售收入－成本总额

成本总额＝销售成本＋期间成本＋税金＋其他支出

式中：税金＝销售税金＋所得税

其他支出＝营业外收支净额－投资收益－其他业务利润

通过销售净利率分解可知：销售净利率与税后净利润成正比例关系，与销售收入则成反比例关系。销售净利率的提高，一方面要扩大销售收入，另一方面要降低成本费用。

总资产周转率反映了运用资产以产生销售收入的能力。它可以进一步地分解：

总资产周转率＝销售收入÷资产总额

资产总额＝流动资产＋长期资产

流动资产＝货币资金＋有价证券＋应收及预付款＋存货＋其他流动资产

长期资产＝长期投资＋固定资产＋无形资产＋递延及其他资产

通过总资产周转率的分解可知：总资产周转率与销售收入成正比例关系，与资产总额成反比例关系。要提高总资产周转率，一方面要增加销售收入，另一方面要降低资金的占用。由此可见，总资产报酬率是销售成果与资产管理的综合体现。

权益乘数反映了所有者权益同企业总资产的关系。它主要受资产与负债之间比例关系的影响。在资产总额既定的前提下，负债总额越大，权益乘数就越高，说明企业有较高的负债程度，给企业带来了较大的杠杆收益，同时也给企业带来了较大的财务风险。

杜邦分析体系表达的各个指标之间是有层次的，不同层次中的财务指标所反映的内容及其综合程度是不同的，上层次的指标综合性强，下层次的指标综合性弱。也可认为下层指标是原因，上层指标是结果。正是利用这种因果关系，才可以把某一具体指标的变动和企业总目标指标的变动联系在一起，进而分析它们之间的数量关系。

另外，从图11-1中还可以看出，杜邦分析体系有三大分支：一是从销售净利率开始，一直往下层去，这条分支反映企业在盈利能力方面的相关财务指标；二是从总资产周转率开始，一直往下层去，这条分支反映企业在营运能力方面的相关财务指标；三是从权益乘数开始，一直往下层去，这条分支反映企业在偿债能力方面的相关财务指标。

(二)杜邦分析法的步骤

1. 从权益报酬率开始，根据会计资料(主要是资产负债表和利润表)逐步分解计算各指标；

2. 将计算出的指标填入杜邦分析图；

3. 逐步进行前后期对比分析，也可以进一步进行企业间的横向对比分析。

(三)杜邦分析法的局限性

从企业绩效评价的角度来看，杜邦分析法只包括财务方面的信息，不能全面反映企业的实力，有很大的局限性，在实际运用中需要加以注意，必须结合企业的其他信息加以分析。主要表现在：

1. 对短期财务结果过分重视，有可能助长公司管理层的短期行为，忽略企业长期的价值创造。

2. 财务指标反映的是企业过去的经营业绩，衡量工业时代的企业能够满足要求。但在目前的信息时代，顾客、供应商、雇员、技术创新等因素对企业经营业绩的影响越来越大，而杜邦分析法在这些方面是无能为力的。

3. 在目前的市场环境中，企业的无形资产对提高企业长期竞争力至关重要，杜邦分析法却不能解决无形资产的估值问题。

三、沃尔比重评分法

(一)沃尔评分法的概念

沃尔评分法是财务状况综合评价的先驱者亚历山大·沃尔提出来的。他在20世纪初出版的《信用晴雨表研究》和《财务报表比率分析》中提出了信用能力指数的概念，最初的沃尔评分法使用的指标是7个，即流动比率、产权比率、固定资产比率、存货周转率、应收账款周转率、固定资产周转率和自有资金周转率，分别给定各指标的比重，给出的权重分别为25％、25％、15％、10％、10％、10％、5％，然后确定标准比率(以行业平均数为基础)，将实际比率与标准比率相比，得出相对比率，将此相对比率与各指标比重相乘，得出总评分。提出了综合比率评价体系，把若干个财务比率用线性关系联结起来，以此来评价企业的财务状况和信用水平。

由此可知，沃尔比重评分法是指将选定的财务比率用线性关系联结起来，并分别给定各自的分数比重，然后通过与标准比率进行比较，确定各项指标的得分及总体指标的累计分数，从而对企业的信用水平作出评价的方法。

(二)沃尔比重评分法的步骤：

1. 选择评价指标并分配指标权重；

2. 确定各项评价指标的标准值与标准系数；

3. 对各项评价指标计分并计算综合分数；

4. 形成评价结果。

(三)沃尔比重评分法的实例

假设已知远方公司 2009 年的七项财务比率和该行业的标准比率，用沃尔比重评分法对该企业 2009 年的财务状况进行综合评价过程如表 11-10 所示。

表 11-10　　2009 年远方公司沃尔评分表

财务比率	比重 (1)	标准比率 (2)	实际比率 (3)	相对比率 (4)=(3)/(2)	评　分 (5)=(1)×(4)
流动比率	25	2	2.626585	1.313292	32.832307
产权比率	25	2	1.956086	0.978043	24.451076
固定资产比率	15	2.5	2.735264	1.094105	16.411582
存货周转率	10	8	0.291296	0.036412	0.364120
应收账款周转率	10	6	2.089602	0.348267	3.482670
固定资产周转率	10	1.5	0.422440	0.281627	2.816267
自有资金周转率	5	2	0.233397	0.116698	0.583492
合　计	100				80.941514

如前几节所述，流动比率＝流动资产/流动负债；产权比率＝负债/净资产；固定资产比率＝总资产/固定资产；存货周转率＝平均销售成本/平均存货；应收账款周转率＝销售额/应收账款；固定资产周转率＝销售额/固定资产；自有资金周转率＝销售额/净资产。表 11-10 中计算的相对比率为企业实际某时期的财务比率与行业标准比率的比值；将相对比率与赋予的比重相乘得出评分结果。

有了评分结果就可以对远方公司 2009 年的财务状况进行综合评价。一般而言，综合评分合计数如果为 100 或接近 100，则表明其财务状况基本上符合要求；如果与 100 有较大差距，则表明企业财务状况偏离标准要求。表中远方公司的综合评分合计数为 80.941514，说明其财务状况与标准要求还有一段距离。

(三)沃尔评分法的改进

1. 对财务比率及其所占权重的改进

从理论上讲，沃尔评分法存在弱点。尽管沃尔给出的这七项指标提供了反映企业信用能力方面的丰富信息，但是由于这些指标之间存在着一定的相关关系，所反映的信息就会有重叠。此外，沃尔不能证明为什么要选择这七个指标，而不是更多一些或者更少一些，或者选择别的指标。沃尔也不能说明每一指标所占权重的合理性。

现代社会与沃尔所在的时代相比，已有很大变化。一般认为企业财务评价的内容主要是盈利能力，其次是偿债能力，此外还有发展能力。它们之间大致可按 5∶3∶2 来分配权重。盈利能力的主要指标是资产净利率、销售净利率和净值报酬率。虽然净值报酬率最重要，但前两个指标已分别使用了净资产和净利润，为减少其重复影响，三个指标可按 2∶2∶1 安排。偿债能力有四个常用的指标，分别是自有资本比率、流动比率、应收账款周转率和存货周转率。发展能力有三个常用指标，分别是销售增长率、净利增长率和资产增长率。如果仍以 100 分为总评分，则改进后的财务比率及其权重如表 11-11 第 1 栏和第 2 栏所示。此外，确定各项比率指标的标准值，是指各该指标在本企业现实条件下的最理想的数值。

按上述方法对沃尔评分法进行改进后，远方公司 2007 年的沃尔评分结果如下表：

表 11-11　　2007 年远方公司沃尔评分表(改进比率和权重)

财务比率	比重 (1)	标准比率 (2)	实际比率 (3)	相对比率 (4)＝(3)/(2)	评分 (5)＝(1)×(4)
盈利能力：					
总资产净利率	20	0.15	0.029394	0.195957	3.919141
销售净利率	20	0.15	0.190321	1.268805	25.376107
净值报酬率	10	0.15	0.044420	0.296135	2.961352
偿债能力：					
自有资本比率	8	0.40	0.338285	0.8457125	6.7657
流动比率	8	2.00	2.626585	1.313292	10.506338
应收账款周转率	8	6.00	2.089602	0.348267	2.786136
存货周转率	8	8.00	0.291296	0.036412	0.291296
成长能力：					
销售增长率	6	0.30	0.315789	1.052632	6.315789
净利增长率	6	0.20	0.132619	0.663096	3.978576
资产增长率	6	0.20	－0.036631	－0.183157	－1.098942
合　计					61.801493

表11-11中远方公司的综合评分合计数为61.801493，说明其财务状况和标准要求相差很大一段距离。通过以上两表比较可知，沃尔评分法的正确性取决于指标的选定、标准值的合理程度、标准评分值的确定等。同样是对远方公司进行评分，由于标准值确定不同，而产生两种完全不同的结果。

2. 对评分方法的改进

从技术上讲，沃尔评分法也存在弱点。当某一指标严重异常时，会对总评分产生不合逻辑的重大影响。这是由于比重与相对比率相乘引起的。财务比率提高一倍，其评分增加一倍；减小一倍，其评分却只降低一半。鉴于此，可将沃尔评分法的评分方法作如下改进：将财务比率的标准值由企业最优值调整为本行业平均值，在给每个指标评分时，规定上限和下限，以减少个别指标异常对总分造成的不合理影响。上限可定为正常评分值的1.5倍，下限定为正常评分值的一半。通过计算最高最低分值，确定每分比率的差，然后计算调整分数，最后将评分值与调整分相加得到综合评分。

每分比率＝(行业最高比率－标准比率)÷(最高评分－评分值)

调整分＝(实际比率－标准比率)÷每分比率

综合得分＝评分值＋调整分

此外，给分时以加减方式取代原来乘的方式，以克服原来沃尔评分法的缺陷。总之只有经过长期连续实践、不断修正，才能取得较好效果。

本章习题

一、单项选择题

1. 反映企业盈利能力的指标有(　　)。
   A. 存货周转率　　B. 流动比率　　C. 资产净利率　　D. 权益乘数
2. 下列财务比率反映企业营运能力的有(　　)。
   A. 流动比率　　B. 存货周转率
   C. 销售净利率　　D. 资产负债率
3. 若速动比率大于1，则下列结论正确的为(　　)。
   A. 流动比率大于1　　B. 现金比率大于1
   C. 产权比率大于1　　D. 资产负债率大于1
4. 资产负债表不提供下列财务信息(　　)。
   A. 负债状况　　B. 经营成果
   C. 资产构成情况　　D. 资金来源状况

5. 下列经济业务不会影响流动比率的是(　　)。

A. 赊购原材料

B. 向银行借款

C. 用存货对外进行长期投资

D. 用现金购买短期债券

6. 某公司年末会计报表部分数据为:流动负债 60 万元,流动比率为 2,速动比率为 1.3,则年末存货为(　　)万元。

A. 40　　B. 42　　C. 120　　D. 72

7. 下列财务比率反映企业长期偿债能力的有(　　)。

A. 利息保障倍数　　B. 销售净利率

C. 现金流量比率　　D. 资产净利率

8. 甲企业某年末流动负债为 100 万元,年初存货为 80 万元,全年销售成本为 250 万元,年末流动比率为 2.5,速动比率为 1.3,则本年存货周转次数为(　　)。

A. 1.6　　B. 2.4　　C. 1.56　　D. 2.5

二、多项选择题

1. 下列关于存货周转率的说法正确的是(　　)。

A. 存货周转率可以反映企业存货管理水平

B. 存货周转率不影响企业的短期偿债能力

C. 提高存货周转率可以提高企业的变现能力

D. 存货周转率=销售成本/平均存货

2. 下列各项经济业务不会影响到企业资产负债率的是(　　)

A. 收回应收账款

B. 接受所有者以固定资产进行的投资

C. 用现金购买股票

D. 以固定资产的账面价值对外进行长期投资

3. 对企业进行财务分析的主要目的有(　　)。

A. 评价企业的偿债能力　　B. 评价企业的获利能力

C. 评价企业的发展潜力　　D. 评价企业的资产管理水平

4. 下列公式正确的有(　　)。

A. 所有者权益报酬率=资产净利率×平均权益乘数

B. 所有者权益报酬率=销售净利率×总资产周转率×平均权益乘数

C. 所有者权益报酬率=销售净利率×总资产周转率

D. 所有者权益报酬率=净利润÷平均所有者权益

5. 影响每股收益高低的因素有( )。

A. 所得税率

B. 发行在外的普通股股数

C. 优先股股利

D. 企业采取的股利政策

6. 下列说法错误的是( )。

A. 市盈率越高越好

B. 市盈率越低越好

C. 市盈率过高或过低都不好

D. 正常的市盈率应该在1左右

7. 下列经济业务会影响到股份公司每股净资产的有( )。

A. 支付现金股利

B. 用银行存款偿还债务

C. 发行普通股

D. 以固定资产的账面价值对外进行长期投资

8. 下列说法正确的是( )。

A. 从债权人角度看,负债比率越大越好

B. 从债权人角度看,负债比率越小越好

C. 从股东角度看,负债比率越大越好

D. 从股东角度看,当资产净利率高于债务利息率时,负债比率越高越好

三、判断题

1. 现金流量表是以现金及现金等价物为基础编制的财务状况变动表,是企业对外报送的一张重要会计报表。 ( )

2. 企业的财务报告主要包括资产负债表、利润表、现金流量表、其他附表以及财务状况说明书。 ( )

3. 权益乘数为2.5,则资产负债率为2/5。 ( )

4. 企业用现金购买一笔期限为三个月的国债,会降低流动比率。 ( )

5. 应收账款周转率是评价企业获利能力的指标。 ( )

6. 财务分析主要是以财务报告为基础,日常核算资料只作为财务分析的一种补充资料。 ( )

7. 存货周转率过高,也不一定合适。 ( )

8. 市盈率过高的股票,其投资的风险一般也会大。 ( )

9. 产权比率越低,表明企业的长期偿债能力越强,债权人权益的保障程度越高,承担的风险越小,但企业不能充分发挥负债的财务杠杆效应。 ( )

10. 某公司今年与去年相比,净利润增长10%,资产总额增长12%,负债总额增长10%,则该公司所有者权益报酬率比上年提高了。 ( )

四、计算分析题

1. 已知甲企业2007年初资产负债表上应收账款为250万元,存货为200万元,所有者权益为500万元。该年该企业的营业收入为2400万元,并且全部为赊账收入,销货成本为2000万元。另外有关财务指标为:2007年初流动比率为2.4,速动比率为1.4;存货周转率为8次,应收账款周转率为10次;企业的长期负债为短期负债的2倍。试填写该企业2007年底资产负债表。

甲企业2007年底资产负债表

资　产		负债及所有者权益	
现金		流动负债	
账款		长期负债	
存货		负债合计	
流动资产合计		所有者权益	
固定资产		负债及所有者权益合计	
资产合计			

2. 已知乙公司2007年会计报表的相关资料如下:

乙公司2007年会计报表资料 单位:万元

资产负债表项目	年初数	年末数
资　产	400	500
负　债	225	300
所有者权益	175	200
利润表项目	上年数	本年数
营业收入净额	略	1000
净利润	略	30

要求计算下列指标:2007年净资产收益率、总资产净利率及营业收入净利

率；总资产周转率、年末的权益乘数。

3. 已知甲公司 2007 年底税后利润为 1000 万元，2008 年计划投资需 1400 万元，并想保持 40%的负债比率。该公司 2007 年执行剩余股利分配政策，假定 2007 年底普通股每股市价为 60 元，无优先股，流通在外的普通股为 100 万股。要求：计算 2007 年该公司的下列指标：每股盈余、每股股利、市盈率。

4. 某企业 2007 年 12 月 31 日的资产负债表如下：

某企业资产负债表　　单位：万元

资产	年初	年末	负债及所有者权益	年初	年末
流动资产			流动负债		
货币资金	900	920	短期借款	500	650
应收账款净额	1200	1500	应付账款	1600	1500
存货	1600	1700	流动负债合计	2100	2150
待摊费用	300	330	长期负债合计	2900	3700
流动资产合计	4000	4450	负债合计	5000	5850
固定资产净值	8000	8600	所有者权益合计	7000	7200
合计	12000	13050	合计	12000	13050

该公司本年销售收入为 10000 万元，销售成本为 6500 万元。2007 年净利润为 1200 万元，所得税率为 25%，利息费用为 200 万元。

根据以上资料计算该公司下列指标：

(1)该年年末的流动比率、速动比率、现金比率、资产负债率、利息保障倍数。

(2)存货周转率、应收账款周转率、流动资产周转率、总资产周转率。

(3)销售净利率、资产报酬率、所有者权益报酬率。

五、简答题

1. 财务分析的目的与意义有哪些？
2. 简述财务分析的三种方法。
3. 如何进行企业的偿债能力、营运能力的相关财务指标的分析？
4. 如何进行企业的获利能力及发展能力的相关财务指标的分析？
5. 简述杜邦分析法的含义及运用。

附　录

附表 1　　　　　　**复利现值系数表**

计算公式：$(P/F,i,n)=(1+i)^{-n}$

期数	1%	2%	3%	4%	5%	6%	7%	8%	9%	10%
1	0.9901	0.9804	0.9709	0.9615	0.9524	0.9434	0.9346	0.9259	0.9174	0.9091
2	0.9803	0.9612	0.9426	0.9246	0.9070	0.8900	0.8734	0.8573	0.8417	0.8264
3	0.9706	0.9423	0.9151	0.8890	0.8638	0.8396	0.8163	0.7938	0.7722	0.7513
4	0.9610	0.9238	0.8885	0.8548	0.8227	0.7921	0.7629	0.7350	0.7084	0.6830
5	0.9515	0.9057	0.8626	0.8219	0.7835	0.7473	0.7130	0.6806	0.6499	0.6209
6	0.9420	0.8880	0.8375	0.7903	0.7462	0.7050	0.6663	0.6302	0.5963	0.5645
7	0.9327	0.8706	0.8131	0.7599	0.7107	0.6651	0.6227	0.5835	0.5470	0.5132
8	0.9235	0.8535	0.7894	0.7307	0.6768	0.6274	0.5820	0.5403	0.5019	0.4665
9	0.9143	0.8368	0.7664	0.7026	0.6446	0.5919	0.5439	0.5002	0.4604	0.4241
10	0.9053	0.8203	0.7441	0.6756	0.6139	0.5584	0.5083	0.4632	0.4224	0.3855
11	0.8963	0.8043	0.7224	0.6496	0.5847	0.5268	0.4751	0.4289	0.3875	0.3505
12	0.8874	0.7885	0.7014	0.6246	0.5568	0.4970	0.4440	0.3971	0.3555	0.3186
13	0.8787	0.7730	0.6810	0.6006	0.5303	0.4688	0.4150	0.3677	0.3262	0.2897
14	0.8700	0.7579	0.6611	0.5775	0.5051	0.4423	0.3878	0.3405	0.2992	0.2633
15	0.8613	0.7430	0.6419	0.5553	0.4810	0.4173	0.3624	0.3152	0.2745	0.2394
16	0.8528	0.7284	0.6232	0.5339	0.4581	0.3936	0.3387	0.2919	0.2519	0.2176
17	0.8444	0.7142	0.6050	0.5134	0.4363	0.3714	0.3166	0.2703	0.2311	0.1978
18	0.8360	0.7002	0.5874	0.4936	0.4155	0.3503	0.2959	0.2502	0.2120	0.1799
19	0.8277	0.6864	0.5703	0.4746	0.3957	0.3305	0.2765	0.2317	0.1945	0.1635
20	0.8195	0.6730	0.5537	0.4564	0.3769	0.3118	0.2584	0.2145	0.1784	0.1486
21	0.8114	0.6598	0.5375	0.4388	0.3589	0.2942	0.2415	0.1987	0.1637	0.1351
22	0.8034	0.6468	0.5219	0.4220	0.3418	0.2775	0.2257	0.1839	0.1502	0.1228
23	0.7954	0.6342	0.5067	0.4057	0.3256	0.2618	0.2109	0.1703	0.1378	0.1117
24	0.7876	0.6217	0.4919	0.3901	0.3101	0.2470	0.1971	0.1577	0.1264	0.1015
25	0.7798	0.6095	0.4776	0.3751	0.2953	0.2330	0.1842	0.1460	0.1160	0.0923
26	0.7720	0.5976	0.4637	0.3607	0.2812	0.2198	0.1722	0.1352	0.1064	0.0839
27	0.7644	0.5859	0.4502	0.3468	0.2678	0.2074	0.1609	0.1252	0.0976	0.0763
28	0.7568	0.5744	0.4371	0.3335	0.2551	0.1956	0.1504	0.1159	0.0895	0.0693
29	0.7493	0.5631	0.4243	0.3207	0.2429	0.1846	0.1406	0.1073	0.0822	0.0630
30	0.7419	0.5521	0.4120	0.3083	0.2314	0.1741	0.1314	0.0994	0.0754	0.0573

续表

期数	11%	12%	13%	14%	15%	16%	17%	18%	19%	20%
1	0.9009	0.8929	0.8850	0.8772	0.8696	0.8621	0.8547	0.8475	0.8403	0.8333
2	0.8116	0.7972	0.7831	0.7695	0.7561	0.7432	0.7305	0.7182	0.7062	0.6944
3	0.7312	0.7118	0.6931	0.6750	0.6575	0.6407	0.6244	0.6086	0.5934	0.5787
4	0.6587	0.6355	0.6133	0.5921	0.5718	0.5523	0.5337	0.5158	0.4987	0.4823
5	0.5935	0.5674	0.5428	0.5194	0.4972	0.4761	0.4561	0.4371	0.4190	0.4019
6	0.5346	0.5066	0.4803	0.4556	0.4323	0.4104	0.3898	0.3704	0.3521	0.3349
7	0.4817	0.4523	0.4251	0.3996	0.3759	0.3538	0.3332	0.3139	0.2959	0.2791
8	0.4339	0.4039	0.3762	0.3506	0.3269	0.3050	0.2848	0.2660	0.2487	0.2326
9	0.3909	0.3606	0.3329	0.3075	0.2843	0.2630	0.2434	0.2255	0.2090	0.1938
10	0.3522	0.3220	0.2946	0.2697	0.2472	0.2267	0.2080	0.1911	0.1756	0.1615
11	0.3173	0.2875	0.2607	0.2366	0.2149	0.1954	0.1778	0.1619	0.1476	0.1346
12	0.2858	0.2567	0.2307	0.2076	0.1869	0.1685	0.1520	0.1372	0.1240	0.1122
13	0.2575	0.2292	0.2042	0.1821	0.1625	0.1452	0.1299	0.1163	0.1042	0.0935
14	0.2320	0.2046	0.1807	0.1597	0.1413	0.1252	0.1110	0.0985	0.0876	0.0779
15	0.2090	0.1827	0.1599	0.1401	0.1229	0.1079	0.0949	0.0835	0.0736	0.0649
16	0.1883	0.1631	0.1415	0.1229	0.1069	0.0930	0.0811	0.0708	0.0618	0.0541
17	0.1696	0.1456	0.1252	0.1078	0.0929	0.0802	0.0693	0.0600	0.0520	0.0451
18	0.1528	0.1300	0.1108	0.0946	0.0808	0.0691	0.0592	0.0508	0.0437	0.0376
19	0.1377	0.1161	0.0981	0.0829	0.0703	0.0596	0.0506	0.0431	0.0367	0.0313
20	0.1240	0.1037	0.0868	0.0728	0.0611	0.0514	0.0433	0.0365	0.0308	0.0261
21	0.1117	0.0926	0.0768	0.0638	0.0531	0.0443	0.0370	0.0309	0.0259	0.0217
22	0.1007	0.0826	0.0680	0.0560	0.0462	0.0382	0.0316	0.0262	0.0218	0.0181
23	0.0907	0.0738	0.0601	0.0491	0.0402	0.0329	0.0270	0.0222	0.0183	0.0151
24	0.0817	0.0659	0.0532	0.0431	0.0349	0.0284	0.0231	0.0188	0.0154	0.0126
25	0.0736	0.0588	0.0471	0.0378	0.0304	0.0245	0.0197	0.0160	0.0129	0.0105
26	0.0663	0.0525	0.0417	0.0331	0.0264	0.0211	0.0169	0.0135	0.0109	0.0087
27	0.0597	0.0469	0.0369	0.0291	0.0230	0.0182	0.0144	0.0115	0.0091	0.0073
28	0.0538	0.0419	0.0326	0.0255	0.0200	0.0157	0.0123	0.0097	0.0077	0.0061
29	0.0485	0.0374	0.0289	0.0224	0.0174	0.0135	0.0105	0.0082	0.0064	0.0051
30	0.0437	0.0334	0.0256	0.0196	0.0151	0.0116	0.0090	0.0070	0.0054	0.0042

续表

期数	21%	22%	23%	24%	25%	26%	27%	28%	29%	30%
1	0.8264	0.8197	0.8130	0.8065	0.8000	0.7937	0.7874	0.7813	0.7752	0.7692
2	0.6830	0.6719	0.6610	0.6504	0.6400	0.6299	0.6200	0.6104	0.6009	0.5917
3	0.5645	0.5507	0.5374	0.5245	0.5120	0.4999	0.4882	0.4768	0.4658	0.4552
4	0.4665	0.4514	0.4369	0.4230	0.4096	0.3968	0.3844	0.3725	0.3611	0.3501
5	0.3855	0.3700	0.3552	0.3411	0.3277	0.3149	0.3027	0.2910	0.2799	0.2693
6	0.3186	0.3033	0.2888	0.2751	0.2621	0.2499	0.2383	0.2274	0.2170	0.2072
7	0.2633	0.2486	0.2348	0.2218	0.2097	0.1983	0.1877	0.1776	0.1682	0.1594
8	0.2176	0.2038	0.1909	0.1789	0.1678	0.1574	0.1478	0.1388	0.1304	0.1226
9	0.1799	0.1670	0.1552	0.1443	0.1342	0.1249	0.1164	0.1084	0.1011	0.0943
10	0.1486	0.1369	0.1262	0.1164	0.1074	0.0992	0.0916	0.0847	0.0784	0.0725
11	0.1228	0.1122	0.1026	0.0938	0.0859	0.0787	0.0721	0.0662	0.0607	0.0558
12	0.1015	0.0920	0.0834	0.0757	0.0687	0.0625	0.0568	0.0517	0.0471	0.0429
13	0.0839	0.0754	0.0678	0.0610	0.0550	0.0496	0.0447	0.0404	0.0365	0.0330
14	0.0693	0.0618	0.0551	0.0492	0.0440	0.0393	0.0352	0.0316	0.0283	0.0254
15	0.0573	0.0507	0.0448	0.0397	0.0352	0.0312	0.0277	0.0247	0.0219	0.0195
16	0.0474	0.0415	0.0364	0.0320	0.0281	0.0248	0.0218	0.0193	0.0170	0.0150
17	0.0391	0.0340	0.0296	0.0258	0.0225	0.0197	0.0172	0.0150	0.0132	0.0116
18	0.0323	0.0279	0.0241	0.0208	0.0180	0.0156	0.0135	0.0118	0.0102	0.0089
19	0.0267	0.0229	0.0196	0.0168	0.0144	0.0124	0.0107	0.0092	0.0079	0.0068
20	0.0221	0.0187	0.0159	0.0135	0.0115	0.0098	0.0084	0.0072	0.0061	0.0053
21	0.0183	0.0154	0.0129	0.0109	0.0092	0.0078	0.0066	0.0056	0.0048	0.0040
22	0.0151	0.0126	0.0105	0.0088	0.0074	0.0062	0.0052	0.0044	0.0037	0.0031
23	0.0125	0.0103	0.0086	0.0071	0.0059	0.0049	0.0041	0.0034	0.0029	0.0024
24	0.0103	0.0085	0.0070	0.0057	0.0047	0.0039	0.0032	0.0027	0.0022	0.0018
25	0.0085	0.0069	0.0057	0.0046	0.0038	0.0031	0.0025	0.0021	0.0017	0.0014
26	0.0070	0.0057	0.0046	0.0037	0.0030	0.0025	0.0020	0.0016	0.0013	0.0011
27	0.0058	0.0047	0.0037	0.0030	0.0024	0.0019	0.0016	0.0013	0.0010	0.0008
28	0.0048	0.0038	0.0030	0.0024	0.0019	0.0015	0.0012	0.0010	0.0008	0.0006
29	0.0040	0.0031	0.0025	0.0020	0.0015	0.0012	0.0010	0.0008	0.0006	0.0005
30	0.0033	0.0026	0.0020	0.0016	0.0012	0.0010	0.0008	0.0006	0.0005	0.0004

附表 2 复利终值系数表

计算公式：$(F/P,i,n)=(1+i)^n$

期数	1%	2%	3%	4%	5%	6%	7%	8%	9%	10%
1	1.0100	1.0200	1.0300	1.0400	1.0500	1.0600	1.0700	1.0800	1.0900	1.1000
2	1.0201	1.0404	1.0609	1.0816	1.1025	1.1236	1.1449	1.1664	1.1881	1.2100
3	1.0303	1.0612	1.0927	1.1249	1.1576	1.1910	1.2250	1.2597	1.2950	1.3310
4	1.0406	1.0824	1.1255	1.1699	1.2155	1.2625	1.3108	1.3605	1.4116	1.4641
5	1.0510	1.1041	1.1593	1.2167	1.2763	1.3382	1.4026	1.4693	1.5386	1.6105
6	1.0615	1.1262	1.1941	1.2653	1.3401	1.4185	1.5007	1.5869	1.6771	1.7716
7	1.0721	1.1487	1.2299	1.3159	1.4071	1.5036	1.6058	1.7138	1.8280	1.9487
8	1.0829	1.1717	1.2668	1.3686	1.4775	1.5938	1.7182	1.8509	1.9926	2.1436
9	1.0937	1.1951	1.3048	1.4233	1.5513	1.6895	1.8385	1.9990	2.1719	2.3579
10	1.1046	1.2190	1.3439	1.4802	1.6289	1.7908	1.9672	2.1589	2.3674	2.5937
11	1.1157	1.2434	1.3842	1.5395	1.7103	1.8983	2.1049	2.3316	2.5804	2.8531
12	1.1268	1.2682	1.4258	1.6010	1.7959	2.0122	2.2522	2.5182	2.8127	3.1384
13	1.1381	1.2936	1.4685	1.6651	1.8856	2.1329	2.4098	2.7196	3.0658	3.4523
14	1.1495	1.3195	1.5126	1.7317	1.9799	2.2609	2.5785	2.9372	3.3417	3.7975
15	1.1610	1.3459	1.5580	1.8009	2.0789	2.3966	2.7590	3.1722	3.6425	4.1772
16	1.1726	1.3728	1.6047	1.8730	2.1829	2.5404	2.9522	3.4259	3.9703	4.5950
17	1.1843	1.4002	1.6528	1.9479	2.2920	2.6928	3.1588	3.7000	4.3276	5.0545
18	1.1961	1.4282	1.7024	2.0258	2.4066	2.8543	3.3799	3.9960	4.7171	5.5599
19	1.2081	1.4568	1.7535	2.1068	2.5270	3.0256	3.6165	4.3157	5.1417	6.1159
20	1.2202	1.4859	1.8061	2.1911	2.6533	3.2071	3.8697	4.6610	5.6044	6.7275
21	1.2324	1.5157	1.8603	2.2788	2.7860	3.3996	4.1406	5.0338	6.1088	7.4002
22	1.2447	1.5460	1.9161	2.3699	2.9253	3.6035	4.4304	5.4365	6.6586	8.1403
23	1.2572	1.5769	1.9736	2.4647	3.0715	3.8197	4.7405	5.8715	7.2579	8.9543
24	1.2697	1.6084	2.0328	2.5633	3.2251	4.0489	5.0724	6.3412	7.9111	9.8497
25	1.2824	1.6406	2.0938	2.6658	3.3864	4.2919	5.4274	6.8485	8.6231	10.8347
26	1.2953	1.6734	2.1566	2.7725	3.5557	4.5494	5.8074	7.3964	9.3992	11.9182
27	1.3082	1.7069	2.2213	2.8834	3.7335	4.8223	6.2139	7.9881	10.2451	13.1100
28	1.3213	1.7410	2.2879	2.9987	3.9201	5.1117	6.6488	8.6271	11.1671	14.4210
29	1.3345	1.7758	2.3566	3.1187	4.1161	5.4184	7.1143	9.3173	12.1722	15.8631
30	1.3478	1.8114	2.4273	3.2434	4.3219	5.7435	7.6123	10.0627	13.2677	17.4494

续表

期数	11%	12%	13%	14%	15%	16%	17%	18%	19%	20%
1	1.1100	1.1200	1.1300	1.1400	1.1500	1.1600	1.1700	1.1800	1.1900	1.2000
2	1.2321	1.2544	1.2769	1.2996	1.3225	1.3456	1.3689	1.3924	1.4161	1.4400
3	1.3676	1.4049	1.4429	1.4815	1.5209	1.5609	1.6016	1.6430	1.6852	1.7280
4	1.5181	1.5735	1.6305	1.6890	1.7490	1.8106	1.8739	1.9388	2.0053	2.0736
5	1.6851	1.7623	1.8424	1.9254	2.0114	2.1003	2.1924	2.2878	2.3864	2.4883
6	1.8704	1.9738	2.0820	2.1950	2.3131	2.4364	2.5652	2.6996	2.8398	2.9860
7	2.0762	2.2107	2.3526	2.5023	2.6600	2.8262	3.0012	3.1855	3.3793	3.5832
8	2.3045	2.4760	2.6584	2.8526	3.0590	3.2784	3.5115	3.7589	4.0214	4.2998
9	2.5580	2.7731	3.0040	3.2519	3.5179	3.8030	4.1084	4.4355	4.7854	5.1598
10	2.8394	3.1058	3.3946	3.7072	4.0456	4.4114	4.8068	5.2338	5.6947	6.1917
11	3.1518	3.4786	3.8359	4.2262	4.6524	5.1173	5.6240	6.1759	6.7767	7.4301
12	3.4985	3.8960	4.3345	4.8179	5.3503	5.9360	6.5801	7.2876	8.0642	8.9161
13	3.8833	4.3635	4.8980	5.4924	6.1528	6.8858	7.6987	8.5994	9.5964	10.6993
14	4.3104	4.8871	5.5348	6.2613	7.0757	7.9875	9.0075	10.1472	11.4198	12.8392
15	4.7846	5.4736	6.2543	7.1379	8.1371	9.2655	10.5387	11.9737	13.5895	15.4070
16	5.3109	6.1304	7.0673	8.1372	9.3576	10.7480	12.3303	14.1290	16.1715	18.4884
17	5.8951	6.8660	7.9861	9.2765	10.7613	12.4677	14.4265	16.6722	19.2441	22.1861
18	6.5436	7.6900	9.0243	10.5752	12.3755	14.4625	16.8790	19.6733	22.9005	26.6233
19	7.2633	8.6128	10.1974	12.0557	14.2318	16.7765	19.7484	23.2144	27.2516	31.9480
20	8.0623	9.6463	11.5231	13.7435	16.3665	19.4608	23.1056	27.3930	32.4294	38.3376
21	8.9492	10.8038	13.0211	15.6676	18.8215	22.5745	27.0336	32.3238	38.5910	46.0051
22	9.9336	12.1003	14.7138	17.8610	21.6447	26.1864	31.6293	38.1421	45.9233	55.2061
23	11.0263	13.5523	16.6266	20.3616	24.8915	30.3762	37.0062	45.0076	54.6487	66.2474
24	12.2392	15.1786	18.7881	23.2122	28.6252	35.2364	43.2973	53.1090	65.0320	79.4968
25	13.5855	17.0001	21.2305	26.4619	32.9190	40.8742	50.6578	62.6686	77.3881	95.3962
26	15.0799	19.0401	23.9905	30.1666	37.8568	47.4141	59.2697	73.9490	92.0918	114.4755
27	16.7387	21.3249	27.1093	34.3899	43.5353	55.0004	69.3455	87.2598	109.5893	137.3706
28	18.5799	23.8839	30.6335	39.2045	50.0656	63.8004	81.1342	102.9666	130.4112	164.8447
29	20.6237	26.7499	34.6158	44.6931	57.5755	74.0085	94.9271	121.5005	155.1893	197.8136
30	22.8923	29.9599	39.1159	50.9502	66.2118	85.8499	111.0647	143.3706	184.6753	237.3763

续表

期数	21%	22%	23%	24%	25%	26%	27%	28%	29%	30%
1	1.2100	1.2200	1.2300	1.2400	1.2500	1.2600	1.2700	1.2800	1.2900	1.3000
2	1.4641	1.4884	1.5129	1.5376	1.5625	1.5876	1.6129	1.6384	1.6641	1.6900
3	1.7716	1.8158	1.8609	1.9066	1.9531	2.0004	2.0484	2.0972	2.1467	2.1970
4	2.1436	2.2153	2.2889	2.3642	2.4414	2.5205	2.6014	2.6844	2.7692	2.8561
5	2.5937	2.7027	2.8153	2.9316	3.0518	3.1758	3.3038	3.4360	3.5723	3.7129
6	3.1384	3.2973	3.4628	3.6352	3.8147	4.0015	4.1959	4.3980	4.6083	4.8268
7	3.7975	4.0227	4.2593	4.5077	4.7684	5.0419	5.3288	5.6295	5.9447	6.2749
8	4.5950	4.9077	5.2389	5.5895	5.9605	6.3528	6.7675	7.2058	7.6686	8.1573
9	5.5599	5.9874	6.4439	6.9310	7.4506	8.0045	8.5948	9.2234	9.8925	10.6045
10	6.7275	7.3046	7.9259	8.5944	9.3132	10.0857	10.9153	11.8059	12.7614	13.7858
11	8.1403	8.9117	9.7489	10.6571	11.6415	12.7080	13.8625	15.1116	16.4622	17.9216
12	9.8497	10.8722	11.9912	13.2148	14.5519	16.0120	17.6053	19.3428	21.2362	23.2981
13	11.9182	13.2641	14.7491	16.3863	18.1899	20.1752	22.3588	24.7588	27.3947	30.2875
14	14.4210	16.1822	18.1414	20.3191	22.7374	25.4207	28.3957	31.6913	35.3391	39.3738
15	17.4494	19.7423	22.3140	25.1956	28.4217	32.0301	36.0625	40.5648	45.5875	51.1859
16	21.1138	24.0856	27.4462	31.2426	35.5271	40.3579	45.7994	51.9230	58.8079	66.5417
17	25.5477	29.3844	33.7588	38.7408	44.4089	50.8510	58.1652	66.4614	75.8621	86.5042
18	30.9127	35.8490	41.5233	48.0386	55.5112	64.0722	73.8698	85.0706	97.8622	112.4554
19	37.4043	43.7358	51.0737	59.5679	69.3889	80.7310	93.8147	108.8904	126.2422	146.1920
20	45.2593	53.3576	62.8206	73.8641	86.7362	101.7211	119.1446	139.3797	162.8524	190.0496
21	54.7637	65.0963	77.2694	91.5915	108.4202	128.1685	151.3137	178.4060	210.0796	247.0645
22	66.2641	79.4175	95.0413	113.5735	135.5253	161.4924	192.1683	228.3596	271.0027	321.1839
23	80.1795	96.8894	116.9008	140.8312	169.4066	203.4804	244.0538	292.3003	349.5935	417.5391
24	97.0172	118.2050	143.7880	174.6306	211.7582	256.3853	309.9483	374.1444	450.9756	542.8008
25	117.3909	144.2101	176.8593	216.5420	264.6978	323.0454	393.6344	478.9049	581.7585	705.6410
26	142.0429	175.9364	217.5369	268.5121	330.8722	407.0373	499.9157	612.9982	750.4685	917.3333
27	171.8719	214.6424	267.5704	332.9550	413.5903	512.8670	634.8929	784.6377	968.1044	
28	207.9651	261.8637	329.1115	412.8642	516.9879	646.2124	806.3140			
29	251.6377	319.4737	404.8072	511.9516	646.2349	814.2276				
30	304.4816	389.7579	497.9129	634.8199	807.7936					

附表 3 年金现值系数表

计算公式：$(P/A,i,n)=\frac{1-(1+i)^{-n}}{i}$

期数	1%	2%	3%	4%	5%	6%	7%	8%	9%	10%
1	0.9901	0.9804	0.9709	0.9615	0.9524	0.9434	0.9346	0.9259	0.9174	0.9091
2	1.9704	1.9416	1.9135	1.8861	1.8594	1.8334	1.8080	1.7833	1.7591	1.7355
3	2.9410	2.8839	2.8286	2.7751	2.7232	2.6730	2.6243	2.5771	2.5313	2.4869
4	3.9020	3.8077	3.7171	3.6299	3.5460	3.4651	3.3872	3.3121	3.2397	3.1699
5	4.8534	4.7135	4.5797	4.4518	4.3295	4.2124	4.1002	3.9927	3.8897	3.7908
6	5.7955	5.6014	5.4172	5.2421	5.0757	4.9173	4.7665	4.6229	4.4859	4.3553
7	6.7282	6.4720	6.2303	6.0021	5.7864	5.5824	5.3893	5.2064	5.0330	4.8684
8	7.6517	7.3255	7.0197	6.7327	6.4632	6.2098	5.9713	5.7466	5.5348	5.3349
9	8.5660	8.1622	7.7861	7.4353	7.1078	6.8017	6.5152	6.2469	5.9952	5.7590
10	9.4713	8.9826	8.5302	8.1109	7.7217	7.3601	7.0236	6.7101	6.4177	6.1446
11	10.3676	9.7868	9.2526	8.7605	8.3064	7.8869	7.4987	7.1390	6.8052	6.4951
12	11.2551	10.5753	9.9540	9.3851	8.8633	8.3838	7.9427	7.5361	7.1607	6.8137
13	12.1337	11.3484	10.6350	9.9856	9.3936	8.8527	8.3577	7.9038	7.4869	7.1034
14	13.0037	12.1062	11.2961	10.5631	9.8986	9.2950	8.7455	8.2442	7.7862	7.3667
15	13.8651	12.8493	11.9379	11.1184	10.3797	9.7122	9.1079	8.5595	8.0607	7.6061
16	14.7179	13.5777	12.5611	11.6523	10.8378	10.1059	9.4466	8.8514	8.3126	7.8237
17	15.5623	14.2919	13.1661	12.1657	11.2741	10.4773	9.7632	9.1216	8.5436	8.0216
18	16.3983	14.9920	13.7535	12.6593	11.6896	10.8276	10.0591	9.3719	8.7556	8.2014
19	17.2260	15.6785	14.3238	13.1339	12.0853	11.1581	10.3356	9.6036	8.9501	8.3649
20	18.0456	16.3514	14.8775	13.5903	12.4622	11.4699	10.5940	9.8181	9.1285	8.5136
21	18.8570	17.0112	15.4150	14.0292	12.8212	11.7641	10.8355	10.0168	9.2922	8.6487
22	19.6604	17.6580	15.9369	14.4511	13.1630	12.0416	11.0612	10.2007	9.4424	8.7715
23	20.4558	18.2922	16.4436	14.8568	13.4886	12.3034	11.2722	10.3711	9.5802	8.8832
24	21.2434	18.9139	16.9355	15.2470	13.7986	12.5504	11.4693	10.5288	9.7066	8.9847
25	22.0232	19.5235	17.4131	15.6221	14.0939	12.7834	11.6536	10.6748	9.8226	9.0770
26	22.7952	20.1210	17.8768	15.9828	14.3752	13.0032	11.8258	10.8100	9.9290	9.1609
27	23.5596	20.7069	18.3270	16.3296	14.6430	13.2105	11.9867	10.9352	10.0266	9.2372
28	24.3164	21.2813	18.7641	16.6631	14.8981	13.4062	12.1371	11.0511	10.1161	9.3066
29	25.0658	21.8444	19.1885	16.9837	15.1411	13.5907	12.2777	11.1584	10.1983	9.3696
30	25.8077	22.3965	19.6004	17.2920	15.3725	13.7648	12.4090	11.2578	10.2737	9.4269

续表

期数	11%	12%	13%	14%	15%	16%	17%	18%	19%	20%
1	0.9009	0.8929	0.8850	0.8772	0.8696	0.8621	0.8547	0.8475	0.8403	0.8333
2	1.7125	1.6901	1.6681	1.6467	1.6257	1.6052	1.5852	1.5656	1.5465	1.5278
3	2.4437	2.4018	2.3612	2.3216	2.2832	2.2459	2.2096	2.1743	2.1399	2.1065
4	3.1024	3.0373	2.9745	2.9137	2.8550	2.7982	2.7432	2.6901	2.6386	2.5887
5	3.6959	3.6048	3.5172	3.4331	3.3522	3.2743	3.1993	3.1272	3.0576	2.9906
6	4.2305	4.1114	3.9975	3.8887	3.7845	3.6847	3.5892	3.4976	3.4098	3.3255
7	4.7122	4.5638	4.4226	4.2883	4.1604	4.0386	3.9224	3.8115	3.7057	3.6046
8	5.1461	4.9676	4.7988	4.6389	4.4873	4.3436	4.2072	4.0776	3.9544	3.8372
9	5.5370	5.3282	5.1317	4.9464	4.7716	4.6065	4.4506	4.3030	4.1633	4.0310
10	5.8892	5.6502	5.4262	5.2161	5.0188	4.8332	4.6586	4.4941	4.3389	4.1925
11	6.2065	5.9377	5.6869	5.4527	5.2337	5.0286	4.8364	4.6560	4.4865	4.3271
12	6.4924	6.1944	5.9176	5.6603	5.4206	5.1971	4.9884	4.7932	4.6105	4.4392
13	6.7499	6.4235	6.1218	5.8424	5.5831	5.3423	5.1183	4.9095	4.7147	4.5327
14	6.9819	6.6282	6.3025	6.0021	5.7245	5.4675	5.2293	5.0081	4.8023	4.6106
15	7.1909	6.8109	6.4624	6.1422	5.8474	5.5755	5.3242	5.0916	4.8759	4.6755
16	7.3792	6.9740	6.6039	6.2651	5.9542	5.6685	5.4053	5.1624	4.9377	4.7296
17	7.5488	7.1196	6.7291	6.3729	6.0472	5.7487	5.4746	5.2223	4.9897	4.7746
18	7.7016	7.2497	6.8399	6.4674	6.1280	5.8178	5.5339	5.2732	5.0333	4.8122
19	7.8393	7.3658	6.9380	6.5504	6.1982	5.8775	5.5845	5.3162	5.0700	4.8435
20	7.9633	7.4694	7.0248	6.6231	6.2593	5.9288	5.6278	5.3527	5.1009	4.8696
21	8.0751	7.5620	7.1016	6.6870	6.3125	5.9731	5.6648	5.3837	5.1268	4.8913
22	8.1757	7.6446	7.1695	6.7429	6.3587	6.0113	5.6964	5.4099	5.1486	4.9094
23	8.2664	7.7184	7.2297	6.7921	6.3988	6.0442	5.7234	5.4321	5.1668	4.9245
24	8.3481	7.7843	7.2829	6.8351	6.4338	6.0726	5.7465	5.4509	5.1822	4.9371
25	8.4217	7.8431	7.3300	6.8729	6.4641	6.0971	5.7662	5.4669	5.1951	4.9476
26	8.4881	7.8957	7.3717	6.9061	6.4906	6.1182	5.7831	5.4804	5.2060	4.9563
27	8.5478	7.9426	7.4086	6.9352	6.5135	6.1364	5.7975	5.4919	5.2151	4.9636
28	8.6016	7.9844	7.4412	6.9607	6.5335	6.1520	5.8099	5.5016	5.2228	4.9697
29	8.6501	8.0218	7.4701	6.9830	6.5509	6.1656	5.8204	5.5098	5.2292	4.9747
30	8.6938	8.0552	7.4957	7.0027	6.5660	6.1772	5.8294	5.5168	5.2347	4.9789

续表

期数	21%	22%	23%	24%	25%	26%	27%	28%	29%	30%
1	0.8264	0.8197	0.8130	0.8065	0.8000	0.7937	0.7874	0.7813	0.7752	0.7692
2	1.5095	1.4915	1.4740	1.4568	1.4400	1.4235	1.4074	1.3916	1.3761	1.3609
3	2.0739	2.0422	2.0114	1.9813	1.9520	1.9234	1.8956	1.8684	1.8420	1.8161
4	2.5404	2.4936	2.4483	2.4043	2.3616	2.3202	2.2800	2.2410	2.2031	2.1662
5	2.9260	2.8636	2.8035	2.7454	2.6893	2.6351	2.5827	2.5320	2.4830	2.4356
6	3.2446	3.1669	3.0923	3.0205	2.9514	2.8850	2.8210	2.7594	2.7000	2.6427
7	3.5079	3.4155	3.3270	3.2423	3.1611	3.0833	3.0087	2.9370	2.8682	2.8021
8	3.7256	3.6193	3.5179	3.4212	3.3289	3.2407	3.1564	3.0758	2.9986	2.9247
9	3.9054	3.7863	3.6731	3.5655	3.4631	3.3657	3.2728	3.1842	3.0997	3.0190
10	4.0541	3.9232	3.7993	3.6819	3.5705	3.4648	3.3644	3.2689	3.1781	3.0915
11	4.1769	4.0354	3.9018	3.7757	3.6564	3.5435	3.4365	3.3351	3.2388	3.1473
12	4.2784	4.1274	3.9852	3.8514	3.7251	3.6059	3.4933	3.3868	3.2859	3.1903
13	4.3624	4.2028	4.0530	3.9124	3.7801	3.6555	3.5381	3.4272	3.3224	3.2233
14	4.4317	4.2646	4.1082	3.9616	3.8241	3.6949	3.5733	3.4587	3.3507	3.2487
15	4.4890	4.3152	4.1530	4.0013	3.8593	3.7261	3.6010	3.4834	3.3726	3.2682
16	4.5364	4.3567	4.1894	4.0333	3.8874	3.7509	3.6228	3.5026	3.3896	3.2832
17	4.5755	4.3908	4.2190	4.0591	3.9099	3.7705	3.6400	3.5177	3.4028	3.2948
18	4.6079	4.4187	4.2431	4.0799	3.9279	3.7861	3.6536	3.5294	3.4130	3.3037
19	4.6346	4.4415	4.2627	4.0967	3.9424	3.7985	3.6642	3.5386	3.4210	3.3105
20	4.6567	4.4603	4.2786	4.1103	3.9539	3.8083	3.6726	3.5458	3.4271	3.3158
21	4.6750	4.4756	4.2916	4.1212	3.9631	3.8161	3.6792	3.5514	3.4319	3.3198
22	4.6900	4.4882	4.3021	4.1300	3.9705	3.8223	3.6844	3.5558	3.4356	3.3230
23	4.7025	4.4985	4.3106	4.1371	3.9764	3.8273	3.6885	3.5592	3.4384	3.3254
24	4.7128	4.5070	4.3176	4.1428	3.9811	3.8312	3.6918	3.5619	3.4406	3.3272
25	4.7213	4.5139	4.3232	4.1474	3.9849	3.8342	3.6943	3.5640	3.4423	3.3286
26	4.7284	4.5196	4.3278	4.1511	3.9879	3.8367	3.6963	3.5656	3.4437	3.3297
27	4.7342	4.5243	4.3316	4.1542	3.9903	3.8387	3.6979	3.5669	3.4447	3.3305
28	4.7390	4.5281	4.3346	4.1566	3.9923	3.8402	3.6991	3.5679	3.4455	3.3312
29	4.7430	4.5312	4.3371	4.1585	3.9938	3.8414	3.7001	3.5687	3.4461	3.3317
30	4.7463	4.5338	4.3391	4.1601	3.9950	3.8424	3.7009	3.5693	3.4466	3.3321

附表 4　　　　年金终值系数表

$$计算公式:(F/A,i,n)=\frac{(1+i)^n-1}{i}$$

期数	1%	2%	3%	4%	5%	6%	7%	8%	9%	10%
1	1.0000	1.0000	1.0000	1.0000	1.0000	1.0000	1.0000	1.0000	1.0000	1.0000
2	2.0100	2.0200	2.0300	2.0400	2.0500	2.0600	2.0700	2.0800	2.0900	2.1000
3	3.0301	3.0604	3.0909	3.1216	3.1525	3.1836	3.2149	3.2464	3.2781	3.3100
4	4.0604	4.1216	4.1836	4.2465	4.3101	4.3746	4.4399	4.5061	4.5731	4.6410
5	5.1010	5.2040	5.3091	5.4163	5.5256	5.6371	5.7507	5.8666	5.9847	6.1051
6	6.1520	6.3081	6.4684	6.6330	6.8019	6.9753	7.1533	7.3359	7.5233	7.7156
7	7.2135	7.4343	7.6625	7.8983	8.1420	8.3938	8.6540	8.9228	9.2004	9.4872
8	8.2857	8.5830	8.8923	9.2142	9.5491	9.8975	10.2598	10.6366	11.0285	11.4359
9	9.3685	9.7546	10.1591	10.5828	11.0266	11.4913	11.9780	12.4876	13.0210	13.5795
10	10.4622	10.9497	11.4639	12.0061	12.5779	13.1808	13.8164	14.4866	15.1929	15.9374
11	11.5668	12.1687	12.8078	13.4864	14.2068	14.9716	15.7836	16.6455	17.5603	18.5312
12	12.6825	13.4121	14.1920	15.0258	15.9171	16.8699	17.8885	18.9771	20.1407	21.3843
13	13.8093	14.6803	15.6178	16.6268	17.7130	18.8821	20.1406	21.4953	22.9534	24.5227
14	14.9474	15.9739	17.0863	18.2919	19.5986	21.0151	22.5505	24.2149	26.0192	27.9750
15	16.0969	17.2934	18.5989	20.0236	21.5786	23.2760	25.1290	27.1521	29.3609	31.7725
16	17.2579	18.6393	20.1569	21.8245	23.6575	25.6725	27.8881	30.3243	33.0034	35.9497
17	18.4304	20.0121	21.7616	23.6975	25.8404	28.2129	30.8402	33.7502	36.9737	40.5447
18	19.6147	21.4123	23.4144	25.6454	28.1324	30.9057	33.9990	37.4502	41.3013	45.5992
19	20.8109	22.8406	25.1169	27.6712	30.5390	33.7600	37.3790	41.4463	46.0185	51.1591
20	22.0190	24.2974	26.8704	29.7781	33.0660	36.7856	40.9955	45.7620	51.1601	57.2750
21	23.2392	25.7833	28.6765	31.9692	35.7193	39.9927	44.8652	50.4229	56.7645	64.0025
22	24.4716	27.2990	30.5368	34.2480	38.5052	43.3923	49.0057	55.4568	62.8733	71.4027
23	25.7163	28.8450	32.4529	36.6179	41.4305	46.9958	53.4361	60.8933	69.5319	79.5430
24	26.9735	30.4219	34.4265	39.0826	44.5020	50.8156	58.1767	66.7648	76.7898	88.4973
25	28.2432	32.0303	36.4593	41.6459	47.7271	54.8645	63.2490	73.1059	84.7009	98.3471
26	29.5256	33.6709	38.5530	44.3117	51.1135	59.1564	68.6765	79.9544	93.3240	109.1818
27	30.8209	35.3443	40.7096	47.0842	54.6691	63.7058	74.4838	87.3508	102.7231	121.0999
28	32.1291	37.0512	42.9309	49.9676	58.4026	68.5281	80.6977	95.3388	112.9682	134.2099
29	33.4504	38.7922	45.2189	52.9663	62.3227	73.6398	87.3465	103.9659	124.1354	148.6309
30	34.7849	40.5681	47.5754	56.0849	66.4388	79.0582	94.4608	113.2832	136.3075	164.4940

续表

期数	11%	12%	13%	14%	15%	16%	17%	18%	19%	20%
1	1.0000	1.0000	1.0000	1.0000	1.0000	1.0000	1.0000	1.0000	1.0000	1.0000
2	2.1100	2.1200	2.1300	2.1400	2.1500	2.1600	2.1700	2.1800	2.1900	2.2000
3	3.3421	3.3744	3.4069	3.4396	3.4725	3.5056	3.5389	3.5724	3.6061	3.6400
4	4.7097	4.7793	4.8498	4.9211	4.9934	5.0665	5.1405	5.2154	5.2913	5.3680
5	6.2278	6.3528	6.4803	6.6101	6.7424	6.8771	7.0144	7.1542	7.2966	7.4416
6	7.9129	8.1152	8.3227	8.5355	8.7537	8.9775	9.2068	9.4420	9.6830	9.9299
7	9.7833	10.0890	10.4047	10.7305	11.0668	11.4139	11.7720	12.1415	12.5227	12.9159
8	11.8594	12.2997	12.7573	13.2328	13.7268	14.2401	14.7733	15.3270	15.9020	16.4991
9	14.1640	14.7757	15.4157	16.0853	16.7858	17.5185	18.2847	19.0859	19.9234	20.7989
10	16.7220	17.5487	18.4197	19.3373	20.3037	21.3215	22.3931	23.5213	24.7089	25.9587
11	19.5614	20.6546	21.8143	23.0445	24.3493	25.7329	27.1999	28.7551	30.4035	32.1504
12	22.7132	24.1331	25.6502	27.2707	29.0017	30.8502	32.8239	34.9311	37.1802	39.5805
13	26.2116	28.0291	29.9847	32.0887	34.3519	36.7862	39.4040	42.2187	45.2445	48.4966
14	30.0949	32.3926	34.8827	37.5811	40.5047	43.6720	47.1027	50.8180	54.8409	59.1959
15	34.4054	37.2797	40.4175	43.8424	47.5804	51.6595	56.1101	60.9653	66.2607	72.0351
16	39.1899	42.7533	46.6717	50.9804	55.7175	60.9250	66.6488	72.9390	79.8502	87.4421
17	44.5008	48.8837	53.7391	59.1176	65.0751	71.6730	78.9792	87.0680	96.0218	105.9306
18	50.3959	55.7497	61.7251	68.3941	75.8364	84.1407	93.4056	103.7403	115.2659	128.1167
19	56.9395	63.4397	70.7494	78.9692	88.2118	98.6032	110.2846	123.4135	138.1664	154.7400
20	64.2028	72.0524	80.9468	91.0249	102.4436	115.3797	130.0329	146.6280	165.4180	186.6880
21	72.2651	81.6987	92.4699	104.7684	118.8101	134.8405	153.1385	174.0210	197.8474	225.0256
22	81.2143	92.5026	105.4910	120.4360	137.6316	157.4150	180.1721	206.3448	236.4385	271.0307
23	91.1479	104.6029	120.2048	138.2970	159.2764	183.6014	211.8013	244.4868	282.3618	326.2369
24	102.1742	118.1552	136.8315	158.6586	184.1678	213.9776	248.8076	289.4945	337.0105	392.4842
25	114.4133	133.3339	155.6196	181.8708	212.7930	249.2140	292.1049	342.6035	402.0425	471.9811
26	127.9988	150.3339	176.8501	208.3327	245.7120	290.0883	342.7627	405.2721	479.4306	567.3773
27	143.0786	169.3740	200.8406	238.4993	283.5688	337.5024	402.0323	479.2211	571.5224	681.8528
28	159.8173	190.6989	227.9499	272.8892	327.1041	392.5028	471.3778	566.4809	681.1116	819.2233
29	178.3972	214.5828	258.5834	312.0937	377.1697	456.3032	552.5121	669.4475	811.5228	984.0680
30	199.0209	241.3327	293.1992	356.7868	434.7451	530.3117	647.4391	790.9480	966.7122	

续表

期数	21%	22%	23%	24%	25%	26%	27%	28%	29%	30%
1	1.0000	1.0000	1.0000	1.0000	1.0000	1.0000	1.0000	1.0000	1.0000	1.0000
2	2.2100	2.2200	2.2300	2.2400	2.2500	2.2600	2.2700	2.2800	2.2900	2.3000
3	3.6741	3.7084	3.7429	3.7776	3.8125	3.8476	3.8829	3.9184	3.9541	3.9900
4	5.4457	5.5242	5.6038	5.6842	5.7656	5.8480	5.9313	6.0156	6.1008	6.1870
5	7.5892	7.7396	7.8926	8.0484	8.2070	8.3684	8.5327	8.6999	8.8700	9.0431
6	10.1830	10.4423	10.7079	10.9801	11.2588	11.5442	11.8366	12.1359	12.4423	12.7560
7	13.3214	13.7396	14.1708	14.6153	15.0735	15.5458	16.0324	16.5339	17.0506	17.5828
8	17.1189	17.7623	18.4300	19.1229	19.8419	20.5876	21.3612	22.1634	22.9953	23.8577
9	21.7139	22.6700	23.6690	24.7125	25.8023	26.9404	28.1287	29.3692	30.6639	32.0150
10	27.2738	28.6574	30.1128	31.6434	33.2529	34.9449	36.7235	38.5926	40.5564	42.6195
11	34.0013	35.9620	38.0388	40.2379	42.5661	45.0306	47.6388	50.3985	53.3178	56.4053
12	42.1416	44.8737	47.7877	50.8950	54.2077	57.7386	61.5013	65.5100	69.7800	74.3270
13	51.9913	55.7459	59.7788	64.1097	68.7596	73.7506	79.1066	84.8529	91.0161	97.6250
14	63.9095	69.0100	74.5280	80.4961	86.9495	93.9258	101.4654	109.6117	118.4108	127.9125
15	78.3305	85.1922	92.6694	100.8151	109.6868	119.3465	129.8611	141.3029	153.7500	167.2863
16	95.7799	104.9345	114.9834	126.0108	138.1085	151.3766	165.9236	181.8677	199.3374	218.4722
17	116.8937	129.0201	142.4295	157.2534	173.6357	191.7345	211.7230	233.7907	258.1453	285.0139
18	142.4413	158.4045	176.1883	195.9942	218.0446	242.5855	269.8882	300.2521	334.0074	371.5180
19	173.3540	194.2535	217.7116	244.0328	273.5558	306.6577	343.7580	385.3227	431.8696	483.9734
20	210.7584	237.9893	268.7853	303.6006	342.9447	387.3887	437.5726	494.2131	558.1118	630.1655
21	256.0176	291.3469	331.6059	377.4648	429.6809	489.1098	556.7173	633.5927	720.9642	820.2151
22	310.7813	356.4432	408.8753	469.0563	538.1011	617.2783	708.0309	811.9987	931.0438	
23	377.0454	435.8607	503.9166	582.6298	673.6264	778.7707	900.1993			
24	457.2249	532.7501	620.8174	723.4610	843.0329	982.2511				
25	554.2422	650.9551	764.6054	898.0916						
26	671.6330	795.1653	941.4647							
27	813.6759	971.1016								
28	985.5479									
29										
30										

参考文献

1. 谷祺、刘淑莲主编:《财务管理》,东北财经大学出版社 2007 年版。
2. 荆新、王化成等主编:《财务管理学》,中国人民大学出版社 2006 年版。
3. 陆正飞主编:《财务管理》,东北财经大学出版社 2001 年版。
4. 石连运、张立达主编:《财务管理学》,山东人民出版社 2004 年版。
5. [美]斯蒂芬·A·罗斯、杰弗利·F·杰富著,吴世农、沈艺峰等译:《公司理财》,机械工业出版社 2003 年版。
6. 齐寅峰主编:《公司财务学》,经济科学出版社 2002 年版。
7. 袁建国主编:《财务管理》,东北财经大学出版社 2007 年版。
8. 郭复初主编:《财务管理》,首都经济贸易大学出版社 2003 年版。
9. 孙辉、宋建平主编:《财务管理》,电子工业出版社 2007 年版。
10. 安保荣主编:《财务管理教程》,立信会计出版社 2004 年版。
11. 詹勇编著:《现代财务管理》,清华大学、北京交通大学出版社 2006 年版。
12. 王琴主编:《财务管理》,立信会计出版社 2005 年版。
13. 张学边、王士伟等编著:《财务管理》,西南财大出版社 2004 年版。
14. 隋静、陈增寿主编:《财务管理学》,清华大学、北京交通大学出版社 2006 年版。
15. 刘迪主编:《财务管理学》,中国电力出版社 2004 年版。
16. 何进日主编:《财务管理》,西南财经大学出版社 2003 年版。
17. 梁建民主编:《财务管理》,东南大学出版社 2006 年版。
18. 周忠慧、张鸣、徐逸星主编:《财务管理》,上海三联书店 1995 年版。
19. 王庆成主编:《财务管理》,中国财政经济出版社 1999 年版。
20. 赵德武主编:《财务管理》,高等教育出版社 2005 年版。
21. 王辛平主编:《财务管理》,清华大学出版社 2007 年版。
22. 吕宝军、张远录主编:《财务管理》,清华大学出版社 2006 年版。
23. 郭美英主编:《证券投资学》,化学工业出版社 2007 年版。

图书在版编目(CIP)数据

财务管理/刘秋平,郭子亭主编.—2版.
—济南:山东大学出版社,2012.7(2012.1重印)
ISBN 978-7-5607-3578-8

Ⅰ.财…
Ⅱ.①刘…②郭…
Ⅲ.财务管理—高等学校:技术学校—教材
Ⅳ.F275

中国版本图书馆CIP数据核字(2008)第063670号

山东大学出版社出版发行
(山东省济南市山大南路27号 邮政编码:250100)
山 东 省 新 华 书 店 经 销
济南景升印业有限公司印刷
787×980毫米 1/16 24.5印张 449千字
2010年7月第2版 2012年1月第3次印刷
定价:38.00元